Manual Ilustrado dos Instrumentos Musicais

Nº Cat.: 53-L

Copyright © 2006 by FLAME TREE PUBLISHING
All rights reserved

Copyright © 2009 by Irmãos Vitale S.A. Indústria e Comércio
para a língua portuguesa

Irmãos Vitale S.A. Indústria e Comércio
www.vitale.com.br
Rua França Pinto, 42   Vila Mariana   São Paulo   SP
CEP: 04016-000 Tel.: 11 5081-9499 Fax: 11 5574-7388

CIP-BRASIL CATALOGAÇÃO-NA-FONTE
SINDICATO NACIONAL DOS EDITORES DE LIVROS, RJ

M251

Manual ilustrado dos instrumentos musicais / Rebecca Berkley... [et al.] ;
organizador geral Lucien Jenkins ; prefácio Evelyn Glennie ;
tradução de Denis Koishi e Danica Zugic. - São Paulo : Irmãos Vitale, 2009.
 il. (algumas color.)

Tradução de: The illustrated musical instruments handbook

ISBN 978-85-7407-252-4

1. Instrumentos musicais - Manuais, guias, etc. I. Berkley, Rebecca. II. Jenkins, Lucien, 1957-.

09-5409.   CDD: 784.19
                      CDU: 780.6

15.10.09   21.10.09   015797

Tradução: Denis Koishi e Danica Zugic

Revisão ortográfica: Marcos Roque

Editoração da edição em língua portuguesa: Marcia Fialho

Consultor musical: Rafael Castro

Gerente de projeto: Denise Borges

Produção executiva: Fernando Vitale

Manual Ilustrado dos Instrumentos Musicais

Rebecca Berkley, Andrew Cleaton, Alan Charlton,

Andrew Cronshaw, Robin Newton, Jeremy Siepmann

Organizador geral: Lucien Jenkins

Prefácio: Evelyn Glennie

LISTA DE ASSUNTOS

A-Z dos instrumentos 8
Como usar este livro......................................15
Introdução...16
Prefácio 18

PRIMEIRA SEÇÃO: OS INSTRUMENTOS
PERCUSSÃO

Introdução 20

Tambores e Pratos
Conga e Bongô 24
Tímpanos 26
Tabla 30
Djembe..32
Tambores do Oeste Africano 34
Tambores do Oriente Médio............................36
Caixa clara e Tambor tenor 38
Bombo 41
Tambores de corpo estreito 42
Tambores do Oriente 44
Tambores de fricção 47
Tambores de corda 48
Tambores de madeira fendida 49

Pratos 50
Gongo e Tam-tam..53
Gamelão 55
Bateria 57

Instrumentos de altura definida
Idiofones de lâminas 62
Celesta..67
Kalimba 68
Sinos 69
Sinos tubulares...72
Tambores de aço...73

Instrumentos de altura indefinida
Chocalhos..76
Raspadores..78
Instrumentos de madeira 79
Instrumentos de metal...................................81
Instrumentos de vidro 84
Percussão latino-americana
no conjunto de samba 85
Instruments Trouvés e Efeitos sonoros 87
As invenções de Luigi Russolo
e Harry Partch 90

INSTRUMENTOS DE SOPRO DE MADEIRA

Introdução..**124**

Flautas e Apitos
Flauta..128
Flautas transversas ao redor do mundo 132
Flautas verticais 133
Flautas entalhadas................................137
Apitos..138
Flauta doce..142

Instrumentos de palheta simples
Clarineta..144
Instrumentos de palheta simples
ao redor do mundo 152
Saxophone 156

Instrumentos de palheta dupla
Oboé..164
Instrumentos de palheta dupla
ao redor do mundo 172
Fagote 176
Cromorne 178
Gaita-de-foles 179

Instrumentos de palhetas livres
Harpa de boca......................................184
Instrumentos de palhetas livres
ao redor do mundo 185

INSTRUMENTOS DE SOPRO DE METAL

Introdução **92**

Instrumentos sem válvula
Shofar 96
Trompa sem válvula 97
As trompas no mundo............................98
Corneto..100
Serpentão..101

Instrumentos com válvula
Cornet 102
Flugelhorn 104
Trompete 106
Trombone 110
Trompa..114
Saxhorn 118
Tuba..120

LISTA DE ASSUNTOS

INSTRUMENTOS DE CORDAS

Introdução..**188**

Instrumentos de cordas harpejadas, dedilhadas e tangidas

Lira 192
Harpa..194
Alaúde 196
Bandolim 210
Ukulele 214
Banjo...215
Violão..218
Dobro 222
Berimbau e Cítaras 224

Instrumentos de arco (cordas friccionadas)

Viola de gamba 234
Violino..236
Outros instrumentos de cordas friccionadas ..250
Liras de arco...256

Instrumentos de tecla e arco 257

TECLADOS

Introdução **258**

Teclados antigos

Virginal 262
Espineta 264
Cravo 265
Clavicórdio 270

Pianos

Piano 272
Piano mecânico 284

Órgãos

Órgão 286
Realejo 292
Harmônio 294
Acordeão 297
Concertina 298

ELÉTRICO E ELETRÔNICO

Introdução 300

Teclados
Telharmonium 304
Órgão Hammond 305
Piano elétrico 308
Clavinet 310
Mellotron 311
Sintetizador 312
Sampler 316

Percussão
Vibrafone 318
Bateria eletrônica 319
Controlador de percussão 320
Emulador de percussão 321
Sintetizadores de sopros 322

Cordas
Guitarra eletroacústica
e semiacústica 323
Guitarra elétrica 324
Baixo elétrico 325
Chapman Stick 326

Guitarra havaiana 327
Guitarra sintetizador 328
Violino elétrico 329

Outros instrumentos eletrônicos
Theremin 330
Ondas Martenot 331
Música concreta 332
Controladores alternativos 334
Estúdio de gravação 336
O computador na música 338

SEGUNDA SEÇÃO: REFERÊNCIA

Panorama cronológico 344
Grupos 364
Decibéis 384
Afinação e Alturas 386
Glossário 398

Biografias dos colaboradores 408
Créditos fotográficos 409
Leitura adicional e sites de interesse 410
Índice 412

LISTA DE ASSUNTOS

Manual Ilustrado dos Instrumentos Musicais   7

A-Z DOS INSTRUMENTOS

Acordeão	297
Alaúde	196
Alaúde africano	198
Alaúde-harpa	2
Apito	138
Ashiko	35
Bandolim	210
Bandura	203
Banjo	215
Bateria	57
Bateria eletrônica	319
Ba-Wu	186
Bigorna	82
Blocos chineses	49
Blocos de madeira (*Wood blocks*)	49
Bodhrán	42

Bombo	41
Bongô	25
Buchla thunder	335
Bullroarer	47
Cabaça	77
Caixa	86
Caixa clara	38
Carnyx	99
Castanholas	80
Celesta	67
Chalumeau	144
Chamberlain	311
Changgo	46
Chapman Stick	326
Charamela	164
Chicote	79

Chicote de corda 79	Controlador de percussão 320
Chifres de animais 98	*Cor de basset* 149
Chocalho 76	Corne inglês 170
Cimbal 231	*Cornet*..102
Cítara 224	Corneto 100
Clarineta 144	Cravo 265
Clavicórdio 270	Cromorne 178
Clavinet 310	*Crwth* 256
Concha 98	Cuíca 47
Conga..24	*Daf* 36
Contrabaixo..248	*D-beam* 335
Contrabaixo elétrico 325	*Derbaque* 36

Didgeridoo 99	Flageolet (Pequena flauta) 131
Djembe 32	Flauta 128
Djun djun 34	Flauta de Pã 133
Dobro 222	Flauta doce 142
Domra 203	Flauta irlandesa 131
Duduk 175	Flexatone 83
Dulciana 176	*Flugelhorn* 104
Emulador de percussão.........................321	*Fujara*..140
Erhu 205	Gaita-de-foles irlandesa 181
Espineta 264	Gamelão 55
Eufônio (Bombardino).........................122	Ganzá 77
Fagote..176	*Gardon* 48

Glockenspiel 62	
Gongo 54	
Güiro 78	
Guitarra dinâmica 223	
Guitarra elétrica.....................................324	
Guitarra eletroacústica......................323	
Guitarra havaiana 222	
Guitarra havaiana com pedal..............222	
Guitarra semiacústica 323	
Guitarra sintetizador 328	
Guizos 76	
Gusle..254	
Gusli 230	
Harmônica 187	
Harmônica de vidro 84	
Harmônio..294	
Harpa 194	
Harpa de boca 184	
Harpa de tecla *(Nickelharpa)* 257	

Harpa laser..334	
Hautboy 165	
Horn pipe...154	
Humanotone...141	
Intonarumori 91	
Jazz mutant lemur 335	
Kantele..230	
Kaval 135	
Kora 200	
Kpanlogo 35	
Launéddas 15	
Lijerica 254	
Lira 192	
Lur 99	
Mandola 210	
Máquina de vento 87	
Maracas 77	
Marimba...66	
Matraca 80	

Mbira 68	Pandeiro 86
Mellotron 311	Piano 272
Mignon 285	Piano elétrico 308
Música concreta 332	Piano mecânico 284
Ney 135	Pianola 284
Oboé 164	*Piccolo* 130
Oboe d'amore 170	*Pipa* 206
Oboe da caccia 170	Placa de metal (ou folha de metal) 87
Ocarina 141	Pratos 50
Oficleide 156	*Qin* 229
Ondas Martenot 331	*Rabab* 252
Órgão 286	Rabeca 250
Órgão Hammond 305	Rabeca cabeça de cavalo 253
Oud 197	Realejo 292

Reed pipe 154	Serrote 83
Reed pipe 154	*Setor* 253
Riq 36	*Shakuhachi* 137
Rubab 208	*Sheng* 185
Rugido de leão..47	*Shofar* 96
Sabar..35	Sinos 69
Saltério 229	Sinos de templos 54
Sampler 316	Sinos tubulares (Carrilhão de orquestra)..72
Santur 230	Sintetizador 312
Sarangi..252	Sintetizador de sopros 322
Saraswati vina 204	*Sistrum*..81
Sarod 208	*Sitar* 204
Saxhorn 118	*Soundbeam* 334
Saxofone 156	*Sousaphone* 123
Serpentão 101	Surdo 86

Tabla	30
Tablat	37
Tábua de lavar	78
Taiko	45
Tambor de aço	73
Tambor de Lambeg	41
Tambor tenor	39
Tamborim	86
Tambourine	42
Tam-tam	53
Tanbura	202
Tanggu	44
Tar	208
Taruh	254
Telharmonium	304
Theremin	330
Tímpanos	26
Tonkori	228
Triângulo	81
Trombone	110
Trompa	114
Trompa alpina	99
Trompa sem válvula (Post horn)	97
Trompete	106
Ttun-ttun	48
Tuba	120
Tuba wagneriana	123
Ukulele	214
Valiha	227
Vibraphone	318
Viela de roda	257
Vihuela	218
Viola	246
Viola de gamba	234
Violão	218
Violino	245
Violino elétrico	329
Violoncelo	248
Virginal	262
Xiao	137
Xylophone	65

COMO USAR ESTE LIVRO

O *Manual Ilustrado dos Instrumentos Musicais* está dividido em duas seções.

A **Seção 1** contém verbetes individuais dos instrumentos ou de famílias de instrumentos. Ela está dividida em seis partes, cada uma tratando de um grupo particular: da percussão aos elétricos e eletrônicos. Os verbetes de cada sessão são subdivididos por tipo de instrumento – por exemplo, os verbetes na sessão dos metais estão divididos entre instrumentos com e sem válvula.

A **Seção 2** é de referência, contendo ensaios sobre o desenvolvimento cronológico dos instrumentos, sua ascensão e queda através dos séculos, e sintetiza diferentes tipos de formações instrumentais. Além disso, ela contém um conjunto de tabelas com as intensidades sonoras e extensões dos instrumentos mais comuns, assim como um amplo glossário explicando os termos que podem não ser familiares.

HÁ VÁRIAS FORMAS DE USAR ESTE LIVRO

Você pode usar a lista de conteúdo na **página 4** para direcioná-lo ao verbete do instrumento, ou tipo de instrumento, sobre o qual você gostaria de conhecer.

A listagem completa dos instrumentos, de A a Z, na **página 8**, contém todos aqueles que têm um verbete ou uma referência significativa neste livro. Ela irá direcioná-lo diretamente ao verbete, ou à referência de um instrumento em particular, que você tenha interesse.

As introduções de cada seção, encontradas nas **páginas 20, 92, 124, 188, 258 e 300**, fornecem um panorama sobre a história dessa família de instrumentos, suas técnicas de construção e de execução.

O panorama cronológico, na **página 344**, oferece uma cronologia do desenvolvimento dos instrumentos mais importantes, contextualizando-os historicamente e permitindo acompanhar sua ascensão, queda e, em alguns casos, renascimento, desde os primórdios até o século XX.

A sessão de conjuntos, na **página 364**, permite descobrir o papel de certos instrumentos na orquestra ou outros conjuntos, situando-os em seu contexto musical e como se relacionam com os outros.

INTRODUÇÃO

Quando as pessoas procuram por um livro sobre música e história da música, elas geralmente esperam e encontram, em primeiro lugar, um livro sobre compositores. Caso seus conhecimentos sobre teoria musical lhes permitam, elas podem procurar um livro de estudos de análise musical, examinando em detalhe o modo como um compositor, ou uma série de compositores, construiu as melodias e as harmonias de suas peças.

Este é um livro que se propõe a abordar, de um ângulo diferente, a história e a geografia da música. Nele, o foco está nos instrumentos para os quais a música foi escrita e nos quais esta foi executada e gravada. Ele não se limita à história, pois tratamos também da geografia da música.

Ao longo do livro, os autores consideraram a maneira pela qual os inúmeros instrumentos musicais foram primeiramente construídos, como eles se desenvolveram através do tempo, e como sua construção e utilização variam de país para país.

Esta é a história dos ossos e chifres de animais, das madeiras das árvores frutíferas europeias e tropicais. Esta é a história de colas e vernizes, de diferentes ligas metálicas, diferentes tubos e palhetas, e os sons que eles nos oferecem quando soprados. A história nos leva de volta aos tempos bíblicos, ao redor do mundo e ao interior de um moderno estúdio de gravação. Ela examina como, após um longo período de mudanças e desenvolvimento instrumental, repentinamente, no final do século XX, instrumentos medievais, renascentistas e barrocos, antes considerados obsoletos, passaram a ser investigados e trazidos de volta após anos, às vezes séculos, de negligência e desuso.

Ela examina os inventores e inovadores, que ao contrário dos compositores e instrumentistas, nunca foram tão bem conhecidos. Porém, sem suas realizações, a música que ouvimos hoje seria bem diferente. Quem inventou o oboé? Quem deu a Beethoven o piano que ele procurava? Mas igualmente, o que aconteceu com o clarim com chaves, o serpentão e o oficleide?

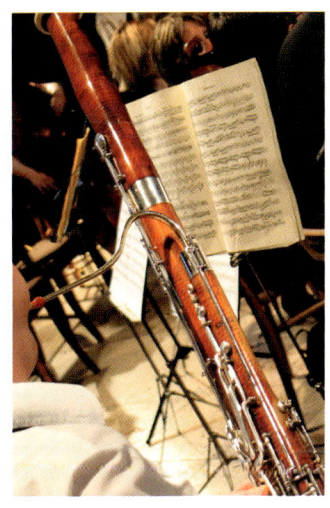

Este livro examina também o modo como instrumentos se combinam – afinal, música não é puramente uma história de indivíduos pegando seus instrumentos e tocando sozinhos. Há ainda a formação de grupos. Que há por trás de certas combinações que se tornaram clássicas, enquanto outras foram testadas e abandonadas?

Adotando uma perspectiva global, buscamos as similaridades e diferenças para que você se torne capaz de ver como os tipos de instrumentos se espalharam pelo mundo: da longa jornada empreendida pela charamela à ascensão do arco. Desta forma, uma série de conexões entre a música ocidental e as músicas dos lugares mais longínquos começa a ficar clara. Igualmente, notando essas conexões, nos tornamos mais conscientes daquilo que faz a riqueza e variedade da música ocidental, que é tão facilmente tido como certo. Neste contexto, podemos notar como é curiosamente estranho e excitante que este fenômeno, com raízes em muitos lugares, tenha sido adotado e adaptado em quase todo o mundo nos últimos séculos.

Lucien Jenkins
2006

PREFÁCIO

Talvez o instrumento que não esteja listado neste fascinante manual é o "planeta Terra"! Todos sabemos que, se tivermos o cuidado de ouvir – realmente ouvir – o planeta Terra é realmente um instrumento gigante. Dele, podemos experimentar sons que o corpo humano pode assimilar sem melhorias eletrônicas e também existem infinitos sons que simplesmente não podemos sorver senão por meios científicos/eletrônicos. Ele não é apenas um instrumento, mas nosso pano de fundo onde "pintamos" os sons da miríade de invenções sonoras que o homem continua a desenvolver.

Para mim, cuja profissão é de criadora de sons, viver no século XXI é de fato fascinante – a facilidade de deslocamento, a infinidade de materiais, a explosão da internet e das gravações permitem a todos compartilhar o curioso mundo do som. Podemos torná-lo tão privado ou social quanto quisermos. A hora do dia, a ocasião ou evento, nosso humor, nossa cultura, tudo toma parte na multiplicidade de interpretações que damos ao som.

Enquanto escrevo, olho para a minha coleção de livros. Ela se estende desde "Sinos & Homem", "Instrumentos Musicais Islâmicos", livros sobre o *balafon* africano, o serrote musical, instrumentos musicais antigos até o desenvolvimento dos instrumentos eletrônicos. A lista continua. Como percussionista, acho bastante curioso que não possa enumerar exatamente quantos instrumentos existem na família da percussão. Tenho mais de 1.800, mas sei que o total excede facilmente o dobro desse número. Estou secretamente feliz da minha ignorância na questão, já que isso permitirá, nos anos que virão, uma fascinação contínua, tanto de amadores quanto profissionais, de olhar para o passado, presente e futuro de nossa herança sonora. À medida que nos lançamos à exploração dos instrumentos musicais, sabemos que este é um assunto que constrói relações saudáveis em todos os cantos do globo, e que está ainda mais interessante agora, quando muitos territórios do terceiro mundo estão se abrindo, graças à explosão da internet.

Mas os termos "profissional" e "amador" não são importantes quando se trata de criação sonora, porque todos nós sabemos da importância do som desde o ventre, ou o impacto do som nos estágios finais de nossas vidas. Repare como abraçamos o som quando nos sentimos felizes, ou o som num casamento ou funeral, quando estudamos ou vamos a uma festa. A lista continua indefinidamente. Isto é algo que todos podemos participar, tanto como criadores sonoros como ouvintes comprometidos. Pelo menos, podemos concordar que a música é "nosso remédio de cada dia" e pelo menos, uma vez ao dia, experimentamos algum tipo de instrumento musical.

O *Manual Ilustrado dos Instrumentos Musicais* será, indubitavelmente, uma grande fonte para um grande número de pessoas de todas as áreas – a raça humana continua, enquanto escrevo, a expandir os limites da sua criatividade sobre o desenvolvimento do som, especialmente devido à nossa consciência crescente e importância da terapia sonora. O mundo dos sons do nosso ambiente, em constante transformação, afeta nossas capacidades inatas de escuta, que por sua vez afeta o desenvolvimento de instrumentos e os modos de ensinar música. Mas, certamente, o instrumento musical principal é nosso próprio corpo e imaginação. Quando decidimos explorá-lo como uma caixa de ressonância, percebemos, subitamente, que o corpo se torna ultrarresponsivo à mecânica e emoção do som. Todas as barreiras de classe e categorizações ruem, porque estamos tão focados nessa benéfica e orgânica abordagem do som.

Quando sondamos esse vasto conjunto de instrumentos listados, nós estamos instantaneamente conscientes de que todas as partes do nosso corpo estarão envolvidas em sua experimentação. Eles são de todas as formas e tamanhos, sendo o testamento da contínua inventividade do ser humano. Esse novo manual ajudará, sem dúvida, a estimular mais ideias, experimentação, conhecimento, curiosidade e, acima de tudo, diversão.

Evelyn Glennie, OBE
June 2006, Cambridgeshire

INTRODUÇÃO
PERCUSSÃO

A família dos instrumentos de percussão é diversificada e interessante. Eles são encontrados em todas as culturas e estão entre os mais antigos conhecidos pelo homem. Os instrumentos de percussão são indispensáveis em praticamente todos os gêneros e estilos musicais.

Em muitas culturas, o líder de um conjunto musical toca um instrumento de percussão para dar sinais aos outros músicos, indicando quando parar ou para manter o ritmo da música. A percussão tem importância religiosa e espiritual. A expressão "*to drum up business* (atrair clientes)", vem dos tempos em que atores itinerantes tocavam tambores para atrair o público às suas *performances*.

▲ A percussão é, provavelmente, o mais antigo grupo de instrumentos.

A família da percussão incorpora alguns dos maiores e menores instrumentos: desde o *o-daiko*, ou grande tambor japonês, que possui 240 cm de diâmetro e comprimento[1], até os pequenos guizos de tornozelo usados por dançarinos. Os instrumentos de percussão podem ser muito simples de se fabricar, como um chocalho de vagem seca de feijão, ou podem demandar processos complexos e caros de engenharia, como os sinos da Igreja Ocidental. Os percussionistas treinam por anos para se tornar mestres em seus instrumentos.

◂ Presume-se que os chocalhos antecedem o tambor.

---

[1] N. do E. Convencionou-se, nesta edição brasileira, pela utilização das seguintes siglas às dimensões dos instrumentos: D (diâmetro), C (comprimento), L (largura) e A (altura)

◀ As canecas (cowbells) são frequentemente montadas acima dos timbales.

QUE É PERCUSSÃO?

Todos os instrumentos de percussão são percutidos para fazê-los soar. Eles podem ser batidos, agitados, raspados ou friccionados. Eles são percutidos com as mãos ou baquetas, ou batidos um contra o outro, como um par de pratos. Os bastões ou baquetas de percussão são encontrados em grande variedade de formas e tamanhos. Às vezes, o percussor pode ser parte do instrumento – como o badalo do sino – ou estar escondido dentro dele – como os martelos da celesta. Os percussionistas de orquestra ou banda de teatro podem tocar uma infinidade de instrumentos e efeitos sonoros.

Tambores, ou membranofones, são percutidos numa membrana ou pele. Estas são esticadas sobre um corpo oco que age como ressoador e amplificador. Os tambores são classificados de acordo com o formato de seu corpo. Todos os outros instrumentos de percussão são idiofones – aqueles que produzem som pela sua própria vibração. Nestes, se incluem instrumentos como o triângulo, que é feito de um material que vibra quando percutido. Idiofones também podem ter ressoadores para projetar seu som.

AFINAÇÃO

Diferente dos outros instrumentos, tanto tambores como idiofones podem ter, ou não, altura definida. A construção acústica do instrumento determina se ele pode produzir uma nota específica. Como todos os instrumentos, o som da percussão é a combinação de uma frequência fundamental e uma série de parciais ou harmônicos que o ouvido percebe como um som homogêneo. Se os parciais estão em relação harmônica com a fundamental, então o ouvido ouve uma nota, como nos instrumentos com altura definida (ex.: tambor de aço, xilofone). Em um instrumento sem altura definida, como a pandeirola, os parciais não estão em relação harmônica e o ouvido percebe o som como ruído. Instrumentos sem altura definida de vários tamanhos podem ser construídos para fazer sons mais graves ou agudos, como os tom-tons em uma bateria, mas não podem ser afinados em uma nota específica.

▲ Os timbales são tocados com baquetas.

Seção Um: Os Instrumentos

CARACTERÍSTICAS DO SOM

A forma e o material com os quais o instrumento é construído enfatizam certos parciais, e isso contribui para seu timbre. Nos tambores, o formato do corpo, o tipo de pele, como esta é fixada no corpo do tambor, e que tipos de baquetas são usadas, são fatores significativos. O *djembe* africano é feito de pele de cabra ou bezerro, que é raspada para que fique bem fina na superfície a ser tocada. O pelo do animal é mantido nas bordas do tambor para abafar as baixas frequências e ambos os fatores contribuem para dar ao tambor um som brilhante e retumbante, claramente distinguível dos outros tambores do conjunto.

O local onde a membrana do instrumento é percutida também resulta em diferenças nas características do som. Quando um instrumento é percutido, ele produz ondas sonoras que têm pontos "nodais" e "antinodais". Não há deslocamento da onda sonora nos pontos nodais, então o instrumento produzirá um som de ressonância limitada quando percutido nesse ponto. O instrumento produzirá um som ressonante quando percutido em um ponto antinodal, onde ocorre o deslocamento máximo da onda sonora.

▲ *Mãos, escovas, baquetas, varas e mesmo varetas são usadas para tocar tambores.*

Diferentes culturas musicais favorecem distintos sons de instrumentos de percussão. Por exemplo: o ponto nodal de um tambor hemisférico, como os tímpanos, está no centro da pele. Percutindo-o diretamente no centro se produz um som surdo. Seus antinodos se encontram aproximadamente a um sexto do diâmetro da borda e esse é o ponto a percutir para máxima ressonância. Um timpanista de orquestra tocará o tambor somente nesse ponto para produzir um som rico e ressonante. A *tabla* indiana também é um tímpano, e o instrumentista percute a pele do tambor tanto no ponto nodal como antinodal para produzir diferentes sonoridades e notas no instrumento.

▲ Tambores africanos podem ser construídos para "falar" bem realisticamente.

A PERCUSSÃO NO MUNDO

O mapa-múndi da percussão mostra conexões entre instrumentos de diferentes locais. Os conceitos africanos de tambores em forma de barril, taça ou ampulheta, chocalhos, raspadores, sinos e xilofones de tronco viajaram com os escravos africanos para o Novo Mundo, e são comumente usados na música latino-americana. O xilofone de orquestra e a marimba também descendem do instrumento africano tradicional. Sinos e gongos originaram-se no Extremo Oriente e Índia, e viajaram para a Europa Ocidental com missionários cristãos que retornavam. Tambores militares ocidentais, como a caixa clara e os tímpanos, assim como os pandeiros, derivam dos tambores do Oriente Médio. O prato turco também é amplamente usado na música ocidental, sendo tocado na orquestra e bateria. Instrumentos de percussão também se desenvolveram através da engenhosidade local – um bom exemplo são os tambores de aço caribenhos.

▶ Materiais naturais são comumente usados como instrumentos, como o xequerê, uma cabaça oca.

Seção Um: Os Instrumentos

CONGA E BONGÔ

Tambores em forma de barril são construídos, ou de um único toro entalhado dessa forma (como o *byou-daiko* japonês), ou como um barril de vinho – com tábuas de madeira coladas ou atadas com faixas de metal (como na conga ou bongô). Tambores em forma de barril podem ter pele simples ou dupla e são tocados com as mãos ou baquetas.

CONGA

A conga, ou *tumbadora* (D: 25-30 cm, C: 50-60 cm), é um tambor em forma de barril latino-americano, de pele simples, usado em toda a América do Sul, e na música pop e *jazz fusion*. A conga é o maior tambor tocado com as mãos usado na América Latina e pode descender da *makuta* congolesa.

▲ *Tocadores de conga usam todas as partes de suas mãos para produzir sons diferentes.*

Nas congas e bongôs modernos, o corpo é feito de tábuas de madeira coladas e grampeadas juntas, ou moldadas em fibra de vidro, com a pele de bezerro mantida no lugar por um anel metálico parafusado ao corpo do tambor com barras tensoras. O tambor não tem altura definida, mas a pele é esticada para ter um som ressoante. Quando uma única conga é tocada, o instrumentista a inclina em sua direção para permitir que o som ressoe a partir de sua extremidade aberta. Quanto tocadas em grupos de duas ou três, elas são colocadas num suporte.

A técnica de tocar conga é muito similar ao djembe (ver p. 33). O músico produz três sons: golpeando no meio da pele com a mão em forma de concha, obtendo um som grave; dando um tapa com a mão aberta no lado da pele, produzindo um som médio; ou com a mão fechada na borda do tambor, obtendo um som seco e agudo. Os lados do tambor também podem ser tocados com uma baqueta.

BONGÔ

Bongôs são um par de pequenos tambores unidos, de pele simples (D: 15 cm, C: 20 cm; D: 20 cm, C: 30 cm). Tanto o tambor maior (*hembra* ou fêmea), quanto o menor (*macho*) são cones truncados. Eles também têm pele de bezerro, mas esta é mais fina do que a das congas e afinada mais aguda. Os bongôs são mantidos entre os joelhos ou em um suporte.

▲ *Os bongôs são desiguais em tamanho: o menor é chamado de "macho" ou tambor menor, o maior é a "fêmea" ou tambor maior.*

Tanto congas como bongôs são amplamente usados no *son* cubano, que surgiu no final do século XIX. Essa combinação de música espanhola com estilos percussivos africanos é o ancestral da salsa. Um típico conjunto de *son* inclui um vocalista, violões e baixo; bongôs, congas, maracas, *güiro* e *claves*. Bongôs são também tocados na salsa, rumba, mambo e cha-cha. Dentro de um conjunto, o bongô conduz os outros percussionistas com solos improvisados e adornos ao ritmo principal. Na América Latina, o termo "bongô" também é usado para timbales, um par de tambores cilíndricos de pele simples, inventado em Cuba nos anos 1940, e comumente empregado em muitos estilos de música afro-latina.

Um tímpano medieval.

TÍMPANOS

Tímpanos são tambores hemisféricos, construídos esticando-se uma pele sobre uma bacia de metal, madeira ou cerâmica. Eles são percutidos com baquetas ou correias de couro. Os tímpanos surgiram em países islâmicos na África e Oriente Médio, onde eram usados para acompanhar a caça, ou na música cerimonial ou militar.

AFINAÇÃO

Afinar um grande tímpano, para produzir uma nota com acurácia, é um desafio de engenharia. O tambor precisa de um mecanismo para esticar a pele de espessura consistente, sobre um círculo prefeito e mantê-la na tensão apropriada. O mecanismo também precisa ser capaz de enfrentar alterações de tensão se o tambor precisar retornar a outra nota.

> **Fato**
> Henrique VIII montou um conjunto de 12 trompetes e tímpanos, cuja principal função era criar um espetáculo ruidoso para acompanhar o rei, quando ele aparecia em público.

▲ *Os indicadores de afinação de um timpano.*

A invenção do mecanismo de afinação por parafusos na Alemanha, no século XVI, foi o primeiro passo rumo a esse objetivo. Em vez de atar a pele ao tambor, como no tambor medieval, a pele foi esticada sobre um aro de metal mantido por suportes metálicos, que incorporam chaves grampeadas nos lados da bacia. As chaves eram ajustadas por meio de uma chave removível. Elas foram mais tarde substituídas por borboletas dispostas em torno da borda do tambor, que eram mais silenciosas e fáceis de usar.

TÍMPANOS ANTIGOS

A primeira aparição dos tímpanos na orquestra foi em *Thésée* (1675), de Jean-Baptiste Lully (1632-87). Até Carl Maria von Weber (1786-1826) usar três tímpanos na abertura da ópera *Der Beherrscher der Geister*, em 1811, a orquestra usava dois tímpanos afinados à mão, com pele de velino de diâmetro entre 60 e 75 cm, tocados com baquetas de madeira. Como os trompetes, a música para tímpanos era escrita em *Dó* com indicador de tonalidade na qual o instrumentista deveria afinar os tambores:

Música para tímpano escrita em Dó.

Os tambores, quase sempre, tocavam as notas tônica (I) e dominante (V), sendo raramente afinados durante a música. Como resultado, os tímpanos tocavam apenas na tonalidade principal. No *Messias*, de Georg Friderich Händel (1685-1759), o timpanista toca apenas duas vezes em toda obra.

DESENVOLVIMENTOS POSTERIORES

No século XIX, os fabricantes do instrumento começaram a produzir tímpanos com um mecanismo manual, o qual proporcionava que pudessem ser afinados mais facilmente, permitindo aos instrumentistas executar passagens mais cromáticas. Uma chave mestra, que alterava a afinação de todas as chaves ao mesmo tempo, foi introduzida em 1812. Entretanto, esse modelo colocava grande parte do mecanismo de afinação no interior do tambor e prejudicava a pureza do som.

Um sistema alemão, inventado por volta de 1850, alterava a tensão da pele, girando todo o tambor. Tambores afinados por pedais apareceram por volta de 1880 e se tornaram norma nas orquestras desde o início do século XX. Sir Henry Wood (1869-1944) introduziu os tímpanos com pedal na Inglaterra em 1905. Tímpanos com membranas plásticas foram introduzidos por volta de 1960, fornecendo uma pele mais durável e bem menos suscetível às condições climáticas que o velino, que cedia e abaixava a afinação quando o ar estava úmido, e que esticava e subia a afinação quando o ar estava seco – alterando a afinação do tambor depois que ele era afinado.

COMPOSIÇÕES DO SÉCULO XIX

Seguindo as inovações em sua construção, os compositores, no século XIX, começaram a usar o tímpano como solista dentro da orquestra. Ludwig van Beethoven (1770-1827) incluiu um dueto entre o timpanista e o piano solista em seu *Quinto Concerto para Piano* (1809).

O uso de três tambores, ou mais, tornou-se progressivamente comum a partir de 1820 e os compositores exploraram formas de usar os tímpanos para criar cores orquestrais. Hector Berlioz (1803-69) foi o primeiro a especificar baquetas cobertas por esponja, madeira e couro para obter diferentes timbres.

▲ *Tímpanos mais antigos têm borboletas em torno da borda.*

Richard Wagner (1813-83) utilizou tambores abafados em *Parsifal* (1882). Na *Sinfonia Fantástica* (1830), Berlioz usou quatro timpanistas tocando rulos sobrepostos para obter efeitos de trovão.

COMPOSIÇÕES DO SÉCULO XX

No século XX, cada vez mais exigências eram feitas à competência técnica do timpanista. Essas exigências incluíam a rápida reafinação dos tambores para tocar música cromática em um único tambor, como no *Concerto para Orquestra* (1943), de Béla Bartók (1881-1945) e o uso de *glissandi* na *Quarta Sinfonia* (1915), de Carl Nielsen (1865-1931). Existem algumas obras para timpanista como solista, incluindo o *Concerto fantasia para dois tímpanos e orquestra* (2000), de Philip Glass (1937) e concertos para órgão, tímpano e cordas, de Francis Poulenc (1899-1963) e Jean Langlais (1907-91).

O TÍMPANO MODERNO

Tipicamente, uma orquestra sinfônica moderna tem cinco tímpanos, cobrindo a extensão de *Ré 1* a *Si 2*. O timpanista usa uma série de baquetas de espessuras diversas, cobertas por feltro, lã, cortiça, borracha e plástico, para obter diferentes timbres. Os rulos são tocados com toque simples. Cada tambor tem uma extensão confiável de uma quinta, com a afinação se tornando inconsistente nos extremos.

Embora existam diferenças entre fabricantes, geralmente os modernos tímpanos com pedal têm uma bacia hemisférica ou parabólica com a borda dobrada para dentro. Um anel de reforço é colocado dentro da borda da bacia.

▼ *Pedais permitem que os tambores sejam reafinados em um segundo ou dois.*

A pele é montada num arco, que cobre a abertura da bacia, e um contra-arco é colocado sobre o topo. O contra-arco é preso a parafusos de tensão (de seis a oito), que se prendem à bacia do tambor. Cada parafuso de tensão é também preso a uma barra, que percorre verticalmente, para baixo, o exterior do tambor e é fixado ao mecanismo do pedal. O movimento do pedal move todas as barras e os parafusos de tensão juntos, o que altera a tensão da pele. O pedal é também preso a um calibrador de afinação, que permite ao instrumentista afinar o tambor antes da execução.

PERCUSSÃO DE ORQUESTRA

Os tambores precisam ser abafados durante as pausas para que a clareza da nota seja mantida, especialmente aqueles afinados em um intervalo de quarta ou quinta perfeita, como é muito comum em música orquestral. A nota principal ouvida quando o tímpano é percutido é a nominal, ou o primeiro harmônico. O segundo harmônico soa uma quinta perfeita acima da nominal e também soará quando outro tambor tocar esta nota. Então, tocar um tambor afinado em *Dó* fará um tambor afinado em *Sol* ressoar. Entretanto, timpanistas usam esse traço como auxílio para afinação silenciosa, o que pode ser bastante útil no meio de uma peça orquestral.

Caixa clara, xilofone e tímpanos são os três principais instrumentos que um percussionista de orquestra aprenderá. Leva-se muitos anos de treino e prática para desenvolver a coordenação, destreza e bom ouvido para afinar os tambores. O timpanista pode ser uma das estrelas da sessão de percussão, capaz de grande expressividade dinâmica, e de dominar toda a orquestra quando tocando a pleno volume.

▲ *Os tímpanos fornecem dinamismo e cor.*

PERCUSSÃO

TABLA

A tabla é um par de pequenos tímpanos assimétricos, de altura definida, tocados na música clássica do norte da Índia. O tambor da mão esquerda, ou *baya* (D: 27 cm, C: 30 cm), é um tambor hemisférico feito de cobre ou latão e produz um som grave. O tambor da mão direita, ou *daya* (D: 18 cm, C: 30 cm), é um cilindro afilado de madeira e produz um som mais agudo.

A tabla é afinada na tônica (*sa*) do *rag* (escala, melodia) sendo tocada pelo vocalista ou solista instrumental. A pele é atada ao tambor com uma única faixa longa de couro em "W" percorrendo o topo e a base do tambor. Curtos pinos de madeira são introduzidos sob as tiras de couro no *daya* e martelados em direção à base ou afrouxados para afinar o tambor. A borda do *baya* pode ser martelada para esticar ainda mais a pele.

CONSTRUÇÃO

A pele de cada tambor é confeccionada de modo a criar diversas sonoridades. Cada pele consiste em duas membranas de couro de cabra: a superior é cortada no meio, restando dele um anel externo com cerca de 7 cm de largura. Percutir a pele no anel externo e na pele inferior exposta produz diferentes notas. No centro da pele do *daya*, e um pouco fora do centro do *baya*, existe um círculo de uma pasta preta para afinação (*siyahi* ou *gab*). Ela é feita de uma combinação de óxido de ferro, cinzas, cola, farinha e vitríolo de cobre, e produz um som seco, sem altura definida, quando percutida.

SONS DA TABLA

Músicos indianos usam um sistema de mnemônicos para vocalizar ritmos baseados nos sete sons básicos da tabla. Sheila Chandra (1966) realiza vocalizações de batidas de tabla em seu álbum *Weaving My Ancestors' Voices*. No *baya*, o som *ghe* descreve o deslizamento da base da mão para fazer um *glissando*, e *kat* é um tapa. No *daya*, o

▲ Todas as partes da mão são usadas para tocar tabla, exibindo toda a qualidade expressiva dos tambores.

som *ta* ou *na* é tocado na parte externa da pele superior. *Tin* é tocado na pele inferior exposta e *tu*, no ponto negro. Combinando *ta* com *ghe*, cria-se o som *dha*, e combinando *tin* com *ghe*, o som *dhin*. *Ta*, *tin*, *dha* e *dhin* são os toques mais comuns da tabla.

A música indiana organiza o ritmo em ciclos de batidas acentuadas e não-acentuadas, que fornecem uma estrutura (*theká*) para a música. No ciclo rítmico *tintal* (veja abaixo), 16 batidas são subdivididas em um padrão de 4 + 4 + 4 + 4. O tocador de tabla embeleza o *theká* de acordo com o padrão de batidas acentuadas e inclui improvisações mais complexas de modo crescente ou *tukrá* imediatamente antes do retorno do *sam*.

contagem	1	2	3	4	5	6	7	8	9	10	11	12	13	14	15	16
acento	Sam (pesado)				Tali (médio)				Khali (não acentuado)				Tali (médio)			
thehá	dha	dhin	dhin	dha	dha	dhin	dhin	dha	dha	tin	tin	ta	ta	dhin	dhin	dha

Tintal.

Seção Um: Os Instrumentos

DJEMBE

Tambores em forma de taça ou ampulheta são encontrados comumente na África, no Oriente Médio e no Extremo Oriente. Eles não são normalmente afinados em uma altura específica, embora as peles possam ser esticadas para criar diferentes sonoridades. O *djembe* é talvez o mais conhecido dos tambores deste tipo.

TAMBORES EM FORMA DE TAÇA OU AMPULHETA

São tambores de pele simples, com formato de taça de vinho, com uma bacia oca que se afila em um corpo longo e delgado. Tambores em forma de ampulheta ou "cintados" são tambores de pele dupla, com formato de duas taças presas uma à outra. Tambores em forma de ampulheta frequentemente têm peles livres, sendo a pele esticada ao longo de uma armação de metal que é mais larga do que o corpo do tambor. Ela se apoia no corpo do tambor, mas não está presa a ele. As peles ficam no lugar, amarradas uma à outra.

Em ambos os tipos de tambor, a pele pode ser esticada usando cravelhas, como no *kpanlogo* africano ou no *dumbek* do Oriente Médio; cilindros de tecido, como no *changgo* coreano; ou ajustando-se a amarração da pele, como nos tambores *sabar* africanos. Tambores em forma de ampulheta podem ser afinados de maneira que uma pele fique mais aguda do que a outra.

CONSTRUÇÃO

O *djembe* (D: 32-40 cm, C: 60 cm) é tocado em toda a África Ocidental. Ele chamou a atenção mundial, nos anos 1950, através das turnês europeias do *Les Ballets Africains*. Mais tarde, a popularidade crescente da *World Music* também ajudou a disseminar sua influência.

PERCUSSÃO

O *djembe* é normalmente tocado com as mãos. Tradicionalmente, esses tambores são esculpidos de um único toro e têm um corpo sólido abaixo do copo da taça. O interior do tambor tem uma série de pequenos orifícios em forma de gota que realçam o timbre do instrumento. A pele, de cabra ou de bezerro, é atada ao corpo do tambor por cordões descendentes verticais. Mais cordões são trançados horizontalmente através dos cordões verticais para esticar a pele.

Djembes feitos por companhias de percussão ocidentais podem ter corpo de fibra de vidro ou de metal, ou corpo de madeira com peles de tiras, couro ou plástico, coladas juntas, com um anel metálico mantendo-as no lugar e tarraxas metálicas como na caixa clara ocidental.

▲ *Djembes contemporâneos são feitos de materiais modernos de acordo com as tradições musicais.*

TÉCNICAS DE EXECUÇÃO

A técnica para tocar o *djembe* é similar a de outros tambores em forma de taça e cônicos da África Ocidental e Oriente Médio. Como em muitas culturas musicais, os ritmos do tambor são vocalizados. Tocando o centro da pele com a palma da mão e deixando-o soar, ele produz uma nota grave chamada *goun* (mão direita ou dominante) ou *doun* (mão esquerda). Uma nota aberta tocada na borda, apenas com os dedos, é chamada *goh* (mão direita) ou *doh* (mão esquerda). Um som de tapa, mais agudo, é tocado com a mão em forma de concha na borda. Este é chamado de *pa* (mão direita) e *ta* (mão esquerda).

▲ *Mestres percussionistas da Costa do Marfim, Yelemba d'Abidjan se apresentam em djembes no Festival Womad, Reino Unido.*

Seção Um: Os Instrumentos

PERCUSSÃO

TAMBORES DO OESTE AFRICANO

O batuque do oeste africano é uma forma de arte indígena rural e acompanha a dança e o canto. Os mestres percussionistas são membros da classe *griot* de artistas musicais profissionais. Esses homens dirigem o batuque e promovem sua tradição, ensinando estudantes.

Os dois principais tipos de tambor da África Ocidental são os em forma de taça e ampulheta feitos de um único toro escavado (como o *djembe* e o *kpanlogo*), e aqueles construídos como um barril, com tábuas de madeira amarradas com metal (como o *ashiko*). A música polirrítmica e de muitas camadas do batuque da África Ocidental é construída de padrões de ritmos entrelaçados que incluem canto e dança.

CONJUNTOS DE TAMBORES

Os conjuntos de tambores produzem uma diversidade de sons, e os músicos usam várias técnicas de interpretação com baquetas e mãos para obtê-los. Esses conjuntos costumam também incluir um agogô, que conduz o conjunto, fornecendo o pulso e sinais de início e parada, e um chocalho *calabash* coberto com conchas e sementes. Eles são usados para acompanhar o canto e a dança em apresentações, e cerimônias sacras e seculares.

▲ *Cerimônia do tambor falante no festival da colheita Nmayem, Gana.*

DJUN DJUN

O *djun djun*, *ashiko* e *djembe* formam o conjunto de tambores mais difundidos na África Ocidental. O *djun djun* (D: 40 cm, C: 53 cm) é encontrado em toda a África

34 Manual Ilustrado dos Instrumentos Musicais

▼ *Um* djun djun, *ou tambor* falante

Ocidental. Ele é um tambor cilíndrico grave, com pele dupla de vaca ou de cabra. Geralmente, o pelo é deixado nas laterais do tambor para abafar as altas frequências, criando um som profundo e ressonante. *Djun djuns* pequenos, médios e grandes são chamados *sangba*, *kenkeni* e *dunumba*, respecitvamente. O *djun djun* é geralmente vestido com um talabarte e tocado com dois bastões – um percute a pele e o outro toca o sino atado na lateral do tambor.

ASHIKO

O *ashiko* (aproximadamente: D: 35 cm, C: 53-72 cm) é tocado em toda a África subsaariana. Ele é um tambor cônico de pele de cabra, com som grave. O *ashiko*, *kpanlogo* e *bougarabou* comparti-lham as mesmas técnicas de execução do *djembe* (ver p. 33).

KPANLOGO

O *kpanlogo* é uma dança e tradição de batuque originárias da tribo *ga*, de Gana. O mestre do conjunto de *kpanlogo* toca a parte solo e os outros percussionistas tocam ritmos de acompanhamento nos tambores, chocalhos e sinos. Frequentemente, o tambor *kpanlogo* (D: 22 cm, C: 60 cm aproximadamente) é bastante decorado e tem a pele de antílope atada a pinos de afinação que saem do corpo do tambor.

SABAR

Sabar são tambores reais exclusivos da região da Senegambia. Seis sons básicos podem ser produzidos em cada um dos tambores. Usando baquetas, ou as mãos, é possível criar uma textura musical complexa. O conjunto de *sabar* inclui a *tama* (tambor falante). Esses tambores, também chamados *dondo* (Gana) e *dun dun* (Nigéria), são tambores em forma de ampulheta (D. 17 cm, C: 48 cm), pele dupla e são tocados embaixo do braço, apertando-os para alterar a tensão e afinação das peles. Isso cria sons agudos e graves que imitam as línguas tonais africanas.

▲ *Um* dun dun *da Nigéria*.

TAMBORES DO ORIENTE MÉDIO

Os tambores são parte essencial da música urbana, conjuntos clássicos, música sacra sufi e música folclórica tradicional de todo o Oriente Médio.

▲ *Diz-se que o dumbek recebeu seu nome dos dois principais sons do instrumento: o dum (no centro) e o bek (na borda).*

DUMBEK, TAR E RIQ

O *dumbek* é um tambor em forma de taça (D: 10-22 cm, C: 22-40 cm). Ele tem um corpo oco de cerâmica, madeira ou metal, e pele de cabra ou peixe. Existem muitas variantes regionais de seu nome, incluindo *derbocka* (Marrocos e Argélia), *darbukkah* e *derbouka* (Iraque), e *zarb* (Irã). O *tar* e *riq* são tambores de corpo estreito. O *tar* (D: 10-20 cm) e o mais grave, *daf* (D: 18-40 cm) são armações redondas ou quadradas com pele de cabra. O *riq* tem tamanho similar ao *tar* e é um tambor redondo com uma dupla fileira de soalhas, como a pandeirola.

TÉCNICAS DE EXECUÇÃO

Evidências arqueológicas do registro histórico do Oriente Médio sugerem que o *daf* e o *riq* foram os principais instrumentos de percussão durante muito tempo, com o *dumbek* se popularizando apenas no século XX. Quando tocando tanto o *dumbek*, quanto os pandeiros, a mão dominante executa a maior parte do ritmo e a outra mão sustenta o tambor e adiciona leves *fills*. O *dumbek* é tocado segurando o tambor embaixo do braço da mão esquerda ou não-dominante, com a pele voltada para baixo, percutindo-a com os dedos de ambas as mãos.

> **Fato**
> Os pandeiros podem ser ricamente decorados com uma camada de madrepérola e adornados com fitas. Eles são frequentemente tocados por mulheres, especialmente em cantos e danças tradicionais em casamentos e cerimônias familiares.

RITMO

Os ritmos são vocalizados no *dumbek*, *daf* e *riq*. Os três toques principais são: o golpe de mão direita no centro do tambor, que produz um som profundo chamado *dum*; e os golpes de mão direita e esquerda na borda, que produzem sons agudos, chamados respectivamente, de *tek* e *ka*. No *dafi* e *riq*, os toques *tek* e *ka* são tocados com o dedo anular na borda da pele e com a mão em forma de concha no centro. O *riq* é também agitado para tocar as soalhas.

TABLAT

Tambores cilíndricos de pele dupla chamados pelo termo genérico *tabl* ou *tablat* são comumente tocados em festivais e música militar de todo o Oriente Médio e norte da Índia. Esses tambores são os ancestrais dos tambores militares europeus. As peles são amarradas juntas e reforçadas com nós de tensão, como nos tambores usados nas bandas marciais da Europa Ocidental. Os *tablat* são suspensos por uma correia e tocados com baquetas ou feixes de fitas de couro. O *tabl baladi* (D: 43 cm, C: 30 cm) é o ancestral da caixa clara e do tambor tenor, e o *tabl turki* (D: 55 cm, C: 35 cm) é o ancestral do bombo.

▲ *O "pandeiro" do Oriente Médio pode parecer simples, mas é capaz de grandes nuanças e sofisticação.*

CAIXA CLARA E TAMBOR TENOR

Tanto a caixa clara, como o tambor tenor, têm origem no Oriente Médio. Hoje, tambores cilíndricos como estes são empregados na música erudita ocidental, no pop, rock e jazz. Eles aparecem nas bandas marciais e militares, na orquestra e como parte da bateria.

TAMBORES CILÍNDRICOS

O corpo de um tambor cilíndrico é geralmente feito de uma tábua de madeira, aquecida a vapor e curvada até atingir esse formato, e então laqueada e decorada. Tocados com baquetas, esses tambores, de diversos tamanhos, têm peles duplas, e não tem altura definida. Aqueles com pele de bezerro ou de cabra – como as caixas claras marciais e tambores tenor – são atadas com um ziguezague de cordões percorrendo o corpo do tambor de cima a baixo, entre as duas peles, e apertadas por um cilindro em forma de "D", de couro ou tecido. Peles plásticas, como aquelas na caixa clara de orquestra ou tambor baixo, são mantidas no lugar por um anel metálico e apertadas por barras tensoras que são parafusadas no corpo do tambor.

CAIXA CLARA

A caixa clara tem de 8 a 20 cordões de *nylon*, arame, seda ou corda de tripa, esticados e encostados à pele inferior ou da esteira por um grampo com parafuso, que mantém a esteira esticada. A esteira responde às vibrações que ocorrem entre as duas peles quando a superior, ou a percutida, é tocada. A pele superior é esticada, auxiliando nos rebotes que são essenciais para tocar os rudimentos da caixa clara. Ela também tem um abafador interno para manter a ressonância do tambor no mínimo. Uma caixa clara de orquestra (D: 35 cm, C: 8-16 cm) tem som mais leve do que a militar (C: 25-30 cm).

▲ A lenda do jazz, Buddy Rich, demonstra sua formidável técnica. A caixa clara é parte essencial da bateria de todo jazzista.

A caixa clara é usada na orquestra desde o início do século XVIII, mas apenas no século XIX, ela começou a desempenhar um papel relevante. Nessa época, vários compositores usaram a caixa clara, incluindo Gioacchino Rossini (1792-1868) em *La gazza ladra* (1816) e Maurice Ravel (1875-1937) em *Boléro* (1928), em que a caixa clara toca um ostinato rítmico do começo ao fim da obra. Carl Nielsen também a empregou em sua *Quinta Sinfonia* (1921-22), na qual o percussionista é instruído a improvisar um solo que desorganiza o resto da orquestra.

TÉCNICAS DE EXECUÇÃO

O modo tradicional de se tocar caixa clara – com a baqueta esquerda em posição horizontal e a baqueta direita estendida do polegar ao indicador – originou-se quando ela era tocada durante a marcha, suspensa por um suporte e pairando sobre o lado direto do quadril do músico. Muitos músicos usam agora a "pinça" moderna, em que ambas as baquetas são seguradas apontando para frente. Essa "pinça" é comumente usada para tocar o xilofone e outros idiofones de lâminas, e os tímpanos.

EFEITOS SONOROS

A técnica de caixa clara usa toques simples, duplos e rebotes para obter uma diversidade de efeitos. Os toques simples são tocados com mãos alternadas (direita/esquerda) e duplos como DD EE. Tocar uma série de toques duplos produz um rulo aberto. Se um rulo simples é tocado (D E D E etc.), mas se deixa cada toque ricochetear indefinidamente, alternando rapidamente as mãos, produz-se um rulo fechado. Outros rudimentos como o *paradiddles* (DEDD EDEE), promovem força igual em ambas as mãos, e *drags* e *flams* ornamentais são usados para decorar ritmos.

Normalmente, o tambor é tocado no centro da pele, em que a esteira é mais responsiva. Tocar o centro da pele e o aro do tambor simultaneamente produz um *rimshot* (um estampido alto) – um efeito que pode ser também obtido deitando-se uma baqueta sobre a pele e o aro, e batendo nela com a outra.

▲ *Caixas tocadas com vassourinhas de arame produzem um som característico.*

A caixa clara pode ser também tocada com vassourinhas, uma técnica usada frequentemente em baterias de jazz e música latino-americana. Ela também pode ser tocada com baquetas customizadas, fabricadas pela Pro-mark Drumsticks, que são feixes de varas finas amarradas juntas, produzindo um som entre as vassourinhas e as baquetas.

TAMBOR TENOR

O tambor tenor (D: 38-45 cm, C: 30 cm) tem um som mais grave do que o da caixa clara. Ele se origina do tamboril medieval e normalmente tem pele dupla sem esteira. O tambor tenor pode ser tocado com baquetas de madeira ou acolchoadas. Era usado pela infantaria para dar ritmo à marcha e exercícios, desde o final do século XVIII, e é frequentemente tocado com floreios de baquetas em baterias militares.

BOMBO

Assim como a caixa clara e o tambor tenor, o bombo é originário do Oriente Médio. Ele é um grande instrumento de corpo cilíndrico e pele dupla, e é usado para manter o ritmo nas bandas marciais.

O bombo moderno de orquestra (D: 100 cm, C: 50 cm) tem duas peles tensionadas por uma barra. Embora bombos de orquestra de peles simples fossem populares no final do século XIX, a coluna de ar aprisionada no tambor de pele dupla fornece uma maior profundidade de som e mais potência em vários níveis dinâmicos. O bombo é habitualmente tocado com grandes baquetas de feltro mole ou de lã.

BOMBO DE ORQUESTRA

Os bombos de orquestra são montados em um suporte, mas em bandas marciais os bombos são sustentados num talabarte na frente do instrumentista. Com a caixa clara ou tambor tenor, eles iniciam a música com três ou cinco rulos compassados para estabelecer o andamento e dar dicas aurais durante a marcha – como as batidas duplas tocadas perto do fim da última frase como sinal de que a música está acabando.

TAMBORES DE LAMBEG

Um bombo pode ser muito ruidoso. Os tambores de Lambeg, na Irlanda do Norte (D: 90 cm, L: 60 cm), são capazes de tocar acima de 120 dB – o mesmo volume de uma britadeira. Como o *djembe* africano, as peles são afinadas quase no limite de ruptura e a nota fundamental, como um chiado ou zumbido, cresce no interior do tambor, que pode ser ouvido a 1.600 metros ou mais. Tambores de Lambeg são tocados com bastões curvos e não com baquetas tradicionais.

▲ *Bombos produzem um som poderoso.*

PERCUSSÃO

Seção Um: Os Instrumentos

PERCUSSÃO

TAMBORES DE CORPO ESTREITO

Um tambor de corpo estreito é uma pele esticada e grampeada sobre uma armação rasa, quadrada ou circular. Ele é tocado com baquetas ou as mãos.

Tambores de corpo estreito são comuns em muitas culturas musicais, e o pandeiro moderno e o *bodhrán* são, essencialmente, os mesmos instrumentos usados na Arábia e Índia desde os tempos pré-islâmicos. Eles são frequentemente tocados por dançarinos, podendo ser pintados ou decorados com fitas e pedaços de material – como o *timbrels*, tocados por membros do Exército da Salvação. O tambor também pode ter soalhas colocadas na armação, como o pandeiro e o *riq*, ou ter uma esteira esticada sobre a pele, como o *bendir* do Oriente Médio.

PANDEIRO

O pandeiro (D: 15-25 cm, A: 5 cm) é um aro com pele de bezerro ou plástica. Pequenos discos de metais como pratos em miniatura são montados isolados ou em pares nas aberturas do aro e sustentados por pinos. O pandeiro é comumente usado em música orquestral e folclórica, especialmente no sul e centro da Europa. Um pandeiro sem pele – conhecido como *pandeirola* ou *jingle ring (schellenreif¬)* – é usado frequentemente na música pop e latino-americana.

A pele do pandeiro pode ser percutida com a mão espalmada, com o punho cerrado ou com os nós dos dedos. Ele pode ser apoiado no joelho ou em uma mesa de superfície macia e tocado com a ponta dos dedos. Pode ser também sacudido para chocalhar as soalhas e criar um efeito de *tremolo*. O rulo de dedo pode ser produzido com a fricção da pele com a ponta do polegar umedecido, fazendo a pele estremecer e as soalhas vibrarem.

▲ O bodhrán é um pandeiro sem altura definida que consiste em uma pele de cabra pregada a uma armação de madeira.

BODHRÁN

O *bodhrán* (D: 30-45 cm, A: 10 cm) tem uma armação de madeira circular e pele de cabra. Ele é tocado com uma baqueta de duas pontas, com vassourinhas, com os nós dos dedos e com os dedos. A armação é feita de madeira verde curvada e mantida em posição por traves que impedem que o tambor empene. Ele é segurado verticalmente, com a mão esquerda (ou não-dominante) nas traves e a mão direita tocando o instrumento.

O *bodhrán* existe na Irlanda há séculos, mas começou a ser usado na música tradicional apenas a partir de 1960 – antes era usado como fonte de ruído em combates e celebrações. As técnicas contemporâneas de execução enfocam a diversidade de sons produzida pelo tambor: pressionar a mão esquerda ou uma barra contra a pele para alterar a nota; abafar o som com a palma da mão esquerda; e criar outro mais ressoante com a borda da mão esquerda enquanto tocado com a mão direita. O tambor também pode ser tocado no aro, e pode ter chocalhos e sinos presos às traves. O *bodhrán* é executado ainda no *folk-rock* Celta. Ele também aparece na *Quinta Sinfonia* de Peter Maxwell Davies (1934).

▲ Ronan O Snodaigh, de Kila, tocando o bodhrán.

PERCUSSÃO

TAMBORES DO ORIENTE

Tambores são amplamente usados na música tradicional do Oriente, juntos com um conjunto de pratos, gongos, metalofones e idiofones de madeira sem altura definida. Em muitas músicas tradicionais da região, o tambor é tocado pelo diretor do conjunto, que dá sinais específicos para os outros instrumentistas.

TAMBORES CHINESES

A maioria dos tambores chineses *(gu)* são tambores de corpo estreito, ou tambores em forma de barril, tocados com baquetas. Eles são frequentemente usados na música folclórica e na orquestra clássica chinesa. O diretor da orquestra de ópera chinesa toca o *bangu*, um pandeiro com pele de porco com um pequeno orifício. O instrumentista percute a borda do orifício com baquetas de bambu. O *tanggu* (D: 20-100 cm, C: 60-80 cm) é um tambor em forma de barril com pele dupla de vaca, de porco ou de cabra, pregada em seu corpo. O *tanggu* é usado em muitos tipos de música chinesa. O tambor pode ser suspenso numa armação ou vestido com um talabarte na música folclórica ou dança. O grande *tanggu*, ou tambor leão, é tocado na dança tradicional chinesa do leão nos primeiros dias do Ano-Novo chinês.

▲ *Tambores chineses são partes essenciais da tradição da dança do leão.*

TAMBORES JAPONESES

Os *daiko* ou *taiko* japoneses são uma família de tambores em forma de barril, de pele dupla, tocados com baquetas. No Japão feudal, os *daiko* eram usados na música militar e para dar sinais durante batalhas. Hoje, são usados para serviços nos templos e dança tradicional.

Dentro da família dos *daiko* existem tambores com peles que são amarradas (*shime-daiko*) e outros, cujas peles são pregadas (*byou-daiko*). O *shime-daiko* tem peles soltas que são esticadas por um laço de cordões tensores e pode ser afinado. Eles são pendurados no pescoço e nos ombros, permitindo ao instrumentista dançar enquanto toca. Os *kotsuzumi* e *tsuzumi* são *shime-daiko* em forma de ampulheta, feitos em cerejeira e tocados nas orquestras do teatro tradicional japonês. Eles são tocados com as mãos e – como na orquestra chinesa – o percussionista dirige o resto do conjunto com batidas de tambor, e gritos para os outros músicos.

O *byou-daiko*, um tambor com peles pregadas, é esculpido de um único toro. Suas peles, de vaca, são pregadas e assim produzem uma nota fixa. O *nagado-daiko* é bastante usado na música japonesa. Ele pode ser tocado por dois instrumentistas: um percutindo a pele, e o outro, o corpo do tambor. Os *nagado-daiko* variam desde o pequeno *ko-daiko* (D: 30-45 cm) até o gigante *o-daiko* (D e C: 240 cm), que estão entre os maiores tambores do mundo. Alguns *o-daiko* são tão grandes que não podem ser frequentemente movidos e são alojados em um templo ou santuário. Esses tambores tornaram-se populares no ocidente graças às turnês dos conjuntos de *taiko (kumi-daiko)* que combinam exibições ritualísticas de força e resistência de artes marciais com habilidade musical.

▶ Grandes daiko *são montados em suportes para permitir mais mobilidade do instrumentista.*

PERCUSSÃO

Seção Um: Os Instrumentos   45

TAMBORES COREANOS

O *changgo* (D: 30 cm, C: 60 cm) é um tambor em forma de ampulheta, com pele dupla, tocado na música folclórica ou da corte, assim como na dança e música xamanística de toda Coreia. Ele tem geralmente um corpo de madeira, frequentemente moldado a partir de um único tronco, e peles soltas seguradas por uma corda simples amarrada em forma de "W". O

▲ *Percussionistas tocando o puk coreano.*

tambor, ou é amarrado ao corpo, se o instrumentista está dançando, ou é colocado no chão. O tambor é construído de tal forma que a pele tocada pela mão esquerda é mais funda que a da direita. A pele da mão esquerda é de vaca ou de veado, com som profundo e retumbante. Ele é tocado com uma baqueta pesada de ponta arredondada. A pele da mão direita é de cachorro ou de cavalo, que produz um som mais leve e ressoante, e é tocado com uma baqueta leve de bambu. Essa pele também é esticada com cilíndro de tecido.

Desde os anos 1980, o trabalho dos grupos *Samulnori* (literalmente "toque quatro coisas") renova, entre os coreanos, o interesse nas artes tradicionais. *Samulnori* apresenta uma versão de concerto virtuosística de *nongak* (música tradicional dos lavradores coreanos)

▲ *Percussionistas coreanos apresentando-se no changgo.*

em que usam quatro tradicionais instrumentos dessas bandas: o *changgo*, um tambor em forma de barril chamado *puk*, e os dois gongos *kkwaenggwari* e *ching*, que têm um som ascendente quando percutidos. Os mestres percussionistas, que trabalham nesse estilo, desenvolveram uma técnica de execução do *changgo*, exata e complexa, que leva anos de prática cuidadosa para ser dominada.

TAMBORES DE FRICÇÃO

Tambores de fricção são instrumentos folclóricos da Europa Central pré-industrial, África e América Latina. Eles são frequentemente utilizados na música espiritual devido ao seu som singular.

PERCUSSÃO

▲ *A cuíca desempenha um papel importante no ritmo do samba.*

CONSTRUÇÃO

O tambor de fricção consiste num vaso coberto por uma membrana que vibra por meio de um bastão, ou corda, esfregado ou empurrado contra ela. Na cuíca brasileira, a extremidade do bastão está presa à parte interior da pele. O músico fricciona o bastão com um tecido úmido e pressiona a parte exterior da pele com os dedos para alterar a afinação. Quanto mais próximo do centro a pele é pressionada, mais agudo é o som produzido.

RUGIDO DE LEÃO

A pele também pode ser transpassada por um bastão, o qual é tocado empurrando-o para cima e para baixo, como no *rommelpot* (literalmente "vaso retumbante") flamengo. No *köcsögduda* húngaro e no rugido de leão africano, um cordão é inserido na pele, mantido teso e esfregado com dedos úmidos ou com resina. O rugido de leão pode ser usado como isca na caça ao leão e produz um som similar da leoa. Embora não sejam instrumentos de percussão, os tambores de fricção são similares aos rombos que surgiram na Austrália. Eles são peças planas de madeira atadas a um cordão, que são rodopiadas no ar. O som é produzido pelas vibrações do objeto plano enquanto gira. Mudanças na velocidade e no ângulo em relação ao solo produzem diferentes sonoridades.

▼ *Um* rommelpot *flamengo com matraca (direita).*

Seção Um: Os Instrumentos

TAMBORES DE CORDA

Tambores de corda são instrumentos de cordas simples que são percutidos com uma técnica similar ao violino *col legno* (literalmente "com a madeira") ou *battuta* (batendo o compasso). Eles são instrumentos tradicionais da Hungria e dos Bálcãs.

TTUN TTUN

O *ttun ttun* é um instrumento basco feito de uma caixa oca de madeira, mais estreita no topo (11 cm) do que na base (20 cm). Seu comprimento é de 80 cm e possui seis cordas. O instrumentista apoia a caixa verticalmente no braço e percute as cordas com uma baqueta de madeira. O instrumentista pode tocar o *ttun ttun* com o *txistu*, uma flauta de bisel de madeira com três orifícios, segurando tanto o *txistu* quanto o *ttun ttun* com a mão esquerda e a baqueta na mão direita. Duas das cordas do *ttun ttun* são afinadas na mesma nota que a principal do *txistu* e as outras cordas são afinadas uma quinta perfeita descendente.

GARDON

O *gardon* ou *cello* percussivo (*ütögardon*) é tocado na Hungria e nos Bálcãs. Ele é uma caixa mal-acabada de madeira, em forma de *cello*, com quatro cordas, todas afinadas na mesma nota. Três das cordas são batidas com um bastão e a quarta é tangida tão vigorosamente que ricocheteia no braço do instrumento. O *gardon* soa como um tambor grave e acompanha o violino nas danças.

▼ O *gardon* é geralmente feito de uma peça única de faia, bordo (*maple*) ou salgueiro.

TAMBORES DE MADEIRA FENDIDA

Tambores de madeira fendida, ou de tronco, são encontrados em muitas culturas pré-industriais da África, Australásia, América Central e América do Sul, e do Extremo Oriente. Eles são construídos escavando-se fendas, no sentido longitudinal, num bloco de madeira e são tocados com baquetas ou o pé do instrumentista.

Tambores de madeira fendida são idiofones por não terem membrana. As fendas podem ser feitas deixando-se duas ou mais linguetas de madeira, de diferentes comprimentos e espessuras, que produzem distintas notas quando percutidas. Na África Central, estes são feitos de troncos escavados e usados por chefes de tribos ou nobres proeminentes para transmitir mensagens à longa distância. Também podem ser suspensos em uma armação para aumentar sua ressonância e potência.

▲ *Alguns são feitos de troncos ocos de árvores.*

Um bloco de madeira. ▼

BLOCO CHINÊS E BLOCOS DE MADEIRA

Blocos de madeira são geralmente colocados no exterior de templos no Extremo Oriente para chamar os fiéis às preces. O bloco chinês é um dos menores, muito usado na China, no Japão e na Coreia. Era tocado para acompanhar cantos budistas. Atualmente, é também usado em conjuntos folclóricos. Blocos chineses têm forma bulbosa. Eles podem variar de 5-50 cm de comprimento. Tambores de madeira fendida menores, como o bloco de madeira, também são usados na música ocidental. Os modernos foram usados por Karlheinz Stockhausen (1928-2007) na peça *Gruppen*. São instrumentos populares em salas de aula.

▲ *Um bloco chinês*

PERCUSSÃO

Seção Um: Os Instrumentos 49

PRATOS

Pratos são discos finos de metal, que são tocados batendo-se um contra o outro, ou percutidos por bastões ou baquetas, suspensos em um suporte. Eles são feitos de metal batido e são diferentes dos *crotales* ou antigos pratos, que eram discos metálicos fundidos afinados.

PRATOS TURCOS E CHINESES

Os pratos de ataque suspensos são usados na música orquestral ocidental, rock, pop e jazz, e foram desenvolvidos a partir dos pratos turcos, com uma cúpula central que termina em um corpo convexo. Eles são projetados de forma que apenas as bordas externas se tocam quando são colididos entre si e a nota fundamental é difícil de ser ouvida quando tocados. Os pratos usados na música tradicional do sudoeste da Ásia são tocados como pratos de ataque e desenvolvidos a partir do prato chinês (*bo* ou *jingbo*), que ou não têm cúpula, ou têm cúpula quadrada, que termina em um corpo convexo e uma borda larga e plana. A borda do prato pode ser virada para cima. Pratos turcos têm um som suave e arredondado, e os chineses, um som curto e abrasivo.

▲ Chengcheng, *ou pequeno prato tartaruga balinês.*

HISTÓRIA

Pratos e "chicotes" metálicos são tocados na Ásia Central e antigo Egito desde 1200 a.C., de onde migraram para a Índia e China. Eles aparecem frequentemente na Bíblia, e são também encontrados na arte e literatura antiga da Grécia e

Roma. Pratos antigos tinham tamanhos variados e se assemelhavam a tigela ou funil, ou aos pratos planos como os atuais. Geralmente eram tocados como pratos de ataque, frequentemente por dançarinos. Pequenos pratos de dedos em latão (D: 6 cm) atados ao polegar e indicador – chamado *zagat* em árabe e *zills* em turco – são usados por dançarinos do Oriente Médio, norte da África e Índia desde 500 d.C.

▲ *Pratos de dedo podem ser banhados para terem uma cor prateada ou superfície brilhante.*

OS SONS DOS PRATOS

O prato é fundido, a partir de uma liga de cobre, prata e estanho, em um disco metálico que é reaquecido e passado muitas vezes em um laminador; depois, ele é endurecido na água e martelado para que tome a forma circular. A cúpula é formada e o som individual de cada prato é criado através da martelagem manual do corpo ou arco, e do corte e raspagem de sulcos ou anéis ao longo das bordas e no lado inferior do prato.

▲ *Pratos de ataque suspensos.*

O som do prato deve ser brilhante e de reposta rápida quando percutido. Embora seja um instrumento sem altura definida, a espessura, peso e diâmetro do prato, e a curvatura da cúpula e do arco contribuem para seu timbre. Tipicamente, uma orquestra sinfônica possui quatro ou cinco pratos suspensos e um par de pratos, variando de 30 a 60 cm em diâmetro, que fornecem um repertório adequado de timbres.

Fato

Bater os pratos como se estivesse batendo palmas pode resultar num vácuo entre os pratos – um erro embaraçoso de ser feito no meio da *performance*.

PERCUSSÃO

▲ *Um músico hábil pode obter uma grande expressividade dinâmica com os pratos de orquestra.*

TÉCNICA DE EXECUÇÃO

Os pratos de ataque de orquestra são tocados passando-se a face de um prato contra o outro, em um pequeno ângulo como que os esfregando, e então os abafando contra o peito. Diferentes dinâmicas podem ser obtidas, permitindo que uma parte maior ou menor do prato se choque, e aplicando mais força do corpo à velocidade na qual os pratos são colididos. Deslizando-se a ponta de um prato ao longo do outro se cria um som muito suave sem ataque percussivo. O rulo *a due* do prato é tocado esfregando-se um prato em movimento circular contra o outro.

PRATOS DE ORQUESTRA

A primeira aparição do prato na orquestra foi no final do século XVIII. Algumas partes orquestrais de bombo e pratos foram escritas para serem executadas por um único músico. Um prato de ataque é montado no topo do bombo, permitindo ao músico tocar o bombo com uma mão e o prato com a outra.

Christoph Willibald Gluck (1714-87) compôs uma das primeiras partes independentes para prato em sua ópera *Ifigênia em Táurida* (1779). Berlioz foi o primeiro compositor a especificar um prato percutido com baquetas. Um prato suspenso também pode ser arranhado levemente com uma baqueta de metal ou moeda, como em *La Mer* (1905), de Claude Debussy (1862-1918), ou tocado com um arco de violoncelo ou contrabaixo, que permite aos harmônicos superiores do prato soar, criando um efeito semelhante ao serrote. Adicionando-se rebites frouxos na circunferência do prato suspenso, produz-se prato-chuveiro. Quando percutido, os rebites vibram contra o prato criando um chiado ou zumbido contínuo.

GONGO E TAM-TAM

Gongos e tam-tans são discos suspensos de bronze tocados com uma baqueta. No ocidente, os dois nomes são frequentemente confundidos, pois os instrumentos têm aparência similar e ambos produzem um som grave e rico. Entretanto, o tam-tam não tem altura definida, enquanto o gongo é afinado.

Gongos são usados como instrumentos melódicos por todo o sudeste asiático, especialmente China, Burma e Java, desde 300 a.C. Eles têm diferentes formas. O tam-tam é um disco de metal grande e plano (D: 70-100 cm) com uma borda virada para dentro, ao passo que o gongo normalmente tem uma cúpula central elevada e uma borda mais larga. O tamanho dos gongos também é mais variado do que dos tam-tans. Por exemplo: na China, os gongos variam do *dachaoluo*, que tem 120 cm de diâmetro, ao *goujiaoluo* (gongo do cachorro) de 8 cm de diâmetro.

TAM-TANS

O tam-tam apareceu na orquestra no final do século XVIII, e tem sido frequentemente usado para criar uma atmosfera de terror e melancolia – como em *Robert, o Diabo* (1831), de Giacomo Meyerbeer (1791-1864). O tam-tam é percutido na metade da distância entre o centro e a borda. Para produzir um único som muito alto, o tam-tam pode ser percutido gentilmente algumas vezes para iniciar a vibração do instrumento, para então golpeá-lo com força. Percutir o tam-tam repetidamente com força moderada faz os harmônicos soarem com intensidade crescente, criando um guincho ameaçador.

Tam-tans são geralmente tocados com uma baqueta mole. ▼

PERCUSSÃO

Seção Um: Os Instrumentos

GONGOS

O timbre de um gongo depende das dimensões relativas da cúpula, do arco e da borda, e do ângulo no qual a última está virada. Gongos chineses são martelados em formato de uma peneira plana e nem sempre têm uma cúpula central. A orquestra tradicional chinesa inclui um conjunto de 10 a 20 *yunlo* (gongos nuvem) e o *quing* (bacias de bronze afinadas).

Os gongos javaneses e birmaneses têm cúpula e seu corte transversal tem formato de chaves ({). Eles também têm uma borda larga. Eles são percutidos na cúpula central, onde está o ponto antinodal principal, com baquetas de madeira revestidas em couro ou envolvidas com tecido. Existem vários exemplos de gongos do sudoeste da Ásia que têm um som ascendente quando percutidos. Estes incluem o *jingluo*, que é usado na ópera chinesa, e o *ching* coreano.

▲ Os gongos têm um som claro e ressoante..

SINO DO TEMPLO

No Japão e no Tibete outra forma de gongo é usada em cerimônias budistas. Estes são chamados sinos do templo (*dobachi*), tigelas tibetanas ou tigelas cantoras. Esses gongos são tigelas de bronze marteladas, colocadas numa almofada ou seguradas na mão com a abertura voltada para cima. Eles são percutidos no aro ou, no caso das tigelas tibetanas, esfregadas na borda com a baqueta para criar um efeito de canto sustentado. Esses sinos do templo têm um som puro e são usados como ajuda à meditação.

GAMELÃO

O gamelão é um conjunto de percussão encontrado em toda Indonésia, especialmente em Bali e em Java. O gamelão é formado principalmente por metalofones, xilofones e gongos, e também pode incluir vocais, o *rebab* (uma rabeca de espigão de duas cordas), o *keprak* (um tambor de madeira fendida) e o *kendhang* (um conjunto de três ou quatro tambores de duas peles, em forma de barril). O *kendhang* marca o tempo e dá sinais de início e parada durante a música.

COMPONENTES DO GAMELÃO

Na música de gamelão, as partes tocadas por todos os instrumentos contribuem para o *balungan* ou o fio condutor melódico central da música. Os metalofones e xilofones tocam a melodia principal e os gongos sustentam a estrutura. Em ordem descendente de altura, os instrumentos de

▲ *Uma orquestra de gamelão com kedhang em primeiro plano.*

barra se estendem por cinco oitavas e incluem três diferentes tamanhos de *saron*. Cada um desses tem uma única oitava, feita de barras grossas de metal montadas sobre um ressoador simples em forma de gamela, tocada com baquetas de madeira ou chifre. A família do *saron* toca a versão mais simples do *balungan*. O *gender* e *slenthem* são grandes metalofones com barras metálicas mais finas e vincadas sustentadas por cordões sobre tubos ressoadores individuais. O *gambang* é um xilofone. O *gender* e *gambang* tocam uma elaborada versão do balungan em oitavas paralelas ou padrões complexos entrelaçados.

> **Fato**
> Instrumentos de gamelão e suas caixas são geralmente esculpidos adornadamente e decorados com motivos florais e animais. O gamelão toca em *performances* teatrais, teatro de sombras e de dança tradicional.

Seção Um: Os Instrumentos

▲ *Uma coleção de gongos: de carrilhão e suspensos.*

TIPOS DE GONGO

Os gongos incluem os grandes gongos suspensos, cujas cúpulas apontam para o lado, e os pequenos gongos de carrilhão, que ficam em suportes de corda, numa armação de madeira, com a cúpula apontando para cima. O corte transversal dos gongos suspensos é moldado em forma de chave ({) com uma grande borda curva, inclinada 130° em relação à face do gongo. Eles são tocados com uma baqueta acolchoada ou com a parte carnuda do punho cerrado. Gongos de carrilhão são tocados em conjuntos de 10 a 12 e cada gongo é afinado em uma diferente nota da escala. Eles têm uma borda mais larga e topo mais inclinado do que os gongos suspensos. Eles são moldados como uma panela tampada e, às vezes, são chamados de "gongos-panela" no ocidente. Os carrilhões de gongo são tocados com uma baqueta de madeira enrolada com corda.

PAPEL DO GONGO

Os gongos pontuam a estrutura cíclica da música, dando dicas aurais para os outros músicos. Em ordem ascendente de altura, começando com o mais grave, os gongos suspensos incluem: o *gong ageng* (D: 85 cm), *gong suwukan* (D: 63 cm) e um conjunto de três ou cinco *kempul* (D: 45 cm). Esses gongos sustentam as notas fundamentais no *balungan*. Os carrilhões de gongo incluem o *kethuk* e *kempyang* (D: 25 cm), um conjunto de 10 *kenong* (D: 36 cm) e dois conjuntos de 12 *bonangs* (D: 18 cm). Entre eles, os gongos de carrilhão tocam uma elaboração do padrão dos gongos suspensos, que se entrelaçam com os padrões tocados pelo *gender* e *gambang*.

▲ *Tipos de gongos de carrilhão:* ketuk e bongang.

BATERIA

A bateria é um conjunto de tambores e pratos tocado em todos os tipos de rock, pop, jazz e blues. Também é amplamente utilizado na música urbana mundial, como o *afrobeat* e o *reggae*.

CONSTRUÇÃO DA BATERIA

Uma bateria típica contém um bombo e um chimbal (*hi-hat*) tocados com pedais; uma caixa clara; dois ou três tom-tons; e pratos suspensos. O baterista senta-se num banquinho. O músico destro toca o bombo com o pé direito, o pedal do chimbal com o pé esquerdo e posiciona a caixa clara imediatamente à frente deles, entre os joelhos, com os tom-tons arrumados da esquerda para a direita, do mais agudo ao mais grave. O prato suspenso é colocado ao lado do chimbal e os pratos suspensos de condução, acima dos tom-tons.

▲ *A bateria moderna só se estabeleceu nos anos 1950.*

TAMBORES

Os tambores são construídos como a caixa clara e o bombo orquestral (veja pp. 38 e 41). O bombo (D: 45-60 cm, A: 35-45 cm) é colocado no chão com a pele na vertical. O pedal é preso no aro do tambor. Ele possui uma corrente ou mecanismo de mola e ricocheteia depois de ser golpeado. A pele de resposta pode ser decorada com um logotipo e a cavidade é frequentemente preenchida com material absorvente para abafar o som. Dois tom-tons são montados em um suporte sobre o bombo e o maior deles é apoiado no chão com pezinhos. Os tom-tons não têm altura definida

(D: 20-45 cm, C: 18-40 cm) e são geralmente afinados para soarem mais graves do que a caixa clara.

CHIMBAL *(HI-HAT)*

O chimbal é constituído por dois pratos combinados (D: 30-35 cm) em um suporte operado por pedal. O prato inferior é estacionário e tem a face voltada para cima e, normalmente, não é percutido com a baqueta. O superior tem a face voltada para baixo e é preso ao suporte, se movendo quando o pedal é apertado. O prato superior pode ser tocado em posição aberta ou fechada, escrita como + ou °, produzindo, respectivamente, um chiado curto ou sustentado, conforme os dois pratos vibram um contra o outro. Um ritmo típico de jazz ou *swing* explora essa característica do chimbal (veja diagrama abaixo).

OUTROS PRATOS

Os ritmos são tocados no prato de condução (D: 45-52 cm), projetado para ter uma articulação limpa e timbre seco. Pratos de ataque (D: 20-40 cm) são usados para ataques simples em solos e *fills*, e são construídos para ter um som mais brilhante e ressonante, com uma mistura agradável de parciais harmônicos.

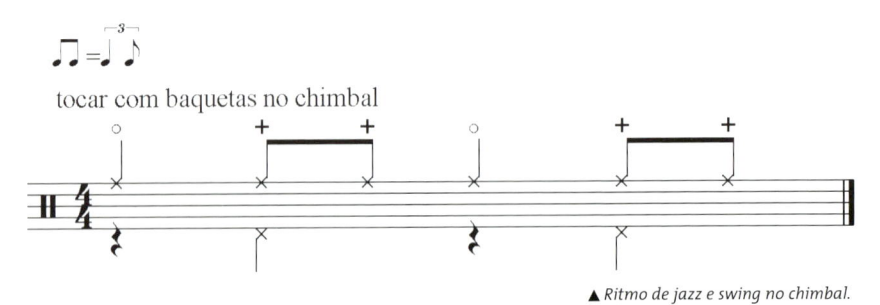

▲ *Ritmo de jazz e swing no chimbal.*

▲ *A principal função do prato de condução (à esquerda) é manter o ritmo.*

Bateristas frequentemente personalizam seu equipamento para incluir tambores ou pratos extras. Esses podem incluir: o prato chinês ou *pang* (D: 35-40 cm), que tem uma borda virada para cima, imitando o gongo chinês; o *splash* (D: 15 cm); e o prato chuveiro. No final dos anos 1970 e 1980, bateristas de *rock arena* como Asia, Kiss, Queen e Styx usavam baterias muito grandes que podiam incluir de 25 a 30 itens, entre eles, dois bombos, dois chimbals, tom-tons extras, bongôs e roto-tons (tom-tons afináveis sem corpo), múltiplos pratos e gongos.

A HISTÓRIA DA BATERIA

A bateria originou-se dos conjuntos de tambores tocados no teatro ou teatro de variedades no final do século XIX. O baterista tocava a parte da percussão com uma combinação de bombo, caixa clara, pratos e tom-tons, adicionando alguns efeitos especiais em uma série de instrumentos, incluindo bloco de madeira, triângulo, pandeiro, castanholas, chicote e apitos.

A bateria moderna surgiu com a invenção dos pedais de bombo e chimbal nas bandas de jazz dos anos 1920, nas quais bateria, baixo, guitarra base, banjo ou piano formavam a seção rítmica. Anteriormente, o bombo e caixa clara eram postos lado a lado e tocados com baquetas, ou o bombo era colocado no chão e chutado (o motivo pelo qual o bombo é chamado de *kick drum* em inglês).

▶ *Carl Palmer e a grande bateria personalizada do Asia.*

O chimbal original operado por pedal, ou *low-boy*, ficava no chão, o que tornava impraticável tocá-lo com baquetas. O *hi-hat*, que coloca os pratos na altura do peito, foi desenvolvido por Gene Krupa (1909-73) – baterista na orquestra de Benny Goodman, que tocou o famoso solo de bateria em "Sing Sing Sing" – e a companhia de pratos Zildjian, no final dos anos 1930. As vantagens desse novo chimbal foram rapidamente reconhecidas pelos bateristas e o *hi-hat* tornou-se item padrão da bateria.

RITMO

O pulso, tocado no bombo e chimbal com os pés, fornece a base da maior parte dos ritmos de bateria. O baterista adiciona a parte da caixa clara com a mão esquerda e do prato com a direita, tocando tanto o chimbal quanto o prato de condução. A improvisação é o aspecto chave da execução da bateria, e o baterista pode variar o ritmo, adicionando algumas batidas extras no bombo e na caixa clara.

O baterista também pode variar o ritmo, alternando os sons da caixa clara e do prato. Estes sons incluem: um estalo na caixa clara, deitando a baqueta através do tambor para bater, simultaneamente, o aro e a pele; uso de vassourinhas ou baquetas de ratã. A cúpula do prato pode ser utilizada para imitar uma caneca (*cowbell*). No rock progressivo, na música latina e no jazz, o baterista frequentemente toca ritmos mais complexos entre o bombo e a caixa.

▼ *A bateria fornece a base rítmica em qualquer banda.*

SOLOS E *FILLS*

Pequenos *fills* e longos solos de bateria são adicionados para variar o ritmo e formar a estrutura da música. No rock, pop, blues e a maior parte da bateria do jazz, os *fills* são tocados a cada quarto, oitavo ou décimo sexto compasso e são contados para terminar no primeiro tempo da frase seguinte.

Solos mais longos podem ser construídos a partir dos rudimentos de caixa clara, em toda bateria, desenvolvendo ritmos já tocados na peça musical e improvisação livre. Rudimentos de caixa são desenvolvidos, dividindo-os entre a caixa, o bombo e os tom-tons, adicionando *flams, drags* e *ruffs*, e padrões sincopados de acentuação.

▼ Keith Moon é um mestre do solo extenso de bateria.

Longos solos de bateria são encontrados em muitos estilos musicais, e tornaram-se uma característica do *swing* e do jazz, baseados no trabalho de Gene Krupa, Buddy Rich (1917-87) e Art Blakey (1919-90), que utilizaram completamente as diferentes sonoridades disponíveis na bateria. Bateristas de rock nos anos 1960 e 1970 – incluindo John Bonham (1948-1980), do Led Zeppelin; Phil Collins (1951), do Genesis; e Keith Moon (1946-78) – desenvolveram extensos solos de bateria, como em "Moby Dick", do Led Zeppelin, o qual John Bonham podia estender por 30 minutos em *performances* ao vivo.

IDIOFONES DE LÂMINAS

Idiofones de lâminas incluem: os ocidentais xilofone, marimba, vibrafone e *glockenspiel*; os xilofones de tronco e marimbas da África e América Central; e os instrumentos de lâminas tocados no gamelão indonésio.

▲ *Xilofone de bambu, parte da orquestra de gamelão.*

O xilofone orquestral, marimba e *glockenspiel* têm finas lâminas retangulares de madeira ou metal, dispostas como no teclado cromático do piano. A fileira traseira de lâminas – os sustenidos e bemóis – são erguidas sobre as dianteiras. As lâminas do xilofone e marimba são suspensas por uma corda colocada entre pinos. As lâminas do *glockenspiel* são sustentadas por pinos de borracha. Os idiofones de lâminas são tocados com baquetas de cabo de plástico ou taquara, e pontas pequenas ovais ou redondas feitas de plástico, borracha, madeira ou latão. As baquetas de marimba são comumente enroladas com fios.

AFINAÇÃO

As lâminas desses idiofones são retangulares com o lado inferior curvado para assegurar que a lâmina fique afinada na nota correta. A afinação é obtida usando-se lâminas mais finas e longas para as notas graves, e mais grossas e curtas para as agudas. Uma afinação fina é obtida removendo-se material do centro do lado inferior da lâmina para abaixar a afinação ou preenchendo-se as extremidades da lâmina para subir a afinação. Qualquer dano à lâmina resulta na perda da afinação real e prejudica sua sonoridade.

Para se obter um som ressonante, a lâmina é percutida na extremidade, ou no centro, que são os pontos de máxima vibração (antinodos) das ondas sonoras produzidas pela lâmina. Orifícios para suporte são perfurados nos pontos nodais da lâmina, onde ela não ressoa.

▲ Tessituras típicas do xilofone de orquestra, marimba e glockenspiel.

RESSOADORES

Xilofones de orquestra, marimbas e alguns *glockenspiel* têm tubos ressoadores verticais com fundo fechado, que são colocados embaixo de cada lâmina. Cada ressoador é afinado na mesma frequência fundamental da lâmina, amplificando o som. Entretanto, as vibrações combinadas da lâmina e da coluna de ar do ressoador resultam em um ataque sonoro forte e decaimento rápido. Isso dá ao xilofone e marimba, um som relativamente curto. Os ressoadores aumentam de tamanho à medida que a nota da lâmina se torna mais grave. Em uma marimba de $4^{1/3}$ oitavas, eles variam de 6,25 cm (*Dó 5*) até 71 cm (*Lá 1*). Os xilofones de concerto e marimbas podem ter um conjunto de ressoadores postiços na lateral do instrumento, voltado para a plateia. Estes, geralmente, estão dispostos em arco, com longos ressoadores na parte superior e na parte inferior. Estes são ainda afinados de maneira normal, mas os ressoadores no topo são estendidos abaixo da parte fechada do tubo.

▲ *Um xilofone com ressoadores que amplificam o som.*

Seção Um: Os Instrumentos

▲ A percussionista Evelyn Glennie demonstra sua técnica deslumbrante.

TÉCNICAS DE EXECUÇÃO

Para o percussionista ocidental é importante ser proficiente nos idiofones de lâminas. Estes são tocados com pinça moderna e o instrumentista precisa desenvolver uma boa memória, a fim de mover-se fluentemente pelo teclado. Existe uma distância considerável entre as notas, especialmente na extremidade grave do instrumento, e o instrumentista precisa ter certeza que percute a parte certa da lâmina. Isso é especialmente válido para passagens impetuosas e rápidas, como o solo de xilofone no início da abertura de *Porgy and Bess* (1934-35), de George Gershwin (1898-1937).

Instrumentistas frequentemente treinam tocar o rulo simples de modo suave e uniforme – eles precisam fazer com que um instrumento, que naturalmente tem um decaimento rápido, soe suave e contínuo quando tocando passagens em *legato*. A marimba e o vibrafone também podem ser tocados com quatro baquetas –

Idiofones de lâminas são geralmente tocados com duas ou mais baquetas. ▲

duas em cada mão – para tocar acordes de até quatro notas. Elas também podem ser tocadas com rulo simples ou com *tremolo*, com as mãos balançando o par de baquetas, criando um efeito tremulante. Um rulo também pode ser tocado em uma única tecla com uma mão, mantendo o par de baquetas sobre e sob a tecla, movendo-as para cima e para baixo.

GLOCKENSPIEL

O *glockenspiel* (C: 65 cm, 43 cm de largura na extremidade grave e 20 cm na aguda) tem lâminas de metal colocadas sobre tiras de feltro. As lâminas podem ficar em uma caixa rasa de madeira ou ter ressoadores. Alguns *glockenspiel* de orquestra têm também um pedal de abafamento. Como as lâminas de metal soam por um tempo relativamente longo, ele geralmente não toca rulos. Até o século XIX, o *glockenspiel* de orquestra era operado por meio de um teclado. O *glockenspiel* é frequentemente usado para representar sons delicados, como sininhos, caixinhas de música, fadas e pássaros – como na "Dança das Horas", em *La Gioconda* (1876), de Amilcare Ponchielli (1834-86).

XYLOPHONE

O xilofone (C: 140 cm, 70 cm de largura na extremidade grave e 33 cm na aguda) e a marimba (C: 200 cm, 90 cm de largura na extremidade grave e 40 cm na aguda) originaram-se do xilofone de troncos africano, chamado de *balafon* (Guiné), *gyil* (Gana) e *amadinda* (Uganda). O xilofone de troncos tem entre 7 e 21 lâminas de madeira suspensas em uma armação de bambu sobre ressoadores de cabaça.

Os xilofones de troncos apresentam várias tessituras, aproximadamente equivalente às versões soprano, alto, tenor e baixo do instrumento. Xilofones de troncos e marimbas são tocados por músicos profissionais ou *griots*[2]. Instrumentos maiores podem ser tocados por um par de músicos sentados de cada lado do instrumento, em padrões repetitivos entrelaçados.

---

[2] N. do T. Contadores africanos de histórias

HISTÓRIA

A primeira aparição do xilofone na Europa se deu no início do século XVI, tornando-se um instrumento folclórico popular na Europa Oriental. Ele era suspenso por um talabarte vestido pelo instrumentista, ou posto sobre a palha, dando seu nome alternativo de *strohfiedel* ("rabeca de palha"). Frequentemente, nas iluminuras, ele aparece sendo tocado pelos mortos – um fato explorado por Camille Saint-Saëns (1835-1921) em sua representação de esqueletos dançantes na *Dança Macabra* (1874). Tornou-se um instrumento de orquestra no século XIX, mas foi usado como instrumento solo na orquestra do século XX – como na *Música para cordas, percussão e celesta* (1936), de Bartók, e na música de Stockhausen, Dimitri Shostakovich (1906-75), Sergei Prokofiev (1891-1953) e Pierre Boulez (1925).

▲ *Xilofones de troncos como esses são proeminentes em muitas músicas africanas.*

MARIMBA

A marimba foi, aparentemente, pouco conhecida na Europa até a fabricação de instrumentos orquestrais a partir de 1910, mas tornou-se progressivamente popular entre os compositores, a partir da Segunda Guerra Mundial, especialmente na música de Olivier Messiaen (1908-92) e Toru Takemitsu (1930-96).

Fato
A marimba é um popular instrumento folclórico na América Central, onde chegou com os escravos do oeste e sul da África. É o instrumento nacional da Guatemala.

Tem um som tenro e ressonante, distinto do som mais seco e quebradiço do xilofone. Embora seja relativamente um instrumento novo na música clássica ocidental, o trabalho de percussionistas como Colin Currie (1976), Evelyn Glennie (1965) e Adrian Spillet (1978) – que encomendaram e gravaram novas obras para idiofones de lâminas – deram a ele um extenso repertório original e arranjado.

CELESTA

A celesta é um tipo de *glockenspiel* de teclado, com uma extensão de quatro oitavas acima do *Dó* central e um pedal de abafamento como o do piano. Dentro do corpo do instrumento existe uma série de lâminas de metal, cromaticamente afinadas, que são percutidas por martelos de feltro quando o instrumentista toca o teclado.

A CRIAÇÃO DA CELESTA

A celesta foi inventada em 1886 por Auguste Mustel, um construtor parisiense de instrumentos que também fabricava harmônios e órgãos portáteis. Ela foi criada numa época em que o interesse por novos instrumentos de teclado era grande. O pai de Mustel, Victor, inventou o *typophone* (1865), um piano de diapasão, que usava o mecanismo de martelos do piano para tocar garfos ou forcados afinados de metal em vez de lâminas.

Auguste tomou o *glockenspiel* de teclado do século XVIII (usado pelos sinos de Papageno em *A Flauta Mágica*, 1791, de Mozart) e adicionou uma caixa de ressonância para cada tecla de metal. Ele também melhorou o mecanismo de martelos, de forma que a celesta podia ser tocada como um pianoforte. Isso deu ao instrumento um som mais ressonante e doce do que do *glockenspiel*, assim como maior capacidade de tocar música mais complexa.

▼ *Quando tocada, a celesta soa uma oitava acima do que a escrita.*

MÚSICA PARA CELESTA

A celesta foi usada pela primeira vez por Piotr Ilyich Tchaikovsky (1840-93) para representar a fada do torrão de açúcar no balé *O Quebra-Nozes* (1891-92). Ela é capaz de criar uma variedade de efeitos etéreos, tocando cadeias de acordes e *arpeggios* com grande agilidade. A celesta é usada extensivamente na música de Bartók, na *Sexta Sinfonia*, de Mahler, e em "Mercúrio", da suíte *Os Planetas* (1914-16), de Gustav Holst (1874-1934).

PERCUSSÃO

KALIMBA (MBIRA)

Como as harpas de boca e a caixinha de música, a *mbira* africana ou kalimba é um lamelafone, no qual o som é produzido tangendo-se linguetas ou chapas metálicas.

A kalimba tem entre 22 e 52 finas linguetas de metal, arranjadas em duas ou três camadas em uma tampa de ressonância de madeira dura. A maior das linguetas é colocada no meio do instrumento, com as notas mais agudas irradiando para fora. A tampa de ressonância age como um amplificador e geralmente é colocada dentro de uma grande cabaça (*deze*), que é o ressoador. Tampas de garrafa e conchas de moluscos são muitas vezes anexadas à cabaça ou ressoador, criando um zumbido quando a kalimba é tocada. Algumas kalimbas têm linguetas colocadas em uma caixa de madeira, que age como tampa e caixa de ressonância. Cada lingueta metálica é tangida com o polegar e o dedo indicador de cada mão. Muitas kalimbas podem tocar juntas em um conjunto, e são frequentemente acompanhadas por tambores e chocalhos (*hosho*).

MÚSICA PARA KALIMBA

A kalimba é tocada em cerimônias religiosas e reuniões sociais. O povo Shona, do Zimbábue, acredita que a música da kalimba coloca o mundo dos vivos em contato com o dos espíritos. Tocadores de kalimba experientes, ou *vana gwenyambira*, tocam para convencer os espíritos a transformar os membros da comunidade em médiuns, de forma que os espíritos podem aconselhar e proteger os vivos. A música para kalimba é cíclica e construída em muitas camadas de ideias melódicas entrelaçadas, que se combinam para criar um efeito hipnótico.

▲ *A kalimba tem extensão de três ou mais oitavas.*

SINOS

Os sinos são característicos de cerimônias e rituais. Eles são usados na meditação e prece, e marcam eventos significativos como funerais e casamentos. Sinos são usados para delimitar o horário em nossas vidas diárias – aparecendo como sinais de alerta, carrilhões mecanizados de relógios e despertadores.

No Japão, os sinos dos templos *bonsho* são soados 108 vezes ao final do ano velho para afastar preocupações mundanas e os pecados. Prédios públicos também são decorados com sinos suspensos, como o conhecido como "Big Ben" (13.760 kg), na torre que faz parte do Parlamento em Londres.

CONSTRUÇÃO

Os sinos podem ser feitos de madeira, pedra, vidro ou terracota, embora metal seja o material mais comum. Eles geralmente são fundidos em bronze. O formato varia de sinos esféricos ou guizos, rasos em forma fungiforme, até o clássico sino de igreja com a boca larga.

A forma do sino influencia seu timbre. Sinos que são transversalmente uniformes ao longo do corpo, como os sinos de templo japoneses e chineses (*bianzhong*), têm um ataque lento, mas um longo decaimento, que permite o seu som viajar longa distância. Um sino cônico com uma boca exagerada, como o sino ocidental de igreja, tem um ataque muito forte e um som agudo. Sinos verdadeiros são afinados em notas específicas.

▲ *O som de um sino como esse pode viajar por quilômetros.*

PERCUSSÃO

▲ *Sinos altamente ornamentados em um templo chinês.*

FUNDIÇÃO DE SINOS

Sinos são usados no sudoeste asiático desde 2000 a.C. e acredita-se que foram os chineses que desenvolveram a sua técnica de fundição. Um sino de metal é fabricado entre um molde formado por uma parte externa (manto) e uma interna (caroço). Em tempos pré-industriais, os sinos eram feitos a partir de um modelo de cera, que era revestido com camadas de argila e assado em um buraco, o que permitia o derretimento da cera e sua drenagem, e deixava um molde em barro cozido dentro do qual o metal líquido era despejado. Uma vez que o metal resfriava, a afinação do sino era feita numa mesa giratória, com a boca para cima, onde pequenas quantidades de metal eram raspadas de suas paredes internas. Então, ele era limpo e polido.

NOTA E AFINAÇÃO

O som do sino tem cinco elementos principais. O "bordão", que é o parcial afinado mais grave e que dura mais tempo quando o sino é tocado. Uma oitava acima do "bordão" está a "fundamental", a nota mais proeminente, que é ouvida quando o sino é tocado. Três harmônicos acima – a "terça", a "quinta" e a "nominal" – uma terça menor, quinta perfeita e oitava, respectivamente, acima da "fundamental". Uma vez afinado na fundição, um sino não necessita mais de afinação e, desde que não seja danificado, ela se manterá indefinidamente.

Diferentes culturas musicais preferem sinos afinados de diferentes formas. Sinos russos, por exemplo, são construídos para soar em uma nota em particular, mas não têm ajustes finos como é comum nos sinos europeus. Antigos sinos chineses são construídos para tocar duas notas. Batendo-se o sino em diferentes pontos ativa-se ou suprime-se o "bordão", fazendo-se o sino soar mais grave ou agudo.

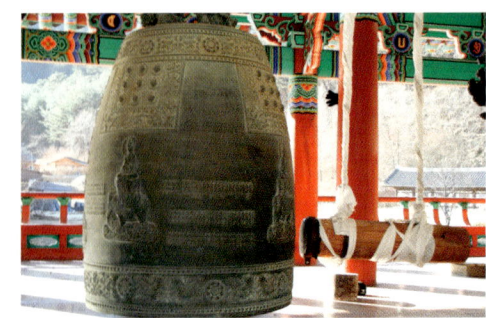

▶ *Bonsho são enormes sinos encontrados em templos budistas.*

Manual Ilustrado dos Instrumentos Musicais

▲ Um monge butanês com sinetas dança em um festival religioso.

EXECUÇÃO

Sinos podem ser tocados por um badalo suspenso em seu interior. Aqueles suspensos em uma torre, ou são montados em uma roda girada por uma corda – comum em igrejas inglesas e america-nas – ou o sino permanece estacionado e é tocado pelo badalo, que é movimentado de um lado a outro por um cabo de extensão – como em muitas igrejas da Europa Oriental. Sinos também po-dem ser tocados mecanica-mente ou manualmente, no lado externo, com um mar-telo ou um tronco suspenso. Os grandes sinos de templos budistas ou *bonsho* são tocados dessa forma.

PERCUSSÃO

SINETAS

Sinetas são comuns por toda a Índia, o Japão e a China, e aparecem em registros indianos desde 3000 a.C. Elas chegaram à China por volta de 1600 a.C.; no Japão, no século VI d.C. e apare-ceram na Europa no século VIII, provavelmente por intermédio dos missionários cristãos retornando da Ásia Sinetas afinadas em conjuntos, com alças de couro e badalos de mola, foram introduzidas no Reino Unido no final do século XVII. Torneios, no século XIX, desenvolveram ainda mais essa arte e após algum declínio no século XX, as sinetas agora gozam de uma popularidade mundial. Dentro de um coro de sinetas, cada músico toca quatro ou cinco sinos de um conjunto cromático, que pode estender-se por até três oitavas.

Seção Um: Os Instrumentos

SINOS TUBULARES

Os sinos tubulares, também conhecidos como carrilhões de orquestra, são um conjunto de tubos afinados com acabamento cromado, suspensos verticalmente em um suporte com pedal de abafamento.

A extensão ideal para um conjunto cromático de sinos tubulares é de uma oitava e meia acima do *Dó* central (*Dó 3-Fá 4*), pois as notas acima e abaixo dessa extensão são difíceis de serem afinadas com precisão. Cada tubo tem cerca de 5-6 cm de diâmetro e varia de 75 cm (*Fá 4*) a 155 cm (*Dó 3*) de comprimento. O tubo é coberto em sua extremidade superior com um disco reforçado de metal. Também é percutido em sua extremidade fechada com um martelo de madeira ou de couro cru.

▲ *Pode levar anos para tornar-se mestre nos sinos tubulares..*

COMPOSIÇÕES PARA SINOS TUBULARES

Sinos tubulares foram inventados no final do século XIX como um substituto para os sinos de igreja na música orquestral, como na abertura de *1812* (1880), de Tchaikovsky. Embora as casas de ópera na Rússia e na Europa continental abrigassem seus próprios conjuntos de sinos de igreja para obras como *Guilherme Tell* (1829), de Rossini, era caro e incômodo para orquestras em turnê viajarem com esses instrumentos.

No século XX, compositores começaram a escrever idiomaticamente para os sinos tubulares, como na *Sinfonia Turangalîla* (1948), de Messiaen, e *The Turn of the Screw* (1954), de Benjamin Britten (1913-76). Os sinos tubulares também são usados ocasionalmente na música pop – o exemplo mais famoso é a música-título do álbum *Tubular Bells* (1973), de Mike Oldfield (1953), que foi usada na trilha sonora do filme *O Exorcista*.

TAMBORES DE AÇO

Tambores de aço ou *steel drums* são instrumentos caribenhos, originalmente feitos de tambores de óleo trabalhados e afinados. Eles se originaram em Port of Spain, Trinidad.

AS ORIGENS DOS TAMBORES DE AÇO

No final dos anos 1930, a população local começou a usar objetos descartados de metal, como latas de comida e parte de motores nos carnavais e outras celebrações, após as autoridades britânicas terem banido o uso de tambores de pele e outras percussões, por serem usados por gangues de rua para incitar a violência.

Diz a lenda que foi Winston "Spree" Simon (1930-76) que, em 1942, descobriu que os pontos amassados no topo dos tambores de óleo produziam sons de altura definida. Ele criou um *ping-pong* ou "panela melódica" de 14 notas, martelando o topo do tambor de óleo para produzir uma escala diatônica, e tocou esse instrumento no primeiro carnaval do pós-guerra celebrado em Trinidad, em 1946. Outros músicos copiaram sua inovação criando tambores de diferentes tessituras e bandas de tambores de metal afinados tornaram-se populares por toda a ilha. Até 1951, o Trinidad All Percussion Steel Orchestra – que representou Trinidad no *Festival of Britain*, em Londres – tocava tambores cromáticos e tambores baixo

CONSTRUÇÃO

Os instrumentos modernos são feitos de tambores de aço especialmente construídos ou barris de petróleo de 45 galões (204,5 litros). Primeiro, o fundo do barril é batido até adquirir uma forma côncava para esticar o metal. As áreas que serão afinadas em notas individuais são marcadas com um cinzel – que delineia os limites entre as notas – num processo conhecido como "sulcar" (*grooving*).

AFINAÇÃO

O metal é temperado e o corpo do barril é cortado no tamanho necessário *(skirt)*, que varia de 14 cm para o tambor de aço mais agudo e 85 cm para os baixos. O tambor é afinado martelando as depressões onde o fundo foi marcado. Notas graves requerem depressões maiores, de forma que tambores baixos

▲ *Construtores de tambores de aço podem passar 10 anos na aprendizagem.*

podem ter apenas três ou quatro notas, enquanto os tenores ou principais podem ter até 29 notas. Tocar o tambor pode resultar na perda de afinação se a superfície for danificada, mas ele pode ser reafinado para recuperar a afinação original. Depois da afinação fina, o tambor é coberto de cromo ou zinco para que seja protegido da ferrugem.

EXECUÇÃO

Ele é tocado com baquetas de borracha e o menor tambor é suspenso por um suporte. Como o som do tambor tem decaimento curto, ele é geralmente tocado com um *tremolo* de rulo de xilofone ou padrões rítmicos repetidos para sustentar o som. O esquema de notas não é consecutivo como no piano ou no xilofone. As notas estão dispostas em círculos concêntricos em volta do tambor com as notas adjacentes em intervalos de quartas perfeitas (D, G, C, F etc.) no sentido horário.

◀ *Quanto mais grave o tambor, menos notas ele terá.*

CONJUNTOS

Tipicamente, um conjunto de tambores de aço tem entre 4 e 10 instrumentistas. A música é organizada em melodia e contramelodia, tocada pelo tenor, contratenor e segunda dupla de tambores; a harmonia, com acordes "batidos", é tocada pelos tambores cello e guitarra; e o baixo tocado pelos tambores baixo. Tambores mais graves são tocados em conjuntos de dois ou mais.

Os conjuntos comumente incluem uma seção rítmica, ou "casa das máquinas", que inclui uma bateria, congas e outros instrumentos feitos de "objetos já prontos", como a raspadeira metálica e percussão de ferro – um disco metálico que era originalmente o tambor de freio de um veículo.

TAMBORES DE AÇO NA COMPOSIÇÃO

Em 1992, o tambor de aço foi declarado o instrumento nacional de Trinidad e Tobago. Muitos instrumentistas e arranjadores, como Len "Boogsie"' Sharpe (1963) e Ken "Professor" Philmore (1959), fizeram adaptações na afinação e fabricação dos tambores, e exploraram novas áreas de repertório.

A música dos tambores de aço tornou-se popular com a difusão dos imigrantes caribenhos na América do Norte e Europa, onde é tocado por muitas bandas e em carnavais, como o de Notting Hill, em Londres. Os conjuntos de tambor de aço foram particularmente populares nas escolas britânicas durante os anos 1970 e 1980, quando um interesse crescente em incluir música pop e *world music* no currículo escolar possibilitou o aprendizado dos alunos em instrumentos como o tambor de aço. Desde que Winston Simon tocou "God Save the King" e "Ave Maria", de Franz Schubert (1797-1828) em sua estreia em 1946, o repertório desses conjuntos sempre inclui uma combinação de canções populares, jazz, hinos, calipsos e trechos de peças eruditas.

▶ Bandas de tambor de aço são populares nos carnavais.

PERCUSSÃO

CHOCALHOS

Chocalhos são instrumentos de percussão não afinados encontrados em todas as culturas musicais. Eles são usados de muitas formas na música, cerimônias religiosas, danças e outras atividades. Eles são frequentemente de construção simples e podem ser feitos com materiais naturais.

Os chocalhos consistem num corpo abrigando diversas pequenas bolinhas ou sementes, que se chocam contra as paredes internas do instrumento quando este é agitado ou percutido, como a maraca, ou tocados da mesma forma, porém com os objetos que produzem o som, no lado externo do instrumento, como a *quijada* latino-americana – o maxilar de um burro ou cavalo, agitados de forma que os dentes tinem. Um chocalho pode também ter guizos de metal, concha, pedra ou vidro.

Chocalhos podem ter cabos como o chocalho infantil ou todo o corpo do instrumento pode ser agitado, como o pau de chuva chileno. Ele é um ramo seco e oco de cacto, com os espinhos martelados em um padrão espiral, que é então preenchido com pedrinhas, e tem as extremidades tampadas e seladas. Virar o bastão faz com que as pedras escorram sobre os espinhos produzindo o som de uma chuva fraca.

GUIZOS OU SINETAS FECHADAS

Chocalhos são usados em inúmeras atividades extramusicais. Guizos são usados por dançarinos por toda Ásia e África, e também em arreios animais. No guizo, a parte externa envolve o badalo ou bolinhas. Eles são geralmente pequenos, e muitos podem ser colocados juntos e amarrados a uma tira ou cabo – trenó de sinos orquestrais consistem em 10 a 20 chocalhos. Registros arqueológicos indicam que os chocalhos eram usados desde

▲ *Instrumentos de percussão não afinados: chocalho nativo americano (acima); xequerê (esquerda).*

a pré-história, também como taslimãs.

MARACAS

Chocalhos como maracas, o ganzá e o xequeré (afoxé, *cabasa*) são amplamente usados na música tradicional africana e na música latino-americana, pop e jazz com influência latina. Maracas são um par de chocalhos feitos de madeira, metal ou cocos. Eles são usados para dar um pulso constante em uma grande variedade de danças latino-americanas. Embora fáceis de tocar, o instrumentista precisa desenvolver a técnica de sacudir as bolinhas como uma massa única, para criar um som mais compacto, para que o ritmo da maraca possa ser ouvido claramente.

▲ *A maraca é parte integrante de qualquer banda latino-americana.*

GANZÁ E XEQUERÉ

O ganzá (xique-xique, tubo) é similar às maracas – um tubo preenchido com bolinhas, que é mantido de lado para assegurar uma distribuição igual destas quando tocado. O xequeré (*afuche, xequebum*) é uma cabaça com contas e pequenas conchas amarradas na parte externa, e é uma mistura de reco-reco (ver p. 78) com chocalho. Xequerés feitos de material natural como os brasileiros normalmente têm contas costuradas em uma fina rede em volta da cabaça, enquanto um xequeré de metal é feito com colares de contas metálicas. Ele é tocado com uma mão na cabeça do instrumento, fazendo com que as contas girem em um sentido, enquanto o cabo é girado no sentido oposto.

▶ *Um xequeré (afoxé).*

PERCUSSÃO

Seção Um: Os Instrumentos

PERCUSSÃO

RASPADORES

Como sugere o nome, um "raspador" consiste em uma superfície sulcada que é raspada com um bastão. Instrumentos raspados são comuns na África, na América Central, na América do Sul e no Caribe, e são tocados com bastões, pentes ou varetas.

▼ *Um* güiro.

GÜIRO

O *güiro* ou reco-reco (raspador, casaca) originou-se na África e é feito de um bambu sulcado. Na América Latina, ele geralmente é feito de uma mola metálica. O raspador, um tubo enrugado de ferro laminado galvanizado, é o membro robusto da "casa das máquinas" de uma banda de tambores de aço.

TÁBUA DE LAVAR (*WASHBOARD*)

A tábua de lavar foi um instrumento popular no jazz dos anos 1920. Ele também foi usado na música folclórica dos estados sulistas da América e no *skiffle* – todos estilos de música famosos por usar instrumentos feitos em casa. Ele é, literalmente, uma tábua de lavar antiquada com uma estrutura de madeira (L: 30 cm, C: 45 cm), no qual são montadas saliências de metal galvanizado. Pode ser pendurado no pescoço do instrumentista, como o colete de tábua de borracha usado no *cajun* ou *zydeco*, em que os instrumentistas usam dedais de metal e raspam o instrumento em um padrão rítmico. Em uma *jug band*, a tábua de lavar é golpeada com vassourinhas domésticas, ou a de metal usada na caixa clara. Fornece um contratempo constante, como o uso do chocalho na música latino-americana, e pode substituir o baterista em uma banda. Podem ser adicionados ainda pequenos instrumentos de percussão, como o prato, o bloco de madeira ou a caneca à tábua de lavar.

INSTRUMENTOS DE MADEIRA

PERCUSSÃO

Muitas culturas musicais utilizam bastões de concussão de madeira. Sua história vem desde o antigo Egito e Mesopotâmia, e eles são tocados pelo povo aborígine da Austrália.

Esse grupo de instrumentos inclui pares de bastões percutidos juntos como claves (L: 3 cm, C: 20 cm), que são pinos cilíndricos de madeira amplamente usados na América Latina, no jazz, na música pop e na música erudita. Eles também podem ser placas de madeira batida uma na outra, como o *yotsutake* japonês ou recipientes ocos e rasos como as castanholas espanholas.

CHICOTE E *SLAPSTICK*

As superfícies que se batem podem ser articuladas ou amarradas juntas, como no chicote de orquestra ou *slapstick*, que consiste em duas peças finas e estreitas de madeira, articuladas em uma extremidade. O chicote é tocado com ambas as mãos – um estalo é produzido fechando-se as suas peças de madeira fortemente. O *slapstick* tem uma dobradiça de mola, assim a peça superior de madeira golpeia a inferior quando o instrumento é movido repentinamente. Este é um efeito usado amplamente em música orquestral desde o século XIX, como no *Concerto para Piano em G Maior* (1931), de Ravel. Ele também foi um instrumento popular em bandas de teatro e por bateristas acompanhando filmes mudos.

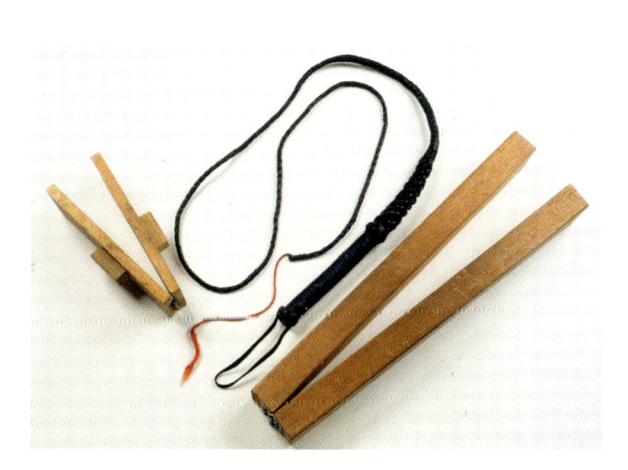

◄ *Claves (no alto) e claves africanas (acima).*

◄ *Uma variedade de chicotes de orquestra.*

CASTANHOLAS

Castanholas são instrumentos folclóricos ciganos e são tocados com grande talento por dançarinos flamencos espanhóis. Eles podem, de fato, ser a versão local em madeira, dos pratos de dedo de metal levados à Espanha pelos conquistadores mulçumanos por volta de 700 d.C.

> ### Fato
> Instrumentos de madeira podem ser mecanizados, como a catraca, em que uma roda dentada abaixa linguetas finas de madeira contra um conjunto de raios, à medida que seu cabo é virado. Catracas são usadas para espantar aves e eram tocadas no lugar do sino nas igrejas católicas romanas durante a Semana Santa.

Castanholas são um par de conchas redondas de madeira, feitas de ébano ou pau-rosa, unidas por uma corda. As castanholas são mantidas nas palmas das mãos, com a corda amarrada em volta do polegar, e são tocadas batendo-as, umas às outras, com os dedos. Tradicionalmente, a castanhola grave (*macho*) é tocada com quatro dedos na mão direita, e a fêmea aguda (*hembra*), na mão esquerda com dois dedos.

Artistas criam ritmos complexos alternando as batidas dos pares de castanholas.

Percussionistas de orquestra podem não saber tocar as castanholas desta forma. As castanholas de orquestra usadas em peças como *O Sombreiro de Três Pontas* (1919), de Manuel de Falla (1876-1946), e são geralmente tocadas contra o joelho ou se usa uma máquina, na qual o par de castanholas é montado em um bloco de madeira, mantido aberto por um mecanismo de mola. Os instrumentistas tamborilam as castanholas com os dedos.

▶ No flamenco, castanholas são conhecidas como *palillos* (pauzinhos).

INSTRUMENTOS DE METAL

Uma variedade de instrumentos de percussão de metal é encontrada na orquestra ocidental, muitos dos quais têm origem antiga e global.

TRIÂNGULO

O triângulo é uma barra fina de metal, circular em corte transversal, dobrada em um triângulo equilátero (18 cm de lado), com um canto aberto. Ele é tocado com uma barra de metal e é suspenso por um laço de corda. O triângulo foi originalmente um sistro – um dos mais antigos instrumentos de percussão. O sistro é uma armação de metal em forma de "U" com várias barras e forquilhas incorporadas, que sustentam guizos, discos e anéis de metal que tinem juntos quando o instrumento é agitado. Os primeiros registros arqueológicos dos sistros aparecem no Egito antigo, Suméria e Babilônia em 2500 a.C., e são encontrados na Malásia e Melanésia. O triângulo, como conhecemos hoje, apareceu primeiramente na Europa no final do século XIV, quando era um sistro de forma triangular com anéis presos.

O triângulo de orquestra – sem anéis – apareceu no século XIX e foi usado para dar brilho às orquestrações, como no *Concerto para Piano nº 1* (1853), de Franz Liszt (1811-86), e na Dança de Anitra, da suíte *Peer Gynt* (1876), de Edvard Grieg (1843-1907). Compositores eruditos incluíram o triângulo para criar efeitos turcos, mas para isso devem ter sido usados triângulos com guizos, que podem ser sacudidos ou percutidos (ver p. 42).

Fato
Iluminuras em manuscritos indicam que várias formas de triângulo foram usadas em cerimônias religiosas, embora escritores da época reclamassem que seu ruído era frequentemente uma distração aos fiéis.

TOCANDO O TRIÂNGULO

Embora seja um instrumento simples, o triângulo é difícil de ser bem tocado. Ele produz uma variedade de timbres. O som mais puro é produzido percutindo-o o mais próximo possível do canto superior, que requer do instrumentista uma boa mira para atingir uma pequena área. Tocar ritmos mais complexos requer o uso de dois bastões e precisa-se ter cuidado para interromper o rodopio do triângulo, em volta do seu cordão, a cada batida do bastão. Ele pode ser pendurado no dedo esticado do instrumentista e tocado aberto ou fechado (abafado). O abafamento é feito com os outros dedos da mão. Um rulo ou *tremolo* é tocado tanto como rulo simples com dois bastões ou, mais comumente, movendo a ponta do bastão rapidamente de um lado para o outro dentro de um dos cantos.

BIGORNA

A bigorna produz um efeito sonoro usado na música orquestral para imitar o utensílio do ferreiro. Talvez sua aparição

▲ *O som do triângulo se sobressai mesmo em grandes orquestras.*

mais famosa seja ouvida em *O Ouro do Reno* (1876), de Wagner, e no *Coro das Bigornas*, em *Il Trovatore* (1853), de Giuseppe Verdi (1813-1901). Ela pode ser usada para criar um efeito dramático, como no coral *Praise Ye the God of Iron*, em *Belshazzar's Feast* (1930), de William Walton (1902-83). Ela aparece em *Hyperprism* (1923) e *Ionisation* (1931), de Edgar Varèse (1885-1965).

O uso de bigornas verdadeiras em orquestras não é prático por serem muito pesadas. Bons substitutos podem ser feitos de seções de "poste de andaime" ou trilho ferroviário, que fornecem o mesmo clangor. A bigorna é tocada com uma baqueta pesada de metal ou martelo.

SERROTE

O serrote musical é um serrote de lâmina fina, sem dentes (C: 70-90 cm), tocado com um arco de contrabaixo ou violoncelo. A alça do serrote é colocada entre os joelhos, com a parte final segurada com a mão esquerda (ou a mão que não toca o instrumento). À medida que a mão direita toca o serrote, a mão esquerda curva-o para criar diferentes notas. Tanto a pressão do arco, quanto a curvatura precisam ser cuidadosamente controladas para fazer o serrote tocar uma nota afinada e uma linha musical sustentada. Ele tem um som cantante agudo, e pode tocar *vibrato* e *glissandi*. Sua origem é obscura, mas pode ter se originado na América do Norte rural, no final do século XIX. Foi um instrumento popular no teatro de variedades e *vaudeville* na virada do século XX, e Shostakovich o incluiu em sua ópera *O Nariz* (1927-28).

▲ Um músico de rua encanta seu pequeno público.

FLEXATONE

O serrote é similar ao *flexatone*, que foi inventado como instrumento de jazz nos anos 1920. O *flexatone* é uma chapa de metal flexível triangular, fixada em sua extremidade mais larga a uma armação (cerca de 30 cm de comprimento), com bolas de borracha ou madeira presas a bastões na extremidade final da chapa. O instrumentista balança o *flexatone* para fazer com que as bolas batam na chapa e, ao mesmo tempo, ele altera a pressão em seu polegar para mudar a nota. Ele tem uma tessitura limitada, embora toque uma parte melódica no *Concerto para Piano* (1936), de Aram Khatchaturian (1903-78).

▶ *O* flexatone *foi patenteado pela Playatone Company, Nova Iorque.*

PERCUSSÃO

Seção Um: Os Instrumentos

PERCUSSÃO

INTRUMENTOS DE VIDRO

Compreender como usar a fricção para produzir sons no vidro data de Galileo Galilei (1564-1642), que discorreu sobre os efeitos cantantes obtidos por um dedo úmido deslizando em torno da borda de um copo.

Em 1743, o músico irlandês Richard Puckeridge criou um órgão angelical, ou serafim, com copos friccionados por dedos molhados. Os copos eram cheios de água em diferentes níveis para produzir notas diferentes. O compositor Gluck também tocou um instrumento similar.

HARMÔNICA DE VIDRO

Em 1761, Benjamin Franklin (1706-90) adaptou a ideia e criou uma harmônica de vidro, em que tigelas de diferentes diâmetros são montadas sobre um fuso horizontal girado por pedal. O som era produzido friccionando as bordas das tigelas com dedos umedecidos. Na harmônica de vidro de Franklin, o instrumentista podia tocar até 10 notas ao mesmo tempo, o que aumentava grandemente o alcance e extensão do instrumento original, no qual tocar mais de duas notas simultaneamente era quase impossível.

A harmônica de vidro, ou copos musicais, gozou de uma breve popularidade nos séculos XVIII e XIX. Gaëtano Donizetti (1797-1848) empregou-a na cena louca de *Lucia di Lammermoor* (1835) e Saint-Saëns usou-a para representar o mundo subaquático no *Carnaval dos Animais* (1886). Ele se tornou um popular instrumento doméstico, porém, rumores que o instrumento poderia deixar os instrumentistas e ouvintes loucos – talvez estimulados pelo uso do instrumento em demonstrações de mesmerismo pelo psiquiatra vienense Franz Mesmer (1734-1815) – fizeram com que a harmônica de vidro perdesse sua popularidade.

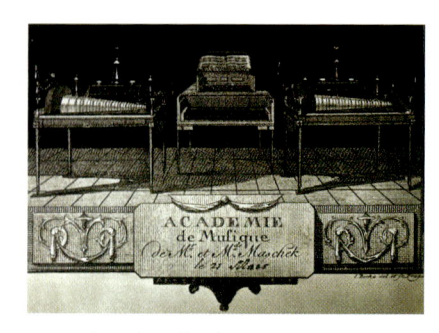

▲ A harmônica de vidro teve sua estreia mundial em janeiro de 1762.

PERCUSSÃO LATINO-AMERICANA NO CONJUNTO DE SAMBA

A música da América Latina combina influências da música tradicional dos escravos africanos, transportados entre 1450 e o final do século XIX, música das potências coloniais portuguesa e espanhola, e mais tarde, pop e jazz norte-americano.

Samba é um termo genérico para descrever um estilo enérgico de dança e percussão, apresentado nos carnavais pré-quaresma do Brasil, em fevereiro e março, e pela Europa e América do Norte. Com a abolição da escravidão na América do Sul, em 1888, muitos trabalhadores negros migraram para as cidades, vivendo em favelas no entorno destas. O samba se tornou um estilo popular nas favelas e, em 1917, a primeira gravação de samba, *Pelo telefone*, foi lançada.

▼ *Uma variedade de instrumentos de percussão latino-americanos.*

SAMBA

Dependendo do nú-mero de instrumentistas, o estilo de samba pode variar. Tipicamente, seu ritmo é de dois tempos por compasso e andamento de médio a rápido, para encorajar os dançarinos a continuar se movendo. O samba se fia em uma batucada característica (padrão rítmico), que é tocada pela bateria (percussão) de samba. Podem existir entre 10 a 50 instrumentistas na bateria, que trabalham juntos para tocar a batucada, que consiste de vários ritmos curtos repetitivos que se encaixam para criar um padrão entrelaçado de diversas camadas.

▲ *O músico de samba Don Alias apresentando sua técnica de fogo-contínuo.*

Seção Um: Os Instrumentos

Uma peça de samba pode ser construída com refrão e verso, que usa diferentes combinações da bateria e dá chance para outros instrumentistas, cantores e dançarinos se apresentarem. O samba é tocado sem notação e é aprendido de ouvido. A estrutura da peça, provavelmente, varia a cada apresentação, à medida que os instrumentistas improvisam os solos dentro da estrutura básica da música. O conjunto é dirigido por um mestre, que toca no grupo e dá sinais para os instrumentistas usando um apito.

COMPOSIÇÃO DE UMA BATERIA

Tipicamente, uma bateria de samba consiste em um grupo de tambores e um chocalho (ganzá), reco-reco e o agogô, um sino de dois ou três cones tocado com uma baqueta de madeira ou metal. Em ordem ascendente da altura do som, os tambores são: o surdo, a caixa, a cuíca (tambor de fricção), o tamborim e o pandeiro.

SURDO

O surdo é um tambor cilíndrico de metal e pele dupla (D: 40-50 cm, C: 60 cm), suspenso num talabarte vestido pelo instrumentista. O instrumentista usa uma grande baqueta almofadada e abafa o som com a outra mão. O surdo toca o pulso e é o coração do conjunto.

CAIXA

A caixa (D: 20-30 cm, C: 10 cm) geralmente toca um ritmo contínuo de semicolcheias com uma acentuação sincopada. A cuíca é um instrumento solo popular por ter uma tessitura ampla e um som incomum.

TAMBORIM E PANDEIRO

O tamborim (D: 15-20 cm) e o pandeiro (D: 20-30 cm) são tambores de corpo estreito. O tamborim não tem soalhas e é tocado com uma baqueta. O pandeiro tem soalhas e é bastante semelhante ao europeu. Quando esses instrumentos são tocados, o dedo indicador da mão que não toca é usado para abafar a pele para produzir tanto sons abertos como fechados. Experientes pandeiristas e tocadores de tamborim mostram grande talento na *performance* e realizam rotinas coreografadas com os instrumentos enquanto tocam.

INSTRUMENTS TROUVÉS E EFEITOS SONOROS

PERCUSSÃO

Efeitos sonoros e *instruments trouvés* incluem objetos já prontos e máquinas especializadas em produzir ruídos. Compositores usaram extensivamente os dois na música orquestral, especialmente na música para teatro, dança e ópera.

EFEITOS SONOROS

A máquina de vento era originalmente um efeito sonoro de teatro e é um cilindro de ripas de madeira com uma cobertura de tela. O cilindro, girado por manivela, é friccionado contra a tela, produzindo um som de vento impetuoso. Ele foi usado na *Sinfonia Antarctica* (1949-52), de Ralph Vaughan Williams (1882-1958). A máquina de vento pode ser equipada com uma *thundersheet* – uma grande folha de metal flexível suspensa em uma armação, que faz um estrondo quando sacudida.

Gershwin escreveu para quatro buzinas afinadas de carro em *Um Americano em Paris* (1928) e Leonard Bernstein (1918-90) instruiu o timpanista a soprar um apito policial para interromper a cena de luta em *West Side Story* (1961). Há uma pistola de corrida no balé *Parade* (1917), de Erik Satie (1866-1925), que também inclui uma máquina de escrever e um *bouteillophone*, um conjunto de garrafas afinadas tocadas como um xilofone. Tchaikovsky escreveu para canhão em sua abertura 1812, mas esse som é frequentemente produzido eletronicamente, devido ao desafio logístico de coordenar balística com uma orquestra numa sala de concertos.

Seção Um: Os Instrumentos

OBJETOS JÁ PRONTOS

Objetos já prontos são qualquer coisa que capte a imaginação do compositor – como mesa e cadeiras, tigelas de arroz, *hachis*, duas garrafas de vinho, guardanapos, garrafa de refrigerante, bacia, pano de mesa, taças de vinho, avental e luvas de borracha tocadas por quatro percussionistas em *Chew Chow Chatterbox* (1998), de Stephen Montague (1943).

Compositores modernistas no século XX procuraram novas sonoridades para sua música, inspirando-se nos sons do mundo industrializado, música eletrônica, pop e *world music*. Instrumentos previamente considerados novidades tornaram-se parte integrante do mundo sonoro da música moderna. Varèse inclui sirenes de manivela e bigorna em *Ionisation* (1930), que é escrita para 13 percussionistas. Ele usa correntes derrubadas em uma caixa de metal em *Intégrales* (1920), como Arnold Schoenberg (1874-1951) em *Gurrelieder* (1910).

▲ *O percussionista deve estar apto a tocar uma grande variedade de instrumentos.*

COMPOSIÇÕES PARA OBJETOS JÁ PRONTOS

John Cage (1912-92) desafiava o ouvinte a se concentrar na posição dos sons em sua música para piano preparado e música usando equipamento eletrônico. *Rocks* (1986) requer rádios, televisores, toca-fitas e máquinas emitindo sons fixos, como aspiradores de pó, campainhas e alarmes. Em *Child of Tree* (1975) e *Branches* (1976) espinhos de cacto são tocados com palitos de dente.

A ópera *Le Grand Macabre* (1978), de György Ligeti (1923-2006), tem um prelúdio para buzina de carro em cada ato e uma enorme variedade de percussão, incluindo uma bandeja de porcelana que é jogada numa lata de lixo. James Wood combina percussão de todas as partes do mundo com objetos já prontos. *Tongues of Fire* (2001) usa um quarteto de tambores de óleo tocado em diferentes partes de sua superfície, com diferentes baquetas, para criar uma variedade de sons e usando-os como ressoadores para canecas, gongos e *güiros*.

NOVOS SONS

O grupo performático Stomp usa uma mistura eclética de objetos já prontos, como latas de lixo, escovas, areia, caixas de fósforos e isqueiros para fazer peças para dança e percussão. Artistas, como Ensemble Bash e Evelyn Glennie buscam novos e excitantes sons para incluir em sua música. As improvisações de Glennie nas apresentações abrangem uma variedade de instrumentos de percussão e objetos já prontos. O repertório do Ensemble Bash inclui peças que utilizam objetos incomuns, assim como em *Shiftwork*, de Howard Skempton (1974), que inclui dedais, forminhas de cerâmica e *ceramic baking beans*.

Embora existam alguns exemplos desses acréscimos à orquestra sendo tocados por outros instrumentistas – como no concerto para percussão *Veni, Veni, Emmanuel* (1992), de James Macmillan (1959), em que todos os membros da orquestra finalizam a obra tocando pequenas sinetas – geralmente é trabalho do percussionista tocar os *instruments trouvés*.

▲ *Água é um dos mais incomuns e criativos meios de Evelyn Glennie.*

É interessante notar que, embora a linguagem musical da orquestra tenha mudado radicalmente nos últimos 100 anos, é primariamente na seção de percussão que novos instrumentos e sonoridades tenham sido introduzidos. Ravel escreveu para flautas de êmbolo em *A Criança e os Sortilégios* (1925) para criar o efeito de sons noturnos. A flauta de êmbolo é um tubo com um êmbolo na extremidade, que muda a afinação e produz um portamento no som. No *Concerto para Seção de Viola e Orquestra* (1990), de Benedict Mason (1954), os percussionistas rodopiam tubos plásticos sobre suas cabeças. Embora ambos sejam aerofones, podendo se juntar à seção de sopros de madeira, esses instrumentos são sempre tocados pelo percussionista.

Seção Um: Os Instrumentos

PERCUSSÃO

AS INVENÇÕES DE LUIGI RUSSOLO E HARRY PARTCH

No século XX, alguns músicos ficaram interessados em inventar novos instrumentos acústicos que pudessem levar a música além dos sistemas tonais, das escalas e linguagem harmônica inerentes aos instrumentos comumente tocados na música erudita ocidental.

A invenção de novos instrumentos criou um mundo sonoro novo e revolucionário. Os novos instrumentos foram frequentemente promovidos fora do âmbito normal do público burguês de concerto, sendo usados para música de teatro e filmes, e não eram comumente incluídos na orquestra.

▲ *Luigi Russolo com seu intonarumori, que incorporava som ambiente.*

A ARTE DOS RUÍDOS

O artista e músico futurista italiano Luigi Russolo (1885-1947) inventou um conjunto de *intonarumori*, ou entoadores de ruído, entre 1913 e 1921. Ele queria tornar possível para compositores capturar "uma variedade infinita de ruídos" na música, como ele detalhou em seu manifesto *A arte dos ruídos* (1913). Russolo e seu irmão Antonio compuseram música para os novos instrumentos, incluindo música incidental para filmes futuristas. Os instrumentos de Russolo foram revolucionários por incorporar ruído e sons ambientes à música moderna. Seu trabalho teve influência direta sobre a primeira geração de compositores que trabalharam com eletroacústica, incluindo Varèse, Cage e Pierre Schaefer (1910-95), o inventor da música concreta e o primeiro compositor a trabalhar com fita magnética.

INTONARUMORI

O *intonarumori* criava sons de maneira similar à viela de roda. Cada um consistia de uma única corda dentro de uma caixa, posta para vibrar por uma roda que a friccionava. A máquina teve um mecanismo de mudança de tensão e afinação da corda, e uma corneta difusora que amplificava o som. Usar uma variedade de materiais para os diferentes componentes do *intonarumori* criava efeitos acústicos diferentes – como ilustrado em seus nomes descritivos, incluindo o *scoppiatore* (detonador), *sibilatore* (sibilador) e *ululatore* (uivador). Em 1922, Russolo inventou o *rumorarmonio* – um mecanismo de teclado que permitia a um instrumentista tocar vários *intonarumori*. Infelizmente, todos os instrumentos e partituras de Russolo foram perdidos durante a Segunda Guerra Mundial, e existe apenas uma única gravação primitiva do *intonarumori* disponível atualmente.

MONOPHONE

Os instrumentos inventados por Harry Partch (1901-74) foram construídos para tocar em afinação justa – seu sistema próprio de dividir as notas dentro da oitava. Rejeitando a teoria ocidental da música e influenciado pelos sistemas de afinação da música tradicional não ocidental, Partch criou o *monophone* em 1930. Ele era basicamente uma viola adaptada que podia tocar uma oitava de 29 notas e foi sucedida em 1933 por um violão que tocava uma oitava de 37 notas, e em 1935, pelo *ptolemy*, um órgão de foles de palhetas que tocava uma oitava de 43 notas.

Partch criou principalmente cordofones tangidos e de arco, como o *harmonic canon*, e idiofones feitos de madeira, vidro e metal. Muitos de seus instrumentos são objetos esculturais lindos por si sós. Ele usou materiais naturais em *boos I* e *II*, grandes marimbas com seis fileiras de tubos afinados de bambu, e objetos já prontos como a marimba *mazda*, que são 24 lâmpadas afinadas, e *whang guns*, que são lâminas de aço endurecido para molas controladas por pedais. Partch compôs extensivamente para seus instrumentos, geralmente combinando-os com musicais dramáticos e canto.

▲ *Harry Partch modificou instrumentos existentes e construiu novos a partir do zero, de forma que pudessem usar diferentes sistemas de afinação.*

INTRODUÇÃO
INSTRUMENTOS DE SOPRO DE METAL

A família dos instrumentos de sopro de metal inclui todos aqueles que produzem som pela vibração dos lábios. Mesmo que nem todos sejam, de fato, feitos de metal, a maioria dos instrumentos dessa família é feita de ligas metálicas revestidas com um verniz brilhante.

▲ *O cornet usa pistões de válvulas.*

A construção dos metais é menos diversa do que da família das madeiras. Como seus primos, os metais usam tanto tubos cônicos quanto cilíndricos, embora, frequentemente, os dois tipos sejam usados no mesmo instrumento. A maior revolução no desenho dos metais foi a invenção da válvula no início de século XIX.

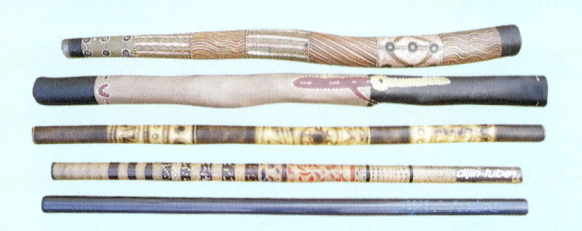

▲ *Didgeridoos são, às vezes, descritos como trompetes naturais de madeira.*

COLUNAS DE AR

Todos os instrumentos de sopro de metal e de madeira usam colunas contidas de ar e contam com as propriedades da série harmônica em combinação com métodos de alterar o comprimento dessa coluna para tocar notas diferentes.

A nota mais grave que uma coluna de ar pode produzir é conhecida como fundamental. Ao mesmo tempo em que soa a fundamental, também soam notas mais agudas. Essas são conhecidas como harmônicos e são múltiplos precisos da funda-

▲ *Surdinas alteram o som do instrumento.*

mental. O primeiro harmônico vibra com velocidade duas vezes maior que a da fundamental, o segundo, três vezes maior etc. Em termos musicais, isso significa que o primeiro harmônico está uma oitava acima da fundamental, o segundo é uma quinta perfeita acima desta, o terceiro uma quarta acima desta, continuando em passos sempre mais curtos. O som de cada um desses harmônicos (também conhecidos como parciais) pode se tornar mais evidente ao se aumentar a quantidade de energia investida na coluna de ar – esse efeito é conhecido como "oitavar".

FORMATO

Importante nos metais é a criação de uma coluna de ar estável. As formas mais úteis para os metais (e madeiras) são: o cilindro e o cone.

A maioria dos metais modernos é uma mistura desses dois: o ponto até o qual o cone se alarga e o comprimento de tubo são basicamente responsáveis pelo caráter do instrumento. É possível ouvir essa diferença comparando um trompete com um *flugelhorn*. O primeiro tem o som brilhante e claro. O segundo tem o som suave e escuro.

PRIMEIROS METAIS

Os primeiros trompetes e trompas eram simples tubos. Eles podiam tocar somente as notas comuns de sua fundamental. Para tocar mais agudo, era preciso mais energia, o que era cansativo para o músico. Gradualmente, a construção do tubo aperfeiçoou-se, o que facilitou tocar os parciais mais agudos, até que foi possível tocar a escala diatônica completa.

A maior parte da música ocidental, desde a Renascença, era organizada usando um sistema chamado "temperamento igual", que divide a oitava em doze intervalos iguais, chamados semitons. Apesar de ser baseado nas propriedades da série harmônica, o temperamento igual retifica inconsistências que ocorrem com regularidade crescente nas regiões mais agudas da série. Consequentemente, os instrumentos de metal que utilizam somente a série harmônica soam desafinados em algumas notas. Para remediar isso, os instrumentos eram feitos em diferentes fundamentais para combinar com a tonalidade da música.

▶ *Como o clarim não tem válvulas, o músico controla sua afinação.*

VÁLVULAS

A invenção das válvulas, no início de século XIX, proporcionou uma solução. Elas permitiram o acesso aos tubos de comprimentos diversos. Extensões de tubo de um semitom, um tom e dois tons e meio poderiam ser combinadas para baixar a altura numa quinta diminuta. Nos instrumentos de tubo estreito, que geralmente não tocam sua fundamental, isso foi suficiente para disponibilizar toda a escala cromática. Nos instrumentos de tubos maiores, uma quarta válvula foi necessária.

▲ Os primeiros instrumentos com pistões e válvulas foram desenvolvidos no início de século XX.

Todos os metais modernos utilizam válvulas. Até o trombone, que usa a vara principal para alterar as notas, usa uma válvula que aumenta sua extensão e agilidade.

BOCAIS

O som dos instrumentos da família dos metais é produzido pela vibração dos lábios do músico. Essa energia é transferida para a coluna de ar no instrumento através do bocal. O desenho do bocal, portanto, é crucial para o músico tirar o melhor som do instrumento.

Todos os bocais são em formato de funil – largos na parte que encostam os lábios, estreitando-se até uma abertura que, através de um tubo curto, leva-o até o corpo do instrumento. A parte inicial do bocal nos trompetes, trombones e tubas é hemisférica e nas trompas é cônica.

Os instrumentos graves geralmente têm bocais mais largos para que uma maior abertura de lábios possa gerar energia. Porém, o bocal das trompas é relativamente estreito, mas é possível produzir notas extremamente graves em virtude de sua profundidade. O oposto vale para os instrumentos mais agudos – o bocal do trompete *piccolo* é bastante raso para ajudar a tocar as notas mais agudas.

O PAPEL DE INSTRUMENTOS DE SOPRO DE METAL

◀ *O trombone é um membro regular em todos os tipos de bandas de metais.*

A família dos metais é menos expressiva e flexível do que a das cordas. Porém, o uso dos metais avançou muito no século XX. Eles se tornaram importantes na orquestra, principalmente como naipe de metais, capazes de dar peso, cor, potência e lustre às cordas ou madeiras.

A crescente virtuosidade dos músicos, junto com as exigências ampliadas dos compositores, garantiu que os metais na orquestra sejam considerados iguais às madeiras e mais do que capazes de executar solos importantes. Grande parte dessa aceitação veio através do jazz. O trompete e o trombone, especialmente, foram essenciais ao jazz, mas, igualmente, o jazz demonstrou como eles podem ser usados de maneira expressiva e flexível.

Como instrumentos de câmara, eles têm menos sucesso. Quintetos e conjuntos de metais são populares, mas há escassez de repertório de qualidade satisfatória que seja adequada para demonstrar suas habilidades. A fanfarra, porém, é parte central de sua produção musical, principalmente na Inglaterra. Desde o início de século XX, o sistema de competições assegurou que quase todas as cidades tenham uma banda, que continua a ser o campo de treino para novos músicos.

Seção Um: Os Instrumentos

SHOFAR

O *Shofar* é um chifre de carneiro usado como instrumento musical no judaísmo. Em termos gerais, ele era tocado em cerimônias, tais como a celebração da lua nova e em momentos de grande importância, como seca ou fome, e como sinal de guerra.

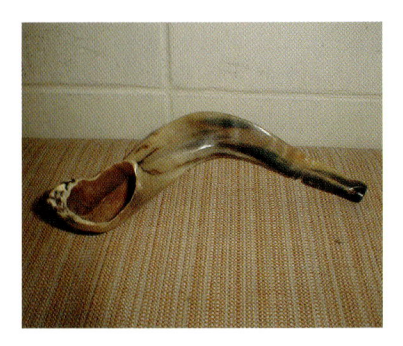

Hoje, seu uso no contexto secular foi, em grande parte, abandonado, mesmo que tenha sido tocado na celebração de reunificação de Jerusalém, em 1967. Porém, ele mantém sua importância religiosa e é especialmente associado com *Yom Kippur* e *Rosh Hashana*.

Os toques do *shofar* variam muito, dependendo das circunstâncias, tradição e músicos. Basicamente, todos são feitos com duas notas, cujas alturas precisas dependem especificamente do instrumento, e com *tremolo*, que é resultado da alternação rápida entre essas duas notas. O músico que toca *shofar* é conhecido como *Ba'al Tokea* ou "o mestre do *shofar*".

CONSTRUÇÃO

O chifre é aquecido, modelado e escavado, e um orifício é feito na ponta. Alguns *shofar* são projetados para serem tocados diretamente através desse furo e outros usam um bocal. Todos os tipos são tocados usando a vibração dos lábios, como nos trompetes e trompas. Devido à natureza irregular do tubo, o *shofar* não toca sempre os mesmos intervalos.

Dada sua natureza musical inconsistente, o *shofar* raramente é usado na música orquestral. Existe um trecho curto para *shofar* em *Os Apóstolos*, de Elgar, mas ele é normalmente tocado por um *flugelhorn*.

> **Fato**
> O *shofar* é frequentemente mencionado na Bíblia hebraica com instruções de uso.

TROMPA SEM VÁLVULA

A trompa sem válvula (*post horn*) é um pequeno instrumento de sopro de metal, sem válvulas, antes usado pelos guardas nas diligências postais para anunciar chegadas e partidas.

Construída originalmente em forma de arco, no século XVII, a trompa sem válvula foi dobrada em uma única volta para tocar a nota fundamental Si♭ 3. Claramente, elas eram instrumentos pequenos, talvez com apenas 7 cm de comprimento; mesmo assim, elas figuram na música de Georg Philipp Telemann (1681-1767), Georg Friderich Händel (1685-1759) e Johann Sebastian Bach (1685-1750).

DESENVOLVIMENTO

No século XVIII, o comprimento da trompa sem válvula foi aumentado e ela foi usada por Wolfgang Amadeus Mozart (1756-91) em várias obras. Até o século XIX, usava-se uma variedade de acoplamentos e extensões, e o instrumento tornou-se popular em bandas em toda a Europa. Na Alemanha, até foram testados orifícios para os dedos, para trocar a nota fundamental de *Fá* para *Si♭*.

▲ *O trompista da orquestra geralmente toca a trompa sem válvula.*

COACH HORN

Nessa época, na Inglaterra, foi desenvolvida uma trompa sem válvula reta que se tornou padrão nas diligências do *Royal Mail*[3]. Transposta em *Lá* ou *Lá♭*, ela produz som apenas até o quinto parcial, mas era reconhecível o bastante para ser usada no famoso *Post Horn Gallop*, de Koenig. Desse instrumento desenvolveu-se o *coach horn*, que era um pouco mais comprido, feito de cobre e tinha tubo mais cônico do que cilíndrico. O *coach horn* ainda era usado pelo *Royal Mail* nas primeiras décadas do século XX.

3 N. do T.: Correio Real Inglês

INSTRUMENTOS DE SOPRO DE METAL

AS TROMPAS NO MUNDO

Praticamente qualquer tubo, com ou sem modificação para ser usado como instrumento musical, pode ser tocado como trompa, produzindo uma série de notas a partir da série harmônica.

CONCHAS

Uma parte das trompas no mundo são objetos já prontos: um chifre de animal com ponta cortada ou uma grande concha espiral, geralmente búzio, com a ponta cortada para dar acesso interno ao tubo. Os bocais hemisféricos, separados, são frequentemente encaixados. As conchas não são muito convenientes para tocar melodias; são geralmente usadas para sinalização e nos rituais – por exemplo, nas cerimônias dos templos hindus na Índia e nos templos budistas no Tibet, Nepal e Ásia Oriental.

CHIFRES DOS ANIMAIS

A maior parte dos chifres usados como instrumentos musicais na África não é tocada na ponta, mas através de um orifício cortado em sua lateral. Assim, o artesão pode controlar o tamanho e formato da embocadura independentemente do diâmetro do tubo. Alguns chifres, como o norueguês *bukkehorn* ("chifre de cabra", mesmo que frequentemente de vaca) têm orifícios para os dedos. Uma afinação exata é difícil nos chifres curtos.

▲ *A esse chifre animal, foi adicionado um bocal de latão.*

TROMPAS DE MADEIRA COM CASCA DE ÁRVORE

As trompas no mundo (a maior parte) são objetos construídos e não encontrados: as mais simples são uma espiral de casca de vidoeiro, fixada no seu lado mais largo para prevenir que se desamarre; ou um galho rachado em duas partes, em que são escavados o tubo e bocal, e depois juntado e amarrado com a casca de vidoeiro. Trompas de madeira desse tipo eram tocadas até o século XX, especialmente pelos pastores, nos países nórdicos, na Rússia e nas áreas montanhosas da Europa. Muitos deles são bastante compridos; quanto maior a trompa, mais utilizáveis são os harmônicos superiores que, tendo notas mais próximas, podem produzir uma escala mais completa. O mais conhecido e trabalhado desses é a trompa alpina, um tubo reto de até 4 metros de extensão, que se expande gradualmente e se curva para cima próximo da campana. As modernas trompas alpinas, em geral, podem ser desmontadas para transporte e algumas são feitas em fibra de carbono.

DIDGERIDOO

O famoso *didgeridoo* dos aborígines australianos é feito de um galho de eucalipto comprido escavado por cupins. A extremidade soprada é larga, geralmente alisada com uma camada de cera de abelha e o músico usa uma técnica sofisticada, com uma embocadura frouxa que produz um bordão grave e contínuo. Com pulsos na respiração, utilizando a ressonância dos lábios e adicionando gritos vocais e sons agudos e curtos, ele intermodula esses elementos com o som soprado, mantendo continuamente o som usando respiração circular.

TROMPAS DE METAL

Trompas de metal são muito difundidas e, sendo duráveis, alguns exemplares sobreviveram da antiguidade. Entre esses estão: o *lur* escandinavo da Idade do Bronze, que tem formato de letra "S" com a campana discóide; e o bocal e campana com cabeça de animal do *carnyx* dos Celtas antigos. O restante desse instrumento era, provavelmente, em madeira. As atuais trompas de metal incluem: trompetes cerimoniais retos e ornados do Tibete e Benin, cujo comprimento vai até o da trompa alpina; *kombu*, que se parece com um *lur* com curvatura em formato de letra "C"; a *narsiga* da Índia com curvatura em "S"; a curta trompa sinalizadora usada na caça à raposa, na Inglaterra; o clarim sinalizador militar espiral; e uma variedade de trompetes e outros metais de orquestra.

▲ *O dung cheng tibetano varia de 1,2-6 m de comprimento.*

Seção Um: Os Instrumentos

CORNETO

O corneto da música erudita renascentista da Europa é um corno mais comprido feito de madeira, com orifícios para os dedos. Um precursor das modernas cornetas de metal, ele não deve ser confundido com o *cornet*, que foi desenvolvido muito mais tarde.

CONSTRUÇÃO E TÉCNICA DE EXECUÇÃO

O corneto é um tubo comprido, geralmente em torno de 60 cm. Normalmente é curvado, como um chifre animal, para que o músico possa alcançar os orifícios para os dedos com maior facilidade. No topo está o bocal, que vibra junto com os lábios. Por isso, o corneto é classificado como um metal, e não madeira, apesar de suas outras características. Por isso, também, era difícil tocá-lo. Mesmo que o tubo principal tenha um comprimento parecido com o de um instrumento de madeira típico, o músico precisa usar os lábios para produzir o som. Os instrumentos modernos de metal têm tubos muito maiores, o que facilita o controle da nota.

CORNETO RENASCENTISTA

Num conjunto renascentista, o corneto era geralmente associado com a sacabuxa (a versão de trombone de vara do século XVI). Havia uma família inteira de cornetos, desde o corneto baixo até o agudo *cornettino*. Porém, sobreviveram poucas das músicas compostas para eles. Christoph Willibald Gluck (1714-87) estava entre os últimos que incluíram o corneto em suas orquestrações – para *Orfeo e Eurídice* (1762). Gradualmente, o corneto foi substituído por outros instrumentos que facilmente criavam efeitos parecidos na orquestra e que eram mais simples de tocar.

SERPENTÃO

Um instrumento barítono de tubo cônico, o serpentão foi supostamente inventado pelo Edmé Guillaume em 1590. Como seu parente próximo, o corneto, ele é tocado vibrando os lábios num bocal hemisférico de marfim, chifre ou latão, que, por sua vez, faz a coluna de ar vibrar.

XXVI *Serpentone*

Ele tem comprimento de 213 cm e aparência ondulada, daí vem seu nome. Normalmente, é feito em nogueira, embora existam exemplares em latão ou prata. O serpentão originalmente tinha seis orifícios para os dedos, dando ao instrumento uma extensão de *Dó 1* até *Sol 3*.

PAPEL NA ORQUESTRA

O serpentão foi usado nas bandas e orquestras para apoiar as linhas do baixo – Händel utiliza-o em sua *Música para os reais fogos de artifício* (1789) – e foi frequentemente tocado por fagotistas, embora seja necessária uma técnica completamente diferente. Gradualmente, chaves foram adicionadas, obtendo-se a escala cromática. Porém, isso não resolveu os problemas de entonação e qualidade do som; somente um músico hábil poderia compensar completamente essas desvantagens, mas mesmo assim, o serpentão era criticado.

Apesar disso, o serpentão continuou sendo usado até uma boa parte de século XIX. Às vezes, é incerto qual instrumento o compositor queria ouvir, mas há indícios sugerindo que o serpentão foi frequentemente usado na Itália pela escola de *bel canto* de Gaëtano Donizetti (1797-1848) e Saverio Mercadante (1795-1870). Richard Wagner (1813-83) era similarmente vago sobre as suas intenções; no seu caso, é suposto que "serpentão" na verdade significa *cimbasso* ou outro instrumento grave.

REVIVAL NO SÉCULO XX

O serpentão teve um tipo de revival no século XX, com a chegada do movimento de música antiga. Vários compositores, incluindo Peter Maxwell Davies (1934) e Judith Weir (1954), escreveram para esse instrumento. Porém, ele nunca se enraizou como um membro permanente da orquestra.

CORNET
(CORNETA DE PISTÃO)

O *cornet* tem aparência e técnica de execução muito parecidas ao trompete. Acredita-se que foi inventado pelo construtor de instrumentos Jean-Louis Antoine, nos anos 1820.

Antoine, que trabalhou para a firma parisiense Halary, era um dos muitos construtores que experimentavam as novas tecnologias de válvula, que na época revolucionavam os metais. Sua ideia de adicionar válvulas à trompa sem válvula ficou popular e em 1830 instrumentistas, por toda Paris, tornavam-se famosos.

CONSTRUÇÃO

O *cornet* parece uma versão compacta do trompete, com três válvulas localizadas na parte central e com campana. Como o trompete, é afinado em B♭ e tem uma extensão aceita de *Mi 2* até *Si♭ 4*, embora alguns músicos consigam tocar uma terça ou quarta acima disso. Ele usa um bocal hemisférico que se encaixa firmemente à extremidade do instrumento. O desenho específico do bocal proporciona ao *cornet* maior agilidade que o trompete e, por isso, ele foi rapidamente adotado como um instrumento de orquestra, fornecendo uma parte aguda completamente cromática e móvel à seção de metais.

▲ *Cornets são elementos principais de banda de sopro.*

DECLÍNIO E ASCENSÃO

O som do *cornet* é suave e fluente, mas não tem brilho e "pegada". Consequentemente, um par de *cornet* era frequentemente usado em combinação com um par de trompetes. Hector Berlioz (1803-69), César Frank (1822-90) e Georges Bizet (1838-1875) foram os primeiros defensores do *cornet*, e ele também foi usado com sucesso por Edward Elgar (1857-1934) e Igor Stravinsky (1882-1971).

O trompete levou mais tempo para se tornar um instrumento flexível. Assim, os *cornet* foram usados como substitutos, particularmente nos EUA e na Grã-Bretanha. Rapidamente, o trompete adquiriu fama de instrumento fraco. A tradição de bandas britânicas usa hoje quatro partes separadas de *cornet*, também como uma parte aguda de E♭.

INSTRUMENTO DE JAZZ

Nos Estados Unidos, o *cornet* teve sucesso considerável no jazz. A forte cultura francesa em Nova Orleans, no início do século XX, assegurou que o instrumento fosse usado nas bandas de desfile que estavam em moda. Muitos famosos jazzistas aprenderam sua arte no *cornet*, inclusive Louis Armstrong e Bix Beiderbecke. Ele continua um instrumento popular no jazz – e até foi usado no bop e free jazz.

▲ Cornet *no jazz*, Ray Nance tocando com a Duke Ellington Orchestra.

FLUGELHORN

O *flugelhorn* se desenvolveu do clarim, uma trompa sinalizadora usada na Idade Média, feita de chifre de touro ou boi. Esta se tornou uma trompa de caça grande e semicircular feita de latão ou prata que foi usada pelo exército durante a Guerra de Sete Anos (1756-63).

HISTÓRIA

Enrolar a trompa uma vez em torno de si mesma, para que a campana apontasse na direção oposta do músico, possibilitou que chaves fossem adicionadas. O instrumento resultante ficou conhecido como *klappenflügelhorn*. Em 1832, Michael Saurle, fabricante de instrumentos que trabalhava em Munique, substituiu as chaves por válvulas. O *flugelhorn* com válvulas, rapidamente tornou-se popular e influenciou bastante Adolphe Sax (1814-94) no desenvolvimento de *saxhorns*. Alguns consideram o *flugelhorn* um membro da família do *saxhorn*.

▼ *O dedilhado do flugelhorn é o mesmo do trompete.*

CONSTRUÇÃO

O *flugelhorn* tem tubo cônico e uma seção do bocal estendida, que é uma haste que não interrompe o tubo. Ele se abre bastante na campana, o que proporciona um som brando e suave, mas também contribui para os problemas de entonação, que somente a habilidade do músico pode superar. Seu bocal é hemisférico, mas é muito maior do que o do *cornet* ou do trompete.

Como o trompete e o *cornet*, o *flugelhorn* é afinado em B♭. A afinação se estende até um *Mi 2*, e pode alcançar *Si♭ 4*. Porém, o *flugelhorn* não tem a mesma capacidade de tocar nos registros mais agudos que o trompete e o *cornet*, porque seu tubo largo torna a *tessitura* instável. Ele usa o mesmo dedilhado do *cornet* e do trompete. Alguns *flugelhorn* modernos usam a quarta válvula para baixar a afinação em uma quarta perfeita. Entretanto, na maior parte dos instrumentos, a quarta válvula é uma versão mais afinada da combinação da primeira com a terceira válvula.

O *FLUGELHORN* EM AÇÃO

O *flugelhorn* não é normalmente usado no repertório orquestral, mas achou um lugar permanente na banda de metais, na qual é parte integrante da seção do *cornet*. É no jazz que o *flugelhorn* se destaca. Ele fazia parte da banda de Woody Herman nos anos 1930 e também figurava na orquestra de Duke Ellington.

Porém, o *flugelhorn* fica à vontade no cool jazz, personificado por Miles Davis. O estilo introspectivo de Davis, combinado com as orquestrações pitorescas de Gil Evans, fez do *flugelhorn* um condutor perfeito para os projetos como *Miles Ahead* e *Sketches of Spain*. Desde os anos 1970, muitos músicos desempenharam papéis de trompetistas e tocadores de *flugelhorn*. Ele também é parte importante da orquestração jazz e, frequentemente, é usado em grupos de três ou quatro instrumentos.

▲ *O flugelhorn tem um som mais brando e escuro que o do* cornet.

Seção Um: Os Instrumentos

TROMPETE

O trompete é um dos mais antigos instrumentos ainda em uso. Representações claras de trompetes sobrevivem nas pinturas egípcias, e dois trompetes – um de prata, o outro de ouro e latão – encontrados na tumba de Tutancâmon datam de pelo menos 1350 a.C. Existem muitos exemplos de trompetes gregos e romanos que, como os egípcios, eram feitos de um tubo reto e cônico que se abria em uma campana.

Tromba Romana antica

AFINAÇÃO

No início de século XV, construtores começaram a experimentar curvar o trompete. Modelado em formato de "S", ele se tornou mais manejável sem perder qualquer qualidade de som. Surpreendentemente, o primeiro trompete de vara foi inventado já no século XV. A seção alongada do bocal deslizava ao longo do tubo principal e o músico podia alterar o comprimento do tubo e, consequentemente, a nota.

> **Fato**
> Os trompetes dos antigos egípcios, gregos e romanos tinham uma forte associação com a guerra e demonstrações de força – essas características permanecem até os dias de hoje.

Para poder tocar afinado, todos os instrumentos contam com a série harmônica – a família dos metais, ainda mais do que as outras. Nesse período, o trompete era um tubo contínuo, sem orifícios para os dedos ou chaves. As únicas notas disponíveis eram as da série harmônica. A distância entre as notas é grande na parte mais baixa da série e somente quando se alcança a oitava parcial, pode ser realizado um movimento

▲ Um dos muitos estilos de trompetes alemães do século XVI.

por tons. Até a metade do século XVI, o trompete podia tocar até o décimo terceiro parcial, disponibilizando a meia escala de *Dó 4, Ré 4, Mi 4, Fá 3* e *Sol 4*. Esse registro agudo tornou-se conhecido como "clarino", em homenagem ao pequeno e agudo trompete de mesmo nome.

DESENVOLVIMENTO DO *DESIGN*

Durante o século XVI, o trompete foi o mais reverenciado dos instrumentos. As cortes reais empregavam até 20 trompetistas e, em 1548, o imperador Carlos V declarou que eles deveriam ficar sob sua jurisdição direta. Não é surpreendente que, dado seu *status* real, a estética do trompete tenha recebido atenção considerável durante esse período. A seção do bocal, com desenho em forma de "S", foi trazida no mesmo eixo da seção da campana, resultando no familiar formato alongado e espiral. As extensões paralelas foram ligadas para reforço, e borlas coloridas e outros ornamentos eram frequentemente adicionados.

A partir dos longos bocais do trompete de vara, surgiu a ideia de separar bocais para trompetes naturais. O desenho básico do bocal, durante os séculos XVI e XVII, era um copo com borda achatada e uma extremidade bastante pontuda, em que a haste deixava o bocal para se juntar ao corpo principal do trompete.

Nessa época, diferentes desenhos de bocais foram usados para diferentes propósitos: um copo mais raso para registros agudos e um copo mais profundo para os graves.

Na primeira metade do século XVII era comum os trompetistas tocarem até a vigésima parcial e muitos eram capazes de subir até a vigésima quarta, ou ainda mais. Isso dava aos

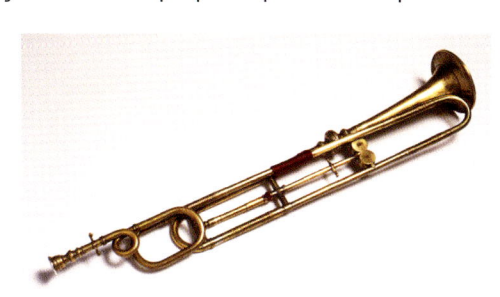

▲ Trompetes de varas tinham varas no lugar de válvulas.

compositores uma escala diatônica de uma oitava e meia – mais que adequado para utilizar o trompete como um instrumento melódico. O *Segundo Concerto Brandemburgo*, de Bach, inclui uma famosa parte virtuosística escrita nesse registro, tocando um solo ao lado da flauta doce, violino e oboé.

Seção Um: Os Instrumentos

A ERA DE OURO

O meio do século XVIII foi a era de ouro do trompete. Todos os grandes compositores escreveram concertos para ele e seus sons ressoantes ficaram associados eternamente à glorificação e à opulência. Entretanto, à medida que o Barroco foi dando lugar ao Classicismo, o trompete adquiriu um papel menos glamoroso; ele era usado principalmente no *tutti*, para dar peso nos momentos importantes e geralmente em combinação com seu velho parceiro, o tímpano, para adicionar força rítmica.

Até este ponto, o trompete havia sido capaz de tocar apenas na tonalidade de sua fundamental, ou nas tonalidades próximas. Consequentemente, os instrumentistas tinham que mudar constantemente de trompetes, ou usar extensões de tubo que podiam ser colocadas para alterar o seu comprimento. Ao final do século XVIII apareceram desenhos de um trompete de chaves. Operado com uma mão, deixando a outra livre para segurar o instrumento, havia entre quatro a seis chaves nesse trompete, que tornavam acessível toda a escala cromática. Entretanto, apesar de os concertos de eminentes compositores, como Joseph Haydn (1732-1809), o trompete de chaves não conseguiu se firmar.

A ADIÇÃO DE VÁLVULAS

A real revolução na construção de trompetes veio nos anos 1820, quando as válvulas foram adicionadas. O desenvolvimento do mecanismo de válvulas, durante os anos 1810, possibilitou metais genuinamente cromáticos, que conservavam o controle sobre o timbre em toda a extensão do instrumento. No final dos anos 1820, os primeiros trompetes de válvulas apareceram e foram logo aproveitados pelos compositores: em 1830, os trompetes de válvulas já estavam presentes nos trabalhos de Berlioz, Gioacchino Rossini (1792-1868) e Giacomo Meyerbeer (1791-1864).

▲ *O trompete moderno, com pistões valvulados e bocal esférico.*

Inicialmente, o trompete de válvulas era afinado em F. O comprimento desse instrumento implicava que trabalhos que requeriam agilidade fossem muito exigentes tecnicamente. Ao lado do trompete foi desenvolvido o *cornet*, que era afinado uma quarta acima, em B♭, e era muito mais adequada à música complicada. Mesmo assim, não foi antes de 1850 que os primeiros trompetes em B♭ apareceram – e não até os anos 1870 que eles foram aceitos como padrão.

O TROMPETE DO SÉCULO XX

No início do século XX, o trompete alcançou a forma que conhecemos. A maioria dos instrumentos é em B♭, com três válvulas e uma vara de afinação. O tubo começa cilíndrico, mas rapidamente se torna cônico – e finalmente abre-se em uma campana. O bocal esférico se assenta compactamente no interior da abertura do trompete e tem diferentes formatos. *Grosso modo*, quanto mais raso o bocal, mais facilmente os registros altos podem ser tocados.

TROMPETES EM E♭ E B♭

Existem dois tipos adicionais de trompetes comumente usados. O trompete em E♭, uma quarta acima do instrumento padrão, tem um tubo mais estreito e um som mais penetrante. Ele é frequentemente usado para tocar música barroca, mas foi também especificado em obras de compositores como Maurice Ravel (1875-1937), Benjamin Britten (1913-76) e Stravinsky.

O trompete *piccolo* em B♭ soa uma oitava acima do trompete padrão. Ele foi originalmente desenvolvido por Adolphe Sax, nos anos 1840, e revivido por Goeyens em 1906 para a execução do *Segundo Concerto Brandemburgo*, de Bach. Existe ainda um trompete baixo, que é normalmente em B♭, e soa uma oitava abaixo do padrão. Como resultado de seu tamanho, o trompete baixo requer um bocal grande, pondo-o no domínio do trombonista. Numerosos compositores, incluindo Wagner e Leos Janácek (1854-1928) usaram-no com sucesso.

▲ *O trompete piccolo tem rotores.*

▲ *O trompete é popular em todos os gêneros de música.*

Fundamental para seu desenvolvimento foi o uso do trompete no jazz, no século XX. Desde o início, ele foi um instrumento importante no estilo e músicos como Louis Armstrong, Dizzy Gillespie e Miles Davis levaram o trompete para um novo patamar de expressividade. Sob essa influência, o trompete está retornando à arena orquestral com compositores como Mark-Anthony Turnage (1960), com nova personalidade melódica.

TROMBONE

O trombone é um instrumento de metal tocado pela vibração dos lábios em um bocal. Ele é peculiar entre os metais por usar uma vara dupla em forma de "U" para mudar a altura do som produzido. A história antiga do trombone é confusa, principalmente pela falta de clareza na nomenclatura do instrumento.

▲ A sacabuxa era derivada do trompete de vara medieval.

Geralmente, é aceito que o precursor imediato do trompete foi a sacabuxa. Esse termo foi usado do século XV ao XVIII para se referir a qualquer metal que usasse uma vara – podia ser aplicado da mesma forma a um trompete de vara simples, como um instrumento de vara dupla. Essa questão é ainda mais complicada pelos termos "trombone" e "*posaune*": ambos usados regularmente para referir-se aos trompetes grandes sem vara.

HISTÓRIA

As representações remanescentes, mais antigas conhecidas do trombone, datam das décadas finais do século XV. O instrumento existente mais antigo data de 1551 e é quase idêntico ao atual. De fato, os primeiros trombones eram mais parecidos com trompetes contemporâneos, do que trombones modernos. Seus tubos eram estreitos, as campanas abriam-se ligeiramente e o som produzido era metálico, mas não potente. Tocado baixo, no entanto, podia ser um instrumento sereno e elegante. Trombonistas antigos eram virtuoses, frequentemente embelezando a música com uma agilidade que desmentia a dificuldade do instrumento.

> **Fact**
> Chamar o instrumento da Renascença e do Barroco de sacabuxa é meramente uma convenção moderna para distingui-la do trombone. As diferenças são pequenas e em maior parte afetadas pela forma da campana e do bocal.

Embora nunca tivesse a distinção social do trompete, o trombone tornou-se parte vital tanto da música sacra quanto da corte. Durante o século XVII – talvez devido ao seu timbre polido e melancólico – o trombone desenvolveu uma associação com a morte e o mundo subterrâneo, uma conexão que Claudio Monteverdi (1567-1643) empregou bem em *Orfeo* (1607). Entretanto, o interesse no instrumento declinou e, no século XVIII, ele quase havia desaparecido.

O SÉCULO XVIII

Foi no Classicismo que o trombone recuperou o terreno perdido. Mantendo suas associações sombrias, Mozart celebremente usou-o em *"Tuba mirum"*, em seu *Réquiem*, assim como na ópera *Don Giovanni* (1787). Bandas militares também começaram a empregar o trombone como forma de fortalecer a linha do baixo.

Até 1750, o trombone era usado como instrumento diatônico. O instrumento tenor era afinado em A e tinha quatro posições de vara. Havia trombones de vários tamanhos, mas, em conjunto, era normal o uso de três: alto, tenor e baixo. No final do século XVIII, um novo desenho foi aceito como normal: o trombone em B♭, com sete posições de vara, permitindo o acesso a toda escala cromática. Os baixos, previamente em E♭ ou D, eram agora feitos em F ou G, também com sete posições de vara.

O SÉCULO XIX

No início do século XIX, o tubo foi aumentado em 20% a 30% e a campana foi alargada. Essas mudanças são frequentemente creditadas às exigências de Wagner e combinadas para aumentar significativamente a potência do trombone. Antes disso, porém, o trombone adquiriu a reputação de ser muito potente – Berlioz declarou-o como perfeito para caracterizar os "clamores selvagens de uma orgia" – que levou a pelo menos um regente a usar instrumentos com campanas voltadas para trás.

◀ *O trombone sofreu uma miríade de mudanças para se tornar o que conhecemos hoje.*

Seção Um: Os Instrumentos

Todavia, o trombone continuou a ganhar popularidade e, em meados do século XIX, o trio de trombones (dois tenores e um baixo) foi padronizado na orquestra. No século XX, o trombone também se tornou instrumento padrão no jazz e bandas de *swing*.

O TROMBONE NO JAZZ

Os trombonistas de jazz provavelmente foram os que mais exploraram e desenvolveram as capacidades do instrumento. No início do século XX, Kid Ory trouxe o trombone de vara para a seção rítmica. Em meados do século, Jack Teagarden, o trombonista favorito de Louis Armstrong, tornou-se o primeiro a empregá-lo como instrumento solo, com suas frases suaves e de grande fôlego. A capacidade de produzir um som polido e definido fez dele um componente importante no bop nas mãos de instrumentistas como J. J. Johnson, mais tarde no século.

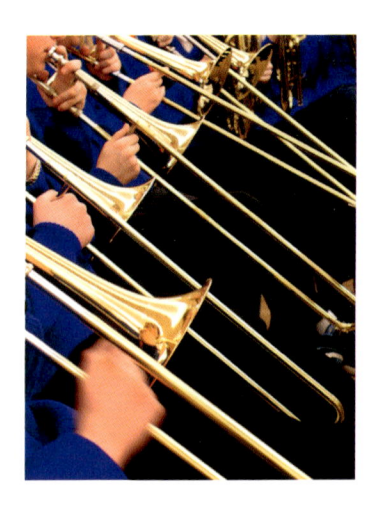

TROMBONE TENOR

O moderno trombone tenor tem tubo cilíndrico até a metade de seu comprimento – mais quando a vara é estendida – e então se abre em uma campana. Ele tem extensão de *Mi* a *Fá"* e existem vários tamanhos de tubos, sendo a escolha feita pelo artista, de acordo com o repertório. A vara tem sete posições: a "primeira" (não estendida) mais seis outras, cada uma descendo a afinação em meio-tom.

Hoje, muitos trombonistas empregam uma extensão de tubo acima da seção da campana que, quando acessada via válvula, desce a fundamental uma quarta justa para *Fá*. Isso torna algumas notas acessíveis em mais de uma posição de vara, reduzindo a necessidade de movimento excessivo, em alta velocidade. Apesar de a fundamental do trombone ser *Si♭*, ele é escrito como um instrumento não-transpositor em *Dó*.

▲ *Trombones tenor (acima) e alto.*

TROMBONE BAIXO

O moderno trombone baixo tem, na verdade, a mesma configuração básica do tenor. Afinado em B♭, ele tem duas extensões de tubo adicionais, o que lhe permite tocar tão grave quanto um *Dó 0*. Trombones baixos têm também campanas mais largas do que os tenores, dando-lhes um som mais profundo.

Até os anos 1950, na Grã-Bretanha, o trombone baixo em G – uma terça abaixo do tenor – era comumente usado. Porém, era um instrumento sem extensões de tubo acessíveis pela válvula e seu comprimento fazia com que um cabo na vara fosse necessário para alcançar as posições mais baixas.

TROMBONE CONTRABAIXO

O verdadeiro trombone contrabaixo é um instrumento extraordinário, com 5,5 m de comprimento total. Sua fundamental em *Si♭ -1* necessitava de uma vara dupla – duas varas unidas, dobrando o comprimento de sua extensão. Isso permitiu um total de nove posições, ao invés das sete normais.

O trombone contrabaixo foi um membro regular das casas de ópera do século XIX e foi orquestrado em trabalhos incluindo o ciclo dos anéis, de Wagner (1848), *Elektra* (1909), de Richard Strauss (1864-1949) e *Gurrelieder* (1901), de Arnold Schoenberg (1874-1951). Um instrumento projetado por G. C. Pelitti, em 1881, por encomenda de Giuseppe Verdi (1813-1901) e subsequentemente conhecido – incorretamente – como "cimbasso" era de fato apenas um trombone contrabaixo. O instrumento que Verdi se refere como "cimbasso" em suas óperas antes disso, era provavelmente um oficleide valvulado e não um trombone baixo.

TROMBONE ALTO

O trombone alto em E♭, ou F, uma quarta ou quinta acima do tenor, era comumente usado entre os séculos XVI e XVIII. À medida que o tenor conseguiu executar notas mais agudas, o valor do trombone alto declinou. Entretanto, muitos ainda preferem seu som mais brilhante e ele foi especificamente orquestrado por Alban Berg (1885-1935) e Britten.

TROMPAS

O termo "trompa" é geralmente usado para se referir à trompa orquestral, também conhecida como *french horn*. Embora seja usado como gíria no jazz nos Estados Unidos (*horn*), para designar qualquer instrumento de sopro tocado por um solista, o nome aqui se refere à trompa de orquestra.

HISTÓRIA

A história antiga da trompa está intimamente ligada com a do trompete. Ambos são feitos de metal, ambos são tocados pela vibração dos lábios e ambos

▲ *Uma trompa de caça: a ancestral da trompa moderna.*

foram usados nas caçadas. A primeira distinção clara entre eles foi feita na França, no final do século XVII. O balé *La princesse d'Elide*, de Jean-Baptiste Lully (1632-87), apresentado em Versalhes em 1664, foi sem dúvida orquestrado para *cors de chasse* (trompas de caça). Uma gravura de cena dessa obra mostra claramente trompas enroladas circularmente, em oposição aos trompetes mais retangulares.

Duas trompas desse período sobrevivem – uma de Starck, de 1667, e uma de Crétien, de 1680. Eles claramente mostram as características principais da trompa moderna: a espiral enrolada circular e o tubo cônico (o trompete da época tinha tubo cilíndrico). Os construtores franceses foram muito importantes no desenvolvimento da trompa e o título de trompa francesa reflete acuradamente essas origens.

CONSTRUÇÃO

Sem válvulas ou chaves, a trompa podia apenas tocar notas da série harmônica da sua fundamental. Os instrumentos eram feitos, inicialmente, em diferentes fundamentais para uso em diferentes tonalidades. Entretanto, no início do século XVIII, em Viena, acoplamentos começaram a ser usados (ver p. 107). Junto com o desenvolvimento dos acoplamentos, uma nova técnica de execução apareceu. Durante o século XVIII, instrumentistas descobriram que a afinação de

▲ A adição de válvulas fez com que todas as notas da extensão do instrumento pudessem ser tocadas.

uma nota era afetada pela inserção da mão dentro da campana. Fechar parcialmente a campana abaixava a afinação cerca de meio-tom e fechar completamente aumentava em meio-tom. Embora ambas alterassem o timbre do instrumento, era possível disfarçar quase completamente essa mudança.

TROMPA "DE MÃO"

A técnica trompa "de mão", como se tornou conhecida, disponibilizou toda a escala cromática na trompa, revolucionando o instrumento. No meio do século XVIII, trompas "de mão" eram padrão nas orquestras por toda a Europa. Os concertos de trompa de Haydn e Mozart, e a *Sonata para Trompa*, de Beethoven, usam essa técnica. De fato, ela se tornou tão popular que instrumentistas, regentes e compositores estavam relutantes em deixá-la para trás. Todas as partes orquestrais de Johannes Brahms (1833-97) são escritas para trompas "de mão", embora a trompa fosse equipada com válvulas; a técnica de trompa "de mão" foi ensinada até os anos 1920.

Apesar da popularidade, a tecnologia do instrumento continuou a avançar e, no início do século XIX, havia uma grande demanda por instrumentos que produzissem um timbre homogêneo em toda a sua extensão. A primeira tentativa nesse sentido foi a trompa curiosamente batizada de trompa omnitônica construída por J. B. Dupont em Paris, por volta de 1815.

▼ A técnica de trompa "de mão" fez da trompa um verdadeiro instrumento melódico.

Seção Um: Os Instrumentos

115

TROMPA OMNITÔNICA

Na realidade, a trompa omnitônica não foi uma tentativa de se obter um instrumento totalmente cromático. O desenvolvimento da técnica de trompa "de mão" não afastou a necessidade do uso de acoplamentos; os instrumentistas ainda precisavam que a fundamental da trompa estivesse relacionada intimamente com a tonalidade da música sendo tocada. A trompa omnitônica foi inventada para eliminar a necessidade de se trocar acoplamentos. Isso era obtido, combinando todas as extensões dos acoplamentos no corpo da trompa. O instrumentista poderia selecionar um acoplamento girando um disco e tocar a trompa nessa tonalidade usando técnicas de trompa de "mão". Todavia, era um instrumento incômodo e pesado, e apesar da atenção de alguns distintos construtores, ela nunca se popularizou.

DESENVOLVIMENTOS DO SÉCULO XIX

O início do século XIX foi uma época de grande mudança no mundo dos metais. A invenção da válvula permitiu um acesso eficiente a toda escala cromática e muitos novos instrumentos inundaram o mercado. Dois construtores, Stözel e Blühmel, criaram trompas com válvulas entre 1811 e 1814. O primeiro usou uma válvula de pistão tubular e o segundo, uma válvula de pistão em forma de caixa. Não muito depois, em 1822, Luigi Pini inventou a primeira trompa a usar rotores.

Músicos de banda e solistas rapidamente adotaram essa nova trompa, mas havia reticência entre os músicos de orquestra. Entretanto, as óbvias vantagens da trompa de válvula – timbre consistente, facilidade de execução, registro grave totalmente cromático – provaram ser grandes demais para se resistir e no final do século XVIII, ela se tornou o padrão.

A TROMPA MODERNA

A trompa moderna tem cinco partes: corpo, campana, sistema de válvulas, tubo para o bocal e bocal. Ela é um tubo cônico, exceto no sistema central de válvula, que é feito de uma liga metálica. O bocal difere significativamente da maioria dos outros metais por ser cônico; o instrumentista coloca seus lábios na parte mais larga e o pontil parte desse ponto para unir-se ao tubo para o bocal. O formato do bocal produz um som mais macio e suave do que os bocais brilhantes de forma esférica de outros metais. Existe uma variedade de trompas em uso atualmente, mas a mais comum é conhecida como trompa em F/B♭, e usa quatro válvulas. Seguindo o exemplo da trompa omnitônica, ela tem dois conjuntos de tubos, um afinado em F e o outro em B♭. A quarta válvula, operada com o polegar, alterna entre eles. A razão para essa combinação é dupla: algumas notas do tubo em B♭ estão desafinadas e são mais bem tocadas no tubo em F; e o tubo em B♭ não tem algumas notas no registro grave que são fornecidas pelo tubo em F.

COMPOSIÇÕES PARA TROMPA

A trompa é bem suprida musicalmente desde sua introdução no século XVIII. À parte dos famosos concertos de Mozart, existem trabalhos de Carl Maria von Weber (1786-1826), Beethoven, Haydn, Strauss, Olivier Knussen (1952), Gyögy Ligeti (1923-2006) e Britten. Uma das mais notáveis características da trompa é sua variedade de timbres. Ela é uma grande parceira para a voz, assim como pode se associar às madeiras e metais com a mesma facilidade. De fato, um dos papéis vitais da trompa na orquestra é atuar como uma ponte entre as seções dos metais e das madeiras, permitindo a boa combinação do timbre destas.

▲ *Trompas são instrumentos de notória dificuldade de execução, embora muitos trabalhos existam para o instrumento.*

Seção Um: Os Instrumentos

SAXHORN

O início do século XIX foi um período rico no desenvolvimento de instrumentos; muitos projetos desse período estão agora padronizados. O mundo dos metais não é exceção.

ADOLPHE SAX

Um homem com discernimento para os negócios e fascinação pelo *design*, Adolphe Sax, aproveitou-se rapidamente desses desenvolvimentos. Tendo encontrado grande sucesso com sua família de saxofones patenteada no início dos anos 1840 (ver p. 156), Sax mudou-se de Bruxelas para Paris, onde rapidamente estabeleceu-se como um construtor de instrumentos a ser considerado.

Seu próximo passo era criar uma família de instrumentos de metais baseados no sistema de válvulas e, em 1845, ele requisitou uma patente de seus novos projetos. Sempre perspicaz em aproveitar uma oportunidade, Sax viu seus instrumentos como meio de revigorar a decadente tradição da música militar francesa. Ele organizou um concurso público entre uma estabelecida banda militar e um grupo de seus novos instrumentos, na presença do ministro da Guerra, que resultou da adoção oficial dos *saxhorns*.

A FAMÍLIA DISTIN

Entretanto, esta não foi a ação bem-sucedida que Sax esperava, já que uma quantidade de construtores bem estabelecidos contestou sua reivindicação de originalidade. A inquietação destes era bem fundamentada, já que os componentes essenciais do *saxhorn* – o bocal, o tubo e o sistema de válvula – estavam já em uso em outras partes. Sax usou outro trunfo persuadindo o quinteto da família Distin, o principal quinteto britânico de metais da época, a adotar seus instrumentos. Inevitavelmente, o apoio da família Distin fez o *saxhorn* decolar na Bretanha; em 1853, a primeira grande competição de bandas foi vencida por um grupo tocando somente *saxhorn*.

Existe uma confusão considerável sobre o termo "*saxhorn*". Adolphe Sax usou-o apenas uma única vez e alega-se que Henry Distin seja a fonte do termo. Distin também contribuiu para a confusão, já que ele mantinha uma franquia dos instrumentos de Sax dos anos 1840 até o final dos 1850. Quando ele perdeu a franquia, continuou a vender instrumentos que têm uma forte semelhança com os de Sax, mas são referidos como "*flugelhorn*", "eufônios" e "tubas".

A FAMÍLIA DO *SAXHORN*

Os instrumentos de Sax eram feitos em metal, com tubos cônicos terminando em uma campana aberta; as seções dos tubos eram cilíndricas e diretamente ligadas com as válvulas. Em geral, o tubo principal se parece com o de um grande trompete, exceto pela campana que sempre aponta para cima. Como em todos os metais, o bocal é hemisférico e o som é criado pela vibração dos lábios do instrumentista.

Existem sete instrumentos na família (embora tenham sido postulados dez), afinados alternadamente em E♭ e B♭, da mesma forma que os saxofones. O soprano em E♭ é hoje visto como o *cornet* em E♭; o contralto em B♭ desapareceu; o alto em E♭ é mais conhecido como *tenor horn*; o barítono em E♭ é o moderno barítono; o baixo em B♭ é o eufônio; e, abaixo deste, existem os *saxhorns* contrabaixos em E♭ e B♭.

▶ *O som do saxhorn é caracteristicamente suave.*

Seção Um: Os Instrumentos

TUBA

A tuba é essencialmente um grande clarim com válvulas, projetada para tocar a parte do baixo em uma orquestra ou banda. Como o trompete, ela é tocada pela vibração dos lábios em um bocal. Ela tem um tubo cônico, como a trompa e, consequentemente, um som macio e aveludado.

HISTÓRIA

A tuba é um dos mais novos instrumentos de metal. Ela é um dos muitos instrumentos desenvolvidos no furor inventivo do início do século XIX. A invenção do pistão com válvula, por volta de 1815, injetou vida nova no *design* dos metais. Dez anos depois, uma série inteiramente nova de instrumentos tenores e sopranos apareceu, mas as válvulas eram muito longas para trabalhar adequadamente na escala requisitada por um instrumento grave. Porém, em 1827, o inventor auto-proclamado da válvula, Heinrich Stölzel, inventou um pistão com válvula mais curta, que era adequado aos instrumentos baixo.

▲ *A tuba, alicerce da fanfarra, está se popularizando como instrumento solo.*

Em 1825, a primeira tuba já existia. O mestre de banda prússio, Wilhelm Wieprecht e o construtor de instrumentos J. G. Moritz trabalharam juntos em um projeto para uma tuba baixo em F (tocando a fundamental de *Fá 0*) com cinco válvulas. O instrumento deles logo se popularizou e em meados de 1840 existiam tubas de todos os tipos e tamanhos, incluindo uma versão com sistema de rotores desenvolvido por J. F. Riedl em Viena. A família do *saxhorn*, projetada por Adolphe Sax nos anos 1850, claramente mostra influência da tuba.

A TUBA NA ORQUESTRA

Até o início do século XIX, o baixo na seção dos metais era o oficleide com chaves. Apesar de bem-sucedido, ele tinha desvantagens significativas – incluindo a perda de qualidade em algumas notas e falta de potência comparada aos metais mais agudos em uso na época. Ele também tinha uma extensão efetiva que chegava apenas até *Dó 1* – considerado inadequado por muitos músicos.

A tuba resolveu todos esses problemas e rapidamente se tornou, na Alemanha, um membro constante da orquestra. Porém, no resto da Europa sua popularização foi lenta, apesar de ter sido promovida pelo sempre aventureiro Berlioz. Na França e Inglaterra a mudança do oficleide para a tuba só ocorreu depois dos anos 1870. Até a virada do século, em algumas orquestras, era exigido que os músicos pudessem tocar os dois instrumentos.

TIPOS DE TUBAS

▼ *Tubas são usadas no jazz desde seu surgimento.*

Uma das dificuldades associadas à tuba é a falta de padronização da escolha do instrumento. A tuba original em F (com fundamental em *Fá 0*) era o instrumento padrão na maioria das orquestras europeias até meados do século XX, quando foi substituída pela tuba em E♭, (conhecida como duplo E♭, para deixar clara sua fundamental de *Mi♭ 0*), que continua sendo a tuba orquestral mais comum hoje.

Nos Estados Unidos, uma tuba ainda mais grave em duplo C (com fundamental em *Dó 0*) é usada. Isso é particularmente útil para tocar nas tonalidades com sustenidos, que formam a maioria do repertório orquestral. Existe também uma tuba em duplo B♭, que só é normalmente vista em bandas.

Seção Um: Os Instrumentos

Na França, usa-se um instrumento completamente diferente. Afinado em C (com a fundamental em *Dó 1*), ele está uma oitava acima do padrão americano. Ele usa um sistema de seis válvulas – três em cada mão – para chegar às notas mais graves e por ser mais leve, consegue tocar significantemente mais agudo que seus primos mais graves. O famoso solo na orquestração de Ravel, de *Quadros de uma Exposição* (1874), de Modest Mussorgsky (1839-81), foi escrito para esse instrumento.

FORMATO DO CORPO

Em todos os modelos, o tubo cônico da tuba é enrolado de forma elíptica, com a abertura da campana apontando para cima e com o tubo do bocal voltado para o instrumentista. Houve experimentos com campanas apontando para frente, longe do instrumentista, mas isso afetou adversamente o timbre da tuba e foram adotados apenas em bandas marciais. Tubas menores podem ser seguradas nos braços, mas modelos maiores são normalmente apoiadas no colo do instrumentista. O bocal é largo, fundo e hemisférico. Tanto pistões quanto rotores são usados; os últimos são essenciais nas tubas com tubos mais largos, pois os pistões não podem operar rápido o bastante para permitir a agilidade necessária.

Embora existam numerosos concertos para tuba, os mais famosos de Ralph Vaughan Williams, toda a extensão da capacidade da tuba é raramente exibida. Quando tocada com habilidade é um instrumento surpreendentemente flexível, capaz de produzir frases longas e cantantes.

▼ *O eufônio não é frequentemente usado na orquestra.*

EUFÔNIO

O eufônio é uma tuba tenor em B♭, com a nota fundamental *Si 0*. Foi projetado em 1843, logo após a invenção da tuba original. Seu nome tem raízes no grego *euphonos*, que significa "voz doce". Geralmente feito com quatro válvulas, o eufônio tem um alcance de *Fá 0* a *Si♭ 3* – potencialmente agudo. Sua introdução na orquestra ocorreu por acidente. O poema sinfônico *A Vida de um Herói*, de Richard Strauss, foi orquestrado para tuba wagneriana (ver ao lado), mas o regente da estreia trocou a tuba wagneriana pelo eufônio, com grande sucesso. O eufônio tornou-se subsequentemente um visitante regular do repertório orquestral, onde é normalmente tocado por um trombonista.

O papel mais importante do eufônio tem sido nas bandas, onde ele toca a linha superior dos baixos e cumpre um papel melódico vital.

SOUSAFONE

O sousafone é uma tuba baixo em E♭, ou B♭ (com fundamentais em *Mi♭, 0* e *Si♭, 0*, respectivamente). Sua característica única é ser enrolado de forma a envolver o instrumentista, descansando sobre o ombro esquerdo e passando abaixo do direito, com a campana apontada para frente, acima da cabeça. Ele foi desenvolvido a partir do *helicon*, por encomenda do maestro John Philip Sousa, compositor de *The Stars and Stripes Forever*, e construído pela primeira vez em 1890.

▲ *O sousafone original tinha campanas verticais e eram apelidadas, nos EUA, de "pega-chuvas".*

WAGNER TUBA

Especialmente projetada para o *Ciclo do Anel*, de Wagner, a tuba wagneriana é um instrumento enrolado elipticamente, no qual a campana emerge no alto, em um pequeno ângulo. Ela tem tubo cônico, como a tuba, e quatro rotores. Entretanto, o bocal da tuba wagneriana é mais parecido com o da trompa e numa orquestra ela é tocada pelos trompistas. Planejada para atuar na textura, entre as linhas da trompa e do trombone, ela nunca se popularizou como instrumento orquestral, principalmente devido ao seu ataque um pouco fraco e entonação caprichosa. Todavia, foi usada por Strauss, Stravinsky e numerosos compositores de trilhas sonoras.

▲ *A tuba wagneriana tem um som mais suave do que o da trompa.*

Seção Um: Os Instrumentos

123

INTRODUÇÃO
INSTRUMENTOS DE SOPRO DE MADEIRA

O termo "madeiras" refere-se aos instrumentos de orquestra cujo som é gerado por palhetas ou pelo ar que passa por cima do bocal

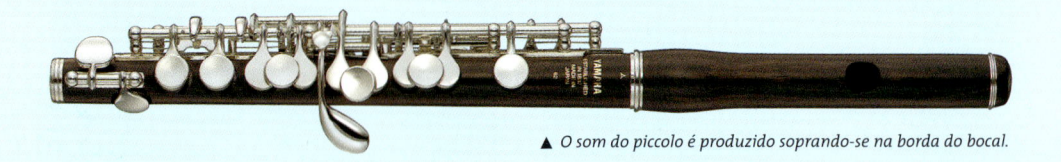

▲ *O som do piccolo é produzido soprando-se na borda do bocal.*

Todos os instrumentos de sopro de madeira produzem sons de alturas diferentes, da mesma maneira que os de metal – usando colunas de ar fechadas, baseando-se nos princípios de fundamentais e parciais (ver p. 92). A seção de madeiras agora inclui um instrumento "visitante" feito de latão – o saxofone. Ele, porém, usa uma palheta para gerar som e sob todos os aspectos, exceto o material em que é construído, é uma madeira.

FORMATO DE CORPO

O principal interesse no desenvolvimento da família das madeiras era criar corpos que envolvessem colunas de ar que fossem estáveis e cujos parciais fossem afinados. Formatos diferentes de colunas de ar têm propriedades acústicas diferentes; um som de boa qualidade só pode ser gerado com um formato adequado. Tubos cônicos, com pequenas aberturas na extremidade mais estreita, produzem os melhores resultados e esse formato pode ser visto na maioria das madeiras, incluindo o oboé, fagote e saxofone.

A segunda melhor forma é a cilíndrica. Esses instrumentos podem ser abertos nas duas extremidades, como é o caso da flauta. Um cilindro aberto em apenas um dos lados tem propriedades acústicas singulares, das quais a mais audível é a predominância de harmônicos graves. A clarineta é construída dessa maneira.

▲ *A gaita-de-boca, ou harmônica, é um instrumento sem palheta.*

▲ *Campanas de saxofone, viradas para cima, foram desenvolvidas a partir de campanas de clarone.*

O som de uma madeira é projetado, principalmente, pelos orifícios dos dedos, ao redor da chave apertada mais baixa. A função principal da campana é refletir as ondas sonoras de volta ao instrumento, ao invés de distribuí-las no ar. Isso é uma função vital e influencia o som consideravelmente.

ORIFÍCIOS DOS DEDOS

Um tubo aberto só na parte do bocal e da campana pode produzir apenas sons da série harmônica. Para poder tocar notas adicionais, é necessário alterar o comprimento do tubo. Primeiramente, isso era feito através da adição de orifícios para os dedos. Com todos os orifícios cobertos, produzia-se a nota fundamental do tubo; abrindo o orifício mais baixo reduzia-se o comprimento do tubo, produzindo um som mais agudo. Abrindo gradualmente os orifícios desde a campana até o bocal, era possível tocar uma série de notas – sistema que ainda se usa em alguns instrumentos.

A posição dos orifícios para os dedos foi crucial para o sucesso das madeiras e logo se descobriu que algumas combinações de orifícios abertos e fechados eram mais efetivas do que outras. Porém, o tamanho da mão do músico e o número de dedos limitaram a posição e o número de orifícios.

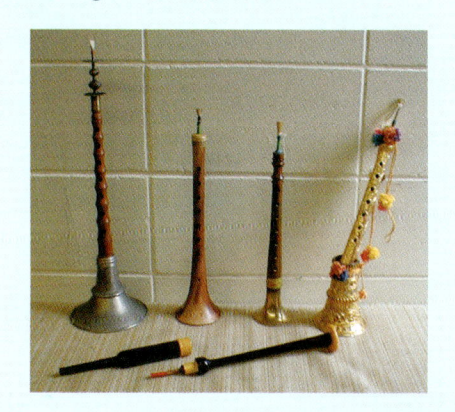

▶ *Instrumentos da família de charamelas, todos com palhetas duplas.*

INSTRUMENTOS DE SOPRO DE MADEIRA

CHAVES

Desenvolvimento das chaves mecânicas que fecham os orifícios para os dedos ocorreu no século XVII, dando o primeiro passo na direção das madeiras modernas. Originalmente usadas somente para as notas que eram difíceis de alcançar, apenas com o trabalho de Theobald Boehm (1794-1881), em meados do século XIX, é que os sistemas de chaves atingiram seu potencial completo. Os desenvolvimentos de Boehm juntaram o trabalho dos seus predecessores e produziram o sistema de proporções e dedilhado que são a base da flauta moderna. Suas inovações, em diferentes medidas, influenciaram a modernização de todas as madeiras.

▲ *Chaves mecânicas possibilitam a reprodução de cada nota da escala cromática.*

TÉCNICA DE OITAVAR

Mesmo com um sistema de chaves sofisticado, a extensão básica de uma madeira pode parecer limitada, já que o tubo não pode ser encurtado indefinidamente, produzindo um som de qualidade razoável. Esse problema foi resolvido através do uso dos parciais naturalmente presentes na fundamental do instrumento.

Ao colocar mais energia na coluna de ar, o músico pode tocar o primeiro parcial. Isso produz uma oitava acima em todos os instrumentos, menos na clarineta que "oitava" no 12o intervalo. Soltar as chaves nesse ponto dá acesso ao registro mais alto, usando, na sua maior parte, o mesmo dedilhado.

Tocar os parciais pode desestabilizar o instrumento e, por esse motivo, nos instrumentos modernos de madeira usa-se a "chave de registro" ou "de oitava". Essa chave abre um orifício pequeno perto do bocal, que levemente altera o comportamento da coluna de ar e facilita a produção das notas oitavadas.

BOCAIS

Talvez, o fator mais claro de distinção entre as diferentes madeiras seja o modo em que o som é gerado. As clarinetas e saxofones usam uma palheta simples, oboés e fagotes uma palheta dupla, e flautas e apitos usam a borda do bocal.

▲ *A palheta de fagote é feita de um único pedaço dobrado de taquara.*

A palheta simples é unida a um bocal escavado, que leva diretamente ao orifício do instrumento. A palheta dupla é feita de duas palhetas individuais que são amarradas juntas e inseridas num pedaço fino de cortiça, que é, então, inserido no tubo. A borda é, simplesmente, afilada ou arredondada e divide a corrente de ar, levando uma parte do ar para dentro do tubo do instrumento e outra para fora.

O método de produção sonora tem efeito sobre o timbre do instrumento e é claramente audível. Também influencia a articulação. A palheta dupla, por exemplo, precisa de bastante energia para realizar o ataque inicial; a articulação rápida e repetida é, portanto, árdua e corre o risco de estragar o som. Contudo, um instrumento soprado na borda exige pouca energia no início e é ideal para as rápidas passagens musicais.

▲ *Dvojnice: a flauta dupla dos Bálcãs*

AS MADEIRAS DE ORQUESTRA

Individualmente, as madeiras modernas têm som menos colorido e são menos flexíveis do que as cordas. Seus predecessores eram geralmente barulhentos e associados com bandas militares e celebrações ao ar livre.

Porém, através de um contínuo refinamento, esses instrumentos agora desempenham um grande papel na cultura musical ocidental. Sua presença na orquestra é indispensável para o fornecimento da cor melódica e a variação da textura. Esses instrumentos alcançaram a maturidade no século XX e, nos últimos 100 anos, são cada vez mais exigidos.

Como solistas e nos conjuntos de madeiras, esses instrumentos fazem sucesso. Nas bandas militares, eles continuam na posição central, e no jazz, alguns instrumentos (principalmente o saxofone e a clarineta) têm papéis cruciais.

▶ *Embora seja usado na música erudita, o saxofone está à vontade no jazz.*

Seção Um: Os Instrumentos 127

INSTRUMENTOS DE SOPRO DE MADEIRA

FLAUTA

A flauta mais familiar para nós, por seu uso na música solo e orquestral, é mais propriamente conhecida como flauta transversa.

A família da flauta se distingue das outras madeiras por não usar uma palheta para gerar som. Ao invés disso, uma corrente de ar atingindo a borda de uma abertura lateral do tubo agita a coluna de ar contida dentro deste. A nota depende do comprimento da coluna de ar; desta forma, cobrindo ou descobrindo os orifícios no tubo, pode-se alterá-la.

ORIGENS DA FLAUTA

Existem exemplos de flautas que datam de milhares de anos. Acredita-se que uma flauta do Paleolítico, feita de osso de cisne, descoberta em Geissenklosterle, Alemanha, é o mais antigo exemplar de instrumento musical sobrevivente, tendo cerca de 36.000 anos. Sabe-se que os parentes mais diretos da moderna flauta de concerto existiam nos séculos X e XI e que, já no século XVI, havia se tornado imensamente popular.

DESENVOLVIMENTOS TÉCNICOS

A invenção das chaves no século XVII começou a transformar lentamente a flauta. Antes disso, a flauta era capaz de produzir apenas um número limitado de notas e não podia tocar acuradamente cada grau da escala cromática. Para superar esse problema, flautas de diversos tamanhos (e assim, capazes de tocar diferentes notas), eram usadas pelo mesmo instrumentista.

> **Fato**
> Os inventários das cortes europeias do período mostram que Henrique VIII tinha 74 flautas e a corte de Stuttgart tinha 220, comparado com apenas 48 flautas doce.

O uso de chaves, porém, permitiu ao instrumentista cobrir orifícios além do alcance normal de seus dedos. De uma só vez, a extensão do instrumento foi aumentada, sua entonação melhorou e o acesso a toda escala cromática foi garantido.

▲ Uma flauta barroca de chave única que tinha uma extensão limitada.

Apesar desse desenvolvimento, restou uma grande variedade de modelos de flautas – e, por conseguinte, de técnicas de execução – divididas basicamente por fronteiras nacionais. Somente em meados do século XIX desenvolveu-se um modelo suficientemente bom para relegar todos os outros aos livros de história.

FLAUTA DE BOEHM

Theobald Boehm foi um ourives, construtor e tocador de flauta. Sua invenção revolucionária consiste nas chaves em forma de anel, no qual um anel envolvia um orifício para dedo, operando também um segundo orifício, que permitia a um único dedo cobrir dois ou mais orifícios simultaneamente. Também desenvolveu uma relação entre tamanho e diâmetro da flauta, e o tamanho e disposição dos orifícios para dedos, assim como a mudança do instrumento, de um tubo cônico para um cilíndrico. Ele alcançou seu modelo definitivo em 1847, após anos de experimentações.

Os desenvolvimentos de Boehm não foram aceitos universalmente. Embora muitos apreciassem a potência de som, entonação segura e agilidade permitida pelo modelo alemão, outros sentiram falta das sutilezas de cores encontradas em outros modelos e não estavam dispostos a aprender novos padrões de dedilhado que o modelo de Boehm exigia. Apenas a partir do século XX, a flauta se acomodou ao padrão Boehm. Até hoje, ele permanece um dos instrumentos mais particulares.

▲ *A flauta tem um som doce, sensual e popular em muitos gêneros musicais.*

A FLAUTA MODERNA

O desenho básico da flauta moderna é tripartite: uma cabeça (contendo o orifício em que o instrumentista sopra), uma articulação central (contendo as teclas principais) e o pé (ou articulação inferior, contendo as chaves para o dedo mínimo da mão direita). A escala básica de uma flauta começa num *Ré 3* e se estende para cima por três oitavas. As chaves no pé aumentam a extensão para baixo, até um *Dó 3* e, às vezes, um *Si 2*.

O timbre da flauta é afetado por seu material de construção. Normalmente, as flautas são feitas de prata niquelada ou esterlina, que dá um som flexível e proje-tado. Flautas de madeira são muito mais ricas, com registro grave mais potente, enquanto flautas de ouro produzem um som suave. Muitos instrumentistas misturam materiais – por exemplo, usando uma cabeça em madeira, e articulações central e inferior em prata.

PICCOLO

A flauta tem irmãos maiores e menores, dos quais o mais frequentemente usado é o *piccolo*. Tocando uma oitava acima da flauta, o *piccolo* é dedilhado da mes-ma forma que seu parente maior, exceto pelo fato de não possuir o pé, fazendo que sua nota mais grave seja o *Ré 4*.

▲ *O nome completo do piccolo, "flauto piccolo", significa "pequena flauta" em italiano.*

Há também flautas maiores como a flauta alto – que está uma quarta abaixo da flauta padrão, e a flauta baixo – que toca uma oitava abaixo da padrão. Existem até flautas subgraves, tocando uma 12a abaixo, e flautas contrabaixo, tocando duas oitavas abaixo.

▲ *A flauta alto tem um formato de corpo característico.*

Desses instrumentos, apenas a flauta alto e o *piccolo* são usadas regularmente em concerto. Desde os tempos de Beethoven, o *piccolo* é parte integrante da seção de madeiras da orquestra. A flauta alto, criada por Boehm, por volta de 1854, foi particularmente atrativa para os compositores do século XX. Igor Stravinsky (1882-1971) empregou-a com grande efeito na *Sagração da Primavera* e Toru Takemitsu (1930-96) era um fã em particular.

FLAGEOLET (PEQUENA FLAUTA)

Outro membro da família das flautas, o *flageolet* é uma flauta vertical, termo que compreende um amplo conjunto de instrumentos. Seu desenho é mais similar ao da flauta doce, consistindo em um bocal e um corpo principal, com orifícios para dedos e polegar, feito em ébano, marfim ou madeira de buxo.

Ele foi popular na Inglaterra durante o século XVII e era particularmente associado ao caráter pastoril. Tanto Georg Friedrich Händel (1685-1759), quanto Jean-Phillippe Rameau (1683-1764) usaram o *flageolet* e Wolfgang Amadeus Mozart (1756-91) escreveu para ele em sua ópera *O Rapto do Serralho* (1782).

Além do *flageolet* padrão, existia um *flageolet* duplo, que tinha dois corpos unidos a um único bocal – um operado pela mão esquerda, e o outro pela direita. Isso permitia que melodias simples fossem tocadas em terças e também disponibilizava um conjunto maior de notas que o *flageolet* simples.

Em 1843, Robert Clarke inventou um *flageolet* barato que se tornou conhecido como flauta irlandesa ou *tin whistle*. O instrumento foi imensamente popular na Irlanda, onde permanece como favorito em apresentações de música folclórica.

▲ *A flauta irlandesa pode ser também descrita como uma flauta de bisel vertical, como muitos outros instrumentos tradicionais de madeira.*

Seção Um: Os Instrumentos

FLAUTAS TRANSVERSAS AO REDOR DO MUNDO

As flautas transversas no mundo, embora diferentes na aparência e em tamanho, têm poucas variações ao desenho comum: um tubo de cavidade paralela, com uma abertura que é soprada, e uma fileira de orifícios para os dedos na face (e ocasionalmente, um orifício para o polegar). Muitas são feitas de materiais tubulares disponíveis localmente, especialmente, o bambu.

Como a flauta é soprada verticalmente, o tamanho da abertura através da qual o instrumentista sopra, depende do calibre do material de que é feita – bambu ou taquara. Fechar a extremidade, e fazer um novo orifício para sopro na lateral da flauta, permite ao construtor controlar o tamanho e formato da abertura.

FLAUTAS INDIANAS

No norte da Índia, o nome *bansuri* (derivado da palavra *"bas"*, que significa "bambu") aplica-se tanto a flautas transversas ou de duto. A flauta transversa, geralmente com oito orifícios, usada na música carnática do sul da Índia é chamada *venu*.

FLAUTAS CHINESAS

Na China, a maioria das flautas transversas, chamadas *dizi*, tem um orifício adicional entre a abertura soprada e os orifícios para dedos, geralmente seis, de mesmo tamanho. A abertura é coberta por um pedaço de membrana, parecida com papel, descascada da superfície interna do bambu. O *shinteki* japonês, o *fanso* de Okinawa e o *taegum* coreano têm um dispositivo semelhante. Atualmente, muitos *dizis* são acoplados com uma curva de afinação de metal, mas são feitas tão acuradamente e o bambu é tão estável no que diz respeito à temperatura, que é raro o seu ajuste..

▲ *O som de um dizi chinês é bem definido.*

FLAUTAS VERTICAIS

Faça um corte preciso na extremidade de um bambu, taquara ou outro tubo, coloque-o perto da boca e direcione uma corrente estreita de ar em sua borda, e com um pouco de prática, uma nota afinada será produzida.

Sopre um pouco mais forte e essa nota saltará por uma série de harmônicos ascendentes. Não é necessário soprar com a boca – os tubos plásticos corrugados vendidos como brinquedos são rodopiados no ar para produzir uma série harmônica, que sobe por cinco notas quanto mais rápido o tubo é rodopiado.

FLAUTAS DE PÃ

Se os tubos são fechados em sua extremidade não soprada, a nota produzida será uma oitava abaixo daquela se ela estivesse aberta. A flauta de Pã é uma série de tubos com uma extremidade fechada, arranjadas formando uma escala. Cada tubo cria uma única nota ou, se sopradas mais fortemente, um harmônico superior adicional – às vezes utilizável.

▲ O siku *andino (flauta de Pã de fileira dupla, direita) com as flautas de Pã chinesas e filipinas.*

Na Europa, os mais famosos e hábeis tocadores vêm da Romênia, onde o instrumento é chamado de *nai* ou por seu nome grego, *syrinx*. Eles geralmente têm a forma de uma fileira curvada de tubos, colocados em uma armação de madeira. Em outro centro de excelência, os países andinos da América do Sul (onde são conhecidos pelos nomes espanhóis de *zampoña* ou *rondador*), os tubos alcançam um metro ou mais de comprimento e podem estar em fileiras duplas ou triplas. Para tocar as versões maiores, essas fileiras são separadas e um par de músicos se encarrega de cada uma.

O *skuduciai* lituano e o *saggeypo* filipino são conjuntos de flautas de Pã tocadas por um grupo, cada músico com apenas um ou dois tubos, enquanto cada músico do *kugikly* ou *kuvikly* russo toca até cinco.

ORIFÍCIOS PARA DEDOS

Não é necessário para uma flauta ter um tubo separado para cada nota; é possível ter um tubo simples e mudar o comprimento da coluna de ar. O método comum é fazer orifícios para dedos no tubo. Em um tubo aberto, fechando todos os orifícios produz-se a nota mais grave; abrindo progressivamente de baixo para cima, cria-se uma escala ascendente. Soprar mais forte enquanto se repete ou modifica-se o dedilhado estende essa escala para uma segunda e, ao menos parcialmente, uma terceira oitava. Cobrir parcialmente os orifícios, ou deixá-los abertos enquanto fechando alguns ou todos abaixo deste, produz notas intermediárias com vários graus de cromatismo e permite executar *bends*. (Com exceção da flauta ocidental de orquestra, nenhuma das outras são equipadas com chaves. O cromatismo e microtons são feitos no dedilhado e controle do sopro, e não num mecanismo.)

Flautas verticais podem ser encontradas em todo o mundo, e aparecem com muitos nomes, incluindo o *ney* do Oriente Médio, e o *kaval* da Europa Oriental. Apesar das diferenças em comprimento, material de construção, número ou arranjo dos orifícios para dedos, elas têm uma aparência semelhante. As regiões em que crescem plantas apropriadas, tubulares e robustas, como o bambu ou taquara, têm vantagem na construção e execução de flautas, e seus músicos têm habilidades altamente desenvolvidas, em instrumentos que ainda são feitos dos tubos das plantas originais.

▶ *Flautas verticais são difíceis de controlar, mas uma vez aprendidas, um músico pode tocar até os tubos mais simples.*

NEY

Ney, nai ou *nay* é uma antiga palavra persa para taquara – ou outros membros da família das gramíneas, como o bambu – que é o material de que são feitas a maioria das flautas verticais com esse nome, no Oriente Médio, Turquia e norte da África. Ao contrário das flautas de Pã, onde a corrente de ar é direcionada bem na borda (com uma embocadura similar a da flauta transversa), para se tocar uma flauta vertical aberta, coloca-se sua extremidade no canto da boca, segurando a flauta num ângulo de cerca de 30° em relação ao eixo vertical do corpo. Sopra-se na lateral do aro, o que requer uma embocadura mais parecida com assoviar. O aro é afiado e, às vezes, em *neys* mais longos, em que a posição para tocá-los é complicada, ele é envolvido por um disco para os lábios.

A principal exceção a esse método de embocadura é o *ney* iraniano, no qual o aro é colocado dentro da boca, preso na fenda entre os dentes frontais, e o ar direcionado pelos dentes e língua. Isso pode ser complicado, mas oferece um som respirado particularmente belo e expressivo.

Os *Neys* têm, comumente, entre cinco e sete orifícios para dedos na frente e um para o polegar, na parte de trás. No norte da África, o mesmo instrumento também aparece com o nome de *nira, talawat, gasba, qsbah* ou *qasaba*, embora os três últimos podem também se referir a um *ney* curto com seis orifícios para dedos e nenhum para o polegar, conhecido no Egito como *salameyya*.

KAVAL

Nos Bálcãs, instrumentos usando efetivamente a mesma técnica dos *neys* não iranianos, mas feitos de madeira torneada, ao invés de cana ou bambu, são geralmente chamadas de *kaval*. A Bulgária, em particular, é o lar de alguns brilhantes tocadores de *kaval* e seus instrumentos são feitos de três peças, geralmente com o aro em um material mais robusto do que madeira, como chifre ou fibra de vidro, e decorado com reforço de virola nas juntas. Os *kuvals* macedônios têm uma parede bem fina, torneada a partir de uma única peça de madeira (geralmente freixo), e são tipicamente mantidos em pares iguais em bastões inseridos nos tubos para prevenir empenamento ou dano.

▶ Neys *são continuamente tocados por quase 5.000 anos.*

INSTRUMENTOS DE SOPRO DE MADEIRA

Seção Um: Os Instrumentos

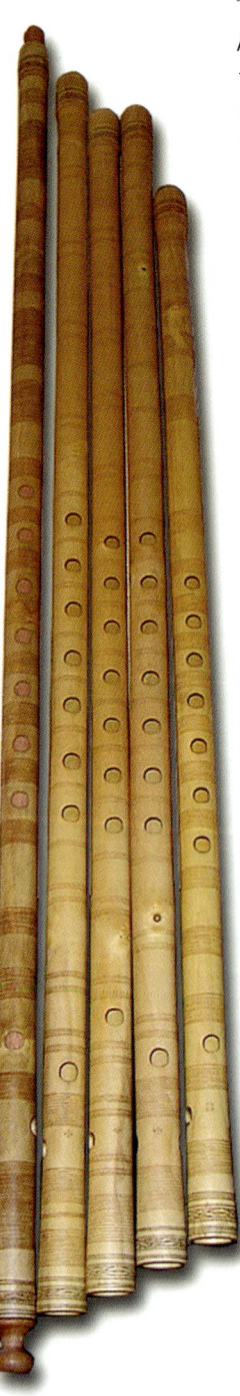

▼ Os kavals *macedônios são tão finos e leves que são colocados em bastões para protegê-los (mostrado aqui à esquerda).*

A regra para o *kaval* macedônio ou búlgaro é ter sete orifícios para dedos na frente, e um atrás, todos do mesmo tamanho e espaçados igualmente. Isso pode sugerir uma escala

Fato
A flauta vertical de Madagascar é conhecida como *sodina*. Seu tocador mais conhecido, Rakoto Frah, prefere usar bastões de esqui de metal como material para fazer seus instrumentos.

distante do temperamento igual, ou mesmo da afinação justa. Porém, esses instrumentos são capazes de um cromatismo quase total em sua extensão média e aguda, e de cobrir uma extensão ampla de três oitavas – com um agudo muito alto e habilidade multifônica, que resultam num som fino e aspirado, com harmônicos aparentes nas notas graves.

▼ *A sodina de Madagascar, como o kaval, é uma flauta vertical.*

FLAUTAS ENTALHADAS

No leste da Ásia e América do Sul, algumas flautas verticais têm uma característica que requer uma embocadura diferente do que a dos *neys* e *kaval*.

Um entalhe em forma de "U" é feito na borda, do lado oposto ao do músico. Ele é chanfrado no interior ou exterior do tubo para formar uma aresta fina no qual o ar é direcionado. O resto do diâmetro do tubo é selado pela parte externa do lábio inferior do tocador. A flauta é mantida na vertical.

SHAKUHACHI

A mais conhecida dessas flautas entalhadas é o *shakuhachi* japonês, um instrumento de aparência grosseira, mas de técnica refinada. O nome deriva do japonês para "um pé e oito (décimos)", a medida tradicional para o instrumento – embora muitos sejam mais longos. Feitos de bambu cortado perto da raiz, a flauta parece um taco, com a extremidade inferior com paredes extremamente espessas, que se tornam mais delgadas em direção à extremidade soprada. A borda soprada (*utaguchi*) é mais robusta, com uma inserção de madeira dura, chifre, acrílico ou outro material durável. Há quatro orifícios para dedos na frente e um atrás.

▶ *A flauta entalhada chinesa, o* Xiao.

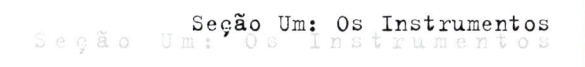

XIAO

Diz-se que a flauta entalhada chegou ao Japão na antiguidade, da China, através da Coreia, onde um instrumento similar é chamado de *tanso*. A flauta entalhada chinesa, o *xiao* ou *dongxiao*, é um tanto diferente. Ela é um longo e estreito tubo de bambu, geralmente com cinco orifícios para dedos na frente e um atrás, este último produz uma escala diatônica. O entalhe é feito num nodo e a maior parte do septo do nodo é mantida intacta, de forma que ele desempenha um papel similar ao lábio inferior do músico no *shakuhachi*. Seu som é baixo e reflexivo.

▲ *A flauta entalhada japonesa,* shakuhachi, *é feita da base de um tronco de bambu*

APITOS

Apitos, ou flautas de duto, têm um dispositivo para canalizar o sopro do instrumentista. Assim, uma corrente estreita de ar atinge uma borda afiada, causando a turbulência necessária para vibrar a coluna de ar, sem o músico usar qualquer embocadura especial.

Geralmente, esse duto é criado inserindo-se um bloco, conhecido como bisel, no final do tubo, com um lado raspado. Isso permite que a corrente de ar, que sai da janela cortada no tubo, geralmente retangular ou em forma de "D", atinja a borda afiada, produtora de som, em seu lado oposto.

APITOS SEM ORIFÍCIO

É possível fazer um apito descascando-se uma vara viçosa de salgueiro, cortando um entalhe no tubo da casca e reinserindo uma curta extensão de vara, com um lado raspado como um bisel para direcionar o ar no entalhe. Soprando-se progressivamente mais forte, produz-se uma série ascendente de harmônicos. Alternando a abertura e o fechamento parcial da extremidade inferior com o dedo permite que os espaços entre esses harmônicos sejam ligados por tons e semitons intermediários.

Apitos sem orifício como esses, e outros menos efêmeros de madeira, ou qualquer material mais robusto, são feitos por milênios, frequentemente como passatempo por pastores. Na Noruega, por exemplo, esse tipo de apito é conhecido como *seljefløyte*, e na Suécia, como *sälgpipa* (ambos significam "flauta do salgueiro"). Em outros lugares: *vilepill* (Estônia), *svilpas* (Lituânia), *koncovka* (Eslováquia), *tilinca* (Romênia) e entre os hustsuls dos Cárpatos, *tylynka* ou *telenka*.

◀ *Apito e flauta doce, duas das mais conhecidas flautas de dutos.*

TAMANHOS DO INSTRUMENTO

Perfurar orifícios para dedos no tubo produz um instrumento que pode tocar em vários modos e tonalidades. Um apito de seis orifícios, por exemplo, pode facilmente produzir escalas diatônicas completas em duas tonalidades mais suas relativas menores; para outras, o músico simplesmente troca para um apito de tamanho diferente. Assim, a bem conhecida flauta de lata europeia (não necessariamente de lata), muito usada na música "celta", tem uma grande variedade de tamanhos, até *Dó 1* ou *Ré 1* para o apito grave.

DUTOS EXTERNOS

Enquanto flautas de lata e flautas doce têm um bocal em forma de bico, muitas das outras flautas de duto étnicas têm extremidade achatada. Em algumas, como no *suling* javanês, em vez de o ar passar de dentro do tubo para a borda sonora, ele é canalizado por um curto duto externo formado, amarrando-se um laço de folha de palmeira, bambu ou outro material em volta do tubo, pouco acima da abertura da borda retangular.

Em outra flauta com duto externo, a flauta nativa norte-americana, o ar passa por fora de um orifício para dentro de um duto externo, formado por uma pequena peça de madeira amarrada ao corpo da flauta, que o direciona contra a borda de uma segunda abertura.

▲ *O suling, de Java, tem um duto externo que canaliza o sopro do instrumentista.*

Muitas flautas de duto têm a janela atrás. Se ela está suficientemente perto do topo, é possível afetar a corrente de ar com o lábio inferior ou queixo. Isso cria um som mais aspirado, enfatizando a oitava grave e abaixando um pouco a afinação. Uma mudança timbral adicional pode ser trabalhada vocalizando enquanto se toca; a voz e o som soprado se intermodulam para produzir um efeito multifônico granular.

FUJARA

A Eslováquia é particularmente rica em flautas de duto e é o lar de uma das maiores, a *fujara*, uma flauta pastoril normalmente com cerca de 180 cm de comprimento. Um tubo soprado, amarrado paralelamente ao principal, conduz o ar para o bisel, que está a alguma distância acima da cabeça do instrumentista. Um arranjo similar de tubo de ar é encontrado no *moxeño* andino.

Uma *fujara* tem apenas três orifícios para dedos, mas pode tocar a escala diatônica completa por oitavação. O mesmo método é usado em apitos menores, como os bascos *txistu*, de três orifícios, o menor *txirula*, e o maior *silbote*, o antigo flautim inglês, o pífaro português e o *galoubet* provençal. Estes são tocados com uma mão, enquanto a outra bate o tambor. O *flabiol* catalão usa chaves para permitir o controle de até oito orifícios com uma mão.

PARES DE APITOS

Nos Bálcãs e regiões vizinhas, pares de apitos amarrados juntos ou furados na mesma peça de madeira são comuns. Um tubo tem número suficiente de orifício para dedos – geralmente seis – para produzir uma escala diatônica de, no mínimo, duas oitavas. A outra, ou tem três, ou mais orifícios para dedos, para tocar harmonicamente, ou nenhum, para prover bordões. Eles incluem: *dvojnice* (Croácia, Sérvia, Montenegro), *dvojnica* (Polônia), *dvojacka* (Eslováquia, República Checa), *dvodentsivka* (Ucrânia), *dvoyanka* (Bulgária), e as mais distantes *xeremia bessona* (Ilhas Baleares), *satara* (Rajastão) e *doozela* curda.

OCARINA

Algumas flautas de duto não são, de fato, tubos, mas vasos fechados. Ocarina significa "pequeno ganso" em italiano e é um vaso – geralmente de cerâmica – de formas globulares variadas que produzem um som de flauta arredondado e aveludado. Ela é conhecida em toda a Europa e há instrumentos similares com uma longa história na América do

▲ *A Balkan* dvojnice.

▲ Uma coleção de ocarinas sul-americanas e (à direita) uma "batata doce" da América do Norte.

Sul, e entre os maoris na Nova Zelândia (onde é chamada de *nguru*). Os maoris também têm uma versão vertical, o *koauau*. O *xun*, uma flauta vertical de cerâmica, em forma de ovo, com cinco ou mais orifícios para dedos, e som delicado e oco, existe na China há, ao menos, 2.000 anos.

A boca do instrumentista serve como vaso e o nariz como fonte de ar para o *"humanotone"*, um apito de nariz de plástico, que soa como uma versão mais aveludada do apito de boca comum. O apito esportivo é uma flauta de duto fechada com uma bola que, quando soprada dentro de seu curso interior, causa flutuações regulares na corrente de ar. O apito brasileiro de samba é parecido, mas com a adição de dois orifícios para dedos que dão a ele uma capacidade de tocar três notas. O apito policial emite duas notas ligeiramente diferentes em altura, que interagem para criar uma terceira, mais grave: a nota diferencial. Apitos de água, no qual a corrente de ar borbulha através da água, emitem um gorjeio parecido com de uma ave.

Seção Um: Os Instrumentos

FLAUTA DOCE

Os primeiros exemplares conhecidos de flautas doce datam da Idade Média. Ela se tornou imensamente popular na Renascença e no Barroco e então, superada pela flauta de concerto, caiu em desuso profissionalmente. No início do século XX, porém, ela foi redesenhada por Arnold Dolmetsch e subsequentemente gozou de um notável *revival*, que continua até hoje.

EXECUÇÃO E AFINAÇÃO

Todas as flautas doce são flautas verticais de duto. O corpo principal do instrumento contém uma coluna de ar, aberta na base. Sua cabeça é parcialmente bloqueada, conduzindo o sopro do músico para uma borda afiada, que divide o ar em dois, para induzir vibrações sonoras. Uma parte continua dentro da coluna de ar do instrumento, agitando-a por vibrações; a outra é expulsa, através de uma janela na cabeça, para fora do instrumento.

▲ *Um consort de flautas doce (de cima para baixo): soprano, alto, tenor, baixo, sopranino e garklein.*

Como todos os aerofones, a afinação da flauta doce depende do comprimento da coluna de ar. Para poder alterar a altura da nota, os orifícios para dedos podem estar cobertos (para criar uma coluna de ar mais longa e nota mais grave) ou descobertos (para criar uma coluna de ar mais curta e uma nota mais aguda). Aumentando a velocidade do ar, o músico pode produzir uma oitava acima com o mesmo dedilhado (oitavar).

MÚSICA ANTIGA PARA FLAUTA DOCE

No século XVI, a flauta doce era um dos instrumentos mais populares na Europa. Ela foi usada na música instrumental e na música vocal por Claudio Monteverdi (1567-1643), Jean-Baptiste Lully (1632-87), Marc-Antoine Charpentier (1645-1704), Henry Purcell (1659-95), Georg Friderich Händel (1685-1759) e Johann Sebastian

Bach (1685-1750). Mas talvez seu uso mais significativo tenha sido entre amadores. A facilidade com que a flauta doce pode ser tocada fez dela o instrumento perfeito para uso doméstico. Na época em que não havia gravações ou transmissões, ela era um bom meio através do qual se disseminava a nova música. Transcrições de canções, árias e mesmo óperas inteiras foram feitas no século XIX adentro.

A FLAUTA DOCE MODERNA

O *revival* do interesse profissional pela flauta doce começou no início do século XX, quando Arnold Dolmetsch (1858-1940) criou um novo desenho nos anos 1920. Junto com seu filho Carl, Dolmetsch alterou o tubo do instrumento, redesenhou os orifícios para dedos, e redimensionou o tamanho e posição deles para a afinação moderna,

▲ *O soprano, ou descanto, é a flauta doce mais comum aprendida por crianças..*

e temperamento igual. Muito da renovada popularidade da flauta doce deve-se ao aumento de procura por apresentações com motivação histórica, que eram feitas com réplicas exatas dos instrumentos usados no tempo em que a música foi escrita.

A flauta doce moderna tem extensão de pouco mais que duas oitavas. Isso obriga o uso de instrumentos de diferentes tamanhos para se obter toda extensão de notas, particularmente em um conjunto. A afinação em Dó ou Fá é a mais comum nas flautas doce (referindo-se a sua nota mais grave, disponível quando todos os orifícios para dedos estão cobertos). O instrumento padrão é um descanto, com a nota mais grave de *Dó 3*. Acima disso está o sopranino, com a nota mais grave de *Fá 3*. Abaixo do descanto está o alto, com nota grave *Fá 2*, o tenor, *Dó 2*, e o baixo, *Fá 1*. A relativa simplicidade do instrumento o fez duradouramente popular e é ainda o primeiro instrumento que muitas crianças aprendem.

INSTRUMENTOS DE SOPRO DE MADEIRA

CLARINETA

Incomum entre instrumentos musicais, uma data específica foi fixada para a invenção da clarineta. Johann Christoph Denner, de Nuremberg, tem sido afirmado como o homem que, em 1700, tramou e construiu o primeiro desses instrumentos.

Porém, como nas melhores histórias, a clarineta é cercada de mistério. O instrumento atribuído a Denner, que agora reside no Museu Nacional da Baviera, Alemanha, é de fato um *chalumeau*. O *chalumeau* é um ancestral direto da clarineta e a diferença marcante entre os dois encontra-se na invenção da chave de registro. Ninguém, porém, está seguro sobre quem é o inventor dessa chave.

CHALUMEAU

No meio do século XVII, a flauta doce tornou-se um instrumento imensamente popular, mas tinha muitas desvantagens e a falta de volume não era a menor delas. A tentativa de superar essa falha levou diretamente à criação do *chalumeau*. Ao invés de dividir a corrente de ar em uma borda afiada para induzir vibrações sonoras, o *chalumeau* usava uma palheta simples fixada em um bocal afilado. A palheta era agitada por uma corrente de ar que passava sobre ela, o que por sua vez fazia com que a coluna de ar contida no instrumento vibrasse.

Apesar das melhorias no volume, o *chalumeau* podia produzir acuradamente apenas um número limitado de notas em sua região grave. A chave de registro, operada pelo polegar, foi inventada por volta de 1700, especificamente para permitir acesso às notas mais agudas. Um vínculo próximo entre o *chalumeau* e a clarineta é ainda mantido na terminologia: a extensão grave é ainda referida como o registro "*chalumeau*".

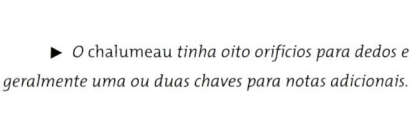

▶ O chalumeau *tinha oito orifícios para dedos e geralmente uma ou duas chaves para notas adicionais.*

▼ *A clarineta moderna, completa com chave de registro e sistema de chaves Boehm.*

AFINAÇÃO

Como todos os instrumentos de sopro, a afinação da clarineta depende do comprimento da coluna de ar que vibra; desta forma, cobrindo ou descobrindo os orifícios para dedos, altera-se a nota. O uso de chaves para facilitar esse processo começou com o *chalumeau* e continuou com a clarineta. A clarineta, como conhecemos hoje, é resultado da colaboração, no início dos anos 1840, entre o clarinetista Hyacinthe Eléonore Klosé, e o construtor L.-A. Buffet. Buffet usou os princípios mecânicos de Theobald Boehm – o homem responsável por revolucionar o *design* da flauta – para criar um sistema de chaves que é o padrão atualmente. (Infelizmente, para Buffet, o mo-delo carrega o nome de Boehm, apesar deste não ter nenhuma relação com isso.)

CONSTRUÇÃO

A moderna clarineta soprano consiste em cinco seções: bocal; barrilhete, articulação superior, ou da mão esquerda; articulação inferior, ou da mão direita; e campana. Essas seções são unidas com junções "macho-fêmea", e articulações alinhadas com cortiça para assegurar um encaixe compacto e hermético. Juntas, as articulações superior e inferior constituem o corpo. O bocal é afilado no lado superior. No lado inferior, há uma ranhura onde é encaixada uma palheta simples, fixada por um anel metálico. A câmara interna do bocal provê uma transição suave para o corpo principal da clarineta, que tem tubo cilíndrico.

▲ *A palheta da clarineta é geralmente feita de cana, mas pode ser também de plástico.*

Seção Um: Os Instrumentos

Curiosamente, parece não haver propósito para o barrilhete, que separa o corpo principal do bocal. As razões mais convincentes de sua existência são puramente estéticas, já que, no sentido prático, ele poderia ser dispensado. O corpo principal porta a máquina de chaves e a campana abre-se a partir do tubo cilíndrico em um funil. A campana é apenas útil para projetar as notas mais graves da extensão da clarineta – a maioria das notas é projetada quase inteiramente pelos orifícios laterais. Muitas clarinetas modernas são feitas de jacarandá-africano; embora existam alternativas de plástico ou metal, nenhum material ainda igualou-se a essa madeira em beleza de som.

REGISTRO

▼ *A chave de registro permite ao músico mover-se entre os registros.*

Única entre os instrumentos de sopro, a clarineta comporta-se como um tubo cilíndrico fechado – embora seja aberto na campana. Acusticamente, isso faz com que predominem as vibrações graves no som da clarineta: seu registro grave está uma oitava abaixo da flauta ou oboé, usando o mesmo comprimento de tubo. Isso dá ao registro *chalumeau*, um som particularmente rico e escuro.

A formação da onda sonora na clarineta faz com que ela "oitave" numa 12ª, ao invés da oitava normal. Essa peculiaridade deu origem à chave de registro, que foi projetada para ajudar na produção de notas oitavadas – conhecida como o registro "clarino".

TESSITURA

Uma clarineta padrão de sistema Boehm tem a nota mais grave de *Ré 2*. Alguns modelos, conhecidos como *Full Boehms*, têm uma extensão adicional de 5 cm, que permite acesso a um semitom adicional abaixo disso. Os limites superiores dependem em grande parte do instrumentista. Muitos não iriam além de *Sol 5*, mas é possível alcançar um *Dó 6* ou mesmo *Mi 4*. A dificuldade no registro mais alto é que a entonação, em grande parte, depende do sopro e controle de embocadura – em uma nota tão extrema quase qualquer combinação de dedos irá funcionar.

A extensão da clarineta é dividida em quatro categorias e cada uma delas tem timbres distintos. O já mencionado *chalumeau* está entre *Ré 2* e, aproximadamente, *Sol 3*. O registro alcançado pela oitavação do *chalumeau* é conhecido como registro clarino. O conjunto das poucas notas inadequadas, que unem os registros *chalumeau* e clarino, é conhecido como "registro gutural", e é difícil de tocar com beleza e qualidade. As notas superiores são conhecidas como "registro extremo".

A CLARINETA NA *PERFORMANCE*

Os compositores usam a clarineta desde 1716, quando Antonio Vivaldi (1678-1741) compôs *Juditha triumphans*, mas foi a orquestra de Mannheim quem mais impulsionou a popularidade do instrumento, levando Mozart a lastimar a ausência dele em sua orquestra. Ele escreveu várias peças especialmente para versões do instrumento, incluindo o *Concerto para Clarineta* (K622) e o *Quarteto para Clarineta* (K581). No século XIX, a clarineta já havia se tornado uma presença regular na orquestra, e desenvolvido um razoável corpo de música solo e de câmara.

▲ *Em bandas de sopro, as clarinetas são fundamentais na instrumentação.*

No século XX, a clarineta tornou-se um instrumento orquestral. Ela foi vitalmente importante para compositores como Arnold Schoenberg (1874-1951), Stravisnky, Béla Bartók (1881-1945) e George Gerhswin (1898-1937). As novas técnicas de execução, e demandas extremamente expressivas eram bem adequadas para a grande extensão da clarineta e sua variedade de timbres. Na primeira metade do século XX, a clarineta também se tornou parte central do jazz, quando músicos como Benny Goodman, Artie Shaw e Woody Herman colocaram-na no coração da cultura popular.

◄ *As clarinetas, particularmente, combinam com o jazz.*

CLARINETA EM A

A clarineta é um instrumento transpositor – isto é, a música não está escrita na mesma altura do som resultante. A transposição é calculada em relação à nota *Dó*; um instrumento em F, por exemplo, soa *Fá* quando tocando um *Dó* escrito. Isso mantém o dedilhado em vários instrumentos que têm o mesmo desenho básico, mas em diferentes tamanhos (e desta forma, extensões diferentes). A música é escrita da mesma forma para cada instrumento. Então, permutá-los é bem simples.

▼ *A clarineta em A é o tipo mais comum depois do soprano em B♭.*

A clarineta padrão é em B♭, então, ela soa um tom abaixo do escrito. Muitos clarinetistas usam também uma em A, que soa uma terça abaixo do escrito. Embora ambos os instrumentos tenham som quase idêntico, a música composta em tonalidades sustenidos (i.e., G, D, A etc. e suas relativas menores) era impossível de ser dedilhada em um instrumento em B♭. Os desenvolvimentos do mecanismo de teclas tornaram isso muito mais fácil, mas ainda é possível ouvir que a clarineta é melhor nas tonalidades relacionadas à sua própria.

CLARINETA EM E♭

A clarineta em E♭, ou requinta, soa uma terça menor acima do escrito. Ela é membro constante das bandas militares e de concerto, frequentemente usada na orquestra, e quase nunca em solo ou música de câmara. Ela tem um som agudo

▼ As big bands de jazz viram as clarinetas desempenharem um papel central.

penetrante, que pode facilmente se sobressair a uma orquestra completa. Por essa razão, ela é geralmente usada em momentos de extrema tensão. Porém, ela tem um lado mais divertido, que Richard Strauss habilmente desenvolveu para refletir o astucioso herói em seu poema sinfônico *Till Eulenspiegels lustige Streicher* (1894-95). Strauss, na verdade, escreveu para uma clarineta em D que, embora ainda disponível, está em grande parte obsoleta.

COR DE BASSET

▶ Um cor de basset *do início do século XX.*

O *cor de basset* é um membro da família da clarineta, embora não seja propriamente uma. Ele é afinado em F e sua extensão vai até um *Fá I* soado. Seu timbre escuro, ligeiramente velado, é mais parecido com o do *chalumeau* do que com o da clarineta. Embora se assemelhe ao corpo principal da clarineta, a seção superior se curva em direção do instrumentista, mas a campana se curva para fora e é geralmente feita de metal.

Acredita-se que o instrumento foi projetado nos anos 1760, mas é incerto se ele foi desenvolvido a partir de uma clarineta ou de um *chalumeau*. Mozart tinha uma predileção pelo instrumento, usando-o particularmente em suas peças maçônicas. O *cor de basset* nunca realmente se popularizou, apesar de Beethoven tê-lo usado na abertura de *Prometheus* (1801), e Richard Strauss, em sua ópera *Daphne* (1936-37) e, lentamente se extinguiu.

INSTRUMENTOS DE SOPRO DE MADEIRA

Seção Um: Os Instrumentos

CLARINETA *BASSET*

Não confundir com o *cor de basset*. A clarineta *basset* é uma clarineta soprano em B♭ ou A, cuja extensão tem sido ampliada abaixo do *Dó 2* escrito (dessa forma soando *Si♭ 1* ou *Lá 1*). Acredita-se que o instrumento foi criado pelo clarinetista Anton Stadler, um colega de Mozart, no século XVIII. Muitas composições de Mozart, incluindo o famoso concerto e o quinteto, foram escritas para a clarineta *basset*. Como o *cor de basset*, o instrumento caiu em desuso, mas foi revitalizado em meados do século XX, especificamente para executar as obras de Mozart, como ele planejara.

CLARONE

Geralmente afinado em B♭, o clarone soa uma oitava abaixo de sua contraparte soprano padrão, com uma nota mais grave de *Ré♭ 1* ou *Dó 1*. Ele se parece bastante com o *cor de basset*, mas geralmente tem um gancho completo tanto no bocal, como na campana, com o instrumento dobrando-se sobre si mesmo antes de se abrir em um ângulo. Um espigão é geralmente fixado na extremidade inferior do corpo principal, de forma que o clarone pode ser apoiado no chão durante a execução.

Existem exemplares do final do século XVIII, mas o clarone apenas tornou-se o que é atualmente, após os desenvolvimentos de Adolphe Sax (1814-94), no início do século XIX. Existem vários exemplos de música escrita para instrumentos parecidos com o clarone.

Porém, foi a ópera *Les Huguenots* (1836), de Giacomo Mayerbeer (1791-1864), que marcou o início do clarone. Desde então, ele tem sido um membro sempre presente na sessão de sopros da orquestra e foi usado com grande resultado por compositores como Gustav Mahler (1860-1911), Schoenberg, Stravinsky e Leos Janácek (1854-1928).

O tamanho do clarone exige mudanças ao mecanismo de chaves dos clarinetes menores. As chaves não apenas precisam alcançar mais longe, como também os orifícios que elas cobrem têm que ser maiores – tão grandes que não podem ser cobertas somente pelo dedo. Felizmente, o tamanho do instrumento permite mecanismos de chave adicionais, que resolvem esses problemas.

CLARINETA ALTO

A clarineta alto ocupa uma extensão parecida com o *cor de basset*, mas tem um som mais brilhante e cheio, permitindo-a se misturar mais efetivamente com os outros instrumentos. Ela é normalmente afinada em E♭ e dedilhada similarmente à clarineta soprano padrão.

A clarineta alto foi usada pela primeira vez, no início do século XIX, em bandas militares. Porém, ela nunca se estabeleceu como instrumento orquestral e hoje aparece principalmente nas bandas de concerto americanas.

◄ *O clarone (esq.) e a clarineta alto.*

► *O clarone é um instrumento solo popular no jazz.*

MADEIRA

Seção Um: Os Instrumentos   151

INSTRUMENTOS DE PALHETA SIMPLES AO REDOR DO MUNDO

Em seu estado mais simples, um instrumento de palheta é feito fatiando-se uma aba de um pedaço de taquara ou cana oca, próximo de sua extremidade fechada. A peça cortada emerge ligeiramente para fora, ainda unida ao resto do caniço por uma extremidade.

▲ *Instrumentos de palhetas livres tailandesas.*

COMO AS PALHETAS FUNCIONAM

A palheta, incluindo a extremidade obstruída e a seção com a aba, é colocada na boca e soprada. Essa pressão do ar faz com que a aba primeiramente se dobre para dentro, em direção da abertura deixada por seu corte, e então retorne. Ela faz isso repetidamente, centenas de vezes por segundo. As flutuações regulares de pressão causadas pela vibração da palheta fazem o ar dentro do tubo vibrar, assim uma nota é produzida e sua altura determinada pelo comprimento do tubo; a presença da coluna de ar força a aba da palheta a vibrar nas frequências ressoantes da coluna, não na altura natural desta. O comprimento efetivo do tubo pode variar, geralmente fazendo-se orifícios para dedos.

Embora seja possível fazer todo o instrumento de uma única taquara ou material similar, geralmente a sessão vibratória – conhecida como palheta – e o tubo são feitos de diferentes materiais e então encaixados. A palheta pode, dessa forma, ser substituída, quando se gasta ou quebra, sem a necessidade de descartar todo o instrumento.

INSTRUMENTOS SIMPLES DE PALHETA

Um exemplo de um instrumento de palheta de duas partes é o instrumento conhecido como *diplica*, na Croácia. Ela é feita de dois pedaços de taquara: uma seção com palheta com a aba vibratória cortada, encaixada em uma seção com cinco orifícios para dedos, que pode ser deslizada para dentro ou para fora, para afinação. É um instrumento delicado, de vida curta, mas o som é similar ao da gaita de foles de palheta simples do chantre.

Na maioria dos instrumentos simples de palheta, o tubo dedilhado é feito de um material mais robusto, seja de um tubo já existente como o de bambu ou de outro caniço, ou de madeira, que exige uma ferramenta para escavá-lo, ou de tubulações modernas comerciais. Os exemplos disso são o *sipsi* turco e *klanet* sérvio.

INSTRUMENTOS DE CHIFRES

Frequentemente, um elemento conhecido como campana é adicionado na extremidade inferior da flauta para projetar ou direcionar o som, que nos instrumentos de palheta emergem da ponta e dos orifícios para dedos. Ele pode ser um cone, feito do ápice do chifre de boi, ou de outro animal; um instrumento de palheta equipado com chifre é conhecido como *horn pipe*, em inglês. Exemplares com tubo de madeira incluem o *pku* armênio e o *zhaleika* russo.

Às vezes, a extremidade soprada tem um cone envolvendo a palheta; o instrumentista pressiona a extremidade larga contra sua boca, de forma a evitar a necessidade de umedecer a palheta, colocando-a em sua boca. Um exemplo é o *pibgorn* galês – um instrumento que quase desapareceu, mas que agora passa por um pequeno *revival*.

▲ *A zummara tem dois tubos paralelos, cada qual com uma palheta simples.*

VARIANTES DE PALHETAS SIMPLES

Instrumentos de palheta simples são encontrados em todo o mundo. No Mediterrâneo e no Oriente Médio, especialmente, é comum encontrá-los unidos, para tocar duas notas simultaneamente. Às vezes, como no *miswij* (comum no Egito e países próximos), ambos os tubos têm orifícios para dedos. Mais comum ainda, é um tubo ter orifícios para a melodia, e o outro não ter nenhum, ou muito poucos, que agem como bordão. Um instrumento desse tipo, bastante usado nos países árabes, é o *arghul* (o nome e ortografia variam), no qual o tubo-bordão pode ser do mesmo comprimento da flauta melódica, ou maior, para um bordão mais grave.

VARIAÇÕES DE TUBO DUPLO

Instrumentos duplos de chifre são também comuns, tanto com uma campana de chifre para cada tubo ou uma comum para ambas. Um acréscimo adicional ocasional, assim como o tubo simples de chifre no caso do *pibgorn* galês, é a câmara da palheta de chifre. Um exemplo é a *alboka*, tocada no país Basco. Ela consiste em duas curtas flautas de cana – uma com cinco orifícios e outra com três – são sustentadas em uma armação de madeira em forma de "D", com uma pequena câmara de chifre para a palheta, para ser soprada, e uma maior formando a campana.

Alguns instrumentos de palheta dupla, como o *murali, murli* ou *pungi* indianos – o último, o instrumento usado por encantadores de serpentes – têm uma câmara de palheta feita de uma cabaça esférica ou piriforme.

LAUNÉDDAS

O *launéddas* é tocado na ilha da Sardenha há cerca de 2.000 anos. Ele consiste em duas flautas de cana amarradas juntas, uma menor melódica e uma maior de bordão, mais uma segunda flauta melódica separada. Como em outros instrumentos de palheta, em cima fica a extremidade amarrada da palheta e não a que vibra. O músico insere a ponta da palheta de todos os tubos dentro da boca para produzir um som encorpado e polifônico.

▲ *O* pibgorn *galês é uma flauta de chifre de palheta simples.*

Como na maioria das flautas de palheta dupla, no *launéddas* usa-se respiração circular – a habilidade de inspirar através do nariz

▲ *O* launéddas *é tocado usando respiração circular.*

enquanto mantém-se um som contínuo saindo das flautas. Isso envolve expansão e contração das bochechas do tocador para prover um fluxo constante de ar. Esse é, então, apenas um curto passo para produzir instrumentos de palheta com um reservatório embutido e variável de ar.

TIPOS DE PALHETAS

A palheta de alguns instrumentos não é cortada do material do próprio tubo (idioglota), mas de um tipo de palheta que consiste em uma lasca separada de taquara ou outro material apropriado, atualmente incluindo plástico, amarrado sobre uma abertura num bocal onde ela se encaixa (heteroglota).

Os mais disseminados desses instrumentos são as conhecidas famílias da clarineta e do saxofone, desenvolvidas na música erudita da Europa Ocidental, mas que têm suas origens em instrumentos menos engendrados. Clarinetas simples, sem chaves, incluem o rústico *mänkeri* finlandês. Seu parente próximo, a *liru* finlandesa tem um tubo cônico, uma característica frequente entre clarinetas heteroglotas. A *tungehorn* norueguesa tem um tubo cônico, já que seu caniço de zimbro é amarrado ao chifre de boi ou cabra.

INSTRUMENTOS DE PALHETA HETEROGLOTOS

O *birbyne* lituano é uma flauta de chifre e ainda existe nessa forma. Porém, para tocar em conjunto, ele se desenvolveu em um tubo de madeira maior e mais encorpado, com poucos orifícios para dedos, uma campana de chifre de boi e uma junta de palheta heteroglota, similar à clarineta orquestral. Como muitos instrumentos similares à clarineta, ele tem um som muito mais suave e controlado do que os instrumentos simples de palheta – primariamente porque o músico pode controlar a vibração da palheta com os lábios e a língua.

Ainda mais próximo da clarineta orquestral, mas com um tubo cônico mais largo e som mais "buzinado", está o *taragot*, inventado em meados do século XIX pelo construtor de instrumentos J. Schunda, em Budapeste, e hoje tocado por músicos tradicionais na Romênia.

▶ *O taragot é uma forma de clarineta com tubo mais largo e som mais encorpado.*

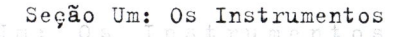

Seção Um: Os Instrumentos

SAXOFONE

O saxofone ocupa uma posição incomum por ser um instrumento encomendado que mal se alterou desde sua criação. Embora não ocupe a posição na orquestra que seu criador imaginou, a invenção de Adolphe Sax desempenha um papel central na música desde que entrou em cena, nos anos 1840.

O pai de Adolphe Sax, Charles, era um construtor de instrumentos bem-sucedido, e o próprio Adolphe esteve envolvido em vários refinamentos de instrumentos e invenções – mais notavelmente, o clarone – antes da criação do saxofone. Sax parece ter se interessado, particularmente, por instrumentos graves, já que o primeiro saxofone originou-se de uma melhoria do oficleide.

OFICLEIDE

O oficleide era um instrumento de metal com chaves, desenvolvido no início dos anos 1800, que usava um bocal similar ao do trombone. Através da proteção de compositores, como Hector Berlioz (1803-69), Giuseppe Verdi (1813-1901) e Richard Wagner (1813-83), ele rapidamente se estabeleceu como o instrumento padrão de sopro na orquestra. Porém, suas óbvias vantagens de potência e qualidade de som eram contrabalanceadas pela entonação errática e inconsistência de execução.

Sax tentou resolver esses problemas combinando vários elementos em um mesmo instrumento. A um corpo assemelhando-se a um oficleide, ele adicionou um novo mecanismo de chaves e substituiu o bocal de trombone por um muito mais próximo do

◀ *No final, o oficleide foi sucedido pela tuba.*

clarone. O novo instrumento foi apresentado na segunda Exibição Industrial de Bruxelas, em agosto de 1841, como um *saxophone basse en cuivre* (saxofone baixo feito de latão).

A FAMÍLIA DO SAXOFONE

Berlioz ouviu a criação de Sax e respondeu entusiasticamente, relatando que "não há instrumento grave que se compare com ele" e consolidou o termo "saxofone" junto ao público. Entusiasmado por seu sucesso, Sax seguiu em frente, criando uma família de saxofones e, em 1846, requisitou a patente do *design* de 14 diferentes instrumentos. Em 1850, a família padronizada de seis tamanhos – sopranino, soprano, tenor, alto, barítono e baixo – foi estabelecida, com o contrabaixo como um extra raramente usado.

CONSTRUÇÃO

O saxofone é um instrumento de tubo cônico, com uma campana larga. Ele se alarga consideravelmente, do bocal a campana e, consequentemente, é capaz de tocar com grande potência. Ele tem entre 22 e 24 orifícios das chaves, todos os quais são fechados através de um sistema de chaves derivado do sistema da flauta e clarineta. Como a maioria dos sopros, o saxofone oitava; ele usa duas chaves de registro para facilitar tocar as notas mais agudas. Todos os saxofones têm a mesma extensão básica – de um *Si♭ 2* a um *Fá 5* escritos – mas são instrumentos transpositores.

Com exceção do sopranino, todos os saxofones requerem uma curvatura para tornar seu comprimento manejável. Isso é obtido, em grande escala, na campana: o barítono quase faz uma curva completa sobre si. A boquilha é destacável, assim como a seção superior do corpo. A seção superior é dobrada em ângulo reto nos modelos tenor e alto para oferecer uma posição de execução confortável. No barítono e instrumentos mais graves, a seção superior dobra-se sobre si mesma para reduzir ainda mais a altura.

PALHETA E BOCAL

Todos os saxofones produzem som através de uma palheta simples. A boquilha, feita de ebonite, madeira, metal, plástico ou vidro, se inclina para receber a palheta. A câmara do bocal é oca, com uma passagem que afeta o som. Boquilhas de saxofone são geralmente projetadas para se posicionarem na ponta do instrumento; um encaixe hermético é obtido com uma folha fina de cortiça amarrada em torno da ponta.

Sax manteve direitos exclusivos sobre o saxofone até 1866, quando outros construtores começaram a desenvolver seus próprios modelos. Embora algumas alterações no dedilhado e desenho tenham ocorrido, o desenho do saxofone permaneceu similar ao original de Sax.

O SAX NA *PERFORMANCE*

O saxofone foi adotado em bandas militares quase imediatamente após Sax tê-lo apresentado ao público. Em 1845, as bandas francesas usavam dois deles como padrão, aumentando para oito em 1854, e diminuindo para quatro em 1894. Na segunda metade do século XIX, o saxofone era usado em bandas militares na Rússia, Holanda, Bélgica, Espanha, Itália e Japão. Sua aceitação na Alemanha e Áustria foi lenta, e apenas tornou-se um membro regular nos anos 1930.

O som potente e flexibilidade do saxofone fazem dele um instrumento ideal de banda, particularmente para apresentações externas. Foi sua presença nas bandas que levou o saxofone aos Estados Unidos, onde ele rapidamente se popularizou. Nos anos 1920, bandas feitas exclusivamente de saxofones eram comuns, algumas vezes com até 100 instrumentistas. Desde então, o saxofone tornou-se um componente vital no jazz, desempenhando um papel igualmente importante em muitos outros ramos da música popular. Sua destreza e variedade de sons oferecem "um algo mais" em muitos gêneros diferentes.

Infelizmente, para Adolphe Sax, sua criação nunca se enraizou onde ele gostaria – na orquestra. Muitos analistas sugerem que isso foi resultado da natureza arrogante e irascível de Sax. Ele foi, certamente, eficaz em fazer inimigos, o que resultou em um considerável preconceito contra seus projetos.

UM INSTRUMENTO HÍBRIDO

Porém, talvez seja mais pertinente o fato do saxofone ocupar uma "terra de ninguém", em termos instrumentais. Na época em que Sax criou o saxofone, a forma da orquestra estava firmemente estabelecida: o corpo principal de cordas, os solistas da seção de madeiras, o coro de metais e, finalmente, a percussão.

O saxofone era, em muitos sentidos, um instrumento híbrido. Feito de latão e obviamente relacionado ao oficleide, ele soava como uma clarineta e tinha a flexibilidade de uma madeira. Embora possuísse uma variação de sons impressionante, que o permitia combinar com os outros instrumentos, o saxofone não combinava perfeitamente, nem com as madeiras, nem com os metais – e o papel vital de unir essas duas sessões já era brilhantemente ocupado pelas trompas.

O SAX NA COMPOSIÇÃO

Apesar disso, os compositores usaram o saxofone com frequência. Já em 1844, o teórico francês Jean-Georges Kastner (1810-67), um grande fã de Sax, usou-o em sua ópera *Le Dernier roi de Juda*. Diz-se, que a partitura original para a ópera *Dom Sébastien*, de Gaëtano Donizetti (1797-1848), incluía saxofones. Quando descobriram as intenções do compositor, os músicos da orquestra se revoltaram e se recusaram a tocar os novos instrumentos. Quando o próprio Sax foi encarregado de tocar, a orquestra ameaçou boicotar a apresentação, forçando, finalmente, Donizetti a recuar.

▶ *O saxofonista inglês Courtney Pine.*

INSTRUMENTOS DE SOPRO DE MADEIRA

Uma história similar cerca o uso do saxofone na música incidental de *L'Arlésienne*, de Georges Bizet (1838-1875), em que uma clarineta frequentemente toca a parte do saxofone. Porém, Bizet conservou a designação do saxofone na partitura e isso se tornou um dos mais celebrados exemplos de sucesso do uso do instrumento. Outros exemplos incluem: *Boléro*, de Maurice Ravel (1875-1937); *A Criação do Mundo*, de Darius Milhaud (1892-1974); e *Sinfonia Doméstica*, de Strauss. No final do século XX ocorreu uma ressurgência na popularidade orquestral do saxofone: ele foi usado por compositores como Harrison Birtwistle (1934), Mark-Anthony Turnage (1960) e John Adams (1947) com grande resultado.

◀ *Saxofones de diferentes tamanhos tocam em registros diferentes.*

UM INSTRUMENTO VERSÁTIL

O saxofone é talvez um dos mais flexíveis instrumentos em termos de variedade de timbres e articulação. Isso o torna particularmente adequado para trabalho em conjunto, e o quarteto de saxofones foi estabelecido com um rico meio de expressão. Ao mesmo tempo, sua habilidade de gerar um timbre definido e forte torna-o idealmente adequado para situações solo. A grande vantagem do saxofone é que tal variedade está, em grande medida, nas mãos do músico. A escolha da palheta e do bocal tem algum impacto, mas como qualquer instrumento, dois músicos podem fazer o mesmo corpo soar completamente diferente.

Todos os saxofones são tocados de maneira similar – o dedilhado é mantido em todos os instrumentos – e é comum aos saxofonistas tocar também a clarineta.

◀ *O sax sopranino, um dos menores membros da família.*

Além disso, o saxofone é capaz de uma ampla variedade de técnicas de vanguarda, como multifônicos, *tonguing* múltiplo e *glissandi*.

◀ *Saxofones soprano são pouco usados em bandas e orquestras.*

SAXOFONE SOPRANINO

Com uma extensão real de *Ré♭ 3* a *Lá♭ 5*, o sopranino em E♭, é o mais agudo da família. Ele não é comumente usado, exceto em bandas de sopro para criar efeitos especiais. A parte no *Boléro*, de Ravel, é escrita para um sopranino, mas isso se deve mais pela incerteza do compositor, quanto à extensão do soprano.

SAXOFONE SOPRANO

Uma quarta abaixo do sopranino, a extensão do soprano em B♭, vai de *Lá♭ 2* até *Mi♭ 5*. Originalmente, o soprano – como o sopranino – tinha um corpo reto. Hoje, é igualmente comum o soprano com uma curvatura para fora na campana. Essa mudança de desenho cria um som notavelmente mais suave, mas em ambos, é difícil tocar afinado. O sax soprano realmente se destacou nas mãos do saxofonista de jazz Sidney Bechet, dos anos 1920 aos 1950.

SAXOFONE ALTO

Soando uma oitava abaixo do sopranino, com extensão de *Ré♭ 2* a *Lá♭ 4*, o saxofone alto em E♭ e o tenor são os mais comuns da família. Foi o alto que recebeu as primeiras partes orquestrais e para o qual foi escrito os dois mais conhecidos concertos: o de Alexander Glazunov (1865-1936) e o de Jacques Ibert (1890-1952).

▶ *O saxofone alto é o modelo para o qual os compositores mais compõem.*

O sax alto é provavelmente mais conhecido por sua participação no jazz. Em meados dos anos 1920, ele já estava estabelecido como instrumento solo e foi trazido para o primeiro plano desse nascente estilo musical por músicos como Johnny Hodges, da banda de Duke Ellington. A capacidade do instrumento de tocar de tudo, desde música calma e lírica até o áspero bop, adequou-se perfeitamente ao estilo idiossincrático dos músicos de jazz.

▲ Sonny Rollins se apresenta com seu sax tenor.

SAXOFONE TENOR

Ao lado do saxofone alto, o saxofone tenor em B♭, é o mais bem-sucedido da família. Com uma extensão de *Lá♭, 1* a *Mi♭, 4*, ele se tornou a mais proeminente voz solista da *big band*, da era do swing, em diante. O saxofone provavelmente soa melhor na tessitura tenor. Nele, seu conjunto de articulações e timbres, aliado a sua notável agilidade, fizeram-no um dos mais expressivos instrumentos do jazz.

O primeiro grande saxofonista foi Coleman Hawkins. Suas realizações inspiraram muitas gerações subsequentes de instrumentistas, incluindo Charlie Parker, John Coltrane, Stan Getz, Sonny Rollins e Zoot Sims. Charlie Parker também foi influente na expansão dos limites expressivos do saxofone para incluir multifônicos, e extremos de altura e timbre.

SAXOFONE BARÍTONO

Apesar de sua extensão grave, que vai de *Dó 1* a *Lá♭, 3*, o saxofone barítono em E♭, é mais frequentemente usado como instrumento melódico do que para sustentar as linhas de baixo. Os primeiros saxofonistas barítonos foram Harry Carney, da banda de Duke Ellington, e Jack Washington, da orquestra de Count Basie. Gerry Mulligan levou o barítono solo a novos patamares e estabeleceu um

▲ O tubo do sax barítono faz uma volta extra perto do bocal.

estilo de execução que permanece até hoje. O barítono atraiu também a atenção dos compositores eruditos, mais notavelmente Karlheinz Stockhausen (1928-2007), que o incluiu em sua extraordinária obra, *Carré* (1959).

SAXOFONE BAIXO

O mais grave da família, em uso normal, o saxofone baixo em B♭, tem uma extensão de *Lá♭ 0* a *Mi♭ 3*. Como o sax barítono, o baixo é mais ouvido tocando melodias que linhas de baixo – na maioria das bandas de sopro ou *big bands*, o baixo é feito pela tuba ou contrabaixo. Embora popular no início da era do jazz, o saxofone baixo foi raramente usado após os anos 1930, até o ressurgimento de interesse dos anos 1990 até a presente data.

SAXOFONE CONTRABAIXO

Uma quarta perfeita abaixo do baixo, a extensão do saxofone contrabaixo vai de *Ré♭ 0* a *Lá♭ 2*. Com 2 metros de altura, na posição vertical, é usado normalmente só para fornecer variedade timbrística ao saxofone baixo. Embora teoricamente tão ágil quanto seus irmãos menores, ele é incômodo de tocar.

OUTROS SAXOFONES

Uma variedade de outros saxofones existe além da família principal. Os mais notáveis são os saxofones tenor e soprano em C. Projetados para tocar música sem transposição, eles foram populares entre amadores, mas nunca se firmaram entre profissionais.

Outros instrumentos incluem o *saxello* e *manzello*, ambas versões modificadas do saxofone soprano; o *stritch*, uma versão do saxofone alto; e a *tubax*, uma versão mais compacta do saxofone contrabaixo. Houve também numerosos experimentos com saxofones de vara – nenhum dos quais fez a transição bem-sucedida para o *mainstream*.

▲ Saxellos são parecidos com o soprano, mas são ligeiramente curvados no topo e têm campana reduzida.

▲ O baixo é geralmente ouvido em um grande conjunto de sax.

OBOÉ

Dos instrumentos de sopro de madeira, o oboé talvez tenha passado pelo desenvolvimento mais orgânico. Não há um momento único, revolucionário, no qual o oboé tenha se tornado um instrumento moderno. E ele mantém fortes laços com o passado, tanto no som como no *design*.

CHARAMELA

O oboé moderno é um descendente direto da charamela (ou bombarda) e do *hautbois*. A charamela era um instrumento reto de madeira, de tubo cônico, com uma campana larga, popular em toda Europa no século XII. A charamela tinha orifícios para dedos para alterar as notas. O som era gerado por uma palheta dupla presa numa *pirouette* – uma "taça" pequena de madeira, virada para cima, presa ao topo do instrumento, que cobria a metade inferior da palheta. O instrumentista podia tanto apoiar seus lábios no topo da *pirouette*, mantendo sua embocadura e permitindo à palheta vibrar desimpedida em sua boca, ou controla-la diretamente com os lábios para uma maior variedade de timbres.

A charamela criava um som poderoso, mesmo barulhento; consequentemente, ela se associava com a sonora música ao ar livre, particu-larmente a cerimonial e processional. Havia charamelas de baixo volume, mas sua forte associação com os trompetes e tambores, assim como as sacabuxas e cornetos, permanece até hoje. O movimento de música antiga reviveu a charamela e o instrumento pode ser ouvido em apresentações de música da Renascença.

▲ *O ancestral renascentista do oboé, a charamela.*

Fato

Pensa-se que a charamela chegou à Europa através do Oriente Médio. O próprio instrumento tem raízes antigas, sem dúvida, mas as fontes são tanto escassas, quanto obscuras, até o século XIII.

A EVOLUÇÃO DA CHARAMELA

A terminologia tem sido um assunto controverso quando se discute a evolução da charamela para o oboé. Para muitos comentaristas, o termo "charamela" pode ser usado intercambiavelmente para *hautbois* ou *hautboy*. Outros argumentam que cada um é um instrumento distinto. Qualquer que seja a opinião que se subscreva, é evidente que as mudanças no desenho da charamela, em meados do século XVII, deram origem a um novo instrumento, referido aqui como *hautbois*.

HAUTBOIS

O *hautbois* tinha oito orifícios para dedos, dois dos quais eram operados por chaves; a charamela tinha normalmente seis e nenhuma chave. O *hautboy* era feito de três juntas separadas – duas para o corpo principal e uma para a campana alargada; a charamela era normalmente construída a partir de uma única peça de madeira.

▼ Hautbois *significa "alta (sonora) madeira".*

Porém, a diferença mais significativa, entre a charamela e o *hautboy*, foi a recusa da *pirouette* em favor de uma palheta completamente exposta. Isso permitiu um maior controle por parte do músico e a suavização do timbre do instrumento, mas também o tornou mais difícil de tocar.

EVOLUÇÃO DO *HAUTBOIS*

Entre os séculos XVII e XIX muitas mudanças sutis ocorreram no *design* do *hautbois*. O tubo se tornou mais estreito e as paredes mais finas; ao mesmo tempo, os orifícios para dedos ficaram menores. Isso definiu, suavizou e diminuiu a potência sonora do instrumento, assim como aumentou sua agilidade, de forma que no final do século XVIII, o *hautbois* já se tornara um instrumento de virtuosidade genuína com solistas célebres trabalhando em toda a Europa. Ele também encontrou um lugar permanente na orquestra, onde seu timbre particular fez dele um grande parceiro dos violinos.

Seção Um: Os Instrumentos

▲ *Três eras da palheta do oboé: barroca, clássica e moderna.*

Até então, o *hautbois* contava com duas chaves – mesmo a chave de registro, que facilitava a execução de notas oitavadas, não era geralmente usada. Como consequência, algumas notas soavam marcadamente diferentes das outras. Notas que estavam distantes da nota fundamental do *hautbois* (i.e., a nota produzida quando todos os orifícios para dedos eram cobertos) poderiam apenas ser obtidas através de um dedilhado complicado. Isso, frequentemente, impunha cobrir orifícios pela metade, assim algumas notas soavam mais veladas do que outras – perto da nota fundamental do instrumento eram muito mais brilhantes.

AFINAÇÃO E TIMBRE

A falta de chaves no *hautbois* também tornava algumas notas completamente inacessíveis e fazia com que muitas outras pudessem ser tocadas apenas com um dedilhado complexo. Isso limitava o uso do instrumento, numa época em que seus irmãos, a flauta e a clarineta, se desenvolviam rapidamente e se popularizavam.

As peculiaridades do timbre do *hautbois* eram altamente prezadas até o início do século XIX. Porém, as mesmas características do desenho, que davam a ele essas qualidades, também lhe causavam problemas – entonação ruim, um timbre que não se misturava bem às outras madeiras, uma extensão que não cobria toda a escala cromática, e execução inconstante. A palheta dupla do *hautbois* dava aos instrumentistas a flexibilidade para enfrentar alguns desses problemas, mas ele foi ficando para trás das outras madeiras e, no início dos anos 1800, uma mudança foi necessária.

As pessoas eram muito apegadas aos timbres únicos do oboé e os desenvolvimentos vieram lentamente. Pouco a pouco, chaves foram adicionadas ao *hautbois*, que aumentaram sua extensão, tornando a entonação mais segura, permitindo aos trilos serem tocados mais facilmente e abrindo toda a escala cromática de notas. Por volta de 1800, uma chave de registro foi adicionada para facilitar o ataque de notas oitavadas agudas. Mesmo assim, muitos trabalhos ainda são escritos para o *hautbois* de duas chaves.

CHEGA O OBOÉ

Em meados do século XIX, o *hautbois* já tinha se aproximado bastante do que nós reconheceríamos hoje como um oboé. Muitos músicos de orquestra usavam modelos com apenas 10 a 13 chaves, mas o trabalho contínuo de vários construtores – particularmente na França – tornava o instrumento mais ágil e com melhor sonoridade.

As figuras mais revolucionárias do desenvolvimento do oboé foram Frédéric Triébert e A. M. R. Barret que, em 1862, anunciaram um novo modelo e dedilhado para o oboé. Esse modelo tinha como a nota mais grave um *Si♭ 2*, que era mais de um tom abaixo de alguns modelos prévios. O limite superior permaneceu o mesmo – por volta de *Sol 5*.

▼ *O oboé se tornou a base dos grupos de câmara do século XIX.*

MUDANÇAS NO *DESIGN*

Apesar da perda de qualidade sonora e da estabilidade da afinação que esse novo modelo trazia, ele se estabeleceu como o oboé padrão e ficou conhecido como sistema *conservatoire* (oboé francês). Ao lado dele, havia outro, de dedilhado similar, no qual uma chave para polegar era usada para obter as notas Si♭ 3 e *Dó 4*, ao invés do primeiro dedo da mão direita. Ele ficou conhecido como sistema *thumb-plate* e continua popular, especialmente no Reino Unido.

Ao mesmo tempo em que Trébert e Barret desenvolviam o sistema *conservatoire*, vários outros construtores de oboés testavam modelos novos radicais, baseados nas teorias de Theobald Boehm, o homem que revolucionou a clarineta. Nenhum desses modelos foi particularmente bem-sucedido, embora, ao exagerar a aspereza do som, os oboés com sistema Boehm terem sido, em grande medida, usados em bandas militares.

Outra mudança vital na construção do oboé foi o abandono da madeira de buxo. Ela era a preferida desde o século XVIII, mas era mole e sujeita a empenar. Testes foram feitos com o pau-rosa, jacarandá-africano e ébano; dos quais o jacarandá-africano, ou grenadilha, provou ser a melhor madeira.

Com numerosos refinamentos, o oboé com sistema *conservatoire* permanece preeminente em todo o mundo, desde os anos 1870, com uma exceção vital: Viena. Até hoje, a cidade austríaca resiste ao modelo francês. A orquestra filarmônica de Viena ainda usa um modelo que necessita de dedilhado complexo e dependência no controle labial, e que produz um som suave e terno.

▲ *O oboé soprano é o principal membro da família do instrumento.*

▶ **O OBOÉ MODERNO**
O oboé moderno tem mais de 20 chaves.

O OBOÉ MODERNO

O oboé moderno tem pouco menos de 60 cm de comprimento e tem três partes: junção superior (incluindo o compartimento da palheta), junção inferior e a campana, que é pouco alargada. Ele tem um tubo cônico e necessita de pouco ar para ser tocado – como resultado, os músicos precisam aprender a exalar o ar viciado antes de inspirar novamente. Ele é um instrumento não-transpositor e a música escrita para ele está na clave de sol, na nota real.

A palheta dupla mudou bem menos que o resto do instrumento. Ela é feita do talo de uma grande gramínea semitropical conhecida como *Arundo donax*. Duas folhas separadas são unidas e inseridas num pedaço de cortiça que, por sua vez, aninha-se na ponta do oboé. A pressão do ar faz as duas folhas vibrarem. A palheta dupla é amortecida entre os lábios, enrolada para dentro sobre os dentes, ficando segura por eles e não mordida. Controlar as palhetas requer um alto grau de habilidade.

EXECUÇÃO

Embora não seja tão flexível quanto à clarineta, um amplo repertório de técnicas está disponível ao oboísta, incluindo *glissandi, tonguing* (duplo, triplo, flautado), assim como multifônicos. Porém, em grande medida, o oboé mantém sua ligação com o passado. Ele é frequentemente usado para criar um efeito nostálgico, uma sensação de corte antiga ou uma cena mais pastoril. Devido ao seu desenvolvimento evolutivo, o oboé traz consigo vestígios da charamela e, apesar da suavização do timbre e aumento de agilidade, ele ainda é capaz de celebrações bombásticas e ásperas.

▶ *Um oboísta experiente pode produzir um som rico, bonito e agradável.*

Seção Um: Os Instrumentos

OBOE D'AMORE

A palheta dupla do oboé permite um alto grau de flexibilidade, quando se trata de *bends*. Como resultado, mesmo instrumentos antigos de duas chaves têm acesso a muitas notas. Por causa disso, não havia necessidade urgente de produzir instrumentos com diferentes notas fundamentais para tocar em diferentes tonalidades. Foi mais o desejo por instrumentos com timbre diferente que levou ao desenvolvimento do *oboe d'amore* e *oboe da caccia*.

O *oboe d'amore*, do início do século XVIII, era um oboé *mezzo-soprano* em A, com uma campana bulbosa. Seu som, ligeiramente mais escuro que o do oboé, tornou-o particularmente popular para Bach e Georg Philipp Telemann (1681-1767). A maior concentração de construtores de *oboe d'amore* parece ter sido em Leipzig, o que pode explicar sua popularidade permanente na Alemanha.

Seu apelo diminuiu significativamente nos anos 1760, mas ele passou por um renascimento no final do século XIX, quando um novo mecanismo de chave permitiu seu uso por Strauss, Mahler, Debussy e Ligeti.

OBOE DA CACCIA

O *oboe da caccia* foi desenvolvido aproximadamente ao mesmo tempo em que o *oboe d'amore*. Um oboé tenor, afinado em F, e soando uma quinta perfeita abaixo do instrumento soprano padrão, o oboe da caccia era feito em uma única peça e era fortemente curvado, frequentemente em um semicírculo completo, com uma campana alargada. Tal aparência de trompa forneceu seu nome, cuja tradução do italiano seria "oboé de caça".

▲ *O oboe d'amore é um instrumento mezzo-soprano*

CORNE INGLÊS

O corne inglês é um oboé tenor em F – como o *oboe da caccia* – que soa uma quinta perfeita abaixo do oboé soprano. A única diferença significativa entre os dois instrumentos era que, no início, o corne inglês empregava uma campana bulbosa, ao invés de uma alargada. A semelhança entre o corne inglês e as representações medievais das cornetas dos anjos levou o instrumento a ser referido como "*engellisch*", que no alemão medieval significa "angelical". A mesma palavra significa "inglês" e os dois significados foram misturados, e a identificação "inglês" ficou.

▲ O corne inglês tem um som mais rico e gutural do que o oboé.

Embora o *oboe da caccia* tenha desaparecido, o corne inglês permaneceu popular. Sua primeira aparição significativa foi na ópera *Orfeo e Eurídice*, de Christoph Willibald Gluck (1714-87). Ele tornou-se particularmente associado com a ópera italiana durante o final do século XVIII e todos os maiores construtores do corne inglês estavam em cidades com prósperas vidas operísticas.

DESENVOLVIMENTOS DO CORNE INGLÊS

Como o oboé, o corne inglês permaneceu com duas chaves por muitos anos. Triébert, o homem cujo trabalho tanto influenciou o oboé, fez também desenvolvimentos significativos no corne inglês, adicionando novas chaves e fortalecendo parcialmente o corpo. Ele foi auxiliado pelo virtuose Gustave Vogt. Vogt era muito admirado por Berlioz e, juntos, eles muito fizeram para firmar a reputação do instrumento, incorporando-o em suas obras.

Foi outro instrumentista, Henri Brod, que levou o corne inglês à condição que nós o conhecemos. Brod também colaborou com Triébert e um artesão mais velho em

▲ Há muitos solos famosos de corne inglês no repertório orquestral.

sua oficina, François Lorée. Lorée, nos anos 1880, deixou o corne inglês completamente reto e redesenhou o mecanismo de chaves para igualá-lo ao oboé. Antes disso, os fagotistas tocavam o corne inglês mais frequentemente que os oboístas.

No século XX, o corne inglês já havia se tornado um membro permanente da orquestra. Embora possa ser tocado por oboístas, o corne inglês exige manipulação habilidosa e é tocado por um especialista, que também toca o oboé quando requisitado.

INSTRUMENTOS DE PALHETA DUPLA AO REDOR DO MUNDO

Em sua forma mais simples, uma palheta dupla é feita achatando as extremidades de um pedaço de taquara, ou planta similar, de maneira que seus lados quase se toquem. Colocar essa extremidade achatada dentro da boca e soprá-la faz com que os dois lados se fechem, brevemente, um contra o outro, voltando à posição inicial centenas de vezes por segundo. Isso causa uma corrente regular de pulsos de ar – e um rangido.

Quando essa palheta que range é inserida no topo de um tubo, ela é forçada a vibrar na altura determinada pelo comprimento deste – quanto maior a coluna de ar, mais grave a nota –, que pode ser variado pela construção de uma série de orifícios para dedos.

▲ *Monges tibetanos tocando suas características charamelas.*

Palhetas de caniços amassados são usadas em alguns instrumentos, mas com mais frequência, a palheta é feita atada às extremidades estreitas de duas cunhas finas de taquara, cana ou outro material similar a um tubo de metal, e então inserida no topo do tubo do instrumento.

A CHARAMELA NO MUNDO

De todos os instrumentos de palheta dupla, os membros da família da charamela são, de longe, os mais numerosos e mais amplamente distribuídos. Os detalhes variam, mas as características fundamentais da charamela ao redor do mundo são: uma palheta dupla encaixada num tubo cônico que termina numa campana alargada. O som estridente é também característico. O oboé clássico ocidental e seus parentes de orquestra têm sistema de chaves e um som manso, mas são, todavia, tipos de charamelas (ver p. 164).

A Turquia e áreas vizinhas são o lar das charamelas e muitas outras têm suas origens no Império Otomano. O nome "charamela" (do instrumento da Renascença desenvolvido a partir da forma oriental) pode derivar do latim *calamus*, que significa um caniço ou haste, ou (talvez mais provável, já que as charamelas parecem ter chegado à Europa Ocidental durante as cruzadas) do antigo nome árabe para um instrumento de taquara, *salamiya* ou *salameya*, do qual a palavra em latim parece também estar relacionada. Algumas denominações de charamelas são similares, como a *ciramella* italiana, que é caracteristicamente tocada em dueto com a *zampogna* (gaita-de-foles); a *chirimia*, um instrumento histórico da Espanha; e uma charamela folclórica ainda tocada na Guatemala.

INSTRUMENTOS ORIENTAIS DE PALHETA DUPLA

A charamela ucraniana, introduzida a partir da Turquia ou do Cáucaso, e antigamente tocada pelos exércitos cossacos, é chamada de *surma*. A palavra sugere um laço entre a linha do nome da *salamiya* e outra linha de família de nomes – a charamela da Turquia e Armênia é chamada *zurna*, que acredita-se ser uma modificação do nome persa para o instrumento, *shahnai* (das palavras persas shah e nai, que significam, respectivamente, "rei" e "palheta"). Muitas outras charamelas – a maioria muito similar – compartilham essa derivação com diferenças ortográficas ou de transliteração, mesmo dentro da mesma região: a indiana (*shehnai*), a afegã, a iraniana, a centro-asiática e a norte-africana são soletradas de várias formas: *sornai, surnai, sorna* e *surnay*, a *zournas* da Trácia grega, a zurla macedônia e provavelmente também a *zokra* tunisiana.

▲ ▶ *A zurna turca (acima) e o shahnai do norte da Índia.*

◄ A suona *chinesa*, um instrumento de palheta dupla da família mundial da charamela.

O nome da charamela chinesa, *suona*, que geralmente tem uma campana de metal, está de acordo com suas origens do Oriente Médio. Entre as numerosas charamelas do leste e sudoeste da Ásia estão o *ken* vietnamita, o *p'iri* coreano, *pi* tailandês e o *rgyaling* tibetano. O som do *mizmar* egípcio, cujo nome deriva de *mzr*, que significa "tocar", é onipresente na música egípcia, embora na música árabe pop atual seja geralmente sintetizado em um teclado.

INSTRUMENTOS DE PALHETA DUPLA DA EUROPA E ÁFRICA

A invasão moura da península Ibérica resultou na difusão de instrumentos como a charamela. Ela é conhecida como *dulzaina* na maior parte da Espanha central, *dolçaina* em València, *gralla* na Catalunha e *graille* ao longo da fronteira francesa e no Languedoc. No País Basco, ao norte, apesar da região ter sido menos afetada pela cultura mourisca que no resto da península, ela é chamada de *gaita* – um nome mais comumente usado na Europa para se referir a uma gaita-de-foles. Porém, nas terras mouriscas do norte da África, *ghaita, ghaïta, ghaida, rhaita, rhita* ou *ghatya* significa charamela, que é um instrumento comum. Parentes próximos no Niger, Mali, Chade, Camarões e Nigéria – no qual o tubo principal de madeira é, às vezes, coberto de couro (como um corneto) – incorporam o artigo definido árabe "*al*" como *algaita, alghaita* etc.

▲ Uma charamela ornamentada de Burma.

INSTRUMENTOS DE ACOMPANHAMENTO

Um instrumento de acompanhamento comum para as charamelas, particularmente entre músicos itinerantes e ciganos, é o tambor. Também típico é o acompanhamento de outra charamela, tanto em uníssono ou fornecendo um bordão como, por exemplo, na *nadaswaram*, uma tradição carnática do sul da Índia. O outro membro da dupla é, às vezes, uma gaita-de-foles, como na união bretã do som muito agudo da *bombarde* com a gaita-de-foles *biniou*, na qual este sustenta o som enquanto o tocador de *bombarde* toma fôlego.

Algumas das charamelas mais parecidas com oboés são tocadas em conjuntos de diferentes tamanhos. A *sopila* da Ístria e da ilha próxima de Krk, no mar Adriático, existe em dois tamanhos, ambos sem chaves, que tocam linhas entrelaçadas. Cruciais para o som de uma *cobla* (banda de metais ou madeiras que toca a dança *sardana* na Catalunha) são o par de "oboés" com chaves, chamados *tibles* mais as duas *tenoras* mais graves.

▲ A ghaita é um instrumento de palheta dupla do norte da África.

DUDUKS E INSTRUMENTOS RELACIONADOS

Existe um grupo distinto de instrumentos de palheta dupla que, ao contrário das charamelas, tem um som sedutor suave, vocal. Na aparência, eles são muito similares: um tubo cilíndrico sem campana, no qual é encaixada uma palheta muito grande, do tipo tubo achatado, diretamente no topo deste, sem grampo. Há, geralmente, deslizada sobre a palheta, uma peça de ratã para ajudar a afinação.

Atualmente, o mais conhecido desses – em grande medida através da música de Djivan Gasparyan – é o *duduk* armênio. Feito em damasqueiro, o corpo tem nove orifícios para dedos na frente, dos quais sete são digitados, e um orifício para o polegar atrás. Normalmente, um segundo instrumentista fornece um bordão contínuo, usando respiração circular. São parentes próximos do *duduk*: *diduku* georgiano, *mey* turco, *guan* mongol, *kuun* ou *guanzi* chinês e um característico instrumento do *gagaku* (música de corte japonesa), o *hichiriki* de bambu.

▶ O duduk *sendo tocado pela lenda musical armênia, Djivan Gasparyan.*

INSTRUMENTOS DE SOPRO DE MADEIRA

Seção Um: Os Instrumentos 175

FAGOTE

À medida que a música de conjunto tornou-se mais popular no século XVI, houve uma crescente demanda por instrumentos de sopro que pudessem lidar, elegantemente, com o registro grave.

Às versões maiores dos instrumentos de sopro, planejados para registros agudos, faltava volume e agilidade, sendo frequentemente mais difíceis de tocar. Vários elementos de instrumentos já existentes – o tudel da flauta doce baixo e a palheta dupla da charamela, por exemplo – foram combinados para criar o predecessor do fagote: a dulciana.

DULCIANA

Com o significado de "doce" (presumidamente em comparação com a áspera charamela), a dulciana, com aproximadamente 1 metro de altura, era construída em uma única peça de madeira, dentro da qual eram cortados dois tubos cônicos, que eram conectados na base. Com oito orifícios para dedos e duas chaves, a dulciana tem extensão de *Dó 1* a *Sol 3* oitavando. Ao mesmo tempo, versões da dulciana eram feitas de peças separadas de madeira, que eram amarradas juntas, dando origem ao termo "fagote", devido a sua semelhança com um fardo de madeira.

DESENVOLVIMENTOS DO FAGOTE

A dulciana foi gradualmente desenvolvida ao longo dos séculos seguintes. Chaves foram adicionadas, foram experimentados distribuições e tamanhos dos orifícios para dedos, a madeira alterada, a extensão expandida, campanas e tudel redesenhados. Durante esse período, ela adquiriu, nos países de língua inglesa, o nome de *"bassoon"*, provavelmente derivado do termo *"basson"*, que era frequentemente aplicado a instrumentos de registro grave.

Durante o século XIX, versões do fagote foram criadas por Adolphe Sax e Theobold Boehm, embora nenhum deles tenha sido, ao final, bem-sucedidos. Foram as inovações de Carl Almenraeder (1786-1846), feitas entre 1817 e 1843, que levaram a criação do fagote moderno. Esse trabalho prosseguiu com J. A. Heckel e o fagote Heckel – como ficou conhecido – foi adotado como modelo padrão.

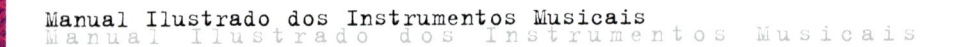

FAGOTE HECKEL

O fagote Heckel, com 134 cm de altura, é feito em bordo (*maple*) e construído em quatro juntas, que se combinam em um comprimento total de tubo de 275 cm. O fagote é mantido inclinado, com um tudel que permite à palheta dupla se assentar confortavelmente na embocadura do músico. Com 21 chaves no modelo padrão, o fagote Heckel tem uma extensão de *Si♭ 0* a pelo menos *Lá 3* e possivelmente até *Mi 4*. Alguns compositores, notavelmente Wagner, escreveram para um fagote que podia tocar um *Lá 0* grave, mas isso requer uma campana muito longa e uma chave adicional que a maioria dos músicos acredita desestabilizar demais o instrumento para que isso se torne padrão.

Embora o sistema Heckel seja geralmente aceito como padrão, ele compete com um modelo francês. O fagote Buffet foi criado nos anos 1830, e tem um som mais macio e cantante. Isso se deve, principalmente, a uma madeira – pau-rosa – e um sistema de chaves e dedilhado diferentes. Ele continua em uso na França e Espanha, e foi o instrumento que muitos compositores tinham em mente quando escreveram música orquestral, incluindo Giacomo Puccini (1858-1924), Claude Debussy (1862-1918) e Edward Elgar (1857-1934).

CONTRAFAGOTE

Tocando uma oitava abaixo do fagote, o contrafagote é um tubo cônico de 550 cm de comprimento. Dobrando-se sobre si mesmo cinco vezes, ele tem uma altura de cerca de 120 cm e se apoia em um espigão de metal. Como o fagote, foi Heckel quem desenvolveu o contrafagote na forma em que conhecemos hoje. Capaz de tocar um *Si♭ 1* ou mesmo um *Lá 1*, ele requerer uma palheta dupla muito mais comprida e larga que seu irmão menor. A versão de Heckel foi completada em 1877 e um dos primeiros exemplos do seu uso ocorreu na *Sinfonia no 1*, de Johannes Brahms (1833-97). Existiram, porém, versões mais antigas do contrafagote, que podem ser ouvidas na *Música para os reais fogos de artifício* (1749), de Händel, e em *Fidelio* (1805), de Ludwig van Beethoven (1770-1827).

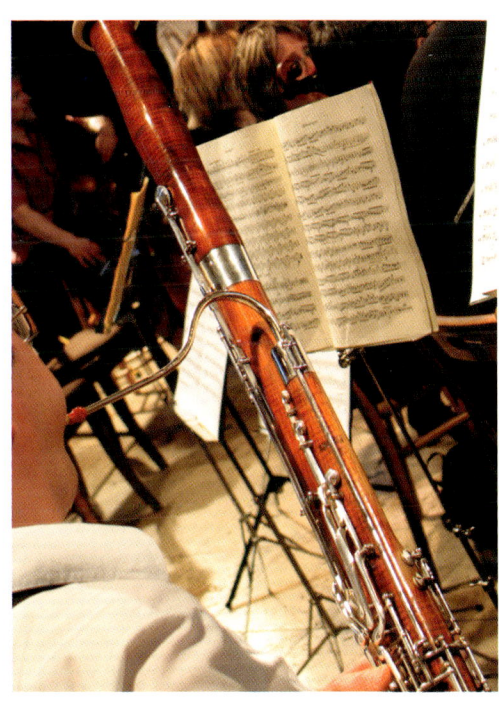

▲ *O fagote soa mais liso e encorpado do que o oboé.*

CROMORNE

O cromorne é um instrumento de palheta dupla, em que ela está contida numa cápsula rígida. O músico sopra através de uma abertura na extremidade da cápsula, o que faz a palheta vibrar livremente, já que não existe contato com os lábios. O cromorne é um instrumento de tubo cilíndrico, normalmente feito em madeira de buxo com uma seção inferior curvada.

AFINAÇÃO E EXTENSÃO

Já que o cromorne usa uma cápsula, ele não pode ser oitavado. Dessa forma, a extensão do instrumento fica limitada a uma nona, a não ser que chaves sejam fornecidas para estendê-la para baixo. É possível usar uma técnica, "*underblowing*", que aumenta a extensão em uma quinta perfeita, descendente.

▲ *Um consort de cromornes: soprano, alto, tenor e baixo.*

Por não poder ser oitavado, vários cromornes diferentes são necessários para cobrir uma extensão utilizável de notas. Do soprano ao grande baixo estendido, todas as notas entre *Sol 0* e *Ré 4* eram cobertas. A curta extensão do cromorne fez com que um conjunto de instrumentos fosse necessário para tocar até mesmo a música mais simples e sua maneira de construção, que envolvia dobrar a madeira, enquanto ainda úmida, para obter-se uma curva como num taco de hóquei, tornou-o relativamente caro. Seu uso, então, foi em grande medida restrito aos músicos profissionais da Corte.

ASCENÇÃO E QUEDA

A mais antiga evidência do cromorne é numa pintura de 1488, mas descrições do instrumento aparecem desde o século XIV. Mais popular durante o Renascimento, o cromorne estava ainda em uso no século XVII. Porém, sua inflexibilidade como instrumento musical contribuiu significativamente para sua decadência e, no século XVIII, ele já estava, em grande medida, obsoleto.

GAITA-DE-FOLES

O princípio da gaita-de-foles é simples: em vez de o instrumentista soprar diretamente num tubo com palheta, o ar é fornecido por um reservatório, geralmente feito de pele animal, que é inflado pela boca ou por foles. O resultado é a capacidade de se produzir um som contínuo e a possibilidade de adicionar tubos com palheta extras para permitir a um único músico fazer música homofônica.

▲ *A bouhe, tradicional da Gasconha.*

HISTÓRIA

A história antiga das gaitas-de-foles é incerta. Por serem feitas de material orgânico perecível, nenhum dos exemplares antigos sobreviveu. Além disso, o instrumento não tem sido muito bem documentado, pelo fato de ser considerado, nos anos recentes, instrumento de camponeses (exceto pela gaita-de-foles escocesa, que é apenas uma, entre muitas, e de forma alguma, a mais antiga).

Porém, tocar uma melodia sobre um bordão e obter um tom contínuo através da respiração circular tem sido comum entre tocadores de instrumentos de palhetas duplas por milênios; encaixar os tubos com palhetas em uma bolsa foi um desenvolvimento lógico. Gaitas-de-foles podem ser vistas na arte medieval e há evidência de que elas estavam em uso há pelo menos 1.000 anos antes disso.

CONSTRUÇÃO

Os componentes básicos de uma gaita-de-foles são:

1. A bolsa, geralmente feita de pele animal inteira ou parte dela.

▲ *Uma ponteira para a grande gaita-de-foles escocesa.*

2. Um tubo para soprar, com uma válvula sem retorno para inflar a bolsa. Algumas gaitas-de-foles são infladas por foles embaixo do braço do instrumentista.
3. Um tubo melódico, equipado com orifício para dedos. Ele pode ser simples, com uma palheta de lâmina simples ou dupla, ou ter tubos adicionais com ou

INSTRUMENTOS DE SOPRO DE MADEIRA

Seção Um: Os Instrumentos   179

sem orifício para dedos, cada um com uma palheta. O ponteiro é normalmente encaixado na bolsa por meio de um tubo de madeira amarrado, conhecido como ombreira.

4. A maioria das gaitas-de-foles tem um ou mais tubos de bordão, geralmente com palheta simples, conectados na bolsa através de uma ou mais ombreiras extras. Cada um, geralmente, produz uma nota contínua que acompanha a melodia

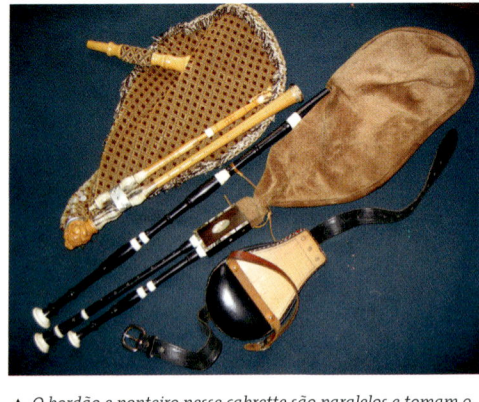

▲ *O bordão e ponteiro nesse cabrette são paralelos e tomam o ar de uma mesma ombreira.*

GRANDE GAITA-DE-FOLES ESCOCESA

A mais conhecida gaita-de-foles do mundo – muito graças ao seu uso pelo exército britânico e o antigo Império – é a grande gaita-de-foles escocesa. De fato, ela é uma das únicas com uso militar relevante. Muito semelhante às *gaitas* da Galícia e Astúrias, na Espanha, e norte de Portugal, ela é soprada com a boca e tem nove orifícios simples em um ponteiro cônico. As versões padronizadas atuais têm três tubos de bordão separados: dois tenores, uma oitava abaixo da nota do ponteiro e um baixo, uma oitava abaixo disso.

AFINAÇÃO

A afinação exata da fundamental varia; embora chamada de A, ela está, geralmente, entre B♭ e B. Até recentemente, essas gaitas-de-foles não eram tocadas com outros instrumentos com uma escala definida. Assim, como em muitas gaitas-de-foles, a afinação geral e o temperamento das notas dentro da escala dependiam do ouvido e satisfação do construtor e instrumentista. As gaitas atuais, feitas para tocar sozinhas ou em grupos de gaitas, ainda usam os excitantes intervalos não temperados, mas existem agora gaitas com afinação e escalas modificadas para combinar melhor com a instrumentação mais ampla do *revival* da música escocesa folclórica.

MÚSICA DA GRANDE GAITA ESCOCESA

Convencionou-se que as músicas da grande gaita escocesa são escritas como se a fundamental fosse *Lá*, mas sem armadura de clave; *Fá* e *Dó* são lidos como sustenido. A extensão do ponteiro é de uma oitava mais um tom abaixo da fundamental, obtida fechando-se o orifício inferior com o dedo mínimo. Nenhuma oitavação é possível.

A música da grande gaita escocesa cai em duas categorias: a música solo, chamada de *ceòl mór* ("grande música" em gaélico), também conhecida como *piobaireachd* ("*pipbrock*"), que consiste em um tema e variações, e as danças; e outras mais familiares, chamadas de *ceòl beag* ("pequena música"). Como em outros ponteiros não tocados, as notas são separadas, e o estilo e impetuosidade são dados às músicas através de appoqiatura e acciaccatura.

GAITAS-DE-FOLES DAS ILHAS BRITÂNICAS

Na Escócia, ao sul da fronteira, a maioria das gaitas-de-foles inglesas (e também o *pibacwd* galês) extinguiu-se, até um *revival* recente.

Uma exceção é na Nortúmbria, onde sempre houve músicos habilidosos para as pequenas gaitas nortúmbrias, pouco sonoras e de som áspero. Elas são sopradas por foles e seus ponteiros – geralmente equipados com chaves, o que as deixa aptas a tocar cromaticamente – têm uma extremidade fechada. Assim, fechando-se todos os orifícios para dedos é possível separar as notas com pausas, produzindo seu estilo *staccato* característico.

A extremidade do ponteiro da gaita irlandesa (*uilleann pipe*), que é também soprada por foles, pode ser pressionada contra a coxa do músico para fechá-la e pode ser oitavada, produzindo uma segunda oitava. As gaitas irlandesas são extremamente desenvolvidas.

▶ As gaitas irlandesas (uilleann pipes) são notórias por seu som doce e grande extensão de notas.

GAITAS-DE-FOLES IBÉRICAS

A maioria dos países da Europa (e alguns além) tem pelo menos um tipo característico de gaita-de-foles. As gaitas da Galicia e Astúrias, na Espanha, passaram recentemente por um *revival*. A península Ibérica tem outras gaitas também, incluindo a gaita-de-foles de Trás-os-Montes, em Portugal, o *sac de gemecs* da Catalunha, as *xeremies* de Mallorca e as gaitas de Aragão e Zamora.

GAITAS-DE-FOLES FRANCESAS E ITALIANAS

A França tem um conjunto de gaitas regionais, incluindo o agudo *biniou* bretão; as *chabrettes* de Limousin, Berry e Bourbonnais; a *cabrette* de Auvergne; a *boha* da Gasconha; e a *grande cornemuse bourbonnais* (frequentemente tocada com viela de roda), e a *musette*, uma pequena gaita soprada por foles com quatro bordões, cujos tubos são todos dobrados em um único cilindro curto e grosso.

A Itália tem ainda mais, entre elas a *gran zampogna*, uma das maiores do mundo; a difundida *zampogna di Scapoli*, que é frequentemente tocada junto com o *piffero* (uma charamela); e cerca de cinco formas de *ciaramedda*, na Calábria

Nas gaitas da Europa Ocidental, a norma é uma palheta dupla em um ponteiro, normalmente, de tubo único e cônico. Porém, a maioria das outras gaitas-de-foles do mundo tem ponteiros com palheta simples e frequentemente dois ou mais tubos paralelos no ponteiro, como os instrumentos de palheta sem bolsa, dos quais elas provavelmente são derivadas.

▲ *Gaitas-de-foles francesas:* bouhe, *de Limousin;* veuze *e* biniou *bretãs.*

GAITAS-DE-FOLES DOS BÁLCÃS

Os Bálcãs e países vizinhos são ricos em gaitas-de-foles. A Bulgária tem duas formas principais – a *gaida* e *kaba* ("grande") *gaida*, ambas com uma palheta simples em um ponteiro de tubo único – que são fundamentais ao som da sofisticada música tradicional do país. A *cimpoi* da Romênia é similar em desenho. Na vizinha Macedônia, existe o ditado: "sem a *gajda*, não há casamento".

Sérvia, Montenegro, Bósnia-Herzegovina e Croácia têm um grande número de instrumentos, incluindo o *diple* de dois ponteiros (que também existe sem a bolsa); o *mih*, sem bordões com ponteiro duplo (cuja bolsa na forma da Herzegovina apresenta garras nas aberturas das pernas); a robusta *gajde* com seu ponteiro duplo com campana curvada; e o *dude*, que pode ter ponteiros de tubos triplos e mesmo quádruplos.

As gregas incluem a *gaïda* trácia e a *tsambouna* dodecanesa, de ponteiro duplo. Ao norte, podem ser encontradas: a *duda* húngara de ponteiro duplo e a *gajdy* eslovaca, a *duda* na Bielorrússia, *volynka* na Rússia, e a *minu ragelis* na Lituânia, *dudas* na Letônia, *torupill* na Estônia e *säckpipa* na Suécia.

▲ *Gaitas-de-foles búlgaras em uma oficina balcânica.*

UM MUNDO DE GAITAS

Nomes como a do *hock* da Boêmia (uma forma complexa com um bordão baixo dobrado, como a *duda* polonesa), o *koza duda* da Ucrânia e *koziol* e a *koza* de ponteiro triplo, da Polônia, referem-se a cabra, que normalmente fornece a pele. Nas gaitas da Europa Oriental e Central é comum gravar um desenho de sua cabeça no topo do ponteiro, cuja ombreira é amarrada na abertura do pescoço da pele de cabra, enquanto o assoprador e ombreiras dos bordões ocupam as aberturas da perna.

Do leste ao sul: o povo laz da costa turca do Mar Negro tem o *tulum*, cujo ponteiro duplo consiste em taquaras colocadas num jugo de madeira, mostrando claramente a conexão com os instrumentos simples de palheta. Isso ocorre também na *mezoued* tunisiana, que tem dois ponteiros com campanas de chifre com cinco orifícios, afinados em uníssono, amarrados em uma bolsa com garras, sem bordões, como a *mih* da Herzegovina. Os berberes têm a *ghaita*; o Azerbaijão, o *balaban*; o Irã, o *ney-anbhan*. A *shruti* da Índia vem sendo suplantada pela grande gaita escocesa, muitas delas fabricadas no vizinho Paquistão.

HARPA DE BOCA

Os instrumentos de bolso, conhecidos como harpas de boca (em inglês: *jew's harps* e em francês: *guimbardes*), não têm conexão com o judaísmo – nem são harpas.

Uma tira de bambu ou metal, numa armação de mesmo material, é vibrada, e a cavidade oral age como uma caixa de ressonância amplificadora, cujo volume pode ser alterado, enfatizando harmônicos escolhidos específicos. Dessa forma, parciais individuais da série harmônica podem ser selecionados para tocar melodias. O ritmo da vibração pode ser aumentado por batidas adicionais, inspirando e expirando.

HARPAS DE BOCA NO MUNDO

As harpas de boca do sudoeste da Ásia são geralmente feitas em bambu ou metal. Na versão em bambu, corta-se uma lingueta estreita de uma fina tira de bambu; colocada contra os lábios, a armação de bambu é posta em vibração com o dedo ou um fio, fazendo a lingueta vibrar. O *kubing* filipino é um exemplo. O delicado *dan moi* vietnamita e o *kou xiang* chinês são parecidos, mas feitos em latão elástico.

Em outras partes do mundo, uma lingueta metálica elástica é fixada dentro de uma armação espessa e rígida em forma de fechadura. A armação é comprimida contra os dentes parcialmente abertos do instrumentista e a lingueta é vibrada com o dedo. Tais instrumentos são feitos e

▲ As harpas de boca são conhecidas por pelo menos 40 nomes diferentes.

tocados em toda a Ásia e Europa. Os centros notáveis incluem a Sibéria (onde é conhecido como *khomus*), o Rajastão, no norte da Índia (*morchang*), Hungria (*doromb*), Noruega (*munnharpe*) e Áustria (*maultrommel*). As vendidas na Grã-Bretanha são em grande parte feitas na Áustria; vários milhões foram exportadas por construtores da cidade de Molln, desde o século XVII.

INSTRUMENTOS DE PALHETAS LIVRES AO REDOR DO MUNDO

O local de nascimento das palhetas livres parece ter sido a Ásia Oriental. Lá, é comum colocar uma pequena palheta livre, feita de metal ou bambu, dentro de um tubo de bambu. Este é cortado no comprimento apropriado, para que a coluna de ar ressoe na frequência da palheta, amplificando seu volume e permitindo ao instrumentista soá-lo ou pará-lo, abrindo ou fechando o canal de ar.

QUE É UM INSTRUMENTO DE PALHETA LIVRE?

Se a lingueta do *dan moi* vietnamita é curvada ligeiramente, de forma que sua posição de repouso não fique mais no plano da armação, é possível ativá-la sem tanger, simplesmente soprando ou sugando (dependendo da forma que ela é tangida), para produzir uma nota fixa, sem decaimento. O instrumento dessa forma foi transformado de um "idiofone tangido", em um de palheta livre. Ao contrário das palhetas simples e duplas, o som de uma palheta livre é produzido pela própria vibração da palheta.

SHENG

Feixes de tais instrumentos, afinados em acordes ou uma escala, são juntados em um único bocal; cada tubo tem um orifício que o instrumentista mantém coberto com seus dedos.

▶ O sheng inspirado na harmônica, acordeão e órgão de palheta.

O mais conhecido desses "órgãos de boca" é o *sheng* chinês, que se parece um pouco com um bule de chá metálico, com um feixe de 17 ou mais tubos de bambu emergindo de sua tampa, com o cano para soprar ou sugar. Instrumentos funcionando com o mesmo princípio podem ser encontrados nos países vizinhos da Coreia, Laos, Tailândia, Bornéu, Vietnã e Japão.

O sho japonês descende de uma versão do *sheng* introduzida a partir da China, no século XVIII. O *khaen* do Laos e Tailândia tem duas fileiras de tubos de bambu, cada uma com uma palheta afinada, que se estende tanto acima quanto abaixo do suporte. Os tubos podem ser muito longos, até alguns metros, e assim como nos *gaeng* de Laos e Tailândia, que têm uma forma quase do arco-e-flecha, e o parecido *lusheng* do sul da China, ambos dos quais têm um suporte longo e tubular, e poucos tubos.

INSTRUMENTOS CHINESES

O *sheng* moderno desenvolveu-se de uma forma antiga, mas ainda usada: *hulusheng* chinês ("*sheng* de cabaça"). Os tubos do *hulusheng* têm aberturas inferiores embutidas no suporte de fundo da cabaça; o instrumentista pode produzir *bends* fechando-as com seu polegar.

▲ *O* khaen *tailandês (centro) pode ter até 18 tubos em duas fileiras paralelas. O* sheng *é mostrado à direita.*

Esse princípio é aprofundado no pequeno grupo de instrumentos de palheta livre de tubo único, dos quais o mais conhecido é o *ba-wu* de Yunnan, na China. Ele se parece com uma flauta transversa de bambu, mas uma palheta livre de latão, em forma de "V" é colocada onde estaria o orifício para sopro da flauta. Soprando através da palheta e dedilhando como numa flauta, a palheta é forçada acima da sua fundamental em uma escala de pouco mais que uma oitava, com um atraente som escuro, como da clarineta. Esses instrumentos existem no Laos, Tailândia e Vietnã. O *ala e ding tac ta* vietnamita são sugados, em vez de soprados.

A DIFUSÃO DOS INSTRUMENTOS DE PALHETA LIVRE

Há poucos detalhes, mas parece provável que foi a partir do *sheng* ou instrumento similar, que todos os instrumentos de palheta livre ocidentais se desenvolveram. Os construtores de órgãos já atuavam no século XVIII, mas logo apareceram os primeiros instrumentos de boca, soprados, como a *aeolina* ou *aeolian*, que era um conjunto simples de palhetas livres montadas lado a lado. Como a maioria das palhetas ocidentais, suas linguetas vibratórias eram pregadas numa chapa, em vez de serem cortadas nela.

HARMÔNICA

Logo, a moderna hamônica ou gaita-de-boca apareceu – essencialmente uma fileira de palhetas montadas lado a lado em uma chapa, para produzir uma escala diatônica ou cromática, com um "pente" de ranhuras para direcionar o sopro para elas. A escala é geralmente obtida alternando sopro e sucção, à medida que se move de um canal para outro. Assim, se produz acordes diferentes se vários são soprados ou sugados simultaneamente.

A harmônica cromática, na sua forma padrão (existem vários refinamentos e variações, tanto na harmônica diatônica, quanto na cromática) tem uma chave que abre e fecha orifícios para direcionar o sopro para um ou dois bancos de palhetas afinados com meio-tom de diferença. Nas harmônicas tremolo, pares de palhetas são levemente desafinados, criando um efeito de batimento. Técnicas de execução sofisticadas se desenvolveram, incluindo *bends* (um estilo que veio dos músicos de blues). Primeiramente, na Alemanha e outras partes da Europa Ocidental, mas agora também na Ásia Oriental (local de nascimento da palheta livre), novos modelos estão sendo criados para combinar e aumentar a grande família dos já existentes, incluindo o esplêndido som explosivo da harmônica baixo.

▲ *A harmônica é também conhecida como gaita-de-boca.*

INTRODUÇÃO
INTRUMENTOS DE CORDAS

Os instrumentos de cordas, ou cordofones, são aqueles cujo som é gerado pela vibração de uma corda sob tensão. Eles são a espinha dorsal de praticamente todas as culturas musicais importantes, provavelmente pela facilidade com que são afinados, a clareza das notas e sua grande adaptabilidade. Existem três tipos de instrumentos de cordas definidos pelo método de produção sonora: friccionados, tangidos (ou dedilhados) e percutidos.

CORDAS

Cordas de tripa são usadas na música há milhares de anos. Exemplares foram descobertos em escavações de sítios arqueológicos do Antigo Egito de 1500 a.C., e há evidência abundante de seu uso nas culturas grega e romana.

Tipicamente, as cordas de tripa eram feitas de pequenos intestinos de cordeiros. Depois de lavados, esfregados e fatiados em tiras, eles eram torcidos em fios antes de serem alvejados e refinados. A corda *Mi 4* num violino era normalmente feita com cinco a sete fios; porém, a corda mais grave do contrabaixo necessitava de 85 ou mais.

TENSÃO DA CORDA

Marin Mersenne (1588-1648), um grande pensador francês, provou que a altura do som de uma corda não está somente relacionada com seu comprimento. Ela também depende da tensão, do diâmetro e da densidade. Uma corda longa e fina sob alta tensão soará mais aguda do que uma corda curta e espessa sob baixa tensão. Isso é fácil de perceber ao puxar um elástico: mantido frouxo, o som é grave; esticado, ele se torna muito mais fino e vibra mais rapidamente, então o som é mais agudo.

▼ *Tocado com arco: o contrabaixo.*

▲ *Tangidos: o sitar.*

A partir do trabalho de Mersenne, descobriu-se, na Itália, que ao enrolar um arame em torno da corda, aumenta-se sua massa por unidade de comprimento. Isso permite produzir sons mais graves, ao mesmo tempo em que as cordas mantêm um comprimento utilizável – um desenvolvimento crucial para os instrumentos graves.

▲ *O ngoni pode ser o ancestral africano do banjo.*

A invenção do *nylon* em 1938 prometia ser um momento similarmente vital na tecnologia das cordas, combinando grande força com uma durabilidade bem maior que a da tripa. As qualidades acústicas particulares das cordas de tripa, porém, asseguraram que elas continuassem a ser amplamente usadas, mais frequentemente encapadas com alumínio ou prata – algumas vezes ouro.

CORPO

Por si só, a corda não é uma fonte sonora adequada; ela requer amplificação. O corpo de todos os instrumentos de cordas, nada mais é que um sistema de amplificação projetado para aceitar as vibrações da corda, aumentar sua potência e projetá-las na direção do ouvinte.

Os corpos dos instrumentos de cordas friccionadas e tangidas são construídos similarmente: as cordas percorrem a superfície do corpo e são colocadas em contato com ele por meio de uma ponte. A função primordial da ponte é transferir as vibrações das cordas para a fina lâmina de ressonância, que forma o tampo harmônico.

TAMPO HARMÔNICO

Essa lâmina, conhecida como tampo harmônico, é projetada para vibrar simpaticamente com as cordas. Embora ela não possa literalmente amplificar o som, ela passa rapidamente a energia das cordas, através de si, para o resto do instrumento. Essa propagação do som, que inclui o ar contido no interior do instrumento, é o que torna a corda audível. Disto, é fácil ver que todas as partes do instrumento afetam a qualidade final do som.

▶ *A família das balalaicas inclui tamanhos piccolo e contrabaixo.*

Seção Um: Os Instrumentos

ABERTURAS

Alguns instrumentos de corda utilizam aberturas no tampo harmônico: na família dos violinos, elas têm forma de "f"; em alaúdes, forma de "c" ou de chama. Outros instrumentos, incluindo o sitar, não têm nenhuma. No local em que são usadas, a função das aberturas é dupla. Primeiro, elas influenciam os padrões vibratórios do tampo. Segundo, em instrumentos de arco, elas concedem flexibilidade a ele, de forma que a ponte pode balançar levemente sem se romper.

▲ A viela de roda é essencialmente um violino mecânico.

A função de direcionar o som é exercida pelo fundo do corpo. Mais grossa do que o tampo, ela age refletindo o som de volta ao corpo e então, para fora do instrumento. O fundo também suporta as forças geradas pela tensão das cordas.

USO DO ARCO

O uso do arco para tocar uma corda foi descoberto durante o século X, no Império Bizantino. O arco é feito de crina de cavalo esticada, que fricciona as cordas. A crina de cavalo é coberta de pequenos ganchos que prendem e soltam a corda à medida que o arco se move sobre ela, mantendo-a em movimento constante. O breu, uma substância feita de óleo destilado de terebintina, é esfregado à crina para ajudar a torná-la mais aderente.

Pela ação do arco, a energia é constantemente transferida para a corda; nas mãos de um instrumentista hábil, a qualidade sonora é homogênea mesmo quando o arco muda de direção. Existem quatro variáveis sob controle do instrumentista: a velocidade do arco, a sua pressão, onde ele é posicionado na corda e o ângulo no qual ele está inclinado. Esses fatores fornecem ao instrumentista uma variedade quase ilimitada de timbres.

TANGIMENTO

A corda tangida é menos flexível que a tocada com arco, mais obviamente na ausência de sustentação:

▲ Violinistas usam breu para melhorar a aderência do arco à corda.

pode-se colocar nova energia na corda, apenas quando ela é novamente tangida, que necessariamente cria-se um novo ataque. Apesar disso, esses instrumentos são igualmente capazes de produzir timbres variados, dependendo da posição e velocidade com as quais a corda é tangida, ângulo da unha ou plectro (palheta) etc.

Percutir uma corda oferece menos variedade em timbre; em essência tudo que se obtém é uma corda posta a vibrar por impacto, sem interferência, até ser abafada. Todavia, o material do martelo, a composição das cordas, a qualidade da caixa de ressonância e a forma em que o instrumentista ataca o mecanismo têm efeito significativo sobre o som.

▲ Harpas são dedilhadas.

UMA FAMÍLIA MUSICAL DIVERSIFICADA

A sua adaptabilidade e incrível expressividade colocaram os instrumentos de cordas no centro de toda grande cultura musi-cal. Uma corda vibratória é singularmente flexível: ela está igualmente à vontade em instrumentos solo, em conjuntos grandes e pequenos, em produções domésticas e de larga escala, em instrumentos acústicos e eletrônicos.

Os instrumentos de cordas friccionadas são preeminentes entre seus pares na cultura ocidental, sendo rivalizados somente pelo piano. Violinos e violas são parte vital da música nos últimos 400 anos. Eles são a espinha dorsal da orquestra que, ao lado do quarteto de cordas, é um dos mais extraordinários exemplos da criatividade humana. De todos esses instrumentos, o violino é talvez aquele que mais se distingue como um paradigma. Com poucas alterações desde o século XVII, ele é um instrumento ilustre, cujo poder de expressão é apenas superado pela voz humana.

▲ A guitarra elétrica tem o som que marca o século XX.

Seção Um: Os Instrumentos

LIRA

A lira tem uma história distinta. Ela era o instrumento usado pelos gregos para acompanhar peças e recitações. A mitologia grega nos diz que a lira foi criada por Hermes, filho de Zeus, a partir de um casco de tartaruga. Pensava-se que cantar acompanhado de uma lira promovia-se o senso de justiça.

Fato
Na Grécia antiga, a lira era associada com as virtudes apolíneas da moderação e do equilíbrio, e é frequentemente mencionada em conexão com a educação.

CONSTRUÇÃO

A lira é formada por uma caixa de ressonância, na qual dois braços, que se estendem paralelamente à sua superfície, são fixados. Em suas extremidades externas, os braços são unidos por uma travessa (jugo). As cordas da lira estão presas à travessa e na parte da caixa de ressonância mais afastada desta.

A característica marcante da lira é que as cordas prolongam-se no mesmo plano da caixa de ressonância, ao passo que as cordas da harpa prolongam-se perpendicularmente. A maioria das liras é tocada com um plectro e normalmente as cordas soam apenas em sua fundamental (i.e., elas não são pressionadas como no violino).

UM INSTRUMENTO ANTIGO

Foram encontrados exemplares da lira datando do terceiro milênio a.C. Estas eram feitas de cascos de tartaruga, com o couro animal esticado no lado inferior para criar a caixa de ressonância. Presume-se que os braços eram feitos de chifres de antílope e as cordas de tripa de carneiro, tocadas com um plectro de chifre.

▶ *A lira pode ter quatro, sete ou dez cordas.*

A lira foi um instrumento popular durante o Império Romano, mas declinou, subsequentemente, na Europa. Na África, entretanto, ela continua importante, particularmente nas regiões oriental e norte-oriental sua utilização segue o curso do Nilo – do Egito ao Lago Vitória.

LIRAS AFRICANAS

As liras africanas diferem amplamente em sua construção. A caixa de ressonância é feita de cabaça, madeira, argila e mesmo, ainda, de casco de tartaruga, com pele animal esticada sobre a abertura principal. As cordas são ainda mais variadas. Algumas são ainda feitas de tripa, porém muitas são de arame ou *nylon* de vários tipos, incluindo redes de pesca e raquetes de tênis. Elas são tangidas tanto com os dedos, como com um plectro.

O número de cordas nas liras africanas pode variar de 5 a 17 e elas são usadas primariamente para acompanhar o canto, tocando em uníssono. Ela é raramente usada como instrumento solo, mas aparece em muitos conjuntos.

A LIRA MODERNA

O século XX assistiu ao desenvolvimento de inúmeras novas liras na Europa. Muitas dessas são liras cromáticas, que usam múltiplas cordas arranjadas em fileiras. Apesar do uso de materiais modernos nas cordas, a lira continua um instrumento pouco sonoro, embora claro e lindo. Ele nunca atraiu a atenção de compositores eruditos e é apenas usado em reconstruções de música antiga.

▲ *Possivelmente, a lira foi introduzida na Grécia nos tempos pré-clássicos.*

INSTRUMENTOS DE CORDAS

HARPA

A harpa é claramente reconhecível por sua forma triangular, consistindo em ressonador e braço. As cordas de todas as harpas estendem-se perpendicularmente ao ressonador. Em muitos casos, um braço de sustentação, conhecido como coluna, se estende do final do braço até o ressonador, ajudando a sustentar a tensão das cordas.

HARPAS ANTIGAS

Embora o mais antigo uso do termo "harpa" seja de 600 d.C. pelo bispo de Poitiers, Venantius Fortunatus, suas ilustrações são encontradas desde os anos 3000 a.C. no Oriente Médio e Egito. Imagens de instrumentos semelhantes à harpa foram descobertas em pinturas rupestres na França datando de 15000 a.C. Sugere-se, frequentemente, que as origens da harpa estão no tanger da corda do arco do caçador, embora não haja evidência que dê crédito a isso.

HARPAS MEDIEVAIS

Os exemplos mais antigos de harpas europeias datam do século XIV, mas imagina-se que o desenho medieval característico, no qual o ressoador é feito a partir de uma única peça de madeira, date do século VIII. As cordas dessas harpas podiam ser feitas de uma variedade de materiais, frequentemente o que estava mais prontamente disponível, incluindo tripa, crina de cavalo, latão ou bronze, ou mesmo seda.

As harpas medievais eram pequenas, com uma extensão próxima à voz humana, e eram limitadas a tocar uma escala diatônica. No início do século XVI, a extensão da harpa foi aumentada para mais de três oitavas. Técnicas de pressionar as cordas para obter notas cromáticas foram desenvolvidas na Espanha durante o século XVI, assim como experimentos com harpas usando mais de uma fileira de cordas.

◄ *Todas as harpas tocadas hoje são afinadas em C♭.*

Entretanto, harpas com múltiplas fileiras eram incômodas de tocar e no século XVII foi desenvolvida uma técnica de pressionar as cordas girando um pequeno gancho de metal no braço, próximo à corda, para aumentar sua tensão. Tal sistema era muito lento para ter algum valor, mas levou a criação da harpa de pedal, no qual cada nota, em todas as oitavas (por exemplo: todos os *Dós*), podia ser elevada em meio-tom usando um pedal.

HARPA DE PEDAL DE AÇÃO SIMPLES

Com o uso de sete pedais, um para cada nota da escala, toda extensão cromática se tornou disponível. Esse sistema, conhecido como harpa de pedal de ação simples, é geralmente creditado a Jakob Hockbrucker, embora outros construtores estejam intimamente ligados a invenção.

Apesar de modificações, a harpa de pedal de ação simples era limitada, pois podia tocar em apenas oito tonalidades maiores e cinco menores. O estilo cromático de música, popular no século XIX, tornava essa harpa inflexível demais para desempenhar um papel maior.

A HARPA DE ERARD

Uma solução foi encontrada por um homem chamado Erard, que projetou um sistema que aumentava a tensão nas duas extremidades da corda, permitindo que não uma, mas duas mudanças fossem feitas a cada corda. A harpa tinha 14 pedais, cada qual com duas posições. Abaixada uma vez, as cordas subiam meio-tom; abaixada novamente, elas subiam mais meio-tom, totalizando um tom inteiro. Esse sistema de dupla ação, patenteado em 1810, tornou acessível toda extensão cromática de *Mi 0* a *Mi 6* e permaneceu em uso, praticamente inalterado, até 1996 quando a firma francesa Camac Production fez inúmeras melhorias.

▲ *Um harpista pode tocar até oito notas ao mesmo tempo.*

O único outro projeto de harpa significativo foi o de Gustave Lyon, da firma francesa Pleyel, Wolff et Cie que, no final do século XIX, projetou um instrumento engenhoso usando duas fileiras entrelaçadas de cordas, que fornecia a escala cromática, sem pedais. Ele se tornou bastante popular, com cerca de 1.000 instrumentos construídos em 30 anos. Em meados do século XX, entretanto, ele perdeu a popularidade, apesar de sua capacidade de tocar não só o repertório de harpa, como também o de piano.

Seção Um: Os Instrumentos

INSTRUMENTOS DE CORDAS

ALAÚDE

A palavra "alaúde" é um termo coletivo para uma categoria de instrumentos definidos como "qualquer cordofone com um braço que serve de suporte às cordas, com o plano das cordas paralelo ao da caixa de ressonância". Em outras palavras, o alaúde é uma caixa de ressonância com um braço saindo dela. As cordas de algumas são tangidas, outras friccionadas.

O ALAÚDE OCIDENTAL

A família do alaúde consiste em um grande grupo de instrumentos de cordas no qual o mecanismo que sustenta as cordas e a caixa de ressonância está unido, e nos quais as cordas percorrem paralelamente a caixa de ressonância (i.e., como no violão ao contrário da harpa).

O alaúde ocidental evoluiu do *oud* árabe (ver página oposta). Ele é reconhecível pelo formato de seu corpo arqueado, piriforme, do qual se origina o braço. As cordas de tripa (geralmente em pares) atravessam uma abertura ricamente decorada e percorrem o braço em direção às cravelhas, que estão geralmente dispostas em ângulo reto em relação ao braço.

DESENHOS OCIDENTAIS ANTIGOS

Pelas evidências pictóricas, é evidente que um desenho padronizado do *oud* existia desde o século IX. Pensa-se que o desenho mais antigo de um alaúde é o registrado por Henri Arnaut de Zwolle, em 1440. Ele descreveu as proporções geométricas do instrumento, o que implica que ele poderia ser feito em vários tamanhos.

Até o século XV, os alaúdes tinham cinco ordens (pares de cordas), geralmente afinados em quartas em torno de uma terça central (ex.: *Sol 1-Dó 2-Mi 2-Lá 2-Ré 3*). Até o século XVI foram padronizadas seis ordens, com a terça no meio. O uso desse tipo renascentista de afinação do alaúde é o mais comum atualmente. Nunca houve um sistema padronizado. Instrumentos com 10 ordens não eram incomuns.

No princípio, o alaúde era tocado com um plectro e desempenhava um papel mais rítmico do que melódico.

OUD

Existe um imenso número e variedade de alaúdes em uso mundialmente, e eles têm uma história de milhares de anos. A família dos *ud* ou *oud* é a mais parecida com os alaúdes da música erudita europeia, e estes são seus ancestrais. Eles são muito tocados na música clássica, popular e tradicional em todo o Oriente Médio, Turquia, Grécia, e países da costa do Mediterrâneo do norte da África, e também na Malásia. Eles têm um corpo grande, mas leve, e uma forma parecida com uma pêra bisseccionada, um braço chato e razoavelmente largo de comprimento médio, e cravelheira dobrada para trás em um ângulo aproximado de 90°.

A música árabe, como grande parte da música erudita e tradicional não europeia, não tem acordes. Então, ao contrário dos alaúdes europeus, com seus trastes fixos ou móveis, *ouds* têm braços sem trastes, dando liberdade ao instrumentista para deslizar as notas e obter os microtons das escalas *maqam*

▲ *O oud tem um braço sem trastes.*

árabes. Eles geralmente têm seis cordas duplas de *nylon* ou de *nylon* recoberto – cinco duplas e uma simples – tangidas com um plectro longo e flexível. A *cobza* romena, que era a base das bandas *lautari* ciganas até ser substituída pelo violão nos anos 1970, é uma variante de braço mais curto e ponte mais larga.

ALAÚDES EUROPEUS EM FORMA DE 8

Foram os mouros que levaram os alaúdes para a península Ibérica, onde evoluíram para a guitarra espanhola, com fundo chato e forma de 8, e as variantes regionais de violas portuguesas (também em forma de guitarra, mas usualmente com cinco ou seis pares de cordas de aço). Uma dessas, a viola beiroa, tem um par extra de cordas curtas agudas que se estendem até tarraxas presas onde o braço encontra o corpo.

INSTRUMENTOS DE CORDAS

Alaúdes em forma de 8 (tipo guitarra) e suas variantes menores difundiram-se pelas colônias espanholas na América do Sul e na América Central. Agora, eles se tornaram uma série de *tiples* e *cuatros* (derivado dos quatro pares de cordas, assim como o trés cubano, com seus três pares e o *bajo sexto* mexicano, com seus seis pares). O pequeno cavaquinho português, de quatro cordas, viajou para as colônias portuguesas de Madeira (ali conhecido como braguinha), os Açores e Cabo Verde, e adiante para o Havaí, tornando-se o *ukulele*, e para a América do Sul, tornando-se o *charango* de casco de tatu.

Na península Ibérica, entretanto, existem alaúdes com corpo piriforme ou em forma de gota. Na Espanha existe o *laúd* e a *bandúrria*, que é menor e mais aguda; e em Portugal, uma guitarra de som fluido. Todos têm seis pares de cordas. As cravelhas da guitarra têm a forma de um leque de tensores de cordas operadas por parafusos; o mesmo tipo de mecanismo usado no violão inglês do século XVIII, de onde a guitarra portuguesa é proveniente.

▲ *O fundo do* charango *foi feito de couraça de tatu.*

ALAÚDE COM ESPIGÃO

Embora o *oud* seja popular na música árabe e na música do norte da África, tanto no norte quanto no oeste da África uma família extensa de alaúdes de braço longo é tocada. Todos eles têm a caixa de ressonância feita de uma pele animal esticada sobre um corpo circular ou oblongo, geralmente feito de cabaça ou madeira.

Conhecido pelos classificadores como alaúde com espigão, ele não tem escala e o braço, geralmente cilíndrico, é essencialmente uma vara que passa através da caixa de ressonância, emergindo como um espigão na outra extremidade. Alaúdes com espigão não são restritos à África; eles e as rabecas com espigão são também encontrados na Ásia. Um desenho mais específico à África é o alaúde com meio-espigão, no qual a vara não atravessa diretamente a caixa de ressonância, mas emerge através de um buraco no tampo de pele.

ALAÚDE COM MEIO-ESPIGÃO

Em ambas as formas, as cordas são atadas às extremidades da vara; de fato, ainda que a vara não seja curvada, alaúdes com espigão são arcos musicais com uma caixa de ressonância. No topo, cada corda é atada a um afinador, tanto um laço pregueado

▼ O ngoni é um alaúde de espigão do oeste africano.

de couro que agarra o braço, mas pode ser deslizado para cima ou para baixo para afinação, ou uma cravelha de madeira, ou uma engrenagem de tarraxa de metal.

O alaúde de meio-espigão arquetípico muito difundido no oeste da África, particularmente entre os *griots* (uma palavra francesa que significa castas de músicos), tem muitos nomes, mas é mais conhecido como *ngoni, xalam*, em língua *wolof*, ou entre os *gnawas* do norte da África, como *gimbri* (que às vezes tem amarrado ao topo da vara, uma placa de metal portando anéis de guizos). Os *saharawi* da Mauritânia têm o *tidinit*, os *tuaregues*, o *tehardent*. O formato varia um pouco, mas, geralmente, esses instrumentos têm uma caixa de ressonância longa e três ou quatro cordas – algumas delas não chegam ao final do braço.

O braço não tem escala nem trastes; a corda melódica é pressionada pelos dedos do instrumentista com as outras cordas agindo principalmente como bordão. Às vezes, a corda superior é uma *chanterelle* curta tocada no tempo fraco, da mesma forma que a quinta corda do banjo americano de cinco cordas – um descendente dos alaúdes de espigão do oeste da África.

Alguns alaúdes de espigão têm uma caixa de ressonância circular porque é feita de cabaça (ou ocasionalmente, uma lata). Esse tipo tem a vara atravessando a cabaça e a ponte repousa na pele, assim como no banjo.

▶ Os gnawas tocam o tradicional *gimbri* acompanhados por qaraqib (guizos).

INSTRUMENTOS DE CORDAS

Seção Um: Os Instrumentos

INSTRUMENTOS DE CORDAS

▼ *O kora é o alaúde-harpa mais conhecido.*

ALAÚDES-HARPA

O nome *ngoni* é também usado para alguns tipos de alaúdes-harpa. Estes são alaúdes com espigão com um grande número de cordas, tangidos como uma harpa, com uma nota cada, ao invés de ter uma corda produzindo várias notas quando pressionadas. A ponte é construída mais alta para acomodar cordas extras, que então se estendem paralelamente até diferentes laços de afinação no braço.

O *donzo ngoni* do povo wassoulou tem uma caixa de ressonância circular de cabaça e seis ou sete cordas, e é específico de caçadores e canções sobre caçadas. O *kamele ngoni*, que pode ser tocado até por não caçadores, foi escolhido para uso no palco – com cravelhas ou tarraxas metálicas – por alguns músicos wassoulou em turnês internacionais.

KORA

O mais conhecido alaúde-harpa no oeste da África e internacionalmente, com muitos virtuoses *griot*, é um com o maior número de cordas, o *kora*. Sua caixa de ressonância é uma semiesfera muito grande feita da metade de uma cabaça, sobre a qual é esticada um "tampo" de couro bovino. Penetrando essa pele, estão duas varas de madeira que se projetam para cima, paralelamente ao braço. Ela serve como apoio de mão para o instrumentista, que tange com seus polegares e indicadores as duas fileiras de cordas (atualmente feitas de *nylon* de linha de pesca) que se estendem do braço para os lados de uma ponte alta e para frente, para o ponto de ancoragem na base da vara. A vara emerge da cabaça tendo passado através dela. A música *kora*, uma intrincada costura de melodia e ritmo, tem excelentes músicos e alguns têm obtido ampla aclamação internacional.

▲ *Mory Kante, o cantor e virtuoso tocador de* kora.

ALAÚDES ASIÁTICOS

Existem alaúdes na Ásia há pelo menos quatro milênios, e hoje muitas formas nativas são tocadas pelo continente e na Europa Oriental. Muitos têm um braço longo, geralmente estreito, que possui uma escala com ou sem trastes, unido a uma caixa de ressonância com tampo de madeira ou couro esticado. Eles são tão numerosos que é possível apenas descrever alguns aqui.

O *tanbur* iraniano é de um tipo encontrado em toda a Ásia Central. Ele tem corpo em forma de gota, feito em amoreira, com o tampo fluindo graciosamente para um longo braço com trastes amarrados e três cordas. Alguns outros *tanbur* têm mais cordas; por exemplo, o *tambur* turco, cujo corpo é mais hemisférico, tipicamente tem sete. Na música turca, ele é um instrumento de tangido, mas pode também ser tocado com arco.

O *dotar* ou *dutar*, em forma de gota, que tipicamente tem duas cordas, é encontrado em toda a Ásia Central, incluindo Uzbequistão, Tadjiquistão, Turquemenistão e Afeganistão, e entre o povo uigur da China Ocidental. *Setar* significa "três cordas", mas os *setar* iranianos atuais têm geralmente quatro: duas de aço e duas de latão.

Estruturalmente, a família do *saz* turco ou *baglam* parece-se bastante com o *tanbur*. Eles têm três ou quatro cordas duplas ou triplas. A *shargiju* bosnia e o *çifteli* albanês são similares, mas o último tem apenas duas cordas.

▼ *(E para D):* um baglama *turco, um* tanbur *iraniano e um* yayli tanbur.

TAMBURA GREGA

A Grécia tem o *baglamas*, mas ele é uma versão menor do mais conhecido membro da família da tambura no país, o *bouzouki*. Este tem uma caixa de ressonância similar ao *oud*, porém menor, e um braço longo com oito cordas de metal (quatro cordas duplas), estendendo-se para uma cabeça tipo guitarra com afinadores de tarraxas.

◀ *O bouzouki é tocado com um plectro e tem um som metálico cortante.*

Nos anos 1960, o *bouzouki* grego foi introduzido na música tradicional irlandesa, e foi agora transformado em um instrumento similar em aparência às pandoras e cistres que também são usados na música irlandesa e escocesa atual. Recentemente, desenvolveu-se ainda mais na música tradicional sueca, com a adição de trastes microtonais, capotrastes que se fecham na escala para encurtar pares individuais de cordas e cordas graves ampliadas.

TAMBURA EUROPEIA

O instrumento nacional quirguiz é o *komuz*, um pequeno alaúde sem traste de três cordas, corpo piriforme, feito em madeira de damasqueiro. O principal alaúde do Cazaquistão é a *dombra*, com duas cordas e trastes. Os corpos do *panduri* georgiano com três cordas e trastes, e o *chonguri*, sem trastes, são mais como losangos arredondados do que em forma de gota; o *chonguri* tem uma quarta corda curta que se estende até um pino, na metade do braço.

Sérvia, Montenegro, Macedônia, Bósnia-Herzegovina, Croácia, Bulgária e Romênia têm variantes da tambura, com corpo em forma de gota ou colher, e fundo, em forma de tigela, mais raso que o *tanbur*. Elas são encontradas em vários tamanhos, particularmente entre os conjuntos de tambura dos estados da ex-Iugoslávia, onde muitos

◀ *Orquestras de tambura têm uma grande variedade de tamanho de instrumentos.*

aumentaram de duas cordas para cinco. A série de tamburas croata, exceto a menor, tem formato de violão – uma mudança ocorrida no início do século XX.

DOMRA

A antiga *domra* russa, um alaúde de três cordas, que provavelmente chegou com os tártaros no século XIII, tornou-se, em grande medida, obsoleta. Porém, uma versão revivida, com três cordas de metal, corpo raso e oval, escala com trastes de metal e tarraxas tipo violão foi instigada no século XIX e desenvolvida em uma série orquestral pelo líder de banda Vassily Andreev. Ele fez o mesmo com a *balalaika* de três cordas; o imenso corpo triangular da *balalaika* baixo faz dela, possivelmente, o instrumento com o formato mais desajeitado.

BANDURA

A *bandura* ucraniana, cujo braço e corpo são tradicionalmente feitos de uma única peça de madeira, parece com um alaúde sem traste cujo corpo foi dilatado para acomodar até 30 cordas de metal (podem existir até 60 em alguns modelos cromáticos de *bandura*). Algumas percorrem o braço, enquanto o resto – as cordas melódicas – abre-se num leque a partir do estandarte, através da longa ponte, até as cravelhas na curvatura superior do corpo.

Embora tenha evoluído da *kobza* ucraniana (um alaúde verdadeiro estabelecido há muito mais tempo, com trastes no braço e sem cordas no corpo), a *bandura* é muito mais aparentada com as cítaras bálticas, do que com os alaúdes. O comprimento das cordas não é alterado pelo dedilhado – aquelas presas à cabeça com voluta são cordas graves, tangidas no braço pela mão esquerda, enquanto a mão direita tange as cordas melódicas montadas no corpo. A fábrica Chernihiv, da era soviética, produziu instrumentos muito pesados, alguns com mecanismos de alavanca para mudar a afinação dos pares de cordas agudas em meio-tom. Entretanto, artesãos fazem agora modelos menos desajeitados, alguns deles a forma simples, assim chamada "clássica".

▼ *A bandura é um instrumento de cordas tangidas da Ucrânia.*

INSTRUMENTOS DE CORDAS

SITAR

Os alaúdes dominantes na Índia fazem parte de uma família bem distinta, com braços largos e, frequentemente, uma quantidade de cordas de ressonância simpáticas. O mais conhecido é o sitar do norte da Índia.

A caixa de ressonância do sitar, feita de cabaça com um tampo de madeira, flui em direção a um braço largo de teca, que possui cerca de 20 trastes de barras de latão removíveis, que se curvam para fora do braço oco, que frequentemente tem um ressonador extra de cabaça preso ao topo. As três ou quatro cordas de execução podem ser pressionadas profundamente entre os trastes e escorregadas através delas, lateralmente, para produzir um *bend*. Correndo ao seu lado, estão três ou quatro cordas de bordão. Estas estão presas a grandes cravelhas e as cordas principais de execução têm afinadores finos – contas que deslizam pelo tampo, perto do ponto de ancoragem na caixa de ressonância. De nove a treze cordas simpáticas de diferentes comprimentos passam através de sua própria ponte abaixo dos trastes, em direção às cravelhas ao longo do braço. Ao invés das pontes serem finas como é usual em muitos alaúdes, as cordas atravessam uma larga e quase plana superfície de osso (na realidade levemente curvada e angular), produzindo o som característico do sitar.

▲ *O sitarista mundialmente reconhecido, Ravi Shankar, se apresenta com um tocador de tabla.*

O *surbahar* é uma forma de sitar, grande e grave, com sustentação longa e rica e cordas frouxas o bastante para tocar *bend* de até uma oitava em um único traste. A *tampura* ou *tanpura* é como um sitar sem acessórios – apenas quatro cordas, nenhuma corda simpática, sem traste – que fornece um bordão constante ao fundo do sitar e outros instrumentos solo indianos.

SARASWATI VINA

O sitar começou a desenvolver-se no século XVIII; o *surbahar* foi inventado no século XIX. Um instrumento com uma história mais longa é o *saraswati vina*, o

▼ *As cordas da* tampura *são tangidas para produzir um bordão.*

instrumento de cordas principal da música carnática (sul da Índia). Tal qual o sitar, ele tem um braço largo brotando de uma caixa de ressonância com uma ponte indutora de zumbido, mas não possui cordas simpáticas, de modo a ter muito menos sustentação que o sitar. Os trastes não são ajustáveis e estão presos nos picos das ondulações da escala. Quatro cordas melódicas percorrem a escala e outras três cordas curtas de bordão rítmico se estendem, a partir do lado da ponte, parcialmente ao longo da lateral do braço, até as cravelhas. Existe uma cabaça na parte superior, mas ela (provavelmente remanescente de cítaras com ressoadores de cabaças-gêmeas) não tem propósito acústico; ela serve como suporte para o instrumento, repousando na coxa esquerda das pernas cruzadas do instrumentista. O *chitra vina* é uma versão sem traste, tocada com um *slide* como a guitarra havaiana ou *steel guitar*, e ao contrário do *saraswati vina*, ele tem cordas simpáticas.

OUTROS ALAÚDES INDIANOS

O *rudra vina* ou *bin* do norte da Índia está, na realidade, mais próximo de uma cítara de vara que um alaúde, com sua oca caixa de ressonância com um grande ressonador de cabaça em cada extremidade. Mas em termos de execução, ele se encaixa aos outros alaúdes indianos, tendo quatro cordas melódicas atravessando 24 trastes fixos altos, mais três ou quatro cordas de bordão estendendo-se longitudinalmente, todos com pontes indutoras de zumbido. O *vichitra veena* é uma versão sem traste, tocada com um *slide*, e como a *chitra vina* do sul, tem cordas simpáticas. Recentemente, muitos virtuoses indianos adicionaram cordas simpáticas a violões ocidentais de corda de aço, tocando-os com *slide* em uma nova e impressionante tradição.

▲ *Como o* vichitra veena *não tem traste, ele pode emular as nuanças sutis e fluidez da voz humana.*

INSTRUMENTOS DE CORDAS

▲ *Um tocador de* pipa *usa palhetas de plástico ou casco de tartaruga para obter o som desejado.*

PIPA

O sudoeste asiático tem muitos alaúdes entre sua miríade de instrumentos. Um dos mais conhecidos é a *pipa* chinesa, que tem um braço curto que se funde suavemente ao corpo raso, fazendo com que todo o instrumento pareça uma gota. O braço é ziguezagueado por fundos trastes de madeira e mais trastes são colados ao corpo, que não tem aberturas. A técnica de tangê-lo é altamente desenvolvida, envolvendo o polegar e todos os dedos da mão direita, nos quais são amarradas palhetas. Diz-se que seus predecessores chegaram da Ásia Central. A *biwa* japonesa, descendente da *pipa*, é similar, mas com menos trastes, que são mais altos e largos. O equivalente vietnamita é o *dan ty ba*.

OUTROS ALAÚDES ASIÁTICOS

O *yue qin* chinês é um alaúde com braço curto, com duas, três ou quatro cordas e uma caixa de ressonância circular de fundo chato. Ele também evoluiu para o *ruan*, ou "violão lua" de quatro cordas, que tem um formato similar, mas mais robusto. Similar ao *yue qin*, é o *gekkin* japonês de cordas de seda e o mais oval *dan nhat* ou *dan doan* "alaúde sol" do Vietnã. O corpo circular do *dan nguyet* ou *dan kim* "alaúde lua" vietnamita e

Fato
Os alaúdes tailandeses incluem o *phin* de três cordas, que tem uma caixa de ressonância em forma de gota, escala com traste e uma cravelha que floresce em uma expansiva ornamentação elegantemente entalhada – mesmo nas versões elétricas.

▼ Alaúdes chineses: zhong ruan (alaúde médio) e yun qin (alaúde lua).

do *chapey deng veng* cambojano tem um braço mais delgado e trastes mais altos, espaçados para uma escala pentatônica.

ALAÚDES INDONÉSIOS

O *kachapi* de duas cordas indonésio (o nome também é usado para um tipo de cítara), o *kudyapi* ou *heqalong* filipino e o *krajappi* tailandês apresentam formas variadas de caixas de ressonância, desde formas muito delgadas até outras em losango ou forma de barco. O contorno do *sape*, de 3 ou 4 cordas, de Sarawak e Bornéu é claramente em forma de pá, lindamente decorada com padrões em espiral, tipo tatuagem; muitos de seus trastes não estão posicionados em seu braço curto, mas em um tampo curiosamente longo e largo, de forma que o instrumentista precisa esticar-se por várias polegadas do tampo para alcançá-los. O *sambe* indonésio é um exemplo menos extremo do formato de pá.

A atual população de Madagascar é primariamente descendente de marinheiros da Indonésia e suas ideias instrumentais vieram com eles. Provavelmente essa é a origem do *kabosy* malgaxe, um alaúde de corpo variável, mas usualmente em forma de caixa, que tem frequentemente trastes parciais para facilitar o movimento das formas de acorde ao longo do braço.

ALAÚDES DE ARCO NO MUNDO

Exceto pelos alaúdes de espigão e meio-espigão africanos, todos os alaúdes aqui têm caixas de ressonância de madeira. Na maioria dessas regiões, entretanto, existem alaúdes com caixas de ressonância de pele esticada, que dão a eles um som de ataque relativamente forte, mas sustentação curta. Tocar as cordas com arco é uma forma de produzir e controlar notas longas, e muitos desses alaúdes tangidos com tampo de pele têm parentes próximos que são tocados com arco.

INSTRUMENTOS DE CORDAS

TAR

Diferentes formas de dotar são muito difundidas por toda a Ásia Central, assim como os instrumentos chamados *tar* (do persa para "corda"). Muitos destes têm tampo de couro. O *tar*, encontrado no Irã, Azerbaijão, Armênia e muitos outros países da Ásia Central, tem a parte central da caixa de ressonância tão estreitada, que sua frente coberta de pele parece um "8". As seis cordas estão em três pares e elas percorrem um braço longo com aproximadamente 26 trastes amarrados que podem ser ajustados aos tons e microtons da escala usada.

RUBAB E SAROD

O alaúde dominante no Afeganistão é o *rubab* ou *rabab*. Seu braço e corpo curto e grosso, com dois cortes profundos em forma de "C" nas laterais, são entalhados a partir de uma única peça de amoreira. Ele tem três cordas melódicas de *nylon* e duas cordas de bordão de aço, mais 11 cordas simpáticas de aço que correm por baixo da ponte, até as cravelhas ao longo da borda do corpo. O *sarod* indiano, um descendente do *rubab* afegão, compartilha sua caixa de ressonância de couro de cabra e cordas simpáticas, mas todas as suas cordas são de metal e ele tem uma escala cônica revestida de metal brilhante que permite deslizamentos extremos de notas.

▲ *O rubab é usado em conjuntos, assim como em solos.*

O *rubab*, *rabab* ou *rawap* do Uzbequistão e *uigurs* do oeste da China são alaúdes de braços longos, com trastes e tampos de couro de cobra em uma caixa de ressonância circular, frequentemente com arcos de madeira dobrados da extremidade inferior do braço, em direção ao corpo. O *sgra-snyan* do Tibete e Nepal é parecido, mas no

▲ Dotar *significa literalmente "duas cordas".*

lugar dos arcos existem apenas expansões na base do braço. O alaúde de braço longo do Butão é o *dranyen*. As versões do dotar em Bangladesh, que tem de duas a seis cordas, têm um tampo de pele, assim como algumas formas do *tobshuur*, um alaúde da Mongólia sem trastes e com duas cordas de crina de cavalo.

ALAÚDES ASIÁTICOS DE ARCO

Os alaúdes com tampo de pele do sudoeste da Ásia são, geralmente, delicados alaúdes de espigão de braço longo com pele de cobra ou lagarto, esticada sobre caixas de ressonância circulares, curvo-retangulares ou poligonais. O *san hsien* ou *sunxian* chinês tem três cordas e uma caixa de ressonância arredondada ou retangular com bordas arredondadas. Os similares *sanshin*, de Okinawa, e *shamisen* japonês, tocados com uma palheta dura surpreendentemente grande, do tamanho e forma de espátula triangular, são seus descendentes. Seu primo vietnamita é o *dan day*.

Um instrumento muito diferente em som e aparência é o *cümbüs* turco, no qual a ideia de um tampo de pele voltou para o velho mundo através do banjo americano. Inventado em Istambul, nos anos 1920 por Zeynel Abidin, foi batizado pelo presidente do país, Kemal Atatürk (cujo desejo de uma nova e inovadora Turquia inspirou Abidin a lançá-lo). O *cümbüs* tem uma pele de banjo num corpo de alumínio em forma de uma funda panela, um braço revestido de plástico sem trastes, e seis pares de cordas de metal. Com várias opções de braço, ele substitui o *saz*, *oud* ou *tambur* em situações em que são necessários mais volume e potência, como em bandas de casamento.

▶ *O sanxian tem um som seco, um tanto percussivo.*

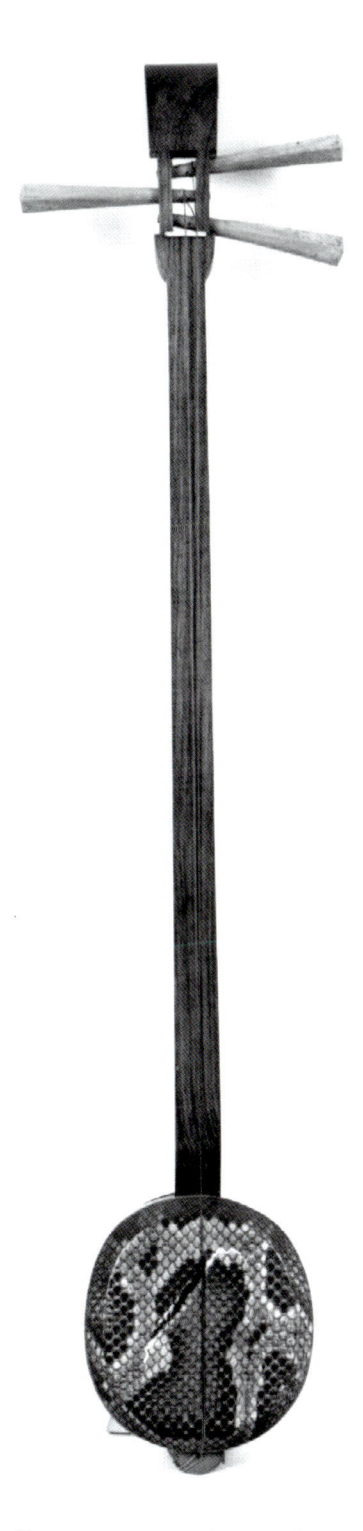

BANDOLIM

O bandolim é um pequeno instrumento de cordas tangidas em forma de gota. Seu modelo mais famoso é o bandolim napolitano, amado por todos os românticos por seu uso nas gôndolas venezianas. Ele descende do alaúde e, desde seu rejuvenescimento no século XIX, permanece um instrumento popular e versátil.

MANDOLA

O bandolim desenvolveu-se a partir da mandola italiana. A mandola e seu equivalente francês, a *mandore* (não confundir com a *pandora*: um alaúde baixo comumente usado como contínuo na Alemanha do século XVIII), era um alaúde pequeno usado no século XVI. No entanto, os alaúdes têm seis cordas duplas, cada com um par de cordas afinadas num padrão característico de quartas e terças. Em contraste, a mandola tem apenas quatro cordas duplas e era afinada em padrões de quartas e quintas perfeitas.

Fato

O termo "mandolino", usado como diminutivo de "mandola", parece ter sido empregado em meados do século XVII. Provavelmente, isso era mais um indicativo de afeto do que uma descrição técnica do tamanho, já que "mandolino" e "mandolo" ocorrem de forma intercambiável nos escritos e música da época.

DESENVOLVIMENTO DO MANDOLINO

O *mandolino* reteve sua popularidade através dos séculos XVII e XVIII, e seu formato mal se alterou. Assim como o alaúde, seu corpo tem um fundo arredondado e frente plana com uma roseta inserida na abertura, ao qual era preso um braço com oito ou nove trastes de tripa amarrados em volta da escala para pressionar as cordas.

O *mandolino* recebeu sua primeira grande reforma em meados do século XIX, nas mãos da família Monzino, em Milão. O tamanho do corpo foi aumentado e o instrumento, como um todo, reforçado. Os trastes de laços de tripa foram trocados por barras de metal ou osso embutidas, e aumentadas para 20. Esse instrumento tornou-se conhecido como o bandolim milanês.

A técnica de execução padrão no alaúde era usar os dedos para tanger as cordas e é evidente que o *mandolino* foi inicialmente tocado assim. Durante o século XVIII, entretanto, instrumentistas começaram a usar um plectro. Para essa técnica de execução característica foram usadas penas: tanto amarradas ao dedo indicador, como sustentadas entre o polegar e o indicador. No início do século XX, esse estilo de execução foi padronizado e ainda é uma das características inconfundíveis do bandolim.

▲ *Um bandolim do século XVII.*

BANDOLIM NAPOLITANO

O desenvolvimento da família Monzino ao bandolim milanês nos anos 1800 foi complementado por Pasquale Vinaccia, de Nápoles, que, em 1835, construiu um bandolim que permanece padrão até hoje.

A família Vinaccia foi ativa por muitos anos na construção de instrumentos e em 1740 seus membros construíram um bandolim com quatro cordas duplas afinadas em quintas perfeitas, em oposição à mistura de quartas e quintas perfeitas comum no *mandolino*. O grande trunfo para vendas do bandolim dos Vinaccia era que este era afinado exatamente da mesma forma que o violino: *Sol 2-Ré 3-Lá 3-Mi 4*. Isso o tornou imediatamente acessível aos músicos que não eram alaudistas especializados e o modelo Vinaccia rapidamente espalhou-se pela Europa.

▶ *Grande destreza é necessária para tocar o bandolim devido a seus trastes curtos.*

Seção Um: Os Instrumentos

O BANDOLIM NAPOLITANO EM EXECUÇÃO

O pequeno tamanho do bandolim faz com que ele tenha pouca ressonância, então as notas decaem muito rapidamente. Anteriormente, isso não causava problemas devido ao estilo polifônico de música tocada pelos alaúdes. Porém, a imensa popularidade do bandolim entre instrumentistas menos hábeis aumentou a demanda por música simples. Para combater isso, os instrumentistas rapidamente rearticulavam notas simples para dar a impressão de sustentação. A técnica do *tremolo*, como é conhecida, era muito popular entre os músicos italianos de rua, embora desaprovada por bandolinistas clássicos intelectuais.

O sucesso do bandolim napolitano se reflete em suas frequentes aparições na música erudita. Giovanni Paisiello (1740-1816), Antonio Salieri (1750-1825) e, mais afamadamente, *Don Giovanni* (1787), de Wolfgang Amadeus Mozart (1756-91), utilizaram-no nas óperas; Ludwig van Beethoven (1770-1827) e Johann Nepomuk Hummel (1778-1837) compuseram peças solo para ele.

▲ *O bandolim é frequentemente feito de pau-rosa incrustado de casco de tartaruga.*

Apesar da calmaria durante o início do século XIX, o bandolim logo recuperou popularidade. Giuseppe Verdi (1813-1901) usou-o em *Otello* (1884-86), Ruggero Leoncavallo (1857-1919) em *I Pagliacci* (1892) e Gustav Mahler (1860-1911) usou-o na sétima sinfonia e na oitava sinfonia, e em *Das Lied von der Erde* (1907).

O BANDOLIM MODERNO

No começo do século XX, a popularidade do bandolim se espalhou pelos EUA onde foi famosamente adotado por Bill Monroe, um dos primeiros expoentes do estilo *country-bluegrass*, e ele se tornou parte do som característico do *bluegrass*. Ao passo que o jazz se desenvolvia, o bandolim o acompanhava, sendo usado com sucesso por músicos como Sammy Rimington e Dave Grisman.

O bandolim se tornou comum na música folclórica durante o século XX. Na Irlanda, ele é frequentemente parceiro ou substituto do violino e seu som brilhante característico é ideal para as gigas e *reels* (dança de roda), centrais ao repertório. O bandolim também é popular no Brasil, onde é mais frequentemente ouvido em um pequeno conjunto tocando um estilo de música chamado de choro. Parecido com o tango, o choro foi especialmente popular no início e meados dos anos 1990.

▲ *A família dos modernos bandolins, com seu estilo de fundo plano.*

O bandolim provou ser bastante popular no Japão. Ele era frequentemente ouvido no início do século XX, executando música caracteristicamente italiana, mas vários compositores se afeiçoaram ao instrumento e começaram a incorporá-lo em seu próprio estilo. Nos anos 1940 ocorreu um forte crescimento da sua popularidade e nos anos 1990 a União Japonesa do Bandolim ostentava mais de 10 mil membros.

Apesar de sua popularidade na música folk, particularmente no *bluegrass*, o bandolim tem ainda que desenvolver um corpo de obras solo mais importante. Por suas características tímbricas particulares, – som agudo, pouca sustentação, variedade limitada de cor – é improvável seja aceito como um "peso pesado". Todavia, sua flexibilidade e clareza de articulação asseguram que, no contexto certo, ele continue um instrumento imensamente agradável de ser ouvido.

▶ *A banda americana Magnectic Fields usou o bandolim no seu álbum* 69 Love Songs *de 1999.*

Seção Um: Os Instrumentos

UKULELE

O *ukulele* é um instrumento de cordas com trastes que parece com um violão de quatro cordas. Ele é mais comumente associado com o Havaí, onde seu nome traduzido é "pulga saltitante", mas não existe outro instrumento de corda nativo ao Havaí e o *ukulele* tem, de fato, suas raízes em Portugal.

ORIGENS DO UKULELE

Três construtores de instrumento portugueses chegaram ao Havaí em 1879 levando consigo instrumentos nativos portugueses, incluindo o cavaquinho, no qual se baseia o *ukulele*. Eles abriram lojas vendendo o seu novo instrumento, que rapidamente se popularizou entre os locais. Ele era frequentemente usado nas celebrações e até mesmo compareceu no jubileu do rei Kalakaua. Rapidamente, o ukulele decolou em outros estados, quando uma moda de música havaiana varreu os Estados Unidos no início do século XX.

TIPOS DE UKULELE

Existem quatro tamanhos de *ukulele*: o soprano, o concertante, o tenor e o barítono. Cada um tem quatro cordas e um número variável de trastes, desde aproximadamente 14 no soprano a pelo menos 22 no barítono. Todos os instrumentos têm quatro cordas baseadas em intervalos de quarta – terça maior – quarta. Entretanto, não existe uma afinação fixa para cada instrumento e os instrumentistas sobem ou descem a afinação das cordas para tocar num tom que melhor se ajuste à sua música.

Nos anos 1930 e 1940, o sucesso do *ukulele* espalhou-se pela Europa. Ele se tornou particularmente bem-sucedido como parte da tradição do *music-hall* e do teatro de variedades britânico, apresentado durante a Segunda Guerra Mundial.

▲ *O grupo pop Petty Bouka que usa o ukulele.*

BANJO

O banjo é um instrumento de cordas tangidas com corpo circular e braço com trastes. Suas raízes se encontram nas colônias francesas e britânicas da África, onde instrumentos feitos de uma cabaça oca, coberta com pele animal, braço de bambu e cordas de tripa de gato eram populares.

Particularmente associado com festas e danças, esses instrumentos tiveram vários nomes, incluindo *banza* e *banjer*. Instrumentos similares também existem na sul da África, que possivelmente são adaptações ao cavaquinho.

O BANJO ITINERANTE

A jornada da África à América foi feita durante o comércio de escravos. Existem pinturas na Carolina do Sul, do final do século XVIII, mostrando escravos dançando ao som de banjos de cabaça. Em geral, acredita-se que a transição do corpo de cabaça para o instrumento que conhecemos hoje se deve às inovações de Joel Walker Sweeney (1810-60) nos anos 1830. Algumas dúvidas têm sido colocadas sobre a extensão de seu papel na modernização do banjo, mas ele certamente teve uma forte influência.

Sweeney usava o banjo em seu grupo de menestréis, The Sweeney Minstrels, uma banda que pintava as faces de preto como truque cômico. Isso se popularizou rapidamente e, nos anos 1850, o banjo e seus menestréis foram populares em todos os estados sulistas da América. Durante a Guerra Civil Americana (1860-65), os shows de menestréis eram diversões populares entre soldados, que levaram para casa a sua apreciação pelo banjo.

ESTILOS DE EXECUÇÃO

O grande sucesso do banjo veio com o crescimento da *parlour music*. Essa associação alçou o instrumento de sua conexão com as classes baixas e conduziu-o para atenção quase mundial. Nessa época, dois estilos distintos de execução foram desenvolvidos. O tradicional, ou batido, estilo hoje conhecido

▲ Os banjos antigos não tinham traste como os instrumentos africanos que os inspiraram.

como *clawhammer* ou *frailing*, no qual o instrumentista bate as cordas usando um movimento descendente do dedo, fazendo contato com a parte superior da unha. Em contraste, o estilo "dedilhado" é mais aparentado da técnica de violão, usando a parte de baixo da unha e o dedo para um movimento ascendente.

USO NO *RAGTIME*

O som *staccato* do banjo fez dele o instrumento ideal para o *ragtime*, estilo desenvolvido na virada do século. O caráter recortado e sincopado do *ragtime* aumentou o apelo do banjo e, por volta de 1920, ele começou a desempenhar seu papel no nascimento do jazz, aparecendo nas bandas de *dixieland* de Nova Orleans. Para surpresa, o banjo também foi usado no blues, onde seu papel era muito mais parecido com o do violão.

No ragtime, o banjo era principalmente um instrumento rítmico, trabalhando ao lado da percussão, e suas qualidades como instrumento solo foram progressivamente negligenciadas. Ele logo começou a dar espaço ao violão e à guitarra, em particular. Porém, nos anos 1940, o destino do banjo mudou com o desenvolvimento do *bluegrass* no sul dos EUA. Uma combinação de dança e música religiosa, o *bluegrass* destacou os melhores atributos do banjo: ritmo forte, articulação clara e agilidade.

Da história antiga do banjo, poucos nomes como o de Sweeney resistiram, mas o *bluegrass* popularizou o nome de muitos outros artistas recentes, como o instrumentista americano Earl Scruggs. O banjo recuperou algum espaço no jazz, mas continua menos considerado nos círculos musicais eruditos. Suas aparições ocasionais têm sido no lado mais leve do repertório, como em *Mahogany* (1927), de Kurt Weill (1900-50).

O BANJO MODERNO

O banjo moderno é geralmente feito de cinco cordas de metal presas a um anel de madeira laminada com aproximadamente 28 cm de diâmetro. Uma pele plástica é esticada sobre o anel, imediatamente abaixo das cordas, e frequentemente um ressonador de madeira é preso ao lado de baixo do anel.

Uma característica única do banjo de cinco cordas é sua curta corda do polegar. As quatro cordas longas são afinadas em *Ré 2-Sol 2-Si 2-Ré 3* enquanto a quinta corda do polegar é afinada em *Sol 3*: a nota mais aguda das cinco. A quinta corda é presa na lateral do braço na posição do quinto traste e é usada como bordão, sempre tocando a mesma nota em passagens de figuração, qualquer que seja o acorde subjacente.

▲ *"Sing", um dos maiores sucessos da banda britânica Travis, apresenta um banjo.*

Igualmente comum é o banjo de quatro cordas, embora ele normalmente não inclua a corda do polegar. O método mais comum de tocar um banjo atualmente é a técnica tangida. Hoje, muitos instrumentistas usam plectros; um para o polegar e um para o primeiro e para o segundo dedo. Em parte, pela facilidade em tocar, mas também para criar um som particularmente definido, que não é facilmente repetido somente com os dedos. Tocadores de banjos de quatro cordas usualmente preferem uma palheta plana.

VIOLÃO

O violão é um instrumento de cordas tangidas que é tocado apoiado no colo. Embora tenha uma longa história, que muitos acreditam que chegue até a lira do antigo Egito conhecida como *kithara*, o violão é mais conhecido hoje no desenho do construtor de violões espanhol Antonio de Torres Jurado (1817-92).

O violão moderno ou clássico desenvolveu-se a partir dos alaúdes de braço curto que apareceram na Ásia Central durante o século IV e III a.C. Muitos desenhos dos milênios seguintes mostram instrumentos com características parecidas com o violão. Porém, o violão, como é hoje conhecido, tem suas raízes no Renascimento.

VIHUELA

Um dos mais significativos precursores do violão é a *vihuela*, um instrumento de cordas tangidas com seis ou sete cordas duplas, popular nos séculos XV e XVI. A *vihuela* é associada intimamente à Espanha e áreas sob sua influência, embora tenha sido usada também na Itália e em Portugal.

Na aparência, a *vihuela* é muito próxima ao violão moderno. Ela tem um corpo característico, em forma de "8", um braço comprido e mão inclinada para trás em um ângulo pequeno. Rosetas, frequentemente, são colocadas no corpo e funcionam como aberturas. A *vihuela* tinha trastes, usando 10 extensões de tripa amarradas em volta do braço para pressionar a corda. Como o alaúde, as seis cordas duplas seguiam o padrão de afinação de quarta–quarta–terça maior–quarta–quarta.

O motivo pelo qual a *vihuela* foi tão popular na Espanha renascentista numa época em que o alaúde era usado no resto da Europa, para os mesmos propósitos, não está claro. Todavia, a forte associação do violão com a Espanha começou nessa época e a paixão espanhola pela *vihuela* foi responsável por sua introdução na América Latina durante sua colonização.

VIOLÃO BARROCO

Os violões da Europa do século XVI eram consideravelmente menores do que o instrumento moderno. Inicialmente, eles tinham quatro cordas duplas afinadas em quarta–terça maior–quarta. Violões barrocos têm frequentemente uma roseta simples central, como abertura, e entre oito e dez trastes de tripa. A afinação das cordas duplas não era de forma alguma fixa, uma característica compartilhada com a *vihuela:* eles eram frequentemente alterados para combinar com a música sendo executada.

No final do século XV, violões de cinco, seis ou mesmo sete cordas duplas eram usados. Na Itália, os violões de seis e sete cordas duplas eram frequentemente referidos como *viola da mano* ou "viola de mão", por oposição à *viola da arco* "viola de arco".

TÉCNICAS DE EXECUÇÃO

Um dos usos mais comuns do violão era o acompanhamento "batido" de canções. A técnica *rasgueado,* apesar da sua íntima associação com o repertório flamenco espanhol, de fato desenvolveu-se no século XVI, quando era mais comumente conhecida como *battuto.* A "batida" pode ser executada nas duas direções, indicadas por uma seta apontando para cima ou para baixo, imediatamente precedendo o acorde afetado. O violão inglês e a guitarra portuguesa datam desse período. Geralmente instrumentos de seis cordas duplas, seu desenho estava mais próximo do alaúde e era planejado para ser usado domesticamente, como instrumento de sala de visita. Sua função principal era acompanhar vozes ou tocar melodias simples e eram, por consequência, afinados em *Dó,* facilitando a execução de acordes.

▲ *Uma guitarra portuguesa de cinco cordas duplas com fundo plano c.1590.*

VIOLÕES DO SÉCULO XVIII

Os violões de seis cordas simples mais antigos começaram a surgir na segunda metade do século XVIII. Os trastes de tripa deram espaço a escalas especialmente criadas, com trastes de marfim ou metal embutidos; a roseta central tornou-se uma abertura completa; o braço foi estreitado; e as proporções foram alteradas.

Neste ponto, ainda não havia técnica padronizada – os instrumentistas estavam divididos sobre a melhor forma de tocar as cordas: com a unha ou não. Apesar disso, foi aí que as primeiras peças duradouras para violão foram escritas. As obras de Fernando Sor (1778-1839) e Mauro Giuliani (1781-1829), embora pequenas, são geralmente charmosas e elegantes; é fácil notar como eles ajudaram a popularizar o violão.

◄ *Um violão clássico ou espanhol com seis cordas, geralmente de nylon.*

A INFLUÊNCIA ESPANHOLA

O trabalho do construtor de instrumentos espanhol Antonio de Torres Jurado foi fundamental para o desenvolvimento do violão moderno. Ele fixou o comprimento da corda vibratória em 65 cm, aumentou as dimensões gerais, usou 19 trastes, alterou a construção da caixa de ressonância e padronizou a afinação das cordas em *Mi 1-Lá 1-Ré 2-Sol 2-Si 2-Mi 2*. Essas alterações foram tão bem-sucedidas que o modelo de Torres tornou-se o padrão aspirado por todos os outros construtores – e motivo pelo qual é conhecido hoje como violão clássico.

O indubitável brilhantismo de Torres não foi suficiente para o violão alçar voos maiores e, por algum tempo, ele permaneceu confinado à Espanha. O apoio de compositores-instrumentistas, como Francisco Tárrega (1852-1909) e Emílio Pujol (1886-1980), aumentou o número de admiradores do violão, mas foi Andrés Segovia (1893-1987) que finalmente lançou o violão moderno.

▲ *Guitarras acústicas têm cordas de aço e não de nylon.*

ANDRÉS SEGOVIA

Até o início do século XX, a maior parte da música para violão foi escrita por compositores que tocavam o instrumento. O grande legado de Segovia foi elevar o violão ao *status* de instrumento de concerto respeitado. Sua influência naturalmente se concentrou na Espanha e América do Sul, encorajando compositores, como Joaquín Rodrigo (1901-99), Manuel de Falla (1876-1946), Mario Castelnuovo-Tedesco (1895-1968) e Heitor Villa-Lobos (1887-1959), a escrever para violão.

> **Fato**
> Apesar de seu sucesso com o violão, Antonio de Torres foi forçado a ter outro emprego e tornou-se mercador de vidros, porque a construção de violões não era suficientemente lucrativa para manter sua grande família.

Na época de sua morte, em 1987, já havia um grande corpo musical que continua a crescer. O repertório para violão foi ampliado com obras de alguns compositores de peso do século XX, incluindo Francis Poulenc (1899-1963), Benjamin Britten (1913-76), Michael Tippett (1905-98), Hans Werner Henze (1926-), William Walton (1902-83) e Rodney Bennett (1936). O zelo de Segovia em encorajar novas obras foi absorvido por vários violonistas, incluindo Julian Bream (1933) e David Starobin (1951).

GUITARRA ELÉTRICA

Depois das mudanças revolucionárias de Torres, o violão desenvolveu-se lentamente, mas há uma notável exceção – a amplificação. Foi o envolvimento do violão com a música popular, mais notavelmente com o jazz, que acendeu o desejo por um volume mais alto. Desde os anos 1920, testes eram feitos usando captadores que levavam o som da guitarra para um amplificador. A primeira guitarra elétrica manufaturada comercialmente foi vendida pela Fender em 1948, rapidamente seguida pela Gibson em 1952, estabelecendo assim uma rivalidade comercial que impulsionou seu desenvolvimento.

Além de criar guitarras puramente eletrônicas, a tecnologia dos captadores foi aplicada ao violão clássico. Gradualmente, instrumentos híbridos (combinando qualidades de ambos) foram desenvolvidos e a guitarra começou a ocupar um lugar mais proeminente no jazz e na música pop.

DOBRO

Durante os anos 1830, pastores de gado mexicanos introduziram o violão aos havaianos, que rapidamente incorporaram-no em sua própria música, tipicamente afinando todas as cordas em uma tríade maior. A Joseph Kekuku é creditada a técnica de usar um pente para deslizar para cima e para baixo sobre o braço para criar *glissandi*. Claramente, isso era difícil de conseguir segurando o violão de maneira convencional, em vez disso, ele foi deitado sobre o colo.

GUITARRA HAVAIANA

À medida que o estilo havaiano de tocar se popularizava, as guitarras se tornaram mais retangulares e o pente foi substituído por uma barra de metal. Quando começaram a ser fabricadas comercialmente nos anos 1930, elas adquiriram o nome de "guitarra havaiana".

Já que o estilo de tocar a guitarra havaiana limita o instrumentista a poucas tonalidades, os músicos começaram a usar instrumentos com mais de um braço, aumentando o número de notas disponíveis sem ter que reafinar. Rapidamente, entretanto, ter múltiplos conjuntos de cordas tornou-se incômodo e os construtores nos anos 1940 começaram a encaixar pedais que poderiam alterar simultaneamente a afinação de conjuntos completos de cordas.

PEDAL STEEL GUITAR

O *pedal steel guitar*, como se tornou conhecido, tem dois braços como padrão, com um jogo de oito pedais e 10 cordas em cada braço, embora 12 ou 14 não sejam incomuns. Um braço é normalmente afinado em acorde de E^9 (uma combinação de *Mi-Sol#-Si-Ré-Fá#*) e o outro em C^6 (*Dó-Mi-Sol-Lá*). Tanto a guitarra havaiana como o pedal steel guitar são guitarras sem traste; as cordas são pressionadas usando-se uma barra de metal conhecida como *steel* que, como o pente de Kekuku, é deslizada, para cima e para baixo, criando *glissandi*.

Normalmente, quatro pernas apoiam a guitarra e o instrumentista senta-se em um banquinho. O pé direito é usado para controlar o volume, enquanto a perna esquerda controla os pedais, usando tanto o pé e o joelho para movê-los. As cordas são tangidas usando o dedo e palhetas de polegar – palhetas de metal que são usadas como dedais.

GUITARRA DINÂMICA

No início do século XX também se desenvolveu a guitarra dinâmica. Essa tecnologia usava discos de metal que agiam de forma similar à pele do banjo, amplificando as ondas sonoras geradas pelas cordas. As guitarras dinâmicas eram um pouco mais altas que suas irmãs de madeira.

A CHEGADA DO DOBRO

Nos anos 1920, um refinamento à guitarra dinâmica foi projetado nos Estados Unidos pelo construtor de instrumentos eslovaco John Dopyera e seus irmãos. Eles usaram três cones torcidos de alumínio como sistema de amplificação. Esse novo modelo tornou-se conhecido como guitarra dobro, parcialmente baseado no nome dos irmãos e parcialmente porque "dobro" significa "bom" em eslovaco. Ele tem o formato característico do violão, com um grande e decorado disco de alumínio, onde a abertura normalmente estaria.

O dobro foi desenvolvido no mesmo período da guitarra elétrica. A maior eficiência e menor custo da guitarra elétrica fizeram com que o dobro fosse ultrapassado em popularidade. Apesar disso, o seu som característico tornou-se um importante componente da tradição do *bluegrass* e blues, permanecendo em uso ainda hoje.

▶ *Esta National Style O guitar tem um corpo de liga metálica e ressonador cônico.*

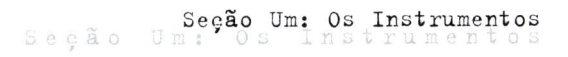

BERIMBAU E CÍTARAS

Para muitas pessoas, a palavra "cítara" evoca o tema do filme *O Terceiro Homem* e a imagem de uma caixa plana com muitas cordas. Mas na classificação organológica, ela é um termo que cobre uma parte substancial dos instrumentos de cordas do mundo.

A definição técnica é um pouco complicada, mas, de fato, uma cítara consiste em uma ou mais cordas esticadas, geralmente com um tampo, caixa ou outro recipiente de ressonância. Nem as harpas, nem os instrumentos com braço – como os alaúdes – são classificados como cítaras.

▲ *O berimbau é usado na capoeira, uma dança e arte marcial da Bahia, Brasil.*

ARCOS DE BOCA

Um arco de caça de som metálico pode ser visto como ancestral comum de todos os três – cítaras, alaúdes e harpas. Mais desenvolvido, o *limbindi* dos pigmeus baka é um arco musical no qual a corda é comprimida abaixo do queixo do tocador, dividindo-a em duas partes; a corda volta através do arco, formando uma terceira parte. Não tem muito volume, mas o tocador pode ouvi-lo através da condução do som pelo osso e segurando uma folha de palmeira como refletor. Alguns outros arcos usam a boca como cavidade ressonante de volume variável, que pode tanto amplificar, como alterar o timbre. Um tocador do *dodo* da Costa do Marfim põe sua corda em forma de fita através da boca e percute-a com um bastão. Alguns outros arcos de boca são tocados com a madeira apoiada ao lado, ou dentro, da boca.

RESSONADORES

Em partes da Europa já foi usada uma bexiga de porco como ressonador. Na África, o ressonador mais comum é uma cabaça atada à haste do arco – por exemplo, no *ungo* de Angola, o progenitor do *berimbau* ou *urucungo* brasileiro. Fortalecendo o arco, mais cordas podem ser esticadas, como no *orozo* malinês. O *mvet* da Guiné Equatorial tem um bastão entalhado preso à cabaça; cada uma das cordas passa através dos entalhes para produzir duas extensões tocáveis.

O arco do *bangwe* do Malawi é uma tábua plana, ao longo da qual, múltiplas cordas são esticadas uma ao lado da outra. O ressonador do *waji* ou *wuj* afegão, de múltiplas cordas, é uma caixa com tampo de pele, através da qual o cabo do arco é costurado; nele se encontram o arco, harpa e alaúde de espigão. O *dan* ou *bambara* malinês tem arcos múltiplos, cujas cordas atravessam o lado curvado de uma cabaça hemisférica.

▼ *A barra flexível do dan bau é dobrada com a mão esquerda; a palheta (abaixo) é segurada pela mão direita.*

A corda simples do *dan bau* vietnamita se estende da ponta de uma caixa de ressonância retangular de madeira, para próximo do topo de um bastão flexível, inserido verticalmente na outra extremidade. O instrumentista dobra o bastão para frente e para trás, com mão esquerda para alterar a tensão da corda e assim, a afinação – como flexionando um arco – enquanto, com a direita, ele tange a corda, tocando-a momentaneamente com o canto da mesma mão, produzindo harmônicos ressoantes.

▲ A valiha de Madagascar é tocada tangendo cordas de metal ou bambu.

CÍTARA DE BASTÃO

Cítaras de bastão são, de fato, arcos retificados. Eles consistem em um bastão com cordas, com uma série de seções em relevo que funcionam como trastes, no qual é preso um ressonador. O *jejy voatavo* de Madagascar é típico; ele tem um ou dois ressoadores de cabaça, e um grupo de cordas percorrendo os trastes, e o outro, a lateral do bastão. Ele é normalmente tocado na horizontal, na frente do instrumentista, muito semelhante ao *jantar* do Rajastão, que se parece com as formas antigas do *rudra vina* ou *been* do norte da Índia.

CÍTARAS TUBULARES

O termo "cítara tubular" denota uma categoria de cítaras nas quais as cordas percorrem paralelamente uma caixa de ressonância tubular. Frequentemente, a caixa de ressonância é feita de bambu – um material tão elasticamente forte que pode também formar a corda. Uma cítara tubular de uma corda pode ser feita separando uma fina tira de bambu da superfície do tubo, deixando-a presa em ambas as extremidades e inserindo uma ponte de bastão para levantar a corda da superfície.

Uma cítara de jangada é uma série dessas cítaras de bambu ou de taquara com uma corda unida. Exemplos incluem a *balambala* do povo jola da Gâmbia e Guiné-Bissau e o *kokkinna* japonês, feito de sorgo. No *yomkwo* do povo birom da Nigéria, as cordas são afinadas amarrando-as com linha de costura para aumentar sua massa, que as torna mais graves.

VALIHA

A forma mais comum de cítara tubular é um tubo simples com múltiplas cordas. A mais conhecida destas é a *valiha* de Madagascar, que pode ter até 19 cordas em torno de um largo tubo de bambu. A maioria das *valihas* agora tem cordas de aço, feitas de fios simples, desenrolados de cabos de freio de bicicleta. Elas produzem notas usando pontes deslizantes, que formam uma escala alternando toques nos lados esquerdo e direito do cilindro, com os dedos de ambas as mãos.

Madagascar foi colonizada por viajantes da Indonésia, onde existe uma pequena cítara tubular de bambu, o *sasandu*, que é normalmente envolvida por uma folha de palmeira para focar o som. Outros instrumentos tipo *valiha* incluem o *kulibit* e *saludoy* das Filipinas, a *jajuka* do povo pandonc do norte da Tailândia, o *kalimantan* de Bornéu, e o *koh* do povo mnong do Vietnã, que tem cravelhas e um ressonador adicional de cabaça.

Cada uma das quatro cordas do *ngombi na pekeh*, uma cítara tubular de ráfia do povo pigmeu baka, é dividida por uma ponte de bastão, produzindo oito notas. Algumas são percutidas e não tangidas; um exemplo é o *celempung* de Sunda, Indonésia, que tem aberturas que podem ser abertas ou fechadas com a mão para mudar sua ressonância. Algumas são tocadas com arco; incluindo o *saw-bang* do Laos e o *tzii'edo'a'tl* ou "rabeca dos Apalaches" da América do Norte, uma cítara friccionada, de uma ou duas cordas feita de uma haste oca de agave. O *marovany* de Madagascar é a transferência dos princípios da *valiha* para uma caixa com cordas em lados opostos.

TONKORI

O *tonkori* do povo ainu de Hokkaido e Sakhalin é difícil de categorizar, mas pode ser visto como uma cítara tubular não cilíndrica. Ele tem uma comprida caixa de ressonância em forma de canoa, percorrida por cinco cordas, que atravessam pontes compartilhadas. Em alguns instrumentos, as pontes dividem cada corda em duas partes tocáveis, terminando em uma cravelha. O *tonkori* havia quase desaparecido quando Oki, um músico ainu de *roots-rock*, resgatou-o com sucesso.

CÍTARAS SEMITUBULARES

No leste da Ásia existe uma grande família de cítaras compridas descritas como "semitubulares". Nestas, as cordas atravessam uma caixa de ressonância que é suavemente curvada, como o segmento de um cilindro.

▲ *Oki, um músico ainu do Japão, com seu* tonkori

A mais típica destas – de fato, modelo para muitas – é o *zheng* ou *gu-zheng* chinês (o último significando "antigo *zheng*" e tradicionalmente com 16 cordas). Cada uma das 21 ou mais cordas do *zheng* atravessa sua própria ponte móvel, dividindo-a em duas seções; uma é tangida e outra pressionada, obtendo-se *bend* ou *vibrato* nas notas.

O *koto* é o descendente japonês do *zheng* e surgiu pela primeira vez no século VIII. Possui 13 cordas de seda ou sintéticas, embora alguns atuais tenham mais. O *kayagum* coreano tem 12 cordas de seda. As cordas do *dan tranh* vietnamita têm uma fileira angular de cravelhas dentro da caixa de ressonância. Relacionadas a essas estão o *yat-kha* mongol e tuvano, o *chadagan* da Cacássia e o *zhetigen* cazaque. O *yazheng* ou *yaqin* chinês e o *ajaeng* coreano são friccionados com um bastão com breu de forsítia.

▲ *O* koto *é o descendente japonês do* zheng *chinês.*

▲ O zheng chinês é tangido principalmente com a mão direita enquanto a esquerda pressiona as cordas para obter bend das notas.

QIN

O *qin* ou *chin* chinês é um instrumento venerado que permaneceu imutável por mais de 1.000 anos. Ele não tem pontes móveis ou caixa de ressonância. Ele é frequentemente tocado numa mesa para aumentar a ressonância. Sete cordas de seda percorrem totalmente uma tábua longa, curvada e laqueada; elas são pressionadas contra a tábua.

A versão japonesa é chamada de *shichigen-qin*, que significa "*qin* de sete cordas". A única corda do *ichigenkin* do Japão ("*qin* de uma corda") e as duas do *nigenkin* são pressionadas com um tubo de osso ou marfim da mesma forma que o *bottleneck* na guitarra do blues. Incomum entre as cítaras semitubulares, o *komungo* coreano tem uma caixa de ressonância ostentando uma fileira de trastes de madeira, nos quais as três cordas centrais, de um total de 6, são pressionadas.

▲ Um qin não tem pontes.

CÍTARA DE CAIXA

A cítara dominante do Oriente Médio, Turquia e norte da África é o *qanun*. Trapezoidal com uma extremidade retangular, ele tem aproximadamente 26 cordas triplas de *nylon* que se estendem pela ponte, a partir de inúmeras cravelhas que repousam em quatro retângulos de pele sobre a caixa de ressonância. Os *qanuns* atuais têm tangentes sob as cordas para facilitar a afinação de escalas microtonais.

Assim como o *qanun*, as cítaras da Europa são geralmente "de caixa". Às vezes, quando não têm trastes, são nomeadas de "saltérios". Na Finlândia, países Bálticos e entre alguns povos da Rússia, uma família destes instrumentos é tocada.

Seção Um: Os Instrumentos

KANTELE

▶ *O termo "saltério" às vezes é usado para cobrir um amplo conjunto de cítaras de caixa sem trastes.*

A forma básica do *kantele* finlandês é de uma caixa afilada, tradicionalmente feita em uma única peça de madeira. Ela tem cinco cordas, agora normalmente de metal, afinadas nas cinco primeiras notas da escala diatônica. As cordas passam diretamente – sem pontes – de uma barra de ancoragem de metal na extremidade estreita, as cravelhas de madeira na outra.

No século XIX apareceram formas maiores de *kantele*, com mais cordas, cravelhas metálicas de cítara e um pino de amarração individual para cada corda. Nos anos 1920, o "*kantele* de concerto" foi introduzido. Ele tinha um suave sistema de rolo de alavancas para torná-lo cromático. O *kannel* da Estônia, *kokles* da Letônia e *kankles* da Lituânia são parentes próximos dos pequenos *kanteles* finlandeses.

GUSLI

O *gusli* russo está também relacionado, mas sua ponte é uma faixa sobre a qual as cordas passam antes dos pinos. Os *guslis* maiores, desenvolvidos para as orquestras de *gusli* soviéticas, têm uma alavanca giratória de meio-tom em cada corda para execução cromática. Os *guslis* dos povos mari e udmurt têm forma de triângulos arredondados truncados, com duas barras curvadas como cavalete para as cordas. Apesar da seção do braço ser derivada da *cobza*, a *bandura* ucraniana é também uma cítara. Na Indonésia, o *kechapi* de Sunda e Bali evoluiu para uma cítara de caixa parecida com o *gusli*.

SANTUR

O *santur*, uma cítara de caixa muito difundida, tem forma trapezoidal e suas cordas atravessam duas ou mais fileiras de pontes apoiadas no tampo, sendo tocadas percutindo-as com um par de varetas. Esse desenho provavelmente originou-se na Pérsia. O *santur* iraniano atual tem um grupo de cordas de aço quádruplas, dividido por uma fileira de pontes em duas extensões, soando no intervalo de quinta perfeita. Ele também tem um grupo interpolado de cordas de latão, soando uma oitava abaixo, estendendo-se para outra fileira. Muitos outros têm cordas de aço. O *santoor* da Índia foi aceito como instrumento clássico somente em meados do século passado, como resultado do trabalho do virtuoso Shivkumar Sharma.

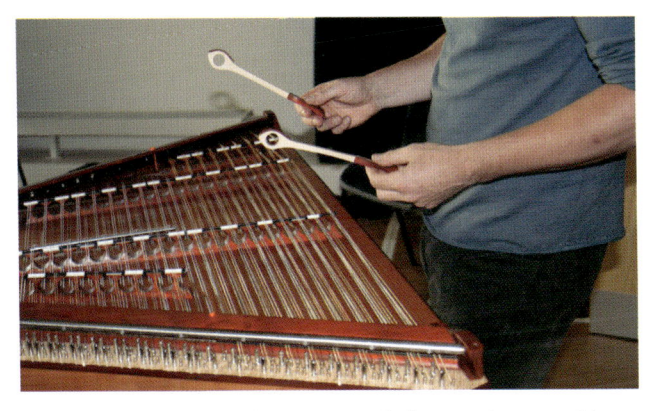

▲ *O cimbal é totalmente cromático e tem extensão de quatro oitavas completas.*

CIMBAL

Um *cimbal, tambal, cymbaly,* tsimbl ou *cimbalom* é um instrumento culturalmente importante em muitos países da Europa central e oriental. Um grande *cimbal* de mesa, com pedais para controlar os abafadores das cordas, criado em Budapeste nos anos 1870, foi adotado, particularmente, por músicos roma (ciganos), e é tocado com habilidade e velocidade surpreendentes. Versões britânicas e americanas são chamadas de *hammered dulcimer*; as austríacas e alemãs, de *hackbrett*; na Ásia oriental e China, de *yang-chin* ou *yangqin* (que significa "cítara estrangeira" e, provavelmente, oriunda da Pérsia); *yoochin* na Mongólia; *khim chin* na Tailândia e Cambodja; *yanggeum* na Coreia; *duong cam* no Vietnã; e *gyüang* no Tibete.

▼ *(E-D):* ruan, erhu, yang-chin, di-zi, sheng.

Seção Um: Os Instrumentos

CÍTARAS COM TRASTES

Outra família de cítaras de caixa, principalmente no noroeste da Europa, tem algumas ou todas as cordas passando por cima de trastes. O longo e afilado *langspil* islandês é geralmente tocado com arco. O *langeleik* norueguês é uma comprida caixa retangular abaulada, com uma ou mais cordas percorrendo trastes de madeira, mais algumas cordas sem trastes que fornecem acompanhamento e bordões.

O *hommel* flamengo, *épinette* francesa, *hummel* sueco e o *humble* dinamarquês são parecidos, mas têm trastes de metal e a técnica comum era trastejar as cordas metálicas com uma vareta curta. A *citera* húngara que é agora, em grande medida, tangida (assim como a prole americana dessas cítaras europeias, o dulcimer dos Apalaches), tem dois grupos de trastes, um diatônico, o outro fornecendo meio-tons, e cordas de bordão de vários comprimentos se dirigindo a uma série de volutas separadas.

▲ *O dulcimer dos Apalaches tradicionalmente tinha uma forma triangular, elíptica, de ampulheta ou gota.*

A forma alpina evoluiu durante o século XIX e tornou-se o *konzertzither*, que tem cinco cordas melódicas sobre uma escala com trastes e caixa de ressonância curva com 37 cordas de acompanhamento. Esse instrumento foi muito popular no início e meados do século XX, ficando famoso com o tema do filme *O Terceiro Homem*, tocado pelo citarista Anton Karas.

CÍTARAS HARMÔNICAS

De meados do século XIX a meados do século XX, um número deslumbrante de engenhosas cítaras de caixa foi criado e manufaturado, principalmente na Alemanha e nos EUA. Vendidas sob muitos nomes, eram destinadas ao entretenimento doméstico, e incorporavam dispositivos para ajudar os inexperientes a tocar melodias e acordes. A mais comum dessas, que podem ser descritas como "cítaras harmônicas",

▲ Auto-harpas são usadas nos Estados Unidos como instrumentos na música folk e bluegrass

tem cordas melódicas dispostas na escala cromática, à direita do instrumentista, e grupos de cordas afinadas como acordes, à esquerda. Outras contêm apenas grupos de acordes ou apenas cordas melódicas. (Uma dessas últimas tornou-se o *surmandel*, que fornece bordões para a música vocal clássica do norte da Índia.)

Existe uma variabilidade considerável na elaboração do formato e de decoração. Em algumas, as cordas melódicas e harmônicas se cruzam. Algumas têm sistemas elaborados, de eficiência variável, para tanger ou percutir a corda. Hoje, a única amplamente tocada é a auto-harpa, na qual barras com feltros encaixados são pressionadas contra as cordas para abafar algumas e deixar soar o acordo selecionado.

O problema em todas essas criações era que o comprador médio não tinha experiência em afinar um instrumento com tantas cordas. A Letônia é um país com tradição de cítaras (*kokles*) e, dessa forma, tem mais experiência na afinação. Ela é o lar de um notável conjunto de cítaras harmônicas caseiras, das enormes às cilíndricas.

Fato

Ocasionalmente, cítaras harmônicas têm cordas melódicas que são tocadas com arco de maneira similar àquela do comprido saltério triangular de arco, que, apesar de algumas vezes ser apresentado como sendo uma grande antiguidade, é, de fato, uma invenção do século XX.

Seção Um: Os Instrumentos

VIOLA DE GAMBA

Um dos mais populares instrumentos dos séculos XVI e XVII, a viela, ou viola de gamba, desenvolveu-se junto com a família do violino. Ela foi peça central no desenvolvimento da música erudita ocidental.

▼ Consorts *da Renascença incluiam flautas doce, violas de gamba e voz.*

Acredita-se que a viola de gamba desenvolveu-se a partir da *vihuela*, um instrumento espanhol parecido com o violão. Em algum ponto, um arco foi usado numa *vihuela*, em vez de tangê-la. Isso exigiu que o instrumento fosse virado, de forma que o corpo ficou entre as pernas do instrumentista e o braço se elevava paralelamente ao corpo do músico. A *vihuela* tocada com arco tornou-se conhecida como *vihuela da gamba* (ou "de perna") e evidências de pinturas valencianas, feitas no início dos anos 1500, sugerem que a *vihuela da gamba* e a viola de gamba eram muito similares.

POPULARIDADE NA RENASCENÇA

A partir de suas raízes espanholas, a viola de gamba rapidamente se espalhou para outros países mediterrâneos e, em meados do século XVI, tornou-se onipresente tanto no meio amador, quanto profissional. Em seu melhor, em conjunto, o *consort* de violas de gamba era parte vital da atividade musical da Renascença; ele era combinado com *consorts* de outros instrumentos e também era, por si só, imensamente popular. Muitos lares tinham um "baú de violas" contendo pelo menos um instrumento de cada tamanho padronizado.

CONSTRUÇÃO

Embora a viola de gamba fosse feita de vários tamanhos, três eram mais comumente usados: agudo, tenor e baixo. A viola alto raramente aparece na música ou escritos e a mais grave, o violone, era tocada principalmente por solistas profissionais. Todos os tipos eram tocados da mesma forma: apoiadas na panturrilha ou joelhos e tocadas segurando o arco com a palma voltada para cima.

A viola de gamba era um instrumento com trastes, de forma que era fácil de tocar afinada. Tinha normalmente sete trastes, em intervalos de meio-tom, com um oitavo traste ocasional que permitia a cada corda tocar uma oitava cromática inteira. Violas de gamba tinham seis cordas como padrão, afinadas na sequência quarta –quarta–terça maior–quarta–quarta. Assim, a viola aguda era afinada em *Ré 2-Sol 2- Dó 3-Mi 3-Lá 3-Ré 4*, a tenor em *Sol 1-Dó 2- Fá 2-Lá 2-Ré 3-Sol 3* e o violone em *Ré 1-Sol 1- Dó 2-Mi 2-Lá 2-Ré 3*. As cordas eram feitas de tripa, com as mais graves sendo cobertas de prata ou outro metal para ajudar na afinação. O arco era como o do arqueiro, idealmente leve e de tensão média.

ASCENÇÃO E QUEDA

Já que nem o arco, nem as cordas da viola de gamba estavam sob alta-tensão, ele era um instrumento de pouco volume. Seu timbre é leve e extremamente colorido, perfeitamente ajustado para tocar a música polifônica pela qual é famosa. O desenvolvimento do violino e seus irmãos, entretanto, trouxeram inevitavelmente o declínio da viola de gamba. Apesar da facilidade em tocá-la, a força e agilidade do violino eram imbatíveis, e o interesse pela viola de gamba minguou em meados do século XVIII.

▲ *Violas de gamba eram populares entre músicos amadores.*

Curiosamente, porém, não tardou para o interesse renascer. Uma série de *concerts historiques* na França, nos anos 1830, foi planejada para redescobrir as qualidades da viola de gamba e inúmeros violoncelistas adotaram também o violone no século XIX. O período a partir da Segunda Guerra Mundial provou ser a época mais fértil para redescobertas, e compositores incluindo George Benjamin (1960), Peter Maxwell Davies (1934) e David Loeb têm, subsequentemente, orquestrado especificamente para viola de gamba em novas obras.

Seção Um: Os Instrumentos

VIOLINO

A família do violino é um grupo de instrumentos de cordas, sem trastes, que tem suas raízes na Itália. Quatro instrumentos compõem a família: o violino, a viola, o violoncelo (comumente abreviado por *cello*) e o contrabaixo.

O formato característico do corpo é um dos mais reconhecíveis na música; as qualidades acústicas particulares que essa forma concede deram ao violino e a seus irmãos uma flexibilidade ímpar, e eles formam a família instrumental mais dominante na música ocidental nos últimos 400 anos.

▼ *Três membros da família do violino: violino, viola e cello.*

O NASCIMENTO DA FAMÍLIA DO VIOLINO

Na Europa do século XV havia duas famílias de instrumentos de arco em uso corrente – a rabeca medieval e o arrabil. A rabeca era normalmente um instrumento de cinco cordas sem um sistema fixo de afinação; o arrabil, um instrumento de três cordas afinado em quintas perfeitas. Ambas usavam ou uma ponte plana, ou nenhuma ponte, de forma que as cordas geralmente eram tocadas simultaneamente, ao invés de isoladamente para tocar melodias.

Embora não esteja claro quem foram os inventores, dois irmãos, Jean e Charles Fernandes, tocavam rabecas de três cordas, nos anos 1480, que usavam pontes arcadas. Isso deixava a corda do meio mais alta do que as outras, de forma que cada uma podia ser tocada individualmente.

No final do século XV desenvolveu-se o princípio do *consort*, no qual os instrumentos de mesmo desenho e tamanhos diferentes eram combinados para criar um conjunto homogêneo. Inicialmente, isso foi aplicado às charamelas, flautas e flautas doce, mas na primeira década do século XVI o primeiro conjunto de rabecas desenvolveu-se: a família do violino nasceu.

VIOLINO *VERSUS* VIOLA DE GAMBA

Para começar, o violino era menos popular do que sua prima, a viola de gamba. Embora técnicas similares fossem usadas para tocar ambos os instrumentos – e muitos músicos profissionais no século XVI usassem os dois – seu som e repertório eram muito diferentes. A viola de gamba era um instrumento de som suave, mas cheio, idealmente ajustado para música de contraponto complexo; o violino, com seu tom mais brilhante, e ataque mais definido, era preferido nas danças.

Já em meados do século XVI, violinos de vários tamanhos eram feitos, desde o pequeno violino soprano, passando pelo alto e tenor, até violinos baixo. A família rapidamente se espalhou pela Europa, aparecendo nas cortes da França, Inglaterra, Alemanha e Polônia em meados do século XVI. Logo, os violinos eram usados não somente nas danças, mas também na música de igreja, em processionários e nos grandes conjuntos antifônicos, tão populares no período.

▲ *No século XVII, violinos e cellos eram parte integrante dos conjuntos.*

Seção Um: Os Instrumentos

CRESCIMENTO EM POPULARIDADE

No início do século XVII, o tamanho e formato do violino estavam bem estabelecidos e foi fixada a afinação das quatro cordas em quintas, *Sol 2-Ré 3-Lá 3-Mi 4*. Começava-se a desenvolver seu próprio repertório solo e a arte da construção de violinos adquiria um brilho glamoroso. A Itália era novamente o foco, em particular uma cidade do norte, Cremona.

Um grande número de construtores de instrumentos vivia e trabalhava em Cremona durante os anos 1600 e era comum que segredos de ofício fossem transmitidos por gerações. Construtores de violinos, notavelmente bem-sucedidos, incluíam: Andrea Amati (c.1520-c.1578) e seus filhos, cujo trabalho deu a Cremona sua reputação; Andrea Guarneri (c.1626-98) e seu neto mais famoso, Giuseppe Guarneri (1698-1744, conhecido também por "del Gesù"); e o mais célebre de todos, Antonio Stradivari (1644-1737).

ANTONIO STRADIVARI

Acredita-se que Stradivari foi, em algum momento, pupilo do neto de Andrea Amati, Nicolò. Ele começou a produzir violinos aos 20 anos, embora não tivesse adquirido qualquer grande reputação até a morte de Nicolò Amati, em 1684. Durante a década final do século XVII, Stradivari começou a produzir os violinos de qualidade, pelos quais ele é hoje famoso, mas não foi antes das duas primeiras décadas do século XVIII – frequentemente referido como o período áureo da construção de violinos – que ele alcançou seu pico. Os violinos feitos por Stradivari nesse período são ainda considerados os exemplos preeminentes dessa arte.

Quando era vivo, Stradivari nunca recebeu nada parecido com a adulação dada a ele atualmente, embora fosse certamente considerado como um fino artesão. Todavia, seu desenho particular de violino permaneceu quase inalterado e é o modelo que todos os construtores aspiram.

Fato
Acredita-se existir por volta de 500 Stradivari genuínos, muitos dos quais foram descobertos. Exemplos autênticos podem ser vendidos por milhões de dólares; sabe-se que, mesmo cópias especialmente autorizadas de seus violinos, são vendidas pelo dobro do preço normal de um construtor.

CONSTRUÇÃO

Cerca de 70 peças compõem o violino; ele é um dos mais acusticamente complexos instrumentos que existem. O familiar corpo em forma de "8" é uma caixa oca feita de pinho ou bordo (*maple*). Projetando-se do topo do corpo, está o braço, que é coberto por uma escala sem trastes, em ébano.

Na parte superior do braço está a voluta, assim chamada pelo formato espiralado, que é perfurada por quatro cravelhas, às quais, em cada uma, está presa uma corda. Essas cordas se estendem do braço – acima da escala – até a parte inferior do corpo, o estandarte. As cordas são sustentadas por uma ponte em forma de arco (cavalete) que se situa pouco abaixo de dois orifícios em forma de "f", através dos quais muito do som do instrumento é projetado.

A ponte assimétrica é especificamente projetada para elevar as cordas internas, em alturas levemente diferentes, acima das cordas externas, e manter uma distância considerável entre elas. Assim, inclinando o arco, o músico pode tocar apenas uma corda por vez. Também é possível o arco tocar duas cordas vizinhas simultaneamente.

▼ *Algumas volutas de instrumentos antigos eram entalhadas na forma de cabeças de leão.*

Seção Um: Os Instrumentos

CORDAS DO VIOLINO

As cordas eram feitas originalmente de tripa de ovelha, que era limpa, deixada de molho em um tipo de alvejante, chamado lixívia ou em vinho tinto, torcida e, finalmente, seca. Embora propensas a se romper se ficassem muito secas, as cordas de tripa eram relativamente duráveis e produziam um som de excelente qualidade.

Quatro aspectos da corda afetam sua afinação: comprimento, densidade, diâmetro e tensão. A tripa não é particularmente um material denso, então cordas graves tinham de ser, ou muito compridas, ou muito espessas. Nos instrumentos da família do violino, as quatro cordas precisam ter um comprimento equivalente, então a única forma de obter uma nota grave era ter cordas bastante espessas. Elas são, por consequência, lentas de soar, pois requerem muita energia para começar a vibrar e são difíceis de controlar.

Até esse ponto, os violinos baixo eram bastante grandes – tão grandes quanto os construtores pudessem fazê-lo sem que se tornassem impraticáveis. Em meados do século XVII, em Bolonha, entretanto, foi feita uma descoberta que revolucionaria sua construção.

CORDAS ENCAPADAS

Baseado no trabalho de Marin Mersenne (ver p. 188), alguém teve a ideia de enrolar um fino fio de metal sobre a superfície da corda de tripa. Isso aumentou significativamente a densidade da corda e consequentemente tornou o som produzido mais grave. A técnica permitiu que fosse reduzido o comprimento das cordas graves, produzindo, portanto, instrumentos de som grave menos desajeitados.

▲ *Alguns instrumentistas usam óleo de oliva nas cordas de tripa para aumentar sua vida útil.*

No início do século XVIII, todos os irmãos da família do violino usavam cordas encapadas. Inicialmente eram usadas apenas na corda mais baixa e ocasionalmente nas duas mais baixas. No século XX, porém, padronizou-se o uso da técnica em todas as quatro cordas.

O uso de metal nas cordas produzia outros benefícios, incluindo um som mais brilhante e definido, e mais projeção. Porém, havia efeitos colaterais. O mais significativo deles era uma sonoridade cortante e quebradiça. Outros materiais, desenvolvidos nos anos 1900, foram utilizados na confecção de cordas, mais significantemente materiais sintéticos como o *nylon*. A preferência entre os músicos profissionais, hoje, é por cordas com um centro de tripa encapado com uma fita de metal, embora exista um renascimento das cordas de tripa pura entre alguns músicos.

O ARCO

Nenhum instrumento, não importa quão belamente tenha sido feito, pode ter um grande som sem um arco compatível. O instrumento é a fonte primorosa do som, mas é preciso um mestre artesão para criar um arco que, elegantemente, encorajará esse som a existir.

▲ *Pressionar para baixo o arco, contra as cordas, geralmente produz um som mais áspero e intenso.*

O arco deve permitir ao instrumentista o melhor controle possível. O instrumentista precisa estar apto a predizer como a corda responderá à pressão do arco, a fim de saber que tipo de som será produzido. O peso do arco deve ser leve o bastante para permitir velocidade, mas suficientemente pesado para tocar fortes *legato*. A tensão precisa ser alta o bastante para permitir articulação clara, mas se for muito alta, romperá o arco.

A qualidade do som produzido pelo violino depende bastante dos materiais com que é feito o arco. Seria simples, por exemplo, criar um arco leve, de alta tensão, usando fibra de carbono. O som resultante, porém, seria áspero e deficiente em sutileza.

◄ *Alguns arcos antigos mediam 35 cm; os modernos têm, geralmente, 75 cm.*

Seção Um: Os Instrumentos

DESENVOLVIMENTO DO ARCO

É possível traçar os arcos musicais mais antigos no Império Bizantino do século X. Eles tinham forma convexa, como os arcos de caça, usando a força natural da madeira, querendo endireitar-se, como forma de criar tensão na crina. Experimentos foram feitos com diferentes tamanhos e formatos de arco. Alguns arcos eram projetados para permitir ao instrumentista alterar a tensão enquanto tocava, puxando a crina do arco.

Em meados do século XVIII, construtores experimentaram uma nova estrutura de arco. Em vez de um formato convexo, os artesãos cortaram a madeira de forma a curvá-la no sentido da crina, permitindo maior tensão. Permanece, entretanto, um conjunto caleidoscópico de arcos, cada um com suas características peculiares próprias.

TARCO DE TOURTE

Esse mundo disparatado de arcos foi subitamente definido quando, em 1785, François Tourte (1747-1835) criou um desenho de arco revolucionário. Seu trabalho, que combina o melhor de vários desenvolvimentos recentes, era tão bom que, virtualmente, todos outros desenhos rapidamente ficaram obsoletos.

Tourte não usou uma madeira dura tropical – como era típico na época – mas pau-brasil. Aquecendo a vara reta e dobrando-a enquanto ainda quente, ele conseguiu obter uma curvatura no sentido da crina. Assim, ao invés da madeira esticar a crina, a própria crina poderia puxar a madeira.

Ele descobriu que o desenho ideal de arco não era um de espessura uniforme, mas um que se afilava e tinha um comprimento específico. O resultado era um arco leve, com tensão suficiente para permitir um salto controlado, bom *legato* e potência. Seu desenho fazia com que efeitos sonoros mais pronunciados pudessem ser obtidos tocando com diferentes partes do arco.

▲ *Ilustrações de Stradivarius e Guarneris, com um arco de Tourte em primeiro plano.*

O desenho de Tourte foi um pouco mais aperfeiçoado por construtores subsequentes, mas as características essenciais do arco permaneceram. Toda a família do violino usa esse tipo de arco, embora o contrabaixo tenha uma alternativa que usa outro tipo de empunhadura.

▲ *Existem muitas tinias de arco que permitem vários estilos de execução.*

TÉCNICAS DE ARCO

Passar o arco através da corda produz o som básico de todos os instrumentos da família do violino. Perto da extremidade segurada, conhecida como "talão", a tensão é maior, então um som poderoso e duro pode ser feito. Na extremidade oposta, conhecida como "ponta", um som delicado e leve pode ser obtido. Entre esses dois extremos existe uma grande variedade de tonalidades.

A força descendente aplicada pelo instrumentista também afeta o som. Apertar a corda com muita força resulta num som granular desagradável. Em contraste, se pouca pressão é aplicada, um som fraco, intermitente, é ouvido.

FLAUTANDO

A velocidade do arco também é um fator significativo na característica do som. Um movimento lento, se executado habilmente, pode produzir um som admiravelmente rico e profundo. Opostamente, um movimento rápido produz um som leve, flutuante, conhecido como *flautando* (termo italiano, no qual o som se parece com o da flauta).

COL LEGNO

Invertendo o arco, a parte de madeira pode ser usada para gerar som. Essa técnica, conhecida com *col legno* ("com a madeira" em italiano), cria um som muito curto e seco, sem sustentação. Ele era conhecido desde o século XVII, mas realmente desenvolveu-se apenas no final do século XIX.

Seção Um: Os Instrumentos

PIZZICATO

Outra técnica que data do século XVII é o *pizzicato*. Nela, os dedos pinçam as cordas de forma similar a guitarra e o alaúde. Johann Sebastian Bach (1685-1750) usou extensivamente o *pizzicato* em sua obra para instrumentos de corda solo, mas ele não foi popular na música orquestral até o período clássico. Normalmente, a mão do arco é usada para pinçar a corda, mas é também possível usar a mão esquerda, o que permite à nota pinçada soar simultaneamente ou em sucessão rápida com uma tocada com o arco.

Normalmente, uma nota *pizzicato* é tocada puxando-se gentilmente a corda no sentido paralelo da escala. Béla Bartók (1881-1945), porém, desenvolveu um *pizzicato* particularmente forte, que requer ao instrumentista

▲ *No jazz, o pizzicato do contrabaixo fornece harmonia.*

puxar a corda verticalmente de forma que quando solta, ela atinja a escala fazendo um som de tapa. Seu amor pelo efeito assegurou que ele adquirisse o nome de "*pizzicato* Bártok". Contrabaixistas no jazz usam frequentemente um efeito similar, algumas vezes chamado de *slap bass*.

OUTRAS TÉCNICAS

Normalmente, a parte do instrumento usada para produzir o som está imediatamente abaixo do final da escala e acima do cavalete. Quanto mais perto o arco está do cavalete, mais áspero e opaco o som fica. A instrução *sul ponticello* ("na ponte", em italiano) é indicada para isso. Se o arco é passado na corda, acima da escala, um som mais velado e etéreo é criado – uma instrução conhecida como *sul tasto* ("na escala").

Colocando gentilmente o dedo em certos pontos da corda, ao invés de pressioná-lo completamente contra a escala, permite ao instrumentista alterar a forma como ela vibra, produzindo sons chamados de harmônicos. Estes são notas tênues, soando bem acima do que a posição produziria se a corda fosse totalmente pressionada. Essa técnica é usada com grande efeito no solo, música de câmara e orquestral.

O violinista húngaro Roby Lakatos emprega uma miríade de técnicas em seu som.

CORDAS MÚLTIPLAS

Outra técnica importante disponível em todos os membros da família do violino são as cordas múltiplas – tocar mais de uma corda simultaneamente. Tocar duas cordas juntas é chamado de corda dupla; três, de corda tripla; e quatro, de corda quádrupla. Isso permite ao mesmo instrumento tocar sons complexos e mesmo nas mãos de um compositor hábil, soar como duas ou mais vozes independentes.

Cordas múltiplas foi uma técnica desenvolvida em meados do século XVI e continua popular. Bach foi um dos mais hábeis e conhecidos proponentes das cordas múltiplas, particularmente nas suítes de *cello*. Paradas duplas também são adotadas como técnica de bordão na música folclórica.

O VIOLINO

O violino teve um imenso impacto no desenvolvimento da música. Seus muitos atributos, incluindo flexibilidade, agilidade, timbres variados e capacidade de combinar-se, fizeram dele o instrumento central no desenvolvimento da música solo, de câmara e orquestral. As qualidades exibidas quando os violinos tocam em grande número são insuperáveis; o som mágico criado quando 20 violinos juntos tocam *pianissimo* é um das mais extraordinárias experiências da história.

Seção Um: Os Instrumentos

O desenvolvimento do violino foi amplamente descrito acima. Sua construção permanece quase inalterada dos desenvolvimentos feitos na Cremona do século XVII: quatro cordas afinadas em *Sol 2-Ré 3-Lá 3-Mi 4* colocadas ao longo do braço e sobre o corpo, que amplificam e projetam o som do instrumento. O arco é segurado pela mão direita (exemplares de violinos para canhotos existem, mas são raros – não somente devido ao caos físico que causaria quando tocado na orquestra) e é o mesmo projeto básico criado por Tourte no final do século XVIII.

▲ *O violino tem um grande histórico de virtuoses:* Nigel Kennedy.

O repertório criado para o violino é muito vasto para ser descrito aqui. Ele começou no início do século XVII na Itália, algum tempo após o violino se tornar um instrumento aceito. Ao final do período Clássico, já havia um sólido corpo de obras. No início do século XX, o violino era o principal instrumento solo – uma posição que ainda não renunciou. Exemplos notáveis do repertório de concerto incluem Beethoven, Edward Elgar (1857-1934), Alban Berg (1885-1935), Felix Mendelssohn (1809-47), Johannes Brahms (1833-97), Piotr Ilyich Tchaikovsky (1840-93) e Jean Sibelius (1865-1957).

A VIOLA

A viola é o membro "alto" da família do violino. Ela se estabeleceu em 1535 e, nessa época, era mais conhecida como *viola da braccio*, que significa "viola de braço" para distingui-la dos outros membros da família da viola de gamba ("viola de perna"). A *viola da braccio* era sustentada pelo braço do músico da mesma maneira que o violino.

O corpo da viola é maior que o do violino; consequentemente, o som produzido por ela é mais quente e escuro. Suas quatro cordas são afinadas uma quinta perfeita abaixo do violino em *Dó 2-Sol 2-Ré 3-Lá 3* – mas existe um problema: o comprimento ideal das cordas da viola tornaria o corpo muito comprido para ser sustentado pelo braço. O tamanho da viola varia de 38 cm a 48 cm, às vezes mais. O comprimento ideal seria 53 cm, mas ela seria então um instrumento de colo, portanto a escolha de tamanho é deixada a cada músico.

O tamanho da viola também implica que a mão esquerda deve esticar-se mais, e que mais energia é necessária do arco, geralmente mais curto e pesado que o do violino. Todavia, é comum para os instrumentistas estarem aptos a tocar tanto o violino, quanto a viola, embora a maioria dos profissionais se concentre em um único instrumento.

Desde o início, a viola foi objeto de zombaria: músicos aprendiam a tocar viola, dizia-se, apenas quando restavam-lhes menos dentes que o necessário para tocar a trompa. Embora tenha mantido a fama de um instrumento bobo – desde a época em que sua construção o tornava difícil de tocar com qualquer virtuosidade – a viola provou seu imenso valor musical centenas de anos atrás. Georg Philipp Telemann (1681-1767), Johann Stamitz (1717-57) e Mozart supriram os primeiros concertos; Beethoven, Carl Maria von Weber (1786-1826), Hector Berlioz (1803-69) e Mendelssohn logo expandiram a reputação do instrumento para os solos.

As grandes obras para viola, entretanto, vieram no século XX. Compositores como Bartók, Walton, Paul Hindemith (1895-1963), Ralph Vaughan Williams

▲ *Arcos de viola são geralmente mais curtos e pesados que os de violino.*

(1872-1958), Benjamin Britten (1913-76), Dimitri Shostakovich (1906-75), Luciano Berio (1925-2003) escreveram excelentes trabalhos solo. Não apenas isso, mas a viola tomou uma posição mais proeminente na orquestra. Hoje, ela é considerada um dos mais belos e expressivos instrumentos.

O VIOLONCELO

O instrumento barítono da família, o violino baixo original, tinha três cordas afinadas em *Fá 1-Dó 2-Sol 2*; uma quarta corda foi adicionada em meados do século XV, fornecendo um *Si♭ 1* grave. Frequentemente, o violino baixo era conhecido como *violone* e tinha ao menos 80 cm de comprimento para acomodar as longas cordas de tripa. O encapamento de cordas fez com que elas pudessem ser encurtadas em 15%, aproximadamente, tornando o instrumento mais manejável. Esse modelo foi chamado de violoncelo ou, abreviadamente, *cello*.

Cremona era o centro de construção dos violinos baixo e foi o trabalho de Stradivari, novamente, que estabeleceu o tamanho e desenho básico do violoncelo. Seu trabalho, no início do século XVIII, fixou o tamanho do corpo do *cello* entre 75-76 cm, que era ideal para o sistema de afinação *Dó 1-Sol 1-Ré 2-Lá 2* que se tornou, então, padrão.

O *cello* tem uma grande extensão: é capaz de tocar até o *Dó 5*, ou ainda mais agudo nas mãos de alguns músicos. Ele também é incrivelmente expressivo e flexível, controlando, talvez, a entonação de maneira mais similar à voz humana do que qualquer outro instrumento. Assim, tornou-se um instrumento imensamente popular entre os compositores, do princípio aos dias de hoje. Os concertos de Edward Elgar (1857-1934) e Antonin Dvorák (1841-1904) são os mais conhecidos, mas existem grandes trabalhos de quase todos os principais compositores, incluindo Shostakovich, Britten, Debussy, Beethoven e, claro, Bach.

O CONTRABAIXO

Não existe padronização no *design* do contrabaixo. Os instrumentos comumente usados em orquestra têm em torno de 115 cm de altura e quatro cordas afinadas em *Mi 0-Lá 0-Ré 1-Sol 1*. Ele não é afinado no padrão de quintas perfeitas encontrado na

▼ *A empunhadura alemã, com a palma para cima.*

família do violino, pois seria muito inadequado de tocar, já que a distância entre as notas são grandes. Alguns instrumentos têm uma quinta corda, afinada tanto em *Dó 0*, quanto em *Si 1*.

A história do contrabaixo é controversa, pois mesmo hoje, ele exibe características tanto do violino, como da viola de gamba. Exemplares de instrumentos parecidos com o contrabaixo aparecem na segunda década do século XVI. Esses instrumentos antigos costumavam ter seis cordas, afinadas em padrão de quartas e terças e com trastes – todas características da viola de gamba.

Durante o início do século XVII, baixos de cinco cordas eram preferidos em uma variedade de afinações. No século XVIII, o baixo mais popular era a versão de três cordas, mais frequentemente afinada em *Lá 0-Ré 1-Sol 1*. Esse baixo não tinha trastes e permaneceu um instrumento normal em obras orquestrais. De fato, a corda grave *Mi 0* não se tornou padrão até o início do século XX; antes disso, passagens abaixo de *Lá 0* eram simplesmente transportadas oitava acima.

A natureza dupla do contrabaixo não intimidou os instrumentistas. Desde o século XVIII existem contrabaixistas virtuosos de sucesso. No final do século XVIII aconteceu uma explosão no repertório solo e, embora o apelo do baixo fosse significantemente menor que o do violino ou *cello*, ele continuou a ser um instrumento que atrai a atenção, ao menos nas mãos de alguns grandes do jazz.

Seção Um: Os Instrumentos

OUTROS INSTRUMENTOS DE CORDAS FRICCIONADAS

Rabecas, genericamente, são alaúdes de arco. O termo "rabeca" denota um instrumento com um braço e cordas que são tocadas por fricção, ao invés de tangidas ou batidas.

TOCANDO A RABECA

Em quase todas as rabecas, a fricção é fornecida por um arco com cordas de crina de cavalo. A crina é tensionada pela elasticidade do arco, ou mantida em tensão pelos dedos do músico, ou esticada por um mecanismo de parafuso.

A posição mais comum para tocar a rabeca não é segurá-la sob o queixo, como o violino, e sim verticalmente, com a caixa de ressonância apoiada no joelho ou no chão, tocando com o arco à maneira do *cello* (a palma da mão voltada, ou para cima, ou para baixo). Algumas poucas rabecas pequenas são mantidas horizontalmente no braço e ainda menos são tocadas com a caixa de ressonância apoiada no ombro, o braço para baixo, e as cordas pressionadas com as juntas dos dedos da mão esquerda, com a palma para dentro.

ERHU

Rabecas de espigão são essencialmente alaúdes de espigão que são tocadas com arco em vez de tangidas. Esses alaúdes são encontrados em toda a China e o mais comum é o *erhu*, um membro da família do *huqin*. Ele tem uma caixa de ressonância pequena, de forma cilíndrica, hexagonal ou octogonal, aberta nas costas, com um tampo harmônico de pele de cobra, sustentando uma pequena ponte de

▲ Erhu *(esquerda)* e di-zi *(direita)*.

madeira. Seu fino braço é uma vara cilíndrica sem escala e duas grandes cravelhas de madeira no topo. Abaixo do braço, duas cordas passam por um laço de seda ou *nylon* para formar um nó ajustável e então para frente, através de uma ponte, até a ponta do espigão. As cordas são apertadas com os dedos, sem pressioná-las contra o braço. A crina do arco passa entre as duas cordas, que são normalmente afinadas num intervalo de quinta perfeita – uma característica significantemente diferente das rabecas ocidentais.

O *zhuihu* ou *zhuiqin* é descendente do alaúde chinês *sanxian* e suas cordas são pressionadas contra uma escala sem trastes no braço. O *kokyu* japonês de quatro cordas é também uma versão de arco do alaúde nacional, o *shamisen*, e tem uma caixa de ressonância retangular com bordas arredondadas, e braço com escala sem trastes, tocado com um arco surpreendentemente longo.

VARIANTES REGIONAIS

Outros países da Ásia e Indonésia têm rabecas de espigão relacionadas com a família do *huqin*. A Coreia tem o *haegum*; o Japão, o *kokin*; o Tibete, o *piwang*; Tuva, o *byzaanchy* de quatro cordas. Os equivalentes no Vietnã são o *dan nhi* ou *dan co* e, *dan gao* e *dan ho* (mais graves), e os cambojanos incluem o *tro u*, o *tro sau*, que é maior, e o *tro khmer* de três cordas. O *kucho* de Okinawa, de três cordas, ganhou recentemente uma quarta. O *saw u* e *saw duang* da Tailândia são bastante parecidos com o *erhu*, mas o *saw sam sai* de três cordas tem um formato bem diferente, com uma caixa de ressonância triangular com bordas arredondadas e longo espigão.

A Indonésia também tem rabecas de espigão, como o corpulento

▲ *O saw duang tem um som agudo e claro, e age como líder em conjuntos de cordas.*

geso-geso de duas cordas e uma elegante rabeca de espigão, parecida com o *saw sam sai*, com uma caixa de ressonância triangular com bordas arredondadas e cravelhas longas, chamada de *rebab* (nome comum nos países árabes ou islâmicos).

▲ *Uma das muitas variedades de rabeca de espigão.*

REBAB

O *rebab* ou *rababah* beduíno, sírio e jordaniano, tem uma única corda e uma caixa de ressonância quase retangular coberta por uma pele, frequentemente com peças laterais prolongadas formando um "H" com a caixa de ressonância, como um travessão. A caixa de ressonância quadrada do *masenqo* etíope é colocada em posição de diamante, enquanto muitas outras rabecas africanas de uma corda como o *riti* ou *nyanyere* do Senegal e Gâmbia, *iningiri* da Ruanda, *duduga* de Burkina Faso, e o *siiriri* ou *orutu* do Quênia e Uganda têm caixas de ressonância circular, geralmente de cabaça.

Na Tunísia e Marrocos, o nome *rebab* denota um tipo diferente de rabeca, sem espigão aparente; ele tem uma caixa de ressonância e braço combinados, em formato de cunha, com pele sobre a metade inferior mais larga, e metal ou madeira com decoração entalhada cobrindo a parte do braço, e uma cravelha inclinada para trás.

A construção e o nome têm conexões óbvias com o *rubab* afegão, que é um alaúde tangido e não de arco. Neste, o decaimento rápido das notas é convertido em uma longa ressonância pela adição de várias finas cordas simpáticas de metal.

SARANGI

Um dos mais notáveis de seus parentes de arco é o *sarangi*, do norte da Índia e Paquistão, que produz um dos sons mais evocativos e parecidos com a voz. Ele é uma rabeca corpulenta, curta e grossa, feita de uma única peça de madeira, com tampo de pele de cabra, e um braço bastante largo e uma robusta cravelha. Por trás, a caixa de ressonância parece semicilíndrica, mas os lados da parte da frente são ondulados para fazer uma "cintura". As cordas de execução de tripa são, como em muitas rabecas, apertadas sem serem pressionadas na escala – aqui, porém, a superfície das unhas e a pele imediatamente acima destas, são usadas. As cordas simpáticas, que nos *sarangis* atuais "de concerto" são em torno de 35, fornecem uma reverberação metálica. As três cordas melódicas, geralmente unidas por uma corda de bordão, percorrem a ponte até a cravelha, enquanto as cordas simpáticas passam por baixo da ponte.

SETOR

De aparência similar ao alaúde tangido, mas tocado com arco, está o *setor, sato* ou *satar* do Uzbequistão, Tadjiquistão e povo uigur do oeste da China. Ele tem formato de gota, caixa de ressonância com frente de madeira, uma corda melódica e até 12 cordas simpáticas. O "quase-bandolim" *kushtar* uigur tem cordas simpáticas e uma caixa de ressonância, em forma de gota, cuja frente tem laterais onduladas. O *tambur* turco, que tem uma caixa de ressonância quase circular, tampo de madeira e braço com uma escala com trastes amarrados, era geralmente tangido, mas tocá-lo com arco tornou-se comum.

RABECA CABEÇA-DE-CAVALO

Do tamanho de um *cello*, o alaúde de espigão *mourin khuur* mongol ("rabeca cabeça-de-cavalo", devido ao formato de sua cabeça) tem uma caixa de ressonância trapezoidal, cujo tampo de pele é agora substituído por um de madeira com orifícios em "f". Suas duas cordas são feitas de crina paralela (não torcidas) – algumas vezes sintéticas – uma com mais fibras do que a outra. O *igil* tuvano é equivalente, mas sua caixa de ressonância é geralmente menor, como uma tigela rasa em forma de folha ou poligonal, com tampo harmônico de pele. A Cacássia e Altai os têm intimamente relacionados, *yykh* e *ikili*.

▶ *A rabeca cabeça-de-cavalo mongol tem duas cordas.*

INSTRUMENTOS DE CORDAS

TARHU

Um desenvolvimento significativo na tecnologia de rabecas de espigão pode ser encontrado nos instrumentos de corpo circular, chamados *tarhu*, feitos pelo *luthier* australiano Peter Biffin. Não existe um tampo harmônico no senso usual – um dos pés da ponte apoia-se levemente no ápice de um cone virado para trás, dentro do corpo, enquanto o outro se apoia na parte da frente do corpo, recebendo a pressão da corda e agindo como pivô. O resultado é uma transferência extremamente eficiente da vibração da corda e, assim, grande volume e riqueza de timbre.

GUSLE

Na região da ex-Iugoslávia, o instrumento dos *guslars* – cantores de balada bárdicos – é o *gusle*, uma rabeca de espigão de corda única e tampo de pele, com corpo em forma de gota, e braço cilíndrico sem escala, geralmente ornamentado no topo com uma cabeça de cabra entalhada ou de outro animal. A Albânia tem um instrumento similar, a *lahuta*.

LIJERICA

Na costa da Dalmácia, a pequena *lijerica* ou *lirica,* de três cordas, é tocada. Seu contorno é piriforme, com três cordas de tripa percorrendo uma linha reta, a partir dos pinos da cabeça discóide, até uma ponte plana, e daí para um ponto de fixação na extremidade inferior. Existem dois orifícios em forma de "D"

▲ *Instrumentos de corda como o alaúde e gusle são muitas vezes altamente decorados.*

no tampo de madeira, cada qual de um lado da ponte. Estes se apoiam parcialmente sobre o tampo, mas uma extremidade pressiona uma "alma" removível que atravessa um dos orifícios para se apoiar na parte de trás da caixa de ressonância.

O instrumento é segurado verticalmente e todas as cordas são tocadas juntas – duas agindo como bordões enquanto a corda melódica é pressionada lateralmente com a ponta dos dedos; não há escala. A *lira* da Calábria, na ponta da Itália continental, é similar.

A *lira* pôntica é uma lira delgada em forma de garrafa com uma escala sobre a qual três cordas de aço, afinadas em quartas, são pressionadas. Como o violino, ela tem uma pestana e a ponte se apoia na face do tampo, sobre uma "alma".

RABECAS ESCANDINAVAS

A rabeca *hardingfele* ou *hardanger* da Noruega tem a forma do violino, embora com um braço um pouco mais curto, decorado com desenhos feitos com pena, em padrão de acanto, incrustações de madrepérola e cabeça entalhada figurativamente. O que a distingue, porém, são duas características: a escala e a ponte são muito mais planas do que as do violino, fazendo com que tocar mais de uma corda seja a norma – produzindo um efeito de bordão – e o fato de que isso é acentuado por uma ressonância metálica, pela presença de quatro ou cinco cordas simpáticas que passam sob a ponte em direção a pinos extra na cravelha.

Entre as rabecas folclóricas atuais da Suécia, cresce o uso de um grande instrumento com cordas simpáticas, usualmente chamado de "viola de bordão", baseado na viola *d'amore*. Outros parentes regionais do violino na Europa incluem a viola de três cordas, com ponte quase plana e o baixo de três cordas tocado na música de rabeca da Hungria, Romênia e outras partes da Europa Oriental, e o *zlóbcoki*, um delgado "violino de bolso" usado pelos montanheses poloneses das montanhas Tatra. O *ütögardon* da Transilvânia tem forma de *cello*, mas suas cordas são alternativamente batidas com um bastão e tangidas para percussão.

▶ *Uma variedade de afinações diferentes é usada por tocadores de* hardingfele.

O *phonofiddle* ou violino Stroh é um violino comum. Entretanto, ele não tem caixa de ressonância. Há um segundo cone direcionado para o ouvido do instrumentista. Esses instrumentos continuam sendo produzidos e tocados, inclusive por rabequeiros em algumas bandas ciganas da Europa Oriental.

Seção Um: Os Instrumentos

LIRAS DE ARCO

Liras de arco nórdicas, conhecidas como *jouhikko* na Finlândia, *hiiu-kannel* na Estônia e *stråkharpa* na Suécia, consistem em caixas de ressonância quase retangulares, percorridas por três ou, às vezes, quatro cordas de crina de cavalo.

Estas se estendem sobre o corpo plano, a partir de um estandarte, e através da ponte apoiada no tampo, até os pinos de afinação. Esse prolongamento tem uma abertura que permite à mão do instrumentista acessar duas ou mais cordas, pela parte de trás do instrumento. A melodia é tocada na primeira corda, que é pressionada com as costas do dedo; alguns músicos, particularmente na Estônia, também pressionam a segunda e, ocasionalmente, a terceira corda.

CRWTH

▶ *A ponte do crwth galês é plana, assim todas as cordas são tocadas ao mesmo tempo.*

O *crwth*, sobrevivendo em Gales, antigamente era também tocado na Inglaterra e outras partes da Europa. Ele está relacionado com as liras de arco nórdicas, mas também tem características de rabeca. Embora tenha dois braços emergindo da caixa de ressonância, como na lira, ele também tem um braço com escala como o violino, estendendo-se no espaço entre eles, contra o qual quatro das seis cordas são pressionadas. As outras duas estendem-se ao lado destas e são tocadas com arco ou polegares esquerdos como bordões. Todas possuem pinos de afinação na barra entre os braços, como na lira.

Assim como na *gadulka* búlgara e *liras* da Calábria, Dalmácia e Creta, uma perna da ponte atravessa um, ou os dois, orifícios abaixo dela, apoiando-se no fundo da caixa de ressonância, formando um tipo de "alma".

INSTRUMENTOS DE TECLA E ARCO

Sabe-se que a *nyckelharpa* sueca, que tem hoje um grande número de hábeis instrumentistas e construtores, já existia no século XIV.

Sua caixa de ressonância tem a forma de um barco, ligeiramente cintado. A "proa" se estende formando um braço curto e grosso, coberto por um mecanismo com uma ou mais fileiras de barras deslizantes de madeira de ação gravitacional, que são pressionadas com os dedos da mão esquerda enquanto a mão direita maneja um arco curto. Cada barra tem um ou mais pinos de madeira, que podem ser pressionados contra as cordas melódicas para encurtá-las.

A *nyckelharpa* cromática, criada no início do século XX, tem três cordas melódicas, um bordão e 12 cordas simpáticas. Alguns instrumentistas atuais estão desenvolvendo novas formas e explorando as possibilidades das antigas, ligeiramente mais simples, como o *silverbasharpa*.

VIELA DE RODA

A viela de roda, *hurdy-gurdy* ou *viella à roue*, atingiu o auge do seu desenvolvimento (até hoje) nos séculos XVII e XVIII, na França. Seu mecanismo de chaves é amplamente similar ao da *nyckleharpa*, mas ela é friccionada por uma roda com breu, rodando dentro da caixa de ressonância, que tem formato de alaúde ou violão, que é impelida por um cabo inserido onde o parafuso da correia da guitarra estaria. Os desenhos variam bastante, mas todos têm cordas melódicas e de bordão, e algumas vezes, cordas simpáticas. Muitas têm um *trompette* – bordão extra – passando por cima de uma ponte que zumbe no tampo harmônico para prover um pulso rítmico quando o cabo é empurrado.

INTRODUÇÃO
TECLADOS

Na história dos instrumentos musicais, os teclados entraram em cena um pouco mais tarde, aparecendo pela primeira vez há cerca de 2.250 anos.

O instrumento mais antigo de todos é a voz humana e, provavelmente, alguma forma rudimentar de percussão veio logo depois. A corda tangida – ancestral da família do cravo – provavelmente surgiu quando a primeira flecha foi disparada, ou até antes; a família das madeiras, com uma folha de grama apertada na mão; a dos metais, com o toque de uma concha, um chifre animal com a ponta quebrada, ou algo similar. O que une todos, modelos e famílias, é o contato direto entre o tocador e a fonte do som – algo de que a família dos teclados carece inteiramente.

▲ *O som do realejo é produzido mecanicamente.*

A CONSTRUÇÃO DO TECLADO

Em construção, os teclados variam desde relativamente simples (virginais e clavicórdios), até estruturas incrivelmente complexas (os maiores órgãos e os mais avançados instrumentos eletrônicos), mas o princípio básico de todos pode ser visto em ação em qualquer parque infantil contendo uma gangorra: uma barra rígida (tecla) sobre um pivô articulado. Quando uma extremidade se abaixa, a outra sobe e vice-versa. As complicações e grandes sutilezas originam-se daquilo que está preso na extremidade oculta da tecla.

A extremidade do lado do instrumentista é geralmente coberta de marfim (agora raro) ou imitação plástica. Montado na extremidade oculta está o mecanismo, que toca as cordas ou tubos do instrumento, quando a tecla é apertada. O termo técnico desse dispositivo é "ação", embora o mesmo termo seja usado para descrever o conjunto inteiro – barra, articulação e mecanismo sonoro, como uma mesma unidade.

◄ *O cravo é sensível ao toque: a pressão na tecla afeta diretamente a qualidade do som.*

Tocar a tecla de um órgão dispara um processo de produção sonora. ▼

Na família do cravo, dá-se o nome de "martinete" a essa parte do mecanismo que eleva o plectro, fazendo-o tanger a corda. No clavicórdio, o plectro é substituído por uma "tangente", que permanece em contato com a corda durante todo o tempo em que a tecla fica apertada. No piano, o produtor sonoro é um martelo, cuja cabeça é coberta de feltro, um tecido leve, ou couro. O termo bastante utilizado "abafadores" refere-se aos acolchoados de feltro ou outro tecido, que normalmente repousam nas cordas. Eles previnem a vibração das cordas, ao menos que a tecla seja apertada ou, no piano, quando o pedal de sustentação ou *sostenuto* é apertado, levantando todos ou alguns abafadores, conforme desejado.

A HISTÓRIA DO ÓRGÃO

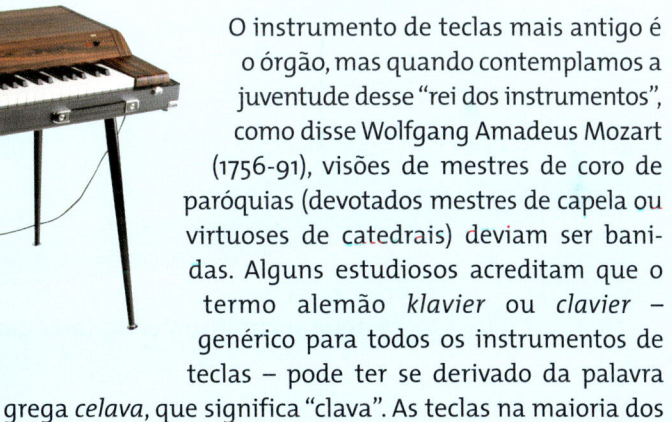

O instrumento de teclas mais antigo é o órgão, mas quando contemplamos a juventude desse "rei dos instrumentos", como disse Wolfgang Amadeus Mozart (1756-91), visões de mestres de coro de paróquias (devotados mestres de capela ou virtuoses de catedrais) deviam ser banidas. Alguns estudiosos acreditam que o termo alemão *klavier* ou *clavier* – genérico para todos os instrumentos de teclas – pode ter se derivado da palavra grega *celava*, que significa "clava". As teclas na maioria dos órgãos antigos não eram tocadas, à maneira moderna, mas severamente golpeadas. Tampouco, elas se pareciam com as teclas que conhecemos. Nos órgãos hidráulicos da era romana, havia uma fileira de alavancas simples, que requeria toda força do punho humano para abaixá-las. O órgão, entretanto, desde cedo deixou de ser simples, tornando-se uma das máquinas mais complexas da civilização. Com centenas – mesmo milhares – de partes, ele requer, às vezes, três homens fisicamente aptos, para subjugá-lo.

Fato
Os primeiros órgãos eram tão grandes e complicados de usar, que os organistas, às vezes, eram conhecidos como "batedores de órgão".

▲ *Pianos elétricos não têm o tamanho e peso, nem o timbre, do piano verdadeiro.*

Seção Um: Os Instrumentos

▶ *O piano de cauda possui potência e projeção para competir com orquestras e bandas de jazz.*

A HISTÓRIA DO PIANO

Historicamente, entretanto, não há dúvida de que o mais bem-sucedido, popular e versátil de todos os teclados é o piano. Seu repertório é vasto, incomparavelmente nutrido por trabalhos de Mozart, Johann Sebastian Bach (1685-1750), Joseph Haydn (1732-1809), Ludwig van Beethoven (1770-1827), Franz Schubert (1797-1828), Robert Schumann (1810-56), Frédéric Chopin (1810-49), Franz Liszt (1811-86), Felix Mendelssohn (1809-47), Johannes Brahms (1833-97), Claude Debussy (1862-1918), Maurice Ravel (1875-1937), George Gershwin (1898-1937) e muitos outros. Seus principais profissionais, de Liszt a Jan Paderewski (1860-1941) e além, foram *pop stars* em seu tempo.

Porém, a grande música, assim como grandes pianistas, desempenhou um papel relativamente menor na história do piano. Durante cerca de 150 anos, seu sucesso mais retumbante, em todo o mundo, foi como símbolo de *status*. Em todo o ocidente, sobre os pianos verticais ou dentro de suas banquetas, era comum encontrar volumes de coleções de partituras em encadernação de couro. Apenas ocasionalmente, essas incluíam uma sonata de Mozart ou Beethoven, sendo muito mais típico o sucesso de vendas momentâneo do século, composto por Thekla Badarzewska (1834-61), uma obscura polonesa de pouco talento.

◀ *O portátil harmônio levou a música para incontáveis lares.*

TECLADOS

▲ *Devido à sua popularidade, os pianos ganharam um lugar no imaginário popular.*

PRIÈRE D'UNE VIERGE (PRECE DE UMA VIRGEM)

O fenomenal sucesso de *Prière d'une Vierge* parece atribuível apenas ao seu título e sua subsequente embalagem. A peça de piano, propriamente dita, não tem nenhuma distinção – sobrepujada mesmo em seu gênero por, literalmente, milhares de melhores esforços de compositores com credenciais igualmente incertas. Quem pode imaginar, então, a definição de piano do escritor americano Ambrose Bierce, em seu *Devil's Dictionary* (1906): "Piano, *substantivo*. Um utensílio de salão usado para subjugar o visitante impenitente. Ele é operado, deprimindo-se as teclas do instrumento, e os espíritos da audiência".

Os perpetradores dessa miséria doméstica eram, geralmente, jovens mulheres na idade de se casar, cujo duvidoso valor ao teclado julgava-se ser a prova de sua respeitabilidade e do valor do pai no mercado. Seu papel de agente sedutor, para ambos os sexos, é bem documentado em dois séculos de literatura, sendo negligenciado uma vez que a manobra funcionasse. Seu toque fúnebre, em todo caso, foi ouvido com o advento dos instrumentos eletrônicos. Apesar disso, entretanto, parece que o piano veio para ficar.

> **Fato**
> O piano era tão popular nos Estados Unidos, na virada do século XIX, que um arquiteto projetou um bloco inteiro de apartamentos no Harlem, em Nova Iorque, com um piano vertical embutido na parede para cada um deles.

Seção Um: Os Instrumentos

VIRGINAL

O único mistério remanescente do virginal é a origem do seu nome. Um instrumento "virginal"? Um instrumento tocado por virgens?

ORIGENS DO VIRGINAL

Mas por que "virginal" em primeiro lugar? Pode ser este instrumento concebido para nunca ser tocado? Um deleite apenas para os olhos? Claro que não! Também, apesar da mitologia, seu nome não tem nenhuma relação com Elizabete I (a "rainha virgem"), mesmo que ela tocasse o instrumento muito bem. O instrumento estava bem estabelecido antes mesmo dela nascer. Seus atributos femininos, no entanto, são inequívocos. O que talvez seja a mais famosa página-título da história das leituras musicais: PARTHENIA OU A VIRGINDADE DA PRIMEIRA MÚSICA QUE FOI ESCRITA PARA O VIRGINAL. O ano era 1613 e a coleção – de obras de William Byrd (1543-1623), Orlando Gibbons (1583-1625) e John Bull (1562-1628) foi, provavelmente, a primeira música impressa de placas gravadas. Adornando a capa está a figura de uma jovem recatada, cuja castidade é quase contagiosa. O nome "Parthenia" deriva-se do grego para "virgem". De fato, não há nada de notavelmente feminino sobre o instrumento ou a música escrita para ele.

▲ *O virginal data dos anos 1460.*

CONSTRUÇÃO DO VIRGINAL

O virginal é, na verdade, um pequeno cravo, geralmente retangular, com as cordas estendendo-se paralelamente ao teclado, no lado maior da caixa. Ele tem um conjunto simples de cordas, normalmente com uma corda por tecla. Ao virginal, falta a variedade timbrística do cravo (embora não necessariamente o volume), porém, como muitas pinturas do período mostram, ele ofuscou o cravo, como o mais popular instrumento doméstico de teclado. Confusamente, entretanto, o nome "virginal" foi aplicado através dos séculos XVI e XVII, particularmente na Inglaterra, como termo genérico para qualquer instrumento de teclado, no qual as cordas eram tangidas, em vez de percutidas.

MÚSICA PARA VIRGINAIS

Independente do seu valor intrínseco, o conteúdo de *Parthenia* pertence ao grande corpo de música no qual, pela primeira vez, compositores escreveram idiomaticamente para um instrumento de teclado, claramente diferenciando do estilo da música vocal ou de câmara para cordas (ela mesma dificilmente distinguível de toda música vocal). Ele contém muitas passagens, especialmente as muito rápidas, que nunca seriam convincentes se tocadas – ou mesmo "intocáveis" – por um instrumento que não fosse de teclado, com exceção de outros instrumentos tangidos, como o alaúde, teorba ou violão. Entretanto, pouca ou nenhuma distinção estilística era feita pelos compositores da Renascença entre o virginal, a espineta, o clavicórdio, o cravo (já completamente desenvolvido) e o orgão. Além dos compositores acima mencionados, outros importantes da escola inglesa do virginal foram Peter Phillips (1560-1628), Giles Farnaby (1563-1640), Martin Peerson (c.1571-1651), Thomas Weelkes (1576-1623), Thomas Tomkins (1572-1656) e Benjamin Cosyn (c.1570-1652).

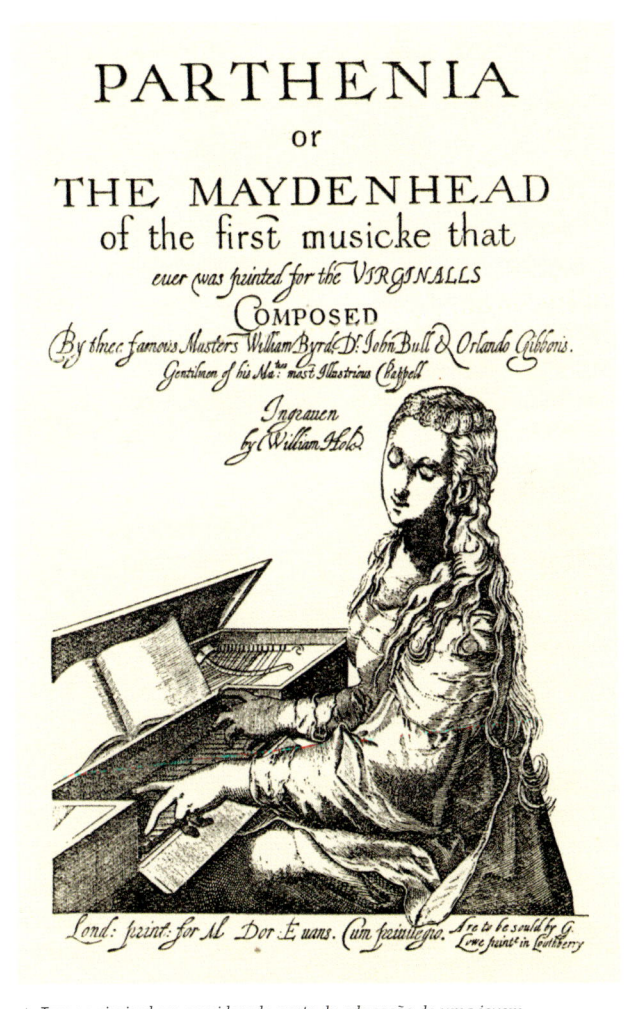

▲ *Tocar o virginal era considerado parte da educação de uma jovem.*

ESPINETA

A espineta é conhecida por muitos nomes e tem muitas definições. Talvez, a mais enganosa seja o uso do termo para denotar um pequeno piano vertical. A mais confusa é o uso da palavra para descrever um piano de mesa e uma confusão ainda mais antiga surgiu do seu uso como sinônimo para virginal ou, de fato, qualquer cravo pequeno.

CONSTRUÇÃO DA ESPINETA

A palavra, por si só, deriva do latim *spina* ("espinho"), que se refere especificamente ao uso de penas para ativar as cordas. Na França do século XIX, a palavra "espineta" aplicava-se a qualquer instrumento que usasse pena, indiferente ao seu tamanho ou formato. A verdadeira espineta é um instrumento em forma de asa, com extensão de quatro a cinco oitavas. Ele tem um conjunto simples de martinetes e as cordas são arranjadas na diagonal do teclado, em oposição ao cravo e piano, onde elas estão perpendiculares, ou nos virginais, onde estão na horizontal.

POPULARIDADE

As antigas espinetas são geralmente pequenas e têm, às vezes, uma roseta decorativa no tampo harmônico – que era um item padrão nos virginais mais antigos. Ela gozou de grande popularidade de meados do século XVII, até o final do século XVIII, quando sua aparência decorativa fez dela uma peça de mobiliário muito prezada (muitas vezes, independentemente de sua função musical).

CONSTRUTORES DE ESPINETA

Embora aparentemente inventada na Itália, no final do século XVII, por Girolamo Zenti, a espineta gozou de sua maior popularidade na Inglaterra, onde seu estilo e forma tornaram-se caracteristicamente conhecidos como "o entortado" ou "a perna de carneiro". Seus mais notáveis construtores, no século XVII, incluem: Keene, Player, Haward e a firma familiar dos Hitchcocks, e no século XVIII: Messrs Slade, Mahoon e Baker.

▲ *O corpo da espineta tinha geralmente forma de asa, como um piano de cauda.*

CRAVO

De uma forma ou outra, o cravo dominou o nicho dos teclados domésticos em toda a Europa – e mais tarde, na América – do final do século XVI até o início do século XIX. Excluindo o órgão, ele foi o maior e mais versátil de todos os instrumentos de teclado, até o advento do maduro *fortepiano*, em meados e final do século XVIII.

ASCENÇÃO E QUEDA DO CRAVO

Sua prevalência pode ser medida no fato que as 14 primeiras sonatas de piano de Beethoven, que marcaram época, incluindo a famosa *Sonata ao Luar* (1801), foram originalmente publicadas como sendo "para cravo ou *pianoforte*". Na realidade, elas não eram nada disso, mas havia claramente um número suficiente de pessoas que possuíam um cravo para justificar essa manobra de *marketing* no campo prático, se não no artístico.

Além disso, seu uso não estava só confinado aos lares. Ele fornecia a incisividade rítmica e base harmônica vitais em, virtualmente, toda combinação instrumental: dos *trio sonata* do início do Barroco, até as primeiras sinfonias de Haydn, dois séculos depois. Bem antes dos anos 1820, porém, o instrumento havia quase desaparecido, superado pelo rápido desenvolvimento e poder crescente do piano.

CONSTRUÇÃO

O elemento definitivo no mecanismo do cravo é o martinete – uma fina peça vertical de madeira, montada na extremidade de uma tecla e coberta com um pequeno plectro artificial (comparável à ponta de uma pena de escrever e feita, ou de couro endurecido, ou de penas das asas de aves como corvo, gralha ou condor). Quando a tecla é apertada, o martinete na outra extremidade é impelido para cima, tangendo a corda na passagem. Em seu retorno descendente, uma lingueta de madeira, presa num eixo do martinete e originalmente com uma mola de pelo de javali, permite ao martinete passar pela corda sem tangê-la novamente.

Encaixado no martinete, próximo à lingueta, e pouco acima do plectro, existe um abafador – geralmente uma cunha de feltro ou outro tecido macio – que impede a vibração da corda quando a tecla não é acionada, assim como permite sua vibração, quando a tecla é pressionada. Os cravos mais antigos, e mais simples, têm um martinete e uma corda por nota ou tecla, e podiam, assim, ser construídos muito pequenos e facilmente transportados. Cravos posteriores podem ter até cinco cordas por nota e até três teclados (como no órgão, esses são geralmente conhecidos como "manuais"). Nesses instrumentos, o desafio mecânico é, claramente, muito mais complexo. O princípio essencial, porém, permanece o mesmo.

▲ *Cravos sofrem de um decaimento rápido: uma vez que a corda é tangida, a nota se desvanece.*

As próprias cordas, antes do renascimento do cravo no final do século XIX, eram feitas de materiais variados: ferro, cobre, latão e mesmo aço – frequentemente em combinação, para obter uma ampla variedade tonal. Nos cravos modernos, elas são geralmente de aço.

TÉCNICAS DE EXECUÇÃO

Entre os fatores que afetam o timbre do cravo está a posição do martinete em relação ao comprimento da corda. Uma corda tangida perto da ponte terá um caráter, e "sensação", claramente diferente de uma tangida próxima do centro. Igualmente, o volume (e seu caráter tonal) varia de acordo com o número de cordas ativadas num dado momento.

O cravo propriamente dito (em oposição aos seus irmãos mais simples: virginal e espineta) tem dois teclados, ou manuais, controlando dois conjuntos diferentes de cordas; e muitos registros, ao modo do órgão, no qual várias combinações de martinetes e cordas podem ser postas para tocar, a critério do instrumentista. Em alguns dos maiores instrumentos, esses registros podem ser controlados por pedais, permitindo às mãos permanecer no teclado, sem risco de embaralhá-las. Eles se tornaram uma característica padrão dos cravos ingleses, desde meados dos anos 1760, enquanto alavancas de joelho desempenhavam o mesmo papel em muitos cravos franceses, no final dos anos 1750.

▶ *Assim como cravos de dois manuais, existem alguns poucos exemplares do instrumento alemão de três manuais.*

O cravo de dois manuais (teclados) é efetivamente o pareamento de dois instrumentos separados, um sobre o outro. Um exemplo clássico de sua justaposição pode ser ouvido no *Concerto Italiano*, de Bach, no qual ele contrasta o som cheio e brilhante da "orquestra" com o som mais leve do "solista". Em muitos dos grandes instrumentos existe um mecanismo de "acoplamento", no qual um teclado pode tocar como dois, controlando "ambos" os instrumentos ao mesmo tempo.

PRIMEIRAS MUDANÇAS AO *DESIGN* DO CRAVO

Embora dispositivos, como alavancas para joelho, muito tenham feito para ampliar a variedade de sons do instrumento, eles não se endereçavam ao que era visto, crescentemente, como a limitação mais séria do cravo – sua inabilidade de emular as suaves transições de um nível dinâmico para outro, que caracteriza a voz humana e todas as madeiras e instrumentos de arco.

Para esse fim, emergiram muitos dispositivos engenhosos, mas um tanto desajeitados, que permitiam ao instrumentista levantar e abaixar a tampa ou, como no caso do mecanismo, aptamente nomeado de "persiana expressiva" (1769), de Burkat Shudi. Nele, um sistema de "folhas" diretamente acima da corda podia ser aberto e fechado em qualquer abertura, ajustada a intenção musical do instrumentista (como nas venezianas).

▲ *Instrumentistas adicionam trilos e ornamentações para compensar o decaimento rápido do cravo.*

DESENVOLVIMENTOS POSTERIORES

Embora muitos acreditem que a preocupação pela variedade tonal e dinâmica no cravo tenha surgido no século XIX, houve esforços para tratar esse assunto desde os primeiros tempos. Na publicação *Musick's Monument*, de 1676, Thomas Mace descreve, com algum detalhe, um mecanismo datado da primeira metade do século XVII, composto de quatro pedais, que fazia "todo o instrumento soar, suave ou forte, dependendo da forma com que o instrumentista pisava nos pedais". Mace teve um que, com todas as suas combinações, dava-lhe 24 variedades de timbres, incluindo um registro de alaúde operado manualmente. No século seguinte, C. P. E. Bach (1714-88) citou uma invenção similar em seu *Versuch das Clavier zu spielen* (1759), no qual o número de registros em operação pode ser aumentado ou diminuído, por meio de pedais, sem interromper a execução, garantindo assim mudanças graduais no volume que poderiam ser apenas demonstradas ao clavicórdio ou piano.

OBRAS DE ARTE

Bem antes do seu declínio no final do século XVIII, os cravos viviam vidas duplas, assim por dizer – por um lado, como instrumentos musicais (geralmente com uma artesanalidade bem elevada), e por outro, como itens de mobiliário. Suas caixas eram frequentemente decoradas pelos melhores artistas da época, fazendo deles, tanto figurativamente quanto literalmente, obras de altíssima arte. De fato, a história deve a esses artistas. Somente o seu trabalho evitou que muitos desses instrumentos maravilhosos tenham sido destruídos e incinerados no ocaso de sua carreira musical. Isso é particularmente válido para os construídos pela dinastia dos Ruckers de Antuérpia, que foram enviados para todas as partes do mundo.

▲ Cravos eram muitas vezes extremamente graciosos e elegantemente decorados.

> **Fato**
>
> O termo registro denota o próprio mecanismo e o timbre específico que resulta do uso deste.

Após quase um século de negligência, o cravo foi adotado por compositores, assim como instrumentistas – mais notavelmente, Ferruccio Busoni (1866-1924), Manuel de Falla (1876-1946), Henry Cowell (1897-1965), Frederrick Delius (1862-1934), Jean Françaix (1912-97), Bohuslav Martinu (1890-1959), Darius Milhaud (1892-1974), Carl Orff (1895-1982), Francis Poulenc (1899-1963), Igor Stravinsky (1882-1971), e posteriormente, Luciano Berio (1925-2003), Iannis Xenakis (1922-2001), Elliott Carter (1908) e György Ligeti (1923-2006).

CLAVICÓRDIO

Um dos mais antigos instrumentos de teclado, o clavicórdio tem suas origens no final do século XIV e foi usado em toda a Europa Ocidental durante a Renascença. Ele manteve-se popular em terras germânicas, até o primeiro quarto do século XIX, quando, como seu primo, o cravo, foi definitivamente suplantado pelo piano.

AFINAÇÃO E TIMBRE

O clavicórdio é o instrumento de teclado mais responsivo ao toque. A variedade dinâmica e timbrística do piano são vastamente superiores que a do clavicórdio, mas uma vez que a tecla é pressionada e o martelo atinge a corda, há muito pouco, ou nada, que o dedo possa fazer para afetar o som.

No clavicórdio, as cordas são postas em vibração não por um martelo, mas por uma tangente (uma cunha vertical pequena, originalmente feita de latão), que se mantém em contato com a corda, ou cordas, posta em vibração durante a duração do som. Seu som é pequeno, mas através de uma manipulação hábil da pressão do dedo, ele pode ser aumentado ou diminuído, para obter um verdadeiro *vibrato*, e mesmo mudar sua afinação. O clavicórdio é o único instrumento, no qual o som, uma vez tocado, pode ser substancialmente afetado apenas pela pressão do dedo (a menor flutuação no toque resultará claramente uma diferença em volume ou afinação do som). Deste modo, ele é o único teclado que permite *vibrato* e pode assim emular os contornos da voz humana, com toda sua sutileza e inflexão.

MODELOS COM E SEM TRASTES

O formato comum do clavicórdio é uma caixa retangular, com o teclado colocado ou projetado de um de seus lados mais compridos e cordas (geralmente em pares – duas por nota) posicionadas perpendicularmente em relação ao teclado. O comprimento varia entre 1,2 m (comum) a 2,1 m (um desenvolvimento do século XVIII, incitado pelo desenvolvimento do piano).

Já que a nota não é determinada pelo comprimento das cordas, como no piano, mas pela distância entre a tangente e a ponte, era prática frequente atribuir duas, ou mesmo três notas para um dado par de cordas. Alguns modelos são conhecidos como clavicórdios "com traste". Colocando no mesmo par de cordas notas improváveis de serem tocadas simultaneamente (*Dó* e *Dó♯*, por exemplo), os construtores economizavam no tamanho e na aparelhagem do instrumento, crucial para a maioria dos compradores, cujas salas não poderiam acomodar facilmente um cravo. Em meados e fim do século XVIII, os clavicórdios eram frequentemente construídos sem trastes, com um par de cordas separado para cada tecla. Alguns foram construídos com dois manuais – efetivamente, um clavicórdio sobre o outro e uma pedaleira, para a prática dos organistas.

▲ *Clavicórdios foram populares em recitais solo até o início do século XIX.*

UM INSTRUMENTO ÍNTIMO

Com todas as suas sutilezas, é uma pequena maravilha que o clavicórdio fora tão amado por Bach (que prezava seu "canto" acima de todas as outras virtudes) e, posteriormente, Mozart e Beethoven – apesar de possuírem e dominarem os mais atuais, os pianos. Até o advento do piano eletrônico, com seus fones de ouvido acompanhando, o clavicórdio permaneceu o mais íntimo de todos os instrumentos. Seu som é tão baixo que pode ser tocado tarde da noite, sem medo de despertar ninguém no mesmo quarto, a não ser o sono mais leve. Isso, combinado com sua suprema sensibilidade, explica o motivo dele ter sido alcunhado por uma dama do século XVIII, "aquele emocionante confidente da solidão".

PIANO

Em 1905, e provavelmente por várias décadas anteriores, havia mais pianos nos EUA do que banheiras. Na Europa, por todo século XIX, a venda de pianos aumentou em uma taxa maior que a população. Construtores ingleses, franceses e alemães despacharam verdadeiros exércitos de pianos para todos os cantos da Terra. Ele foi o instrumento da era.

UM SÍMBOLO ROMÂNTICO

Criado por volta de 1700, quando desaparecia o tradicional mestre artesão, o piano atingiu a maturidade como um dos maiores triunfos comerciais e tecnológicos da revolução industrial. Meramente como máquina, com suas centenas de partes fabricadas, combinando o material exótico do ébano e marfim (no teclado), com ferro, aço e cobre (nas cordas, e mais tarde na armação), ele foi um objeto de reverência – não menos, uma generosa fonte de emprego. Como símbolo da era romântica, ele tinha uma potência extraordinária. Possuir um deles era simplesmente percebido como um emblema de respeitabilidade. Mas a ascensão do piano foi um caminho longo e lento.

ORIGENS E DESENVOLVIMENTO

O primeiro piano foi construído em Florença pelo construtor italiano de cravos, Bartolomeo Cristofori (1655-1731). Devido ao grandiloquente título dado – e *gravicembalo col piano e forte* ("grande cravo com fraco e forte"), parece evidente que ele era considerado muito mais uma modificação de um instrumento antigo, do que um novo. Desnecessário dizer que o nome desajeitado sumiu, substituído primeiro por "fortepiano", então por sua transposição "pianoforte" e finalmente, no século XX, pelo mais simples e menos pomposo "piano". O título de Cristofori era inepto, já que os cravos têm capacidade de tocar tanto fraco, quanto forte – não obstante apenas em rígida justaposição. O que fazia seu instrumento único era o mecanismo pelo qual o volume podia ser aumentado ou diminuído somente pela pressão do dedo.

Os dois instrumentos de teclas domésticos que dominaram o nicho, do auge da Renascença ao final do Barroco (de 1450 a 1750, aproximadamente), foram acossados por limitações frustrantes cada vez maiores. O clavicórdio, com seu teclado sensível ao toque, era capaz de extraordinária nuança e variedade tonal, mas seu som era tão baixo para ser projetado através de um quarto, sem falar em uma sala de concerto. Mesmo no ápice de seu desenvolvimento, ele permaneceu essencialmente um instrumento íntimo. O cravo tinha a potência necessária, mas faltava-lhe totalmente a expressividade e flexibilidade quase vocal do clavicórdio. O que era necessário, num mundo onde a atividade musical pública avançava constantemente, era um instrumento combinando as virtudes de ambos, com nenhuma de suas desvantagens. O piano de Cristofori pode ter sido somente o início, mas seu princípio foi a base de todos os desenvolvimentos nos cem anos seguintes.

Curiosamente, na Itália – o berço do concerto instrumental e da ópera – a invenção de Cristofori causou um breve interesse e foi praticamente esquecida. Na Alemanha, em contraste, o piano era uma ideia amplamente aceita.

▶ O pianoforte tinha cordas finas e era mais silencioso do que o piano moderno.

▲ *Inúmeros artistas devem seu sucesso ao desenvolvimento do piano.*

A NECESSIDADE PRODUZ A INVENÇÃO

Durante grande parte dos séculos XVII e XVIII, a Alemanha experimentou uma exaltação dos "ânimos" que levou direto ao movimento romântico, como exemplificado na literatura por Goethe e Schiller. O que começou como um movimento religioso chamado pietismo, dedicado a humanizar o culto religioso, desenvolveu-se em um culto generalizado da sensibilidade. Previsivelmente, o clavicórdio, com seu som baixo e sensibilidade ao toque, era muito cultivado pelos pietistas.

Porém, à medida que o século XVIII passava, a excitação pela solidão deu lugar, progressivamente, à excitação do exibicionismo. A emoção era celebrada acima da lógica, canção acima da forma, humanidade acima da doutrina. O que era necessário para dar voz à cordial humanidade dessa sociedade fortemente baseada na família, era um instrumento combinando a sutileza melódica do clavicórdio com a potência e grandiosidade dos maiores cravos.

Qualquer instrumento que é restrito a uma extensão dinâmica muito estreita, como clavicórdio, ou confinado a um conjunto de níveis dinâmicos inflexíveis, como o cravo, é também limitado na variedade de emoções que pode abarcar. O piano, por outro lado, pode passar suavemente de um extremo dinâmico a outro e qualquer número de contrastes entre eles. O palco estava montado para um espetacular e prolongado sucesso instrumental.

PIANOS ALEMÃES

Em 1730, Gottfried Silbermann, já renomado por seus clavicórdios e órgãos, construiu o primeiro piano alemão. Ele é citado (juntamente com outros construtores de vários países), como o inventor do que é um dos traços únicos do piano: o pedal de sustentação (chamado, erroneamente, de "pedal de volume"). Ele ergue todos os abafadores do instrumento, *en masse*, deixando todas as cordas livres para vibrar simultaneamente, independente das teclas pressionadas. Assim, a mão direita pode executar um *arpeggio* da parte mais grave do teclado até a mais aguda, com todas as notas soando. Esse dispositivo dá resultado até quando uma única tecla é tocada. O som de uma única nota – por exemplo, *Dó* – no grave, dispara as vibrações simpáticas de todas as outras notas *Dó* do piano, aumentando a profundidade e riqueza de som, em virtude do que pode ser descrito como eco múltiplo sincronizado. Até o final do século XVIII, o mecanismo era operado por uma alavanca para joelho e não por pedal.

Próximo a ele, a partir dos anos 1720, estava o chamado pedal surdina, ou *una corda*, cujo nome é derivado do italiano (dos dias em que o piano tinha duas e não três cordas por nota como nos pianos modernos). Com o pé esquerdo, movia-se o teclado, mecanismo de ação e martelos, para a direita, de forma que os martelos atingiam uma corda a menos que o normal – uma no caso do *fortepiano* (*una corda*, literalmente, "uma corda"), ou duas, no piano de cauda. Assim como o pedal de sustentação não é um pedal de volume, o *una corda* não é um abafador, mas um agente de coloração tonal sutil.

Na Alemanha, mais de meio século se passou entre a invenção do piano e sua primeira

▲ *Os pedais do piano, da esquerda para direita: surdina, sostenuto e de sustentação.*

aparição pública (em Viena, 1763), e mesmo assim parece que não impressionou muito. Somente em 1768, em Dublin, ele foi publicamente desvelado como instrumento solo. Duas semanas mais tarde, em 2 de junho, ele fez sua estreia solo na Inglaterra, tocado por Johann Christian Bach (1735-82). Dessa vez tempo, local e circunstância combinaram-se para acolhê-lo. Em pouco tempo, o piano tornou-se o instrumento da moda na cidade.

Seção Um: Os Instrumentos

JOHANNES ZUMPE

Nessa época, Johannes Zumpe, um antigo aprendiz de Silbermann na Alemanha, trabalhava e vivia em Londres. Nessa época, o mercado de teclados de Londres, em rápida evolução, era dominado por firmas como Shudi, Broadwood e Kirkman, cujos instrumentos, na venerável tradição do artesão continental, eram feitos exclusivamente para a aristocracia endinheirada, com o preço de acordo. Zumpe foi o primeiro a reconhecer o potencial da classe média emergente, e a começar a fazer e comercializar pianos por um preço acessível a ela. Para esse fim, ele simplificou o mecanismo de ação de Cristofori, que permanecia inalterado por cinco décadas, e adotou a forma retangular modesta do clavicórdio. Seu sucesso foi quase instantâneo e ele entrou para os livros de história como o pai do piano comercial.

▲ *O piano moderno combina com todos os tipos de música – erudita, pop e jazz.*

JOHANN ANDREAS STEIN

Na Alemanha, Johann Andreas Stein (1728-92), um músico conhecido e sensível, produziu mais de 700 pianos, que foram amplamente copiados e assim se tornaram a base para a tradição vienense de construção de pianos. A mais duradoura de suas muitas contribuições foi a invenção do mecanismo de escape ("ação vienense" ou "escape"), no qual permite-se que o martelo fique longe da corda enquanto a tecla que ativou-o ainda está pressionada.

Na velhice, seu negócio foi administrado por sua filha Nanette (uma pianista genial, de acordo com o, geralmente impiedoso, Mozart, e um amigo próximo de Beethoven). Em 1794, o negócio foi

▲ *Um piano de concerto tem mais de 12 mil partes.*

ampliado por seu casamento com Johannes Andreas Streicher, um dos pilares da tradição pianística austríaca.

No final do século XVIII, três desenhos básicos estavam em uso: o "de cauda", que mantinha a estrutura essencial, em forma de asa, do cravo; o vertical; e o chamado "de mesa", cuja forma de caixa retangular surgiu da mo-da passageira da reconstrução de clavicórdios. De fato, em forma e estrutura, eles eram pouco diferentes de seus predecessores. As dife-renças eram as cordas de metal, o mecanismo de martelos e uma armação consideravelmente reforçada – necessária pelo resultado de um aumento de tensão

A parte externa de um piano de qualidade é geralmente em bordo ou faia laqueada. ▲

Fato

O piano médio de concerto hoje mede 2,74 m de comprimento, pesa aproximadamente 635 kg e tem mais de 7 mil peças móveis. Seu mínimo de 234 cordas de aço, com três cordas por tecla, exceto nas duas oitavas inferiores, onde há duas. Os martelos são cobertos com feltro densamente comprimido e a tensão total das cordas está bem acima das 20 ton/m.

PIANOS DE CAUDA

Existe uma diferença significativa entre os pianos do século XVIII e os pianos de cauda atuais. Em meados do século XVIII, sua sonoridade e construção estavam mais próximas do cravo, do que do piano atual. As cordas eram menos numerosas e mais finas, a armação era de madeira e os martelos, cobertos de couro, eram mais leves e duros. Por muitas décadas, o piano foi menos brilhante e menos potente que os maiores cravos de seu tempo.

PIANOS DE MESA

O primeiro piano de mesa conhecido foi construído na Alemanha, em 1742, quase 20 anos antes de Zumpe ter produzido o primeiro modelo inglês. Mais tarde, Zumpe foi superado por John Broadwood, cujos primeiros pianos de mesa originais datam de 1780 e cujos clientes incluiam alguns dos maiores músicos da época – Beethoven, o mais notável entre eles. Em 1775, Johann Behrend exibiu seu piano de mesa na Filadélfia e um ano depois, Sébastien Erard, em Paris, produzia o primeiro modelo francês.

Porém, mesmo nessa época, o instrumento deixava muito a desejar. Seu som, em particular, era fraco e não podia se comparar ao de um piano de cauda. Contudo, no início dos anos 1780, John Broadwood teve a ideia de mover a placa da chave de afinação – a parte do instrumento de teclado no qual os pinos de afinação são perfurados – do lado direito (sua posição tradicional no clavicórdio), para a parte de trás da caixa. A melhoria no som e volume excedeu suas expectativas e transformou a construção dos pianos de mesa. Em pouco tempo, ele foi universalmente adotado e com ele a contribuição europeia para a evolução do instrumento inesperadamente cessou. Depois disso, todas as melhorias significativas viriam da América, onde o piano de mesa gozou de uma popularidade única por boa parte do século. Em 1890, porém, chegaria seu crepúsculo.

▲ Martelos de piano consistem em feltro lanoso enrolado em volta de bordo.

PIANOS VERTICAIS

O deslocamento radical das cordas, martelos e tampo harmônico para produzir um piano vertical envolve desafios técnicos consideráveis. Mesmo hoje, os melhores verticais raramente se igualam em qualidade, versatilidade e ressonância de um bom piano de cauda, mas sua resiliência é digna de registro.

A ideia dos verticais não era nem um pouco nova. Já nos anos 1480, o cravo fora posto de pé, com sua ação adequadamente adaptada, e foi dado o nome grandiloquente de *clavicytherium*. Em 1795, William Stodart, de Londres, aplicou a mesma ideia ao piano de cauda e, três anos mais tarde, William Southwell, de Dublin, tentou o mesmo com o piano de mesa. Porém, em cada um desses casos, o instrumento ficava num suporte. Somente em 1800, ocorreu a alguém deixar o instrumento apoiado no chão e isso aconteceu a dois homens simultaneamente, em lados opostos do Atlântico: Matthias Muller, em Viena, e Isaac Hawkins, na Filadélfia.

COMPOSITORES-PIANISTAS

A partir de 1770, a maioria dos pianos foi projetada e vendida para o mercado amador, no qual o de mesa e vertical permaneciam os modelos dominantes. Pianos de cauda sempre foram custosos e hostis a salas pequenas. Sua evolução foi guiada não pelas exigências do pianista doméstico, mas pelas demandas do grande virtuoso e da música que ele tocava. Da Renascença até a primeira metade do século XIX, os grandes virtuoses eram quase tão importantes quanto os compositores – é só pensar em Bach, Händel, Domenico Scarlatti (1685-1757), Mozart, Muzio Clementi (1752-1832), Beethoven, Johann Hummel (1778-1837), Chopin e Liszt. Dos grandes compositores-pianistas antes de 1850, apenas Mozart, Hummel e Chopin estavam contentes em trabalhar com o que tinham. Beethoven e Liszt, acima de todos, regularmente escreviam e tocavam além do que os instrumentos disponíveis podiam acomodar – e causavam sérias avarias em muitos pianos no processo.

▼ *Os grandes concertos românticos, incluindo os de Chopin, foram escritos para pianos diferentes dos atuais.*

Seção Um: Os Instrumentos

Se podemos dizer que Hummel e seu professor Clementi representaram a transição entre o estilo clássico e romântico, seus pupilos e colegas mais jovens – mais notavelmente Liszt, Carl Czerny (1791-1857), Frédéric Kalkbrenner (1785-1849), Sigismund Thalberg (1812-71) e Henri Herz (1803-88) – aliaram-se firmemente com o Romantismo. Eles não foram de forma alguma os primeiros compositores-pianistas a escrever obras bastante difíceis para o instrumento, mas na ênfase que davam à *bravura*, na inovação técnica e na exibição de virtuosismo, eles eram, em grande medida, o produto de sua época.

▲ *Nos anos 1800, carreiras de concertistas estavam abertas, geralmente, apenas para homens.*

DESENVOLVIMENTOS DO SÉCULO XIX

Por várias razões – entre elas, a penetrante influência do "violinista do demônio" Nicolò Paganini (1782-1840) e o interesse crescente na música orquestral e operística – a música para piano do século XIX é cheia de figuras repetidas em imitação ao *tremolando* do violino. E aqui, pianistas e compositores estavam ao menos um passo à frente dos construtores. Para satisfazer tanto o novo estilo

▲ *Cordas de piano são de aço; as cordas graves têm um núcleo de aço, envolvido em cobre.*

virtuoso, quanto a moda de transcrições e arranjos entre amadores, era necessária uma ação na qual uma nota podia ser tocada em dois níveis diferentes da tecla – quer dizer, onde a própria tecla não precisasse erguer-se na altura máxima para poder golpear novamente.

Em 1821, Sébastian Erard, em Paris, encontrou a solução – uma ação combinando um golpe poderoso com um toque flexível leve, permitindo o instrumentista a regolpear qualquer nota com uma rapidez além da capacidade do mecanismo de escape imaginado por Stein. Essa invenção marcou época e forma a base de virtualmente todos os "duplos escapes" até hoje. Podemos também dizer que ele forneceu o modelo que serviu de base para toda a técnica de piano moderna.

ESTÁGIOS FINAIS DA EVOLUÇÃO

Menos sutil, mas mais urgente, foi a necessidade de construir pianos que resistissem a crescente força neles depositada, tanto por instrumentistas, como por compositores. Apesar de a crença muito difundida de que a introdução de ferro dentro do piano prejudicaria seu som, era clara, já na segunda década do século XIX, que alguma forma de armação de metal seria necessária para suportar a tensão. Porém, bem antes da armação completamente em ferro se estabelecer, muitos construtores experimentaram diversos tamanhos, formatos e constituições de junções metálicas, tanto barras sólidas, quanto tubos de vários comprimentos e diâmetros.

Entre esses pioneiros estava Karl Röllig, que experimentava essa ideia já em 1795, e Isaac Hawkins, na Filadélfia, que patenteou a armação metálica em 1800. Mas foi Alpheus Babcock que fez história com sua patente de 1825,

▲ *As teclas brancas do piano costumam ser feitas em marfim, osso e mesmo madrepérola*

a primeira armação inteiriça feita a partir de um molde único – do qual derivam todos os desenvolvimentos subsequentes da armação de ferro fundido. Em sua jornada à perfeição, um lugar especial precisa ser concedido a Jonas Chickering, de Boston, cuja armação de molde único para piano de cauda de 1843, representa um marco significativo na evolução do piano.

O último passo na evolução do piano foi a introdução das "cordas cruzadas" – o arranjo das cordas mais agudas na forma de um leque, espalhando-se sobre a parte maior do tampo harmônico, com as cordas graves cruzando-as num nível mais alto. As "cordas cruzadas" foram inventadas por Babcock, por volta de 1830, mas não foram largamente adotadas até 1855, quando Steinway & Sons, de Nova Iorque, deu sua forma definitiva. Desde então, houve numerosas, mas relativamente pequenas inovações que fazem o som de um Steinway, de 1855, e um modelo de 1955, significativamente diferentes, principalmente na potência. Mas deixando de lado a invenção, em 1862, do pedal *sostenuto* – que sustenta o som apenas daquelas notas mantidas pressionadas – o piano estava completamente desenvolvido.

TIPOS DE PIANOS

Porém, nenhuma apresentação sobre esse instrumento seria completa sem reconhecer que o piano, como o cravo, o clavicórdio e o virginal antes dele, sempre viveu uma vida dupla – como instrumento musical, por um lado, e como item de mobiliário, de outro. Entre os produtos expostos na Grande Exibição de Londres de 1851 estava: "Pianos expansíveis e dobráveis para iates de cavalheiros, primeira classe de navios a vapor, camarotes de damas etc., apenas 13½ polegadas da frente às costas quando dobrado", de William Jenkin. Aproximadamente na mesma época, Broadwood oferecia ao potencial comprador uma enlouquecedora escolha de estilos, incluindo: "Sheraton, Jacobita, Tudor, Gótico, Louis XIII, XIV, XV e XVI, Renascença Flamenca, *Cinquecento* Elizabeteano, Princessa Anne, *Impire* e Mourisco".

▲ *Diferentes pianistas eram atraídos pelo som, ação e resposta de diferentes produtores.*

O engenhoso Henri Pape, de Paris, podia fornecer pianos de quase qualquer tamanho e formato. Arredondado, oval, hexagonal, piramidal, oculto no interior

▲ *O piano é um instrumento crucial no jazz, assim como em muitos outros gêneros musicais complexos ocidentais.*

de uma mesa ou escrivaninha, ou descaradamente exibido como uma peça de conversação da moda. Mais espetacular de todos, porém, foi a aberração Vitoriana patenteada por um certo senhor Milward. Para parafrasear a própria descrição do inventor, "o piano é sustentado por uma armação que se apoia em uma base oca, contendo um sofá, que é montado sobre rodas e pode ser tirada à frente do piano". Também discretamente contido estava "um armário, projetado para roupa de cama, uma cômoda com gavetas e um segundo armário contendo uma pia, jarro, toalhas e outros artigos de *toillet*". Outra parte da invenção consiste em um assento musical "tão arrumado que contém uma caixinha de costura, espelho, escrivaninha ou mesa e um pequeno gaveteiro".

Seção Um: Os Instrumentos   283

PIANO MECÂNICO

O nome em inglês, *player piano* (piano tocador), é uma má designação. De fato, precisamente o oposto. Na verdade, ele é um piano "sem tocador" – um piano automático.

ORIGENS DO PIANO MECÂNICO

Embora quase exclusivamente associado com o início do século XX, a ideia de um piano automático existia há séculos. Os virginais automáticos de Henrique VIII e os pianos de cilindro de tachas de Clementi, de 1825, fizeram parte do mesmo sonho. A chave para essa realização foi forjada com a invenção do tear automático, em 1804. Nesse aparelho, um cartão perfurado em um cilindro permitia que certas agulhas o atravessassem, enquanto rejeitava outras. O mesmo princípio podia ser aplicado a "agulhas" de ar, bombeadas por foles. No caso do piano ou órgão, isso determinaria o movimento das teclas.

O primeiro piano automático, completamente pneumático, foi patenteado em 1863, mas não fez nenhum progresso. Na virada do século, porém, a maquinaria avançou num estágio, no qual o pé esquerdo pedalava os foles, deixando o direito manejando o pedal de sustentação, enquanto as mãos manipulavam os controles de velocidade e volume, a critério do "músico".

PIANOLA

Dois tipos significativamente diferentes de pianos mecânicos emergiram. Um, popularmente conhecido como pianola, tinha um rolo contendo nada além das notas (ou os equivalentes perfurados) de qualquer peça que fosse, deixando a "interpretação" totalmente nas mãos do operador. Porém, logo surgiram rolos, com diretrizes específicas e anônimas de como o tempo ou ritmo de uma dada peça deveria ser controlada. Em 1905, essas instruções já estavam sendo substituídas por interpretações autorizadas de vários pianistas mundialmente famosos.

MIGNON

Em 1904, em Friburgo, Alemanha, Edwin Welte inventou um aparelho por meio do qual o rolo do piano, devidamente perfurado, poderia gravar execuções dadas por pianistas, com um grau de fidelidade então sem precedentes. Ele o chamou de *mignon* e logo convenceu muitos dos maiores pianistas e compositores da época para gravar nele. Ele podia ser ajustado a qualquer piano e era frequentemente adicionado a diferentes instrumentos convencionais, de fabricantes como Steinway, Chickering, Broadwood, Knabe, Weber e Steck. O mecanismo Welte-Mignon era disponível antigamente em 115 diferentes marcas de piano. O grau de sua fidelidade continua sendo calorosamente debatido e, em todo o caso, a invenção da gravação elétrica, em 1926, inevitavelmente pôs um fim às carreiras de tais sistemas.

Apesar de faltar algumas décadas para o gramofone poder rivalizar com a sonoridade real do instrumento, ele podia capturar detalhes e sutilezas mais convincentemente do que os melhores rolos de piano. Um bônus inesperado do piano automático, porém, foi a libertação dos compositores da, até aqui, insuperáveis limitações de um pianista de 10 dedos. Entre os notáveis que tiraram vantagem disso para escrever diretamente para o novo instrumento estavam: Stravinsky, Paul Hindemith (1895-1963), Gian Francesco Malipiero (1882-1973), Herbert Howells (1892-1983) e o americano Conlon Nancarrow (1912-97), que decidiu devotar toda sua produção para esse meio, visto que ele o permitia uma incrível precisão, além do talento dos pianistas em executar e controlar a *performance* de seus trabalhos, impossível antes do advento do computador.

▲ *Os rolos de piano nos pianos mecânicos, geralmente não ultrapassam 30 metros.*

TECLADOS

ÓRGÃO

O órgão é um instrumento de extremos – o maior, o mais sonoro, o mais grave, o mais agudo, o mais antigo, o mais novo e o mais complexo, está também entre os menores, os mais íntimos, os mais modestos e os mais simples.

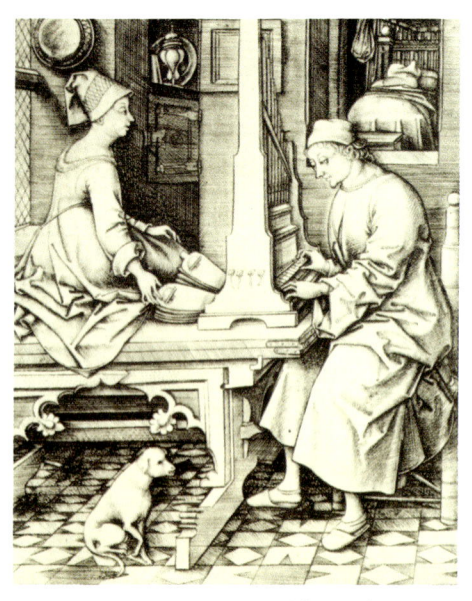

▲ *O órgão positivo, maior que o portátil, exigia duas pessoas para operá-lo.*

EXTREMOS DO ÓRGÃO

O órgão portátil, convenientemente nomeado – muito usado, do século XII ao XVI – era apoiado confortavelmente sobre o colo do instrumentista, enquanto era bombeado pela mão esquerda e tocado com a direita. Pendurado no pescoço por uma tira, ele podia ser tocado mesmo em movimento, como as gaitas-de-foles.

No Centro de Convenções de Atlantic City, por outro lado, existe o maior órgão já construído. Um inquilino surdo e insensível poderia levar uma vida viável em seu interior, andando a extensão de vários blocos o dia todo, sem retraçar um único passo. Equipado com dois consoles gigantes, um com sete manuais, outro com cinco, ele tem 1.225 registros e 33 mil tubos.

Entre esses extremos, a variação é enorme. Essas extravagâncias não são apenas exemplos tipicamente vulgares do século XX. Há mais de 1.000 anos, em Winchester, Inglaterra, foi criado um órgão com 26 foles, que eram operados por 70 homens fortes "labutando com seus braços, cobertos de transpiração, cada um incitando seu companheiro a impelir o vento com toda sua força, para que a caixa grandiosa pudesse falar com seus 400 tubos". Ele era tocado por dois organistas em dois teclados,

> **Fato**
> No órgão de Atlantic City, a fiação no instrumento, se esticada, poderia dar duas voltas na Terra.

▲ *O desenho do órgão varia com a geografia e época.*

cada um com 20 "tirantes" (lâminas compridas de madeira com furos correspondentes àqueles nos pés dos tubos), e o resultado fazia com que "todos tapassem os ouvidos com as mãos, não sendo sensato chegar perto e suportar o som".

Em 1429, mais de 250 anos antes do nascimento de Bach, o órgão da catedral de Amiens, na França, tinha 2.500 tubos, o mais grave deles era a sequóia do seu gênero, capaz de fazer a Terra tremer.

INSTRUMENTOS ANTIGOS

Embora esteja entre os instrumentos mais complexos, o órgão está também entre os mais antigos, datando de mais de 2.000 anos atrás. O mais antigo exemplo conhecido é o *hydraulus*, de 250 a.C., uma invenção grega, mecanicamente avançada e altamente refinada, na qual a coluna de ar era regulada pela pressão da água. Os primeiros órgãos, exclusivamente movido a foles, se seguiram 400 anos depois. Já no século VIII, órgãos eram construídos na Europa e no século X, sua associação com a igreja foi estabelecida.

Apesar de serem muito antigos, os princípios subjacentes ao órgão permaneceram essencialmente inalterados entre 250 d.C. e o advento dos instrumentos eletrônicos, no século XX. O uso da eletricidade, de forma alguma, pôs fim aos métodos tradicionais, que ainda são preferidos pela maioria dos organistas.

▶ *Esse órgão no Alexandra Palace, em Londres, foi construído pelo mestre construtor Henry ("pai") Willis, em 1875.*

TECLADOS

Seção Um: Os Instrumentos

▲ *Tubos de órgãos são arranjados em fileiras: uma série de tubos é afinada na escala cromática.*

MECÂNICA DO ÓRGÃO

Único entre os instrumentos, o som do órgão pode ser sustentado indefinidamente e inalteradamente, meramente apertando-se a tecla e mantendo-a abaixada. A força ou ferramenta usada para abaixar a tecla é irrelevante para o som produzido. Antes do advento de certos instrumentos eletrônicos, o órgão, em todas as suas muitas formas, foi (e normalmente continua sendo) o menos sensível ao toque de todos os instrumentos. Em sua grandeza, é também o mais sonoro.

Se o princípio básico dos órgãos mecânicos é essencialmente simples, suas ramificações e desenvolvimentos em dois milênios são muitos e altamente complexos. O mecanismo consiste no seguinte:

- Um suprimento de vento invariável, sob pressão constante – originalmente fornecido por uma bomba manual, operada por um assistente, e mais tarde, pela eletricidade.
- Um ou mais manuais (teclados) e pedaleira (no modelo do teclado convencional) conectados aos tubos por uma série de alavancas, aparelhos eletropneumáticos ou contatos elétricos.

- Tubos de diversos tamanhos, formatos e constituições, dispostos de forma escalar.
- Vários registros, que canalizam o vento para cada registro ou conjunto de tubos.

TUBOS

Os tubos são de dois tipos básicos:
- Tubos labiais, modelados sobre os sons abertos de flautas e flautas doce.
- Tubos de lingueta, baseados nos sons mais nasais dos oboés, fagotes, clarinetas etc.

▲ *A pedaleira é essencialmente um grande teclado tocado com os pés.*

O único determinante da afinação é o comprimento do tubo. Uma demonstração do mesmo fenômeno pode ser obtida soprando-se bocas de garrafas contendo diferentes qualidades de água. A mecânica do órgão retira o esforço de soprar e nunca fica sem ar.

Os tubos são dispostos sobre um someiro conectado às teclas através de um conjunto de válvulas e abastecidas com ar por meio dos foles, mecanicamente ou eletricamente controlados. Cada fileira, ou conjunto de tubos, é ativada por um registro conectado a uma "régua", da mesma maneira que as teclas estão nos tubos. Para um tubo "falar", os furos na régua precisam estar alinhados com o fundo, ou "pé" do tubo. Apertar uma tecla abre a válvula sob o tubo, permitindo ao ar viajar ao longo do canal estreito, através do furo na régua, e finalmente para cima, no tubo.

▲ *Órgãos eletrônicos foram projetados como substitutos de baixo custo para os órgãos de tubo.*

Seção Um: Os Instrumentos

AFINAÇÃO

Cada fileira apresenta um mesmo tipo de tubo (registro), mas com diferentes alturas do som. Usando a razão entre altura e comprimento do tubo, os organistas se referem aos registros como: 8 pés (indicando altura normal, como no piano); 16 pés (uma oitava abaixo da normal); 4 pés (uma oitava acima) e daí por diante. Alguns registros (conhecidos como registros de mutação) produzem uma nota completamente diferente. Por exemplo: o registro marcado como "$1^{1/3}$" soa duas oitavas e uma quinta acima. Outros registros, "misturas", combinam diversas fileiras de diferentes alturas para produzir um acorde inteiro, quando uma única tecla é apertada (incluindo, geralmente, diversos harmônicos da nota relevante). Excluindo certas aberrações, como o órgão de Atlantic City, o comprimento dos tubos varia de menos de 2,5 cm a 10 m, dando ao órgão a mais ampla extensão entre os instrumentos (nove oitavas, comparado com as sete do piano).

▲ *Os registros do órgão (de cada lado dos manuais) imitam diferentes instrumentos.*

REGISTROS DO ÓRGÃO

Os registros são agrupados em várias seções separadas chamadas de divisões. Cada uma tem um nome e é controlada através de seu próprio manual ou pedaleira. Das várias seções dos manuais, as mais comuns são: grande, expressivo e positivo. Há apenas uma seção de pedal. Um órgão, então, é organizado, quase literalmente, como um exército: em diferentes seções, cada uma com seu próprio manual e compreendendo várias fileiras, controladas por um único registro. Porém, um registro também pode ativar mais de uma fileira ou menos.

▲ *Outras divisões do manual são conhecidas como: solo, orquestral, eco e antifonal.*

Dois manuais e pedais são as exigências mínimas para se tocar a parte principal do legítimo repertório de órgão. Um grande instrumento, porém, pode ter cinco, seis ou até sete manuais, um empilhado sobre o outro, cada qual controlando suas próprias famílias de sons e notas.

ÓRGÃOS DO SÉCULO XX

O grande divisor de águas nos 2.000 anos de história do órgão ocorreu no século XX, com o advento do órgão eletrônico – um termo usado para órgãos cujo som é gerado por circuito eletrônico e radiado por alto-falantes no lugar de tubos. Seu ancestral mais próximo foi o *telharmonium* operado por teclado, de 200 t e 18,2 m, do inventor americano Thaddeus Cahill, que usava discos eletromagnéticos para gerar o som. Criado em 1904, apesar de seu tamanho, ele caiu no esquecimento como era previsível. Seus sucessores mais modernos, no entanto, foram especificamente projetados como um substituto econômico e compacto para o tradicional, e mais complexo, órgão de tubo.

O mais famoso de todos os órgãos eletrônicos é conhecido pelo nome de seu inventor, Laurens Hammond (também americano), que o patenteou em 1934. Ao contrário da maioria dos instrumentos desse tipo, ele produz seu som através de um complexo conjunto de geradores rotatórios e é capaz de grande variedade de timbre. Nos anos 1960, circuitos e componentes projetados para operar televisores, receptores de rádio e estéreos foram adaptados para uso na música. A grande mudança, porém, veio nos anos 1970, quando o microcircuito digital foi usado para criar um órgão-computador no qual os sons não eram criados internamente, mas haviam sido pré-gravados e armazenados no computador, podendo ser recuperados quando necessário. Sons gravados de órgãos de tubos convencionais são codificados em forma digital e podem ser recriados por computador ao toque das teclas e registros.

▲ *Na era do filme mudo, grandes órgãos de teatro foram instalados em muitos cinemas.*

REALEJO

À primeira vista, barris e música não combinam muito bem. Porém, sua aliança se estabeleceu desde ao menos o século IX – quando a primeira descrição detalhada do realejo apareceu num tratado árabe.

MECANISMOS DO REALEJO

O princípio mecânico subjacente a todos esses instrumentos, do órgão e piano automáticos às espetaculares orquestras mecânicas do século XIX, em que Beethoven escreveu sua notória *A Vitória de Wellington*, é o mesmo. No seu cerne está um cilindro giratório, ou barril, colocado horizontalmente, com pinos de latão ou aço que abrem (ou provocam a abertura) das teclas ou tubos necessários. Eles são ativados por pulsos ou correntes de ar fornecidos por foles, que são operados pelo mesmo movimento que gira o barril. O mais simples desses são os pequenos órgãos de "colo" de manivela, usados no século XVIII, para ensinar melodias a canários. Esses, claro, produziam apenas linhas melódicas sem acompanhamento.

A partir do século XVI, os barris foram amplamente usados em órgãos mecânicos e relógios musicais, e muitos eram movidos hidraulicamente. Tais instrumentos eram frequentemente encontrados nos jardins mais afluentes da Itália e Áustria. Outros órgãos eram impulsionados por relógios de pêndulo.

DESENVOLVIMENTOS EUROPEUS

Na Inglaterra dos Tudor, havia virginais operados por barris e, em 1687, surgiu uma combinação de órgão e espineta, com 16 tubos e 16 cordas, todos dentro de um único relógio. Em 1736, Georg Friderich Händel (1685-1759) escreveu e arranjou numerosas peças para um relógio que tocava tanto sinos, quanto tubos de órgão. Em 1790, Mozart compôs uma grande obra-prima expressamente para uma forma de realejo.

Pianos de barril com manivela apareceram primeiramente na Itália, no final do século XVIII. Inicialmente pequenos, já em 1880, assemelhavam-se a um piano vertical e eram colocados em um carrinho de mão de duas rodas. Eram feitos e tocados quase exclusivamente pelos italianos, até Mussolini banir toda a música de rua, em 1922.

COMPOSIÇÕES PARA REALEJO

Na Inglaterra dos séculos XVIII e XIX, porém, eles serviram a um propósito tanto prático como espiritual, fornecendo cantigas de salmos e hinos, cantos e *voluntaries* [4] (tipo de música sacra inglesa) nas igrejas e capelas por toda a parte, dispensando o organista da paróquia por boa parte desses 200 anos. O comum órgão de rua juntou-se à paisagem urbana no início do século XIX, florescendo nas ruas de Londres e outras cidades inglesas até a eclosão da Primeira Guerra Mundial.

Muitos dos maiores realejos tocavam numerosas aberturas, movimentos sinfônicos, seleções de óperas, conjuntos de valsas e outras músicas. Um desses teve influência formadora na infância de Piotr Ilyich Tchaikovsky (1840-93).

Em 1825, Clementi, em Londres, produziu uma máquina que marcou um novo capítulo na história do piano, embora sua real importância não tenha sido percebida na época. "Esse curioso instrumento", escreveu um crítico, "suprido por um cilindro horizontal e posto em movimento por uma mola de aço, efetua sem força externa ou operação manual as mais difíceis e intrincadas composições." Os dias dos pianistas amadores estavam contados.

▲ *Realejos agora geralmente utilizam rolos de piano.*

---

[4] N. do T.: Tipo de música sacra inglesa.

HARMÔNIO

Frequentemente considerado um primo rural (e por isso, o "camponês") da família do órgão, o harmônio levou um pouco de conforto a muitas casas rurais do século XIX, onde a compra de um piano seria um luxo que não poderia ser arcado. Mas também, os dois instrumentos frequentemente coabitavam.

COMPOSIÇÕES DE HARMÔNIO

Hoje, ao contrário do piano, o harmônio é uma raridade, expulso entre outros por seus sucessores eletrônicos, mas nunca um "camponês". Muitos distintos compositores levaram-no muito a sério, entre eles Tchaikovsky, Gioacchino Rossini (1792-1868), Antonin Dvorák (1841-1904), César Franck (1822-90), Camille Saint-Saëns (1835-1921), Max Reger (1873-1916) e o menos conhecido (embora famoso para organistas), Siegfried Karg Elert (1877-1933), que não apenas escreveu um livro sobre a arte da registração no harmônio, mas fez turnês como recitalista.

▲ *O harmônio Estey foi amplamente usado durante a Segunda Guerra Mundial.*

Saint-Saëns escreveu um grupo de seis peças. Franck arranjou seu próprio *Prelúdio, Fuga, e Variações* e compôs muitas outras, especificamente para o instrumento. A orquestração original de *Petite messe solenelle*, de Rossini, era para dois pianos e harmônio. A única música escrita para teclados de Hector Berlioz (1803-69) chama-se *Três peças para harmônio* (1845), e nada no repertório de câmara excede o charme e o calor das deleitáveis *Bagatelles* (op. 47), de Dvorák, para dois violinos, *cello* e harmônio.

PALHETAS LIVRES

O harmônio pertence à família dos instrumentos de "palheta livre", que inclui não apenas o acordeão e a concertina, mas também instrumentos antigos como a quase universal harpa de boca e o *sheng* da China, cuja importação para São Petesburgo, no século XVIII, parece ter inspirado diretamente os precursores do harmônio.

Em todos esses, o som é produzido por "palhetas" (geralmente de latão, no caso do harmônio) montadas em uma armação e postas em vibração por rajadas de ar, geralmente ativadas por foles. No caso de muitos harmônios portáteis antigos – em especial na América, onde eles são frequentemente chamados de *melodeon* – o instrumento é apoiado nos joelhos e os foles operados por um cotovelo enquanto as mãos cuidam das teclas.

MECÂNICA DO HARMÔNIO

Em sua forma suprema, ele é um belo instrumento de dois manuais, como o cravo e menores órgãos, as palhetas agora encerradas em um gabinete admirável, enquanto os foles são bombeados alternadamente pelos pés. O volume do som e a gradação do timbre são diretamente afetados pela velocidade da pedalada, e várias filas

▲ *O instrumentista bombeia os foles com uma mão e toca com a outra.*

de palhetas constituem registros de qualidades sonoras variadas, análogas àquelas do órgão de tubo. Nos maiores harmônios existem duas alavancas de joelho: uma, pela pressão lateral do joelho em uma peça de madeira projetada, põe o instrumento em força máxima, enquanto a outra opera no princípio do pedal de expressão do órgão. O repertório padrão consiste em muitos hinos e canções sentimentais, contrabalanceado por uma salada de polcas, valsas, marchas e arranjos simples de árias operísticas.

▶ *O harmônio é usado em quase todos os gêneros musicais indianos, exceto na música clássica do sul da Índia.*

O HARMÔNIO INDIANO

No século XX, o declínio do harmônio no ocidente foi balanceado por sua enorme popularidade no subcontinente indiano. Ele chegou à Índia com os missionários, que levaram consigo versões francesas do instrumento, bombeadas à mão. A facilidade de uso e a portabilidade fizeram com ele se tornasse rapidamente popular entre a população nativa. Nas décadas seguintes, os indianos tomaram o desenho básico do harmônio francês e o desenvolveram, adicionando, entre outras coisas, registros bordão e dispositivo de mudança de escala.

Atualmente, o instrumento continua sendo parte importante da música indiana, particularmente entre os sikhs (para os quais, ele é conhecido como *vaja*), que utilizam-no em seus cânticos. Ele é considerado um instrumento versátil. Até recentemente, ele era bastante ouvido como acompanhamento da música vocal da Índia, junto com a tabla. Nos últimos anos, porém, mais e mais músicos indianos perceberam o potencial do harmônio como instrumento solo. Entre os pioneiros dessa revolução estão Pandit Tulsidas Borkar e Arawind Thatte.

ACORDEÃO

Assim como seu parente próximo, a concertina, o acordeão é um órgão de boca glorificado, no qual as "palhetas" (agora geralmente feitas em aço temperado) são postas em vibração por foles retangulares.

Os foles são operados pela mão esquerda, que também – como em todos os instrumentos de teclas – manipula o chamado teclado baixo, nesse caso uma coleção de botões e não teclas, que produz tanto notas simples quanto certos acordes predeterminados. A mão direita opera o teclado agudo, dando origem ao termo "acordeom piano". O instrumento é suspenso por tiras nos ombros, dando às mãos e aos dedos espaço máximo para manobra.

HISTÓRIA E DESENVOLVIMENTO

Embora tenha sido evidentemente inventado por Christoph Ludwig Buschmann, de Berlim, em 1821, e desenvolvido por Cyrillus Demian, de Viena, em 1829, ele apareceu no mercado pela primeira vez, em grande escala, na Bélgica e França, onde ainda é identificado frequentemente com a música popular local. Isso é especialmente válido para a França, onde ainda é um estereótipo nacional, pouco abaixo das boinas e bigodes espalhafatosos.

Apesar de sua associação com a música popular, ele encontrou seu lugar nas salas de concerto, em composições de Berg, Prokofiev, Mátyás Seiber, Paul Creston, Roy Harris, Virgil Thomson e muitos outros. Uma escola de música exclusiva para professores de acordeão foi fundada em Trossingen, Alemanha, em 1931, tornando-se uma academia estatal plenamente desenvolvida, em 1948, e o British College of Accordionists floresceu desde seu princípio, em 1936, e a American Accordionists Association, desde 1938. Acordeões, de uma forma ou outra, são encontrados nas sociedades de todo o planeta.

▲ Muitos acordeões modernos têm botões capazes de produzir acordes inteiros.

CONCERTINA

Também chamada de "gaita", ela é a menor de todos os instrumentos convencionais de teclado e o mais humilde primo do órgão (exceto pela harmônica de boca). Estritamente falando, ela não tem nem teclas, nem teclado. Nem um formato uniforme.

TÉCNICAS DE EXECUÇÃO

Enquanto a concertina inglesa padrão é hexagonal, os modelos germânicos e americanos são quadrados. O princípio básico, porém, é comum a todos: palhetas metálicas afinadas, que são postas em movimento por correntes de ar geradas por um fole manual. Quando as mãos do instrumentista estendem o fole, ele "inala"; quando elas contraem, ele "exala". A nota e o ritmo são controlados por tachas ou botões em ambas as extremidades. Esses são manipulados com os dedos, enquanto os polegares e/ou punhos estão presos à caixa de ressonância por alças para esse propósito.

Como nos teclados propriamente ditos, a mão esquerda cuida da extremidade inferior do espectro, enquanto a direita se encarrega da superior. Uma variedade de som e volume é obtida por alterações contrastantes na velocidade e força com que as mãos controlam a "respiração" do instrumento. Ele existe em quatro diferentes tamanhos – soprano, tenor, baixo e contrabaixo – cobrindo, entre eles, uma extensão total de pouco mais que $6^{1/2}$ oitavas.

MODELOS INGLÊS E EUROPEU

Uma diferença crucial separa a concertina inglesa de seus primos europeus, a saber: ela toca a mesma nota tanto na distensão, quanto na compressão do fole, enquanto o modelo continental toca diferentes graus da escala, com cada botão produzindo diferentes notas. Embora amplamente associada com a chamada classe operária, bailes de vilas e distrações de navio, a concertina, patenteada por seu inventor, sir Charles Wheatstone (1802-75), em 1829, tem estimulado diversos compositores (ainda que todos eles menores) a escrever concertos e outros trabalhos de concerto para ela. Entre eles, o *Adagio para oito concertinas em E Maior* e um *Quinteto em D Maior para concertina, violino, viola, cello e piano*, do compositor holandês Edouard Silas (1827-1909).

COMPOSITORES PARA CONCERTINA

Outros compositores para concertina incluem Giulio Regondi (1827-72), Richard Blagrave (1826-95), George Case, o próprio Wheatstone, Bernhard Molique (1802-69), George Macfarren (1813-87), J. F. Barnett e Julius Benedict (1804-85). O instrumento também foi recrutado para a orquestra sinfônica, mais notavelmente

▲ Morris-dance: *dançarinos com uma concertina, acordeão, pífano e tambor.*

por Charles Ives (1874-1954) e Percy Grainger (1882-1961). Suas formas alternativas incluem a *aeola*, de 1845, usando um formato octagonal, e o *duet sytems*, no qual a escala cromática completa é fornecida em ambos os teclados. A variante mais conhecida, porém, é o muito maior bandoneon, construído por Heinrich Band (1821-60) e fortemente favorecido na América do Sul, tanto na música folclórica quanto popular, e nas obras de Astor Piazzola (1921-92), que fixou permanentemente o bandoneon no mapa musical mundial.

INTRODUÇÃO
INSTRUMENTOS ELÉTRICOS E ELETRÔNICOS

O desenvolvimento dos instrumentos musicais elétricos e eletrônicos – assim como os sistemas de produção musical associados – é um dos traços marcantes da história da música do último século. Na realidade, o advento dos instrumentos elétricos antecede o século XX.

Alguns dos instrumentos expostos aqui – como a guitarra elétrica – são prontamente reconhecidos. Outros, como o *chapman stick* ou o *mellotron*, são menos conhecidos, enquanto outros – como o malogrado *telharmonium* – são nada mais que bizarros!

ELÉTRICO E ELETRÔNICO

▼ Teclados elétricos foram projetados como pianos portáteis.

Os temos "elétrico" e "eletrônico" são trocados erroneamente. Por convenção, o termo "elétrico" refere-se a instrumentos que empregam um sistema elétrico de amplificação e/ou modificam um som que foi originalmente produzido por meios acústicos. Um exemplo óbvio de tais instrumentos é a guitarra elétrica, no qual o som da vibração natural das cordas é amplificado e modificado por meios elétricos.

Por outro lado, um instrumento como o sintetizador é referido como "eletrônico", pois ele gera seu som inteiramente através de componentes eletrônicos – como osciladores e

▼ *O vibrafone usa um motor elétrico para produzir seu som respirado.*

microchips – sem nenhuma origem acústica natural.

Outro subconjunto de instrumentos elétricos é conhecido como "eletromecânicos". O termo descreve instrumentos, nos quais um motor elétrico impele partes móveis, que por sua vez são usadas, ou para gerar, ou modificar o som. Instrumentos nessa categoria incluem o vibrafone e o órgão Hammond.

SOM

Todo o som começa com um movimento. A pele do tambor se move quando percutida; uma corda sob tensão vibra quando tangida; uma coluna de ar se move através das cordas vocais. Por sua vez, esses movimentos deslocam moléculas de ar adjacentes. Cada molécula então perturba e desloca sua vizinha – tal como uma sucessão de bolas de bilhar batendo umas nas outras, ou no "berço de Newton", um brinquedo de mesa comum. Dessa forma, o movimento original – ou energia cinética – de uma fonte sonora é transferido através do ar para o ouvinte. Esse movimento das moléculas do ar faz com que o tímpano do ouvinte vibre num padrão diretamente relacionado com o movimento da fonte sonora original – um tambor percutido ou corda vibratória. O movimento do tímpano é então traduzido em energia elétrica nervosa (interpretado pelo cérebro como som), por meio de um sistema complexo de pequenos ossos e uma membrana suspensa em fluido no ouvido interno.

▲ *Computadores revolucionaram a música, criando a necessidade de controladores, como o Jazz Mutant Lemur.*

Fact

Todos os instrumentos elétricos e eletrônicos dependem do princípio de transdução – mudança de uma forma de energia para outra. O aparelho que transforma uma forma de energia em outra é conhecido como "transdutor". Dois dos transdutores mais comuns são o microfone e o alto-falante.

Seção Um: Os Instrumentos

MICROFONES

Simplificando, o trabalho do microfone é transformar som em eletricidade. Isso é obtido através de um diafragma no qual está ligada uma bobina em volta de um imã. Como qualquer um que tenha conduzido uma bicicleta com lanternas com dínamo sabe, uma bobina movida em um campo magnético produz uma corrente elétrica. Deste modo, a energia acústica que chega ao diafragma do microfone faz a bobina vibrar em torno do imã. Isso induz um sinal elétrico – um sinal que representa diretamente as características do som original.

ALTO-FALANTE

A construção do alto-falante é, de fato, quase idêntica a do microfone. Ele também consiste em um diafragma ligado a uma bobina em volta de um imã. Porém, seu trabalho é totalmente o oposto – traduzir energia elétrica em sonora. Quando um sinal elétrico passa através da bobina, no campo do imã, ela se move em relação ao imã, fazendo o diafragma vinculado se movimentar, num padrão diretamente relacionado com o sinal original. Esse movimento, por sua vez, faz com que o ar circundante vibre e, assim, o sinal elétrico torna-se energia acústica – som.

AMPLIFICAÇÃO

Uma vez que o som foi convertido em sinal elétrico, ele pode ser amplificado. Um bom amplificador de alta-fidelidade garante que o sinal resultante seja uma cópia fiel ao original de entrada – apenas mais alto. Isso é conhecido como "resposta linear". Um amplificador impreciso introduzirá toda sorte de distorção no som resultante. Apesar disso parecer indesejável, é precisamente esse tipo de efeito que é procurado, por exemplo, por guitarristas.

FITA MAGNÉTICA

Além da aplicação da amplificação e modificação sonora, outra razão para converter o som em sinais elétricos é que dessa forma ele pode ser armazenado, manipulado e reproduzido. A partir dos anos 1950, a mídia principal para a gravação musical foi a fita magnética. O som, capturado e convertido em sinais elétricos por microfones, é armazenado

◀ *A guitarra elétrica foi o instrumento mais marcante do século XX.*

em fita magnética analógica, como uma série de amostras magnéticas variáveis, que quando tocadas reproduzem o sinal elétrico original e, por consequência, o som original. Porém, com a recente ascensão da gravação e do sistema de armazenamento digitais, a fita magnética deixou de ser dominante.

POR QUE DIGITAL?

Sistemas digitais oferecem grandes vantagens na qualidade real de som. Embora seja verdade que um sistema de fita bem montado possa soar tão bem quanto sua contraparte digital, os sistemas digitais são, em geral, muito menos suscetíveis a chiados, ruídos e outros artefatos indesejáveis. Isso se deve, primariamente, à natureza dos sinais digitais que, consistindo de um fluxo binário de uns e zeros, são bem definidos e sem ambiguidade.

Além disso, os sinais digitais são facilmente armazenados, manipulados e reproduzidos em um computador. Simplificando, se existe uma coisa que os computadores fazem bem é gravar, editar e recuperar grande quantidade de números. Isso dá acesso a incontáveis oportunidades criativas para os músicos atuais.

TELHARMONIUM

O bizarro *telharmonium* é considerado, para muitos, o mais antigo exemplo de um instrumento puramente eletrônico.

Patenteado em 1897 por Thaddeus Cahill (1867-1934), um advogado e inventor de Washington DC, o *telharmonium* foi pioneiro em muitas tecnologias importantes. O som era gerado por uma série de discos eletromecânicos (parecidos com os do órgão Hammond), e cada série produzia uma senóide pura – uma por nota. Usando a técnica de síntese aditiva, Cahill incluiu discos eletromecânicos adicionais, cujas saídas podiam ser usadas para colorir o som e produzir diferentes timbres instrumentais.

O som era controlado por múltiplos conjuntos de teclados polifônicos sensíveis ao toque, cada um com 36 notas por oitava, afináveis em frequências entre 40 e 4.000Hz. O instrumento era comumente tocado por dois instrumentistas (a quatro mãos) e o repertório era de clássicos populares, como Johann Sebastian Bach (1685-1750), Frédéric Chopin (1810-49) e Gioacchino Rossini (1792-1868).

APRESENTAÇÕES DO *TELHARMONIUM*

Embora tenha sido apresentado poucas vezes para grandes audiências, o sonho de Cahill era transmitir música aos ouvintes por linhas telefônicas. Ele obteve isso conectando cones de papel a aparelhos comuns de telefonia com o intuito de amplificar o som suficientemente (a obra de Cahill antecede, em cerca de 20 anos, a invenção do amplificador).

UM INSTRUMENTO DE DIFÍCIL MANEJO

Embora o *telharmonium* contenha algumas extraordinárias tecnologias visionárias, ele estava fadado ao fracasso. Para começar, ele era enorme. Além disso, os usuários de telefone reclamavam que a música dele podia ser ouvida em toda rede, intrometendo-se nas conversas. Encarando a crescente competição do novo órgão Wurlitzer e transmissões sem fio, a companhia de Cahill faliu. Apenas três *telharmonium* foram construídos – nenhum sobrevive e nenhuma gravação desse instrumento existe.

ÓRGÃO HAMMOND

O termo órgão elétrico, ou eletromecânico, é usado para descrever instrumentos que produzem som usando um sistema de espécies de dínamos de partes móveis – em oposição aos órgãos eletrônicos que empregam transistores.

LAURENS HAMMOND

Da mesma forma que "Xerox" é usado para fotocópia, o nome "Hammond" tornou-se sinônimo de órgãos elétricos. O órgão Hammond foi desenvolvido por Laurens Hammond (1895-1973), um inventor brilhante que dizia não ter qualquer habilidade musical.

Hammond graduou-se com louvor em engenharia mecânica pela Cornell University, em 1916. Depois de um período de serviço militar na França, durante a Primeira Guerra Mundial, ele ocupou o posto de engenheiro chefe na Gray Motor Company, em Detroit. A invenção de um relógio de corda silencioso deu a Hammond capital suficiente para tomar seu próprio rumo e, em 1928, ele fundou a Hammond Clock Company, que produzia uma série de relógios elétricos, movidos por outra de suas invenções – o motor elétrico síncrono.

Porém, à medida que outras companhias relojoeiras encerravam suas atividades durante a Grande Depressão, a determinação de Hammond de permanecer solvente levou-o a desenvolver outros produtos e, logo, ele se voltou para a música. Embora não fosse músico, ele reconheceu a importância dela e estava entusiasmado para produzir um sistema que poderia trazer música de elevada qualidade para o mercado doméstico.

DESENVOLVIMENTO DO ÓRGÃO ELÉTRICO

No desenvolvimento do órgão elétrico, Hammond inspirou-se nos princípios básicos do infortunado *telharmonium*, de Thaddeus Cahill. Auxiliado pelo tesoureiro de sua companhia (e organista de igreja), William Lahey, Hammond usou sua prática e experiência de engenheiro para desenvolver um sistema eletromecânico de geradores de discos rotativos ligado a um teclado. O órgão de Hammond foi patenteado em 1934 e o Modelo A entrou em produção em 1935, com Henry Ford e George Gershwin entre os primeiros clientes.

O agora legendário B3 foi primeiramente produzido em outubro de 1955 e rapidamente tornou-se um favorito permanente entre músicos de todos os gêneros, por seu som característico e sua versatilidade. O B3 é alojado em um grande gabinete de madeira, com quatro pernas, com amplificador de potência e alto-falantes separados. O músico é presenteado com um par de teclados de 61 notas e uma pedaleira plana radial removível de 25 notas. O som gerado pelo instrumento é controlado por uma série de chaves oscilatórias e tirantes. Esses tirantes são a alma do som do Hammond, permitindo ao instrumentista construir timbres ricos, pela diferente combinação de tons puros – do mesmo modo que o organista de igreja usaria os registros para combinar tubos de diferentes comprimentos.

> **Fato**
> O legado de notáveis invenções de Hammond incluem as lentes vermelhas e azuis, usadas nos óculos 3D, sistema de orientação de mísseis e uma mesa mecânica de *bridge*, que pode embaralhar e distribuir um baralho de cartas em quatro pilhas.

◀ *O influente músico Jimmy Smith podia conjurar alguns grooves de funk de seu órgão Hammond.*

A CAIXA LESLIE

Outra característica marcante do som do Hammond não foi inventada por Laurens Hammond, mas por Don Leslie (1911-2004). A caixa Leslie foi desenvolvida para superar as deficiências que Leslie sentiu serem inerentes do som do órgão Hammond. Notando que o instrumento soava muito mais expressivo em grandes salas, Leslie começou a experimentar formas de introduzir reverberação e movimento no som. O resultado foi o sistema de alto-falante giratório que tem seu nome.

O gabinete da caixa Leslie parece uma cômoda e contém um amplificador de válvula de 40W, um cone agudo e um alto-falante grave, ambos giratórios. Ele foi projetado para produzir dois efeitos particulares – o "coral" (quando os falantes giram devagar) e o *tremolo* (quando eles giram rapidamente). Porém, um terceiro efeito explorado por muitos músicos tornou-se possível desconectando os motores lentos, tornando a mudança do "coral" para "*tremolo*" muito mais exagerada.

O ÓRGÃO HAMMOND HOJE

Hammond continuou produzindo diferentes modelos de órgãos elétricos, todos baseados na tecnologia original de discos rotativos (*tone-wheel*), até 1975. A companhia continuou a fabricar órgãos usando tecnologia eletrônica e digital, mas abandonou os negócios em 1986, sendo comprada pelo grupo Suzuki no ano seguinte. Novos instrumentos, como o novo B3 e o XK3, usam moderna tecnologia digital para emular o som clássico tão amado por tecladistas.

▲ *O Hammond XK3 recria o som do legendário B3*

A combinação característica Hammond-Leslie pode ser ouvida em incontáveis gravações de jazz, rock, gospel e blues, incluindo algumas faixas clássicas, como "A Whiter Shade of Pale", do Procol Harum e "Gimme Some Lovin", do Spencer Davis Group.

INSTRUMENTOS ELÉTRICOS E ELETRÔNICOS

PIANO ELÉTRICO

O piano ocupa um lugar especial na música. Desde o advento da amplificação, os músicos viram formas no qual seu som versátil e expressivo poderia ter mais volume para se sobressair ao som dos outros instrumentos amplificados e também como ele poderia ser transformado em um instrumento mais fácil de transportar que o tradicional piano acústico. Os pianos elétricos pertencem a três categorias.

PIANOS ELETROACÚSTICOS

▶ *O Yahama CP-70.*

Esses instrumentos simplesmente amplificam o som do que é, essencialmente, um mecanismo de piano acústico tradicional – martelos atingindo cordas. Talvez os exemplos mais bem conhecidos desse tipo de piano sejam o CP-70, da Yahama, de 73 notas, e o seu irmão maior, o CP-80, de 88 notas. Embora ainda grandes e pesados, os pianos CP da Yahama são relativamente portáteis, sendo divididos em duas seções – uma contendo o teclado e o mecanismo de martelos, a outra contendo as cordas numa armação tipo harpa. Comportando-se como um piano acústico, o som do CP-70 e CP-80 pode ainda ser escutado quando desligado, embora muito mais baixo do que um piano de cauda convencional de mesmo tamanho.

Naturalmente, o uso do mecanismo tradicional das cordas de piano significava que esses instrumentos ainda precisavam ser afinados constantemente, ainda mais durante a vida na estrada. O som era amplificado através de um sofisticado captador piezoelétrico e sistema de pré-amplificação que transformava a vibração acústica das cordas em sinal elétrico. Devido a sua imponente presença de palco, boa resposta do teclado, e som rico e brilhante, o CP-70 e CP-80 da Yamaha foram populares entre muitos tecladistas, incluindo Tony Banks, Howard Jones e Vangelis.

▲ *O Fender Rhodes Mark I Stage 73.*

"DENTES" AMPLIFICADOS

Como o Yamaha CP-70, instrumentos nessa categoria usam um sistema de captadores para amplificar um som acústico de ação mecânica. Porém, em vez de cordas, esses pianos usam as qualidades percussivas de martelos batendo em palhetas ou dentes de garfos metálicos – parecidos com um diapasão. Talvez o exemplo mais conhecido desses instrumentos seja o Fender Rhodes. Desenvolvido por Harold Rhodes (1910-2000), o Fender Rhodes tem um som característico similar ao sino ou celesta, que pode ser, alternadamente, suave e lírico ou agressivo e cortante. Modelos clássicos incluem o Suitcase 73 (que inclui um sistema de *tremolo*, um amplificador de 50W e alto-falantes embutidos) e o Fender Rhodes 88, disponível nas versões de mala ou palco. Essa última versão despojou o instrumento do amplificador e alto-falantes embutidos, para torná-lo mais leve e menos caro. O som do Fender Rhodes pode ser ouvido em faixas como "Chameleon", de Herbie Hancock; "Just the Way You Are", de Billy Joel; e "You are the Sunshine of my Life", de Stevie Wonder.

Outros fabricantes, como Wurlitzer e Hohner, empregaram tecnologia similar para produzir seus próprios modelos de piano elétrico. Canções estreando o Wurlitzer incluem: "You're my Best Friend", do Queen; "The Logical Song", do Supertramp; e o clássico "What'd I Say", de Ray Charles.

▲ *Quando tocado suavemente, o Wurlitzer tem um som bastante doce.*

PIANOS ELETRÔNICOS/DIGITAIS

Não usam ação mecânica ou som acústico amplificado, geram som por meios puramente eletrônicos, geralmente reproduzindo amostras de sons de instrumentos armazenados em ROM (memória somente de leitura). Para o mercado doméstico, pianos na faixa do Yamaha Clavinova vêm com amplificador e alto-falantes embutidos, e têm um suplemento completo de sons de instrumentos, ritmos de bateria pré-programados e autoacompanhamento. Equipamentos profissionais de palco, como o Kawai MP8 ou o Kurzweil PC88, geralmente não têm amplificador e alto-falante embutidos.

▲ *O teclado do Kurzweil PC88 tem 88 teclas, pesadas como as do piano real, que rivalizam com as teclas de um piano verdadeiro.*

CLAVINET

Em essência, o *clavinet* é uma versão elétrica do clavicórdio. Projetado nos anos 1960 por Ernst Zacharias, da companhia alemã Hohner, o *clavinet* evoluiu a partir do *cembalet*, um instrumento que Zacharias desenvolveu alguns anos antes, como contraparte do cravo.

CONSTRUÇÃO

Hohner produziu alguns modelos de *clavinet* durante anos, incluindo o legendário D6. Muitos modelos apresentam um teclado de cinco oitavas. O som vem de cordas percutidas por pequenos martelos com ponta de borracha, ou "tangentes", e era amplificado através de captadores – como aqueles na guitarra elétrica – posicionados acima e abaixo das cordas. De fato, o instrumento produzia um sinal do mesmo nível da guitarra e geralmente usava um amplificador desse instrumento. O som *stacatto* característico se devia a um novelo através da qual toda corda passava.

SOM

Uma corda podia vibrar durante o tempo que a tecla estivesse apertada, mas depois que esta era solta, a corda era imediatamente abafada pelo novelo. Uma série de interruptores, para selecionar captadores à esquerda do teclado, permitia ao músico alterar o som do instrumento, tornando-o rico e cheio, ou fino e cortante. Outros controles incluíam reguladores gerais de brilho e volume. O som do *clavinet* era, muitas vezes, ainda mais alterado, passando-se sua saída através de efeitos de guitarra – como o pedal wah-wah – antes da amplificação.

O som brilhante e percussivo característico do *clavinet* tornou-o um firme favorito entre músicos de funk e rock. John Paul Jones, do Led Zeppelin, usou o instrumento extensivamente no álbum *Physical Graffiti,* mas talvez o momento marcante do *clavinet* tenha sido seu uso na contagiante música "Superstition", de Stevie Wonder.

MELLOTRON

De fato, o *mellotron* e seu predecessor, o *chamberlain*, foram os primeiros exemplares de instrumento que reproduzia amostras (*samples*).

CHAMBERLAIN

Em 1949, o inventor californiano Harry Chamberlain patenteou o Charmberlain Music Master. Ele foi o primeiro instrumento, disponível comercialmente, a utilizar trechos de fitas pré-gravadas, montadas em um teclado, de tal forma que, toda vez que a tecla era apertada, um trecho correspondente de fita se movia através da cabeça de leitura. O som resultante era ouvido através do amplificador e alto-falantes embutidos. O *chamberlain* empregava trechos limitados de fita e necessitava de um mecanismo de mola para voltar cada trecho ao início sempre que a tecla era solta. O tempo limitado de reprodução, de sete ou oito segundos, fez com que os instrumentistas desenvolvessem um movimento "tipo aranha" entre inversões de acorde, na tentativa de sustentar o som por mais tempo. Porém, o sistema tinha a vantagem que a parte do ataque do instrumento gravado era ouvida a cada nova nota tocada.

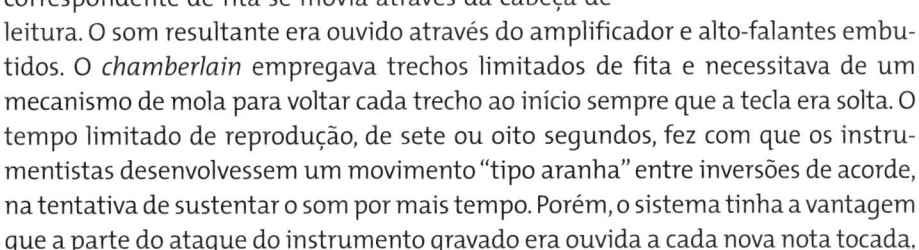

MODELOS DE *MELLOTRON*

Em 1962, o agente de Chamberlein, Bill Fransen, na busca de fornecedores de cabeças de leitura de fitas, visitou a Bradmatic, uma pequena companhia em Birmingham, Inglaterra. A fascinação com a ideia de instrumentos musicais baseados em reprodução de fita levou os donos – os irmãos Bill e Lesley Bradley – a unir forças com o líder de banda e radiodifusor Eric Robinson, e a companhia Mellotronic nasceu.

O Mellotron Mark I apareceu em 1963, mas, embora fosse tecnicamente superior ao Chamberlain, ele permanecia temperamental e um ano se passou antes que o primeiro instrumento realmente tocável fosse produzido. Muitos consideram o modelo 400, primeiramente produzido em 1970, o *mellotron* clássico. Aproximadamente dois mil foram produzidos. Em 1976, após problemas comerciais e disputas sobre o nome *mellotron*, os irmãos Bradley continuaram a produzir instrumentos sob o nome Novatron. Um instrumento similar, o *birotron*, foi uma malfadada aventura de Rick Wakeman, um usuário do *mellotron* de longa data.

SINTETIZADOR

Nenhum instrumento teve um impacto tão dramático na música contemporânea do que o sintetizador. Seu desenvolvimento criou um novo mundo de infinitas possibilidades sonoras e prenunciou formas de música completamente novas.

HISTÓRIA

O nascimento do sintetizador data de meados dos anos 1940, quando o físico canadense, compositor e construtor de instrumentos Hugh le Caine (1914-77) construiu o *electronic sackbut*, um instrumento amplamente considerado o primeiro verdadeiro sintetizador.

▲ *Hugh le Caine com seu electronic sackbut.*

Nos anos 1950, a RCA (Radio Corporation of America) construiu o enorme sintetizador Mark II Music, usando eletrônica de válvulas e sistema de programação por cartão perfurado – como num piano mecânico. Esse monstro desajeitado necessitava horas de regulagem e programação antes de estar pronto para produzir qualquer som musical.

Outra criação da época incluiu a nova técnica do "Oramics", de Daphne Oram, que usava desenhos em filmes de 35 mm para produzir som, um sistema que foi empregado na oficina radiofônica da BBC por muitos anos.

Embora o inventor americano Donald Buchla tivesse criado um sintetizador disponível comercialmente, a maioria dos instrumentos dos anos 1950 e início dos anos 1960 era, devido a seu enorme tamanho e complexidade, confinada a instituições acadêmicas e estúdios. A explosão de interesse pelo sintetizador foi responsabilidade de um homem, cujo nome tornou-se sinônimo do instrumento – dr. Robert A. Moog (1934-2005).

O MOOG

Moog sempre foi interessado em música eletrônica, tendo construído *theremins* com seu pai durante os anos 1950. Inspirado pelo compositor instrumental Herbert Deutsch, Moog projetou o circuito para seu primeiro sintetizador quando era doutorando em engenharia física pela Universidade de Cornell, onde era aluno de Peter Mauzey, um engenheiro da RCA que trabalhou no sintetizador Mark II Music.

Moog apresentou, com orgulho, seu primeiro sintetizador na convenção da AES (Audio Engineering Society), em 1964. Como a máquina da RCA, o sintetizador de Moog tinha um flexível desenho modular, no qual o instrumento abrangia diferentes seções ou módulos, com diferentes funções, que podiam se conectar entre si em diversas combinações.

O nome de Moog tornou-se mais conhecido para o público quando seu sintetizador apareceu no álbum de 1967, *Pisces, Aquarius, Capricorn & Jones Ltd.*, dos Monkees, tocado por Micky Dolenz. Então, em 1968, Walter (depois Wendy) Carlos lançou o álbum seminal *Switched on Bach*, que vendeu um milhão de cópias e venceu o Grammy de melhor álbum. Outras primeiras companhias fabricantes de sintetizadores incluíam a ARP e a Electronic Music Studios (Londres) Ltd. (EMS), de Peter Zinovieff.

▲ *Um dos primeiros, o enorme sintetizador moog.*

O MINIMOOG

Em 1970, Robert Moog produziu outro instrumento revolucionário: o *minimoog*. Ao contrário dos sintetizadores anteriores, o *minimoog* abandonou o desenho modular em favor de uma estrutura em que toda eletrônica estivesse contida numa unidade simples de teclado.

▲ *O minimoog.*

SINTETIZADORES POLIFÔNICOS

Até meados de 1970, a maioria dos sintetizadores era monofônica. Algumas poucas exceções, incluindo o Sonic Six, de Moog, e o ARP Odyssey, eram duofônicos (podiam tocar duas notas ao mesmo tempo). Instrumentos realmente polifônicos, aptos a tocar acordes, apareceram em 1975 na forma do *polymoog*, com o clássico Yamaha CS-80 e o Oberheim Four-Voice, sendo lançados no ano seguinte.

Seção Um: Os Instrumentos

O advento de microprocessadores de circuitos integrados, que eram acessíveis, permitiu aos fabricantes levar as vantagens do controle e memória digitais para o sintetizador. Em 1977, a Sequential Circuits apresentou o Prophet 5, um sintetizador polifônico totalmente programável, com armazenamento digital de memória, que memorizava todas as configurações – um recurso muito necessário.

O SINTETIZADOR DIGITAL

O Prophet 5 abriu o caminho para os sintetizadores totalmente digitais e, em 1983, a Yamaha apresentou ao mundo a síntese FM, na forma dos sintetizadores DX7. O DX7 também apresentava outro desenvolvimento, visto pela primeira vez em 1982 no Prophet 600 da Sequential Circuits, o MIDI (Musical Instrument Digital Interface).

MIDI

MIDI é um protocolo padrão de comunicação da indústria, que permite instrumentos musicais eletrônicos

▲ *O revolucionário Yamaha DX7, o primeiro sintetizador com MIDI.*

(e computadores) a conectarem-se uns aos outros para trocar dados musicais – como valor de notas ou informações de troca de programa. Antes do MIDI, diferentes fabricantes adotavam os seus próprios padrões proprietários. Assim, por exemplo, era quase impossível um instrumento Yamaha se comunicar com um aparelho Korg. Em 1981, Dave Smith, da Sequencial Circuits, propôs a ideia de uma interface padrão em um artigo à AES e a especificação MIDI 1.0 foi publicada em 1983. A adoção quase universal do MIDI tornou-o uma tecnologia chave, fundamental em situação de palco e estúdio, com aplicações além de puramente musicais, como controle de luzes.

DIFERENTES TIPOS DE SÍNTESE

Embora a maioria dos sintetizadores tenha muitos princípios fundamentais em comum, existem, de fato, várias diferentes formas de técnicas de síntese. Estas incluem:

- **Aditiva:** na qual, sons senoidais puros são combinados para criar diferentes timbres, de acordo com os princípios descobertos pelo matemático francês Joseph Fourier.
- **Subtrativa:** na qual, ondas sonoras ricas em harmônicos, como dentes de serra ou quadradas produzidas por um VCO (oscilador de voltagem controlada), passam através de filtros que podem retirar ou acentuar certos harmônicos. Muitos sintetizadores analógicos empregam técnicas subtrativas.

- **FM (modulação em frequência):** imaginado no início dos anos 1970, por John Chowning na Universidade de Stanford, a FM foi licenciada para a Yahama para uso nos instrumentos da linha DX. FM envolve a frequência de uma onda sonora sendo usada para modular (modificar e influenciar) a frequência de outra, resultando em um novo som, muito mais complexo.
- **Granular:** usa múltiplas camadas de ondas muito curtas (de 1-50 ms), chamadas "grãos", para criar "nuvens" de som.
- **Modelagem Física:** usa equações matemáticas complexas para simular as características físicas de, por exemplo, uma corda tangida ou pele de tambor percutida. Devido à enorme quantidade de processamento envolvido, a modelagem física em tempo real só se tornou possível com o desenvolvimento de processadores extremamente poderosos. O primeiro instrumento comercialmente disponível a empregar a modelagem física foi o Yamaha VL-1, em 1994.

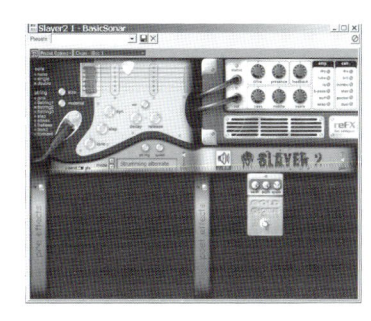

▲ *O Slayer 2 emula uma corda tangida.*

OUTROS CONCEITOS IMPORTANTES

- **Envelopes:** representam a maneira como aspectos do som se comportam temporalmente. Por exemplo: em termos de volume, uma batida de prato tem ataque rápido e um longo e lento decaimento. Controles de envelopes dão ao usuário controle sobre o ataque, decaimento, sustentação e repouso (ADSR) de um som.
- **Modulação:** modulação simplesmente significa modificar ou influenciar, e esse é o conceito chave em trazer expressividade para os sons sintetizados. Muitos aspectos diferentes do som podem ser modulados. Por exemplo: a afinação de um oscilador pode ser modulada para produzir um efeito vibrato ou a frequência de corte de um filtro pode ser modulado para criar um som característico de varredura. O instrumentista pode modular através de controles do sintetizador como a roda de modulação ou aumentando a pressão em um teclado com sensitividade "após o toque" (*aftertouch*).
- **Efeitos:** a maioria dos sintetizadores mais modernos permite ao músico modificar ainda mais o som através da aplicação de efeitos, como a reverberação.

▲ *A manipulação sonora é agora parte integral da música moderna*

SAMPLER

Como o sintetizador, o *sampler* teve uma enorme influência no curso da música eletrônica.

Um *sampler* é um instrumento que pode gravar, armazenar e reproduzir breves partes de áudio – *samples*. Sob muitos aspectos, o *mellotron* pode ser considerado o primeiro exemplo de um *sampler*. Entretanto, o *sampler* realmente tomou forma com o desenvolvimento da tecnologia digital.

▼ *Um conversor analógico-digital / digital-analógico*

"SAMPLEAMENTO" DIGITAL

O "sampleamento" digital é o processo no qual um sinal analogicamente gravado é ana-lisado e transformado através de um conversor analógico-digital (ADC), em informação digital que pode ser facilmente armazenada, manipulada e reproduzida. Na reprodução, o processo é revertido e a informação digital passa através de um conversor digital-analógico (DAC) para recriar sua onda sonora original. Dois fatores influenciam a qualidade da amostra:

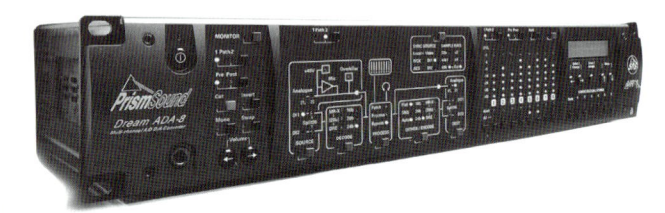

- **Taxa de amostragem:** a frequência com a qual o sinal analógico digital é medido (amostragem). Obviamente, se leituras mais regulares são tiradas de intervalos menores, mais perto a versão digital estará do original. Em 1927, o físico e engenheiro Harry Nyquist (1889-1974) determinou que, para manter a fidelidade, a taxa de amostragem deveria ser pelo menos duas vezes a frequência do som sendo amostrado. Por exemplo: para se obter fielmente a amostra de um som que ocupa uma faixa de frequência até 20.000 Hz (o limite superior da audição humana), a amostragem deve ser feita, e valores digitais armazenados, a 40.000 vezes, no mínimo, por segundo. A qualidade de CD é de 44,1 kHz; i.e., a amostragem é feita 44.100 vezes num único segundo. O insucesso em fazê-lo resulta em *aliasing* – produção de artefatos de áudio indesejáveis.
- **Resolução (*bit depth*):** o *bit depth* de um sistema que determina a resolução com a qual as amostras digitais são armazenadas – quanto mais, melhor. 16-bit (qualidade de CD) é uma melhoria bastante significativa em relação a 8-bit. Dessa forma, fica aparente que a amostragem é uma operação que precisa de muita memória.

▼ *O Fairlight CMI.*

FAIRLIGHT CMI

O Fairlight CMI (Computer Musical Instrument) foi o primeiro *sampler* digital disponível comercialmente. Seu nome se origina do serviço de hidrofólios do porto de Sydney, e foi desenvolvido em 1979 pelos australianos Peter Vogel e Kim Ryrie. O Fairlight original era capaz de uma amostragem de 10 kHz, 8-bit, e tinha um VDU (*video ia* editar, ou mesmo desenhar, ondas sonoras com uma *light pen*. Custando cerca de 25.000 dólares, seu uso era restrito a instituições acadêmicas e afluentes músicos de rock, como Peter Gabriel, que o usou extensivamente em seu quarto álbum, incluindo no *single* "Shock the Monkey".

SAMPLING MUSICAL

Como sua contraparte americana, o NED (New England Digital) Synclavier, o Fairlight caiu em desuso, incapaz de competir com a onda crescente de *samplers* acessíveis, produzidos por companhias como a Ensoniq (Mirage), E-mu (Emulator), Sequential Circuits (Prophet 2000) e Akai (S900). Atualmente, muitos dos teclados sintetizadores *workstation* são baseados na tecnologia de *sampling* e vastas bibliotecas de *samples* pré-gravados de terceiros são disponíveis. Porém, como muitos avanços na tecnologia musical, o mundo do *sampling* foi dominado pelos programas de computador.

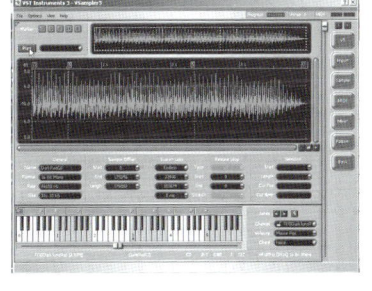

▲ *O VSampler, baseado em computador.*

A ampla disponibilidade de *samplers* no mercado de massa originou inúmeros desenvolvimentos de estilos e técnicas musicais – do gaguejante, efeito redisparador em "19", de Paul Hardcastle, aos *loops* de bateria no hip-hop e a utilização óbvia de frases musicais inteiras em novas composições.

▲ *O som do Black Eyed Peas é uma mistura de instrumentos ao vivo e samples de hip-hop.*

Seção Um: Os Instrumentos 317

VIBRAFONE

O vibrafone é um instrumento de percussão que usa um sistema eletromecânico para criar seu som característico.

CONSTRUÇÃO

O vibrafone tem aparência similar ao xilofone ou marimba, consistindo em um conjunto de lâminas dispostas sobre tubos de ressonância verticais. Porém, ao contrário desses instrumentos de madeira, as lâminas do vibrafone são feitas de metal, como o alumínio. Consequentemente, o som pode ser sustentado por mais tempo devido às propriedades vibratórias do metal. Para que o músico possa controlar essa sustentação, o vibrafone é preparado com um sistema de abafamento por pedal. Um vibrafone padrão tem extensão de três oitavas a partir do Fá abaixo do Dó central e é geralmente tocado com baquetas moles para produzir um som suave.

SOM

O que realmente dá ao vibrafone seu som característico, porém, é o sistema eletromecânico de discos rotatórios montado no topo de cada tubo ressonador. Fixados em um longo eixo giratório impelido por um motor elétrico, o movimento desses discos abre e fecha continuamente os tubos ressonadores, e cria uma variação cíclica de amplitude (volume) de cada nota. A velocidade desse efeito pode ser alterada pela mudança do grau de rotação do eixo. O som do vibrafone tornou-se comum no jazz graças ao trabalho de artistas como Lionel Hampton e Gary Burton.

> **Fact**
> O nome "vibrafone" é, na realidade, um termo errôneo, já que o termo *vibrato* se refere, de fato, a variação de altura do som, não volume.

BATERIA ELETRÔNICA

O tambor talvez seja o instrumento mais antigo conhecido pelo homem. Os percussionistas sempre buscaram modos cada vez mais sofisticados de refinar sua arte e obter uma palheta mais ampla de som quanto possível e, em muitos casos, eles abraçaram a revolução eletrônica com tanto entusiasmo quanto sua contraparte, os tecladistas.

PRIMEIRAS BATERIAS ELETRÔNICAS

Os primeiros sistemas de bateria eletrônica incluem o Electro-Harmonix Space Drum e o Pearl Syncussion, de 1979, um sintetizador de dois canais que podia ser disparado a partir de um tambor tipo bongôs, equipado com transdutores eletrônicos. Esse instrumento revolucionário ganhou má reputação devido ao uso excessivo do som de tom-tons sintético (com seu decaimento característico) nas faixas *disco* da época.

SIMMONS SDSV

A primeira bateria totalmente eletrônica foi a Simmons SDSV (SDS5), produzida em 1982. A SDSV consistia em um módulo que empregava circuitos analógicos para sintetizar o som do bombo, caixa e tom-tons, disparados por *pads* hexagonais característicos, visualmente atraentes. O instrumentista tinha controle sobre vários aspectos do som, como: nível de ruído, volume do som e decaimento. Porém, muitos músicos acharam a superfície de contato dos *pads* muito rígida, em comparação com os tambores tradicionais e, apesar da introdução de sons de pratos e chimbal, muitos músicos acharam-nos inadequados e mantiveram os pratos acústicos. O som da bateria de Simmons é um dos sons característicos do pop dos anos 1980 e pode ser ouvido em numerosas peças, como "Miami Vice", de Jan Hammer.

Atualmente, baterias eletrônicas como o Clavia ddrum4 e o Roland V-Drum têm demonstrado um alto grau de sofisticação, "tocabilidade" e emulações convincentes dos sons reais da bateria. Os percussionistas, que exploram o potencial das baterias eletrônicas, incluem o ex-baterista do King Crimson, Bill Bruford.

CONTROLADOR DE PERCUSSÃO

A bateria não foi o único instrumento da seção de percussão que se beneficiou dos avanços da tecnologia. Uma diversidade de percussões eletrônicas está disponível ao músico moderno.

As primeiras baterias eletrônicas e controladores de percussão usavam sistemas proprietários fechados para ligar as superfícies tocadas com as fontes sonoras. Porém, a maioria dos instrumentos modernos tem sons integrados, usam o protocolo padrão MIDI da indústria para se comunicar com as fontes sonoras, como sintetizadores e *samplers*, ou oferecem uma combinação dos dois para proporcionar ao músico uma seleção sonora mais ampla possível.

DRUM PADS

Instrumentos como o drumKat ou o Roland Octopad oferecem ao músico um conjunto de *pads* com sensibilidade ao toque montados em uma unidade única e robusta.

Embora não pareça necessário, à primeira vista, oferecer *drum pads* em um teclado, os tecladistas algumas vezes acham mais fácil tocar e programar sons de bateria usando *pads* táteis, em vez de teclas. A linha Roland Fantom X e o Korg Kontrol 49 são exemplos de instrumentos que oferecem ao tecladista 16 *drums pads* em um arranjo de 4 por 4.

PADS PARA AS MÃOS

Nem mesmo o percussionista que usa as mãos foi deixado de lado. Instrumentos como o Korg Wave Drum e o Roland HPD-15 oferecem ao músico uma variedade impressionante de sons integrados e superfícies responsivas.

INSTRUMENTOS DE MALLETS

Instrumentos grandes como o xilofone, marimba ou vibrafone são emulados pelo controlador de superfície MIDI malletKAT.

EMULADOR DE PERCUSSÃO

Um emulador de percussão (*drum machine*) é um instrumento que usa som sintetizado ou "sampleado" para emular bateria, ou outras percussões, e permite o usuário programar padrões rítmicos que podem ser encadeados nas canções.

MÁQUINA DE RITMO

A história do emulador de percussão é antiga, vindo desde 1930, quando Leon Theremin (1896-1993) foi encarregado pelo compositor Henry Cowell (1897-1965) para produzir o Rythmicon, uma máquina de ritmo extremamente complicada. As máquinas de ritmos dos anos 1960 costumavam ser embutidas em órgãos eletrônicos para fornecer padrões de acompanhamento já estabelecidos, como tango ou bossa-nova. A primeira máquina de ritmos verdadeiramente autônoma, o Rhythm Ace, foi produzida em 1970 pela Ace Tone Company.

ROLAND CR-78

A partir de 1979, com o Roland CR-78, os músicos puderam programar seus próprios padrões rítmicos. A Roland repeliu o sucesso do CR-78 com uma série de emuladores de percussão nos anos seguintes, incluindo o clássico TR-808. Ele usava uma síntese analógica para produzir seus sons de bombo estrondoso, de caixa cortante e de *cowbell* penetrante..

EMULADORES DE LINN

A concorrência ao 808 veio na forma de um emulador de percussão projetado pelo guitarrista Roger Linn. O LM-1 e seu sucessor LinnDrum ofereciam ao músico um realismo muito maior na forma de sons "sampleados" de bateria. Seu som pode ser ouvido no álbum *Dare* (1980), do Human League.

Roger Linn continuou trabalhando no projeto da linha de emulador de percussão com sons "sampleados" da linha MPC, da Akai – instrumentos que ainda são considerados insuperáveis em sua habilidade em produzir um som mais real através da manipulação sutil de nuanças no ritmo.

SINTETIZADORES DE SOPRO

Até os anos 1970, a maioria dos sintetizadores era tocada de forma tradicional, num teclado como o de piano. Isso geralmente limita a habilidade do músico em controlar expressivamente o som em tempo real. Assim, os fabricantes procuraram incluir meios adicionais de controle, como discos de modulação e *ribbons* sensíveis ao toque.

Instrumentistas de sopros de madeiras e metais, porém, perceberam que sua experiência em instrumentos acústicos deu-lhes as ferramentas e técnicas – embocadura e controle da respiração – para controlarem e modelarem o som de uma forma musical. Se essas habilidades pudessem ser aplicadas para controlar sons sintetizados...

INSTRUMENTO ELETRÔNICO DE SOPRO

Entram em cena Roger Noble, William Bernardi e o Lyricon. Noble e Bernardi patentearam o projeto do instrumento eletrônico de sopro em 1971 e, em 1974, o Lyricon tornou-se o primeiro sintetizador de sopro comercialmente disponível, combinando um bocal e sistema de chaves similares ao saxofone, com um sintetizador embutido como fonte sonora.

Desenvolvimentos subsequentes incluem o Akai EWI (Electronic Wind Instrument), famoso por ser usado pelo saxofonista americano Michael Brecker, e os instrumentos da linha WX da Yamaha – WX5, WX7, WX11. Eles oferecem um controlador MIDI para qualquer sintetizador ou *sampler* equipado com MIDI. A linha Yamaha também inclui sua interface proprietária WX para conectar o controle a módulos sonoros da Yamaha, tal qual o modelador físico VL-70m.

INSTRUMENTOS DE VÁLVULA ELETRÔNICOS

Músicos de metais não estão muito atrás. Em meados dos anos 1970, Nyle Steiner criou um instrumento eletrônico de válvula baseado no dedilhado do trompete. Vendido por um tempo pela Akai como EVI1000, esse instrumento único está novamente disponível, construído manualmente sob encomenda, pelo próprio Nyle Steiner.

GUITARRAS ELETROACÚSTICAS E SEMIACÚSTICAS

Em geral, guitarras podem ser dividias em duas categorias: acústicas e elétricas. O termo "guitarra elétrica" é reservado para os instrumentos sólidos. Guitarras acústicas usam propriedades ressonantes de um corpo oco, e aberturas para produzir e projetar seu som.

GUITARRAS ELETROACÚSTICAS

O desenvolvimento da música amplificada, tocada em locais cada vez maiores, apresentou um desafio para o violonista.

Os fabricantes de guitarra apresentaram soluções, na forma de instrumentos que tinham tanto microfones embutidos, quanto captadores eletromagnéticos ou piezoelétricos. Tais instrumentos podem ser ligados diretamente em amplificadores ou em processadores que podem melhorar o som com efeitos, como *delay*, *chorus* ou reverberação.

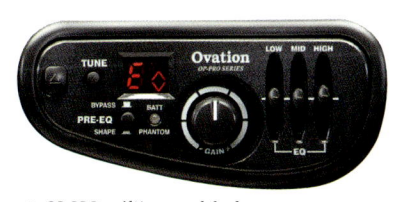

▲ *OP-PRO, o último modelo do pré-amplificador Ovation.*

GUITARRAS SEMIACÚSTICAS

Guitarras semiacústicas são instrumentos que, mesmo tendo corpos ocos ressonantes, são usados por suas qualidades elétricas do som produzido por captadores internos. Guitarras semiacústicas, como as clássicas Gibson ES-335, de 1958, e o ES-175, têm uma longa associação com o rock'n'roll e o jazz.

GUITARRA ELÉTRICA

Uma guitarra elétrica geralmente tem um corpo sólido sem ressonância acústica. Todo o som é criado pela tradução da vibração de cordas em sinais elétricos através de captadores, sendo então amplificado.

HISTÓRIA

A guitarra elétrica moderna tem suas origens na guitarra havaiana ou *steel guitar*, particularmente popular nos anos 1920 e 1930. Esses instrumentos foram os primeiros exemplos de guitarras que dependiam da amplificação elétrica, em vez das propriedades de ressonância acústica.

Três nomes são particularmente associados com o desenvolvimento da guitarra elétrica – Rickenbacker, Fender e Gibson Les Paul. Adolphe Richenbacker (mais tarde, Rickenbacker) trabalhou fazendo componentes para a National Resonator Guitars, dos irmãos Dopera. Junto com George Beauchamp e Paul Barth, ele formou a Electric String Company e, nos anos 1930, começou a construir guitarras no estilo havaiano, usando seu novo sistema de captação magnética, recentemente desenvolvido.

FENDER STRAT

No final dos anos 1940, Leo Fender, um eletricista e construtor de amplificadores, projetou a guitarra Broadcaster. Após uma disputa com a companhia Gretsch, a respeito do nome "Broadcaster", esta foi rebatizada de Telecaster. Em 1954, Fender apresentou um instrumento que se tornaria a mais famosa, e a mais copiada, guitarra de todos os tempos – a Stratocaster ou "Strat".

GIBSON LES PAUL

A resposta da companhia de Gibson à imensa popularidade das guitarras Fender foi procurar os serviços do guitarrista de jazz e inventor, Les Paul. Paul construiu sua então chamada guitarra de corpo sólido, de um bloco único e sólido de madeira, com um braço fixo, no início dos anos 1940. Sua associação com Gibson produziu outro instrumento icônico – a Gibson Les Paul, de 1952.

◂ *A guitarra elétrica teve impacto em todos os estilos de música popular.*

BAIXO ELÉTRICO

O baixo elétrico é similar tanto em aparência, quanto em operação à guitarra elétrica, mas, de fato, é descendente do contrabaixo acústico.

O contrabaixo era, há tempos, parte integrante da sessão rítmica do jazz, mas a crescente necessidade de competir com instrumentos amplificados – sem mencionar os problemas de transporte causados por seu volume – fez com que instrumentistas e fabricantes procurassem alternativas amplificadas.

BAIXO ELÉTRICO VERTICAL

O primeiro exemplo conhecido de um baixo elétrico de corpo sólido data de 1935, na forma de um instrumento vertical projetado pelo músico e construtor de amplificadores Paul H. Tutmarc, para a Audiovox Manufacturing Company, de Seattle. A mesma companhia desenvolveu mais tarde um instrumento baixo tocado como uma guitarra. O modelo #736 Electric Bass Fiddle, como era conhecido, também era inovador, pois, ao contrário do contrabaixo, ele tinha trastes, permitindo a músicos menos confiantes obter uma entonação precisa.

A ideia também foi incorporada no primeiro baixo produzido em série, o Fender Precision Bass, de 1951. O instrumento evoluiu para um desenho que permaneceu relativamente inalterado desde 1957. Outro instrumento clássico similar foi o Fender Jazz Bass, de 1960.

MODELOS DE BAIXOS

O baixo elétrico tem corpo e braço um pouco maiores que o da guitarra elétrica, e geralmente quatro cordas – afinadas em quartas, *Mi 1, Lá 1, Ré 1* e *Sol 1*. Variantes incluem diferentes números de cordas – geralmente adicionando uma quinta, afinada em *Si 1* ou *Lá 1* abaixo do *Mi 1* grave – e modelos sem trastes (*fretless*). Este tem um som suave característico e facilita a técnica de deslizar entre as notas. O baixo é geralmente tangido com o polegar ou plectro, mas músicos como Mark King, do Level 42, foram pioneiros nas técnicas percussivas do estilo *slap bass*.

▲ *O influente baixista Paul McCartney e seu Hohner.*

INSTRUMENTOS ELÉTRICOS E ELETRÔNICOS

Seção Um: Os Instrumentos

CHAPMAN STICK

O *chapman stick* é um instrumento grande, com um braço largo, e oito, dez ou doze corda[s]. Ele é tocado usando a técnica do tapping, pressionando a corda, com o dedo, no traste desejado e mantendo-a pressionada para sus[tentar a]

Já que apenas um único dedo de uma mão é necessário pa[ra tocar uma] nota, um bom músico pode, usando simultaneamente [os] dedos de ambas as mãos, produzir trechos complexos de m[úsica, com] o baixo, harmonia e linhas principais de uma só vez.

A VISÃO DE CHAPMAN

O *chapman stick* foi uma visão única do guitarrista Emmett Chapman. Chapman explica como, em 1969, sua descoberta de um novo método da técnica de *tapping* a duas mãos, em sua guitarra, o permitiu tocar linhas múltiplas e independentes, com cada mão perpendicular ao braço, e aproximando-se da escala de lados opostos. A busca de Chapman por um instrumento que fosse grande o bastante para acomodar sua técnica, levou-o ao projeto do *chapman stick*, distribuído pela primeira vez em 1974.

Existem, atualmente, seis modelos de *chapman stick*:
- Clássico, de 10 cordas.
- Grande, de 12 cordas.
- Baixo, de 8 cordas.
- NS/Stick, de 8 cordas (coprojetado por Ned Steinberger).
- Stick XG, com 8, 10 ou 12 cordas com corpo de fibra de carbono.
- Alto Stick, com 10 cordas afinadas em extensão de guitarra.

O *CHAPMAN STICK* EM EXECUÇÃO

O seminal álbum *Parallel Galaxy*, de 1987, de Emmett Chapman, é naturalmente uma bela vitrine para sua invenção. Outros músicos que abraçaram esse instrumento desafiador, embora versátil, incluem Tony Levin, notável por seu trabalho com King Crimson e Peter Gabriel; John Paul Jones e Nick Beggs (famoso integrante da Kajagoogoo), que recentemente excursionou com John Paul Jones.

GUITARRA HAVAIANA

A guitarra havaiana elétrica (também conhecida como *electric steel guitar*, ou simplesmente *steel guitar*) é um instrumento de corpo sólido, com cordas de aço, que conta com captadores e amplificação para produzir seu som. Ela tem origens na música havaiana do final do século XIX, e tem som e técnica de execução similar às guitarras dinâmicas, como o *dobro* ou *national*.

TÉCNICA DE EXECUÇÃO

A guitarra havaiana tem duas variantes principais – a guitarra havaiana de colo e o *pedal steel guitar*. Cada instrumento é tocado horizontalmente – no caso da guitarra havaiana de colo, ela repousa no colo do instrumentista. Os instrumentos são, efetivamente, apenas um braço e cabeça sólidos da guitarra (i.e., sem corpo de ressonância).

A altura das cordas é aumentada, ou seja, são mais altas do que numa guitarra tradicional. Em vez de pressionar as cordas contra os trastes, o instrumentista altera a altura das notas movendo uma barra de metal ao longo das cordas com (geralmente) a mão esquerda, enquanto a mão direita tange-as com o polegar e palhetas de dedo. Isso produz um efeito característico de *portamento* "chorado". Não pressionar as cordas com os dedos limita a produção de vários acordes e, portanto, a função do instrumento é primariamente melódica.

PEDAL STEEL GUITAR

O *pedal steel guitar* é o parente maior da guitarra havaiana. Tem geralmente um ou dois braços montados em um suporte, cada braço com 10 cordas (embora modelos de 8, 12, ou mesmo 14, sejam disponíveis). Um mecanismo de alavancas e pedais operado pelo joelho, sob o instrumento, permite ao músico ajustar a tensão das cordas na execução, alterando, assim, a afinação do instrumento. Notáveis instrumentistas desses instrumentos incluem Jerry Byrd e B. J. Cole.

GUITARRA SINTETIZADOR

O termo "guitarra sintetizador" se refere a um sistema que consiste em um controlador de guitarra como interface de um módulo sonoro sintetizado.

Através de tais instrumentos, o guitarrista tem acesso, não só a emulações sintetizadas (ou "sampleadas") de sons de guitarra, como também a um amplo conjunto de simulações instrumentais eletrônicas. Dessa forma, o guitarrista pode levar técnicas, como o *bend* de corda, a execução de um som sintetizado, adicionando um novo nível de controle da expressividade musical.

PRIMEIRAS GUITARRAS SINTETIZADORES

Nos primeiros exemplares, especialmente, a tendência era construir instrumentos com eletrônica patenteada, conectando-os com sintetizadores analógicos. A adoção de um padrão industrial implantando universalmente o MIDI torna possível aos guitarristas conectar seus instrumentos a uma ampla variedade de fontes sonoras e aparelhos.

CAPTADORES

Um captador de guitarra sintetizador é, de fato, um conjunto de seis captadores monofônicos que rastreia a vibração de cada corda independentemente. O desafio enfrentado pelos projetistas de captadores para guitarras sintetizadores é capturar todas as nuanças da técnica de guitarra, rejeitando sons extrínsecos.

SINTETIZADORES ROLAND

Houve muitas guitarras sintetizadores diferentes ao longo dos anos, incluindo o desajeitado e extremamente caro SynthAxe – não uma guitarra de verdade, mas uma coleção de controladores agrupados em torno de seis cordas sensoras, elaborada para parecer uma guitarra futurística. Uma companhia, porém, está particularmente associada com esses instrumentos: a Roland. Sua primeira guitarra sintetizador, a GR500, apareceu em 1977. Modelos seguintes, como GR300, tornaram-se instrumentos clássicos, principalmente devido a sua utilização por guitarristas de jazz inovadores, como John Abercrombie, Bill Frisell e, notavelmente, Pat Metheny.

VIOLINO ELÉTRICO

Assim como o violão tem suas contrapartes elétricas (as guitarras), outros membros da família das cordas tiraram vantagem das oportunidades oferecidas pela tecnologia eletrônica – a saber, a amplificação e o acesso a uma vasta palheta de sons sintetizados (ou "sampleados").

INTRUMENTOS ELÉTRICOS DE CORDA

Instrumentos de corda, como o violino, viola, *cello* e contrabaixo, podem ser amplificados através do uso de microfones embutidos ou por captadores eletrônicos. Captadores são tanto magnéticos – que traduzem as vibrações das cordas de metal em sinal elétrico – ou piezoelétricos, que respondem à vibração da ponte ou corpo do instrumento.

Desse modo, a amplificação do som torna desnecessário o corpo ressoador tradicional, e muitos exemplos de instrumentos elétricos de corda são de um *design* inovador e minimalista.

AMPLIFICAÇÃO

O som da corda, amplificado, tem uma tendência de soar caracteristicamente não natural e "elétrico", fato explorado

▲ *Violinos elétricos são vistos frequentemente como instrumentos "experimentais".*

por músicos usando processadores externos de sinal para adicionar efeitos, como *delay* e reverberação, da mesma forma que faria um guitarrista.

Além da amplificação do som acústico, é possível, com o uso de captadores especializados, converter a vibração das cordas em informação MIDI. Dessa maneira, instrumentistas de cordas podem usar seus instrumentos para disparar sons encontrados em todas as fontes sonoras de sintetizadores e *samplers* MIDI.

Fato
Instrumentistas de cordas elétricas, bem conhecidos, incluem o violinista Jean-Luc Ponty e Sting, cujo trabalho deste último com contrabaixo amplificado continua característico de sua música.

Seção Um: Os Instrumentos

THEREMIN

O *theremin* (ou *thereminvox*) é um dos primeiros exemplos de instrumento puramente eletrônico e desfruta da honra de ser o primeiro instrumento projetado para ser tocado sem contato físico.

O *theremin* foi inventado em 1919 pelo violoncelista e físico russo Lev Sergeivitch Termen (Leon Theremin). Desenvolvido a partir de pesquisas sobre sensores de proximidade, o *theremin* explora as propriedades da capacitância do corpo humano. Movimentos próximos a uma antena montada no instrumento causam mudanças no sinal de áudio. Um fenômeno similar pode ser observado quando alguém, movendo-se perto de uma antena de rádio ou TV, altera sua recepção.

TÉCNICA DE EXECUÇÃO

O *theremin* é um gabinete de madeira, contendo um alto-falante de frente para o público, do qual saem duas antenas – um círculo horizontal à esquerda e um mastro vertical à direita. Os movimentos da mão esquerda, em volta do círculo, alteram o volume, enquanto a mão direita é usada para controlar a altura do som, de acordo com a distância do mastro. Um bom senso de afinação e memória física são pré-requisitos para tocar o *theremin*. O instrumento emite um som monofônico contínuo, similar, em caráter, ao do violino.

THEREMIN EM *PERFORMANCE*

O som etéreo, de outro mundo, desse instrumento peculiar pode ser ouvido em algumas gravações clássicas, incluindo a partitura de Bernard Herrmann, de 1951, para o filme de ficção científica *O Dia em que a Terra Parou*, e a versão ao vivo de "Whole Lotta Love", do Led Zeppelin. Curiosamente, os Beach Boys não usam um *theremin* em "Good Vibrations" (um engano comum), já que nenhum estava disponível na sessão. O som que é marca registrada dessa faixa foi criado por um instrumento similar, o *tannerin*. Embora não esteja mais em produção, o *theremin* tem uma legião fiel de aficionados; e *kits* "faça você mesmo" estão disponíveis.

ONDAS MARTENOT

As ondas martenot (*ondes martenot*) foram inventadas em 1928 pelo inventor e violoncelista francês Maurice Martenot.

Martenot encontrou sua contraparte russa, Leon Theremin, em 1923, e os dois discutiram possíveis melhorias ao instrumento epônimo de Theremin. De fato, o instrumento de Martenot foi patenteado sob o nome *perfectionnements aux instruments de musique électriques* (melhorias aos instrumentos musicais eletrônicos).

TÉCNICA DE EXECUÇÃO

As ondas martenot têm um som sombrio, com portamento similar ao do *theremin*, mas é tocado por meio de um anel de dedo preso a uma corda, que é puxada para cima e para baixo, ao longo de um teclado para determinar a nota. A mão esquerda opera os controles de volume e alguns exemplares do instrumento têm controle adicional sobre filtros e alto-falantes alternativos.

AS "ONDAS" EM *PERFORMANCE*

As ondas martenot têm uma carreira diversificada e ilustre, sendo hoje ainda convocadas em alguns repertórios orquestrais. O som clássico das "ondas" pode ser claramente ouvido na música-tema original da série televisiva de ficção científica *Star Trek*, e seus traços prestaram-se às trilhas sonoras de incontáveis outros filmes de ficção científica e de terror. O instrumento também agradou numerosos compositores, incluindo Oliver Messiaen (1908-92), que o utilizou em sua *Turangalîla Symphonie*, Pierre Boulez (1925) e Edgard Varèse (1885-1965).

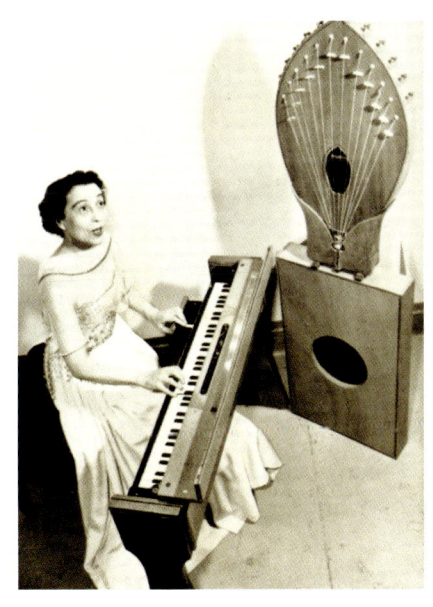

Na música contemporânea há uma ressurgência de interesse pelas ondas martenot – graças a músicos como Jonny Greenwood, do Radiohead, que não apenas utilizou o instrumento nos álbuns da banda: *Kid A*, *Amenesiac* e *Hail to the Thief*, como também escreveu a peça *Smear* para duas ondas martenot e a Sinfonietta de Londres.

MÚSICA CONCRETA

Música concreta (*musique concrète*) foi o termo cunhado por Pierre Schaeffer (1910-95), em 1948, para descrever sua nova abordagem a composição, baseada em gravações em fita, de sons naturais e industriais. O termo foi escolhido para distinguir o novo gênero da música pura, abstrata (*musique abstrait*).

Schaeffer foi um engenheiro de rádio e radiodifusor. Após graduar-se na Escola Politécnica de Paris, ele juntou-se a Radiodiffusion Française (RF), inicialmente como aprendiz. Em 1942, ele já conduzia pesquisas na ciência da acústica musical, usando todos os recursos tecnológicos que a RF tinha a oferecer – toca-discos e gravadores especiais de disco.

TRABALHOS IMITATIVOS

Schaeffer estava interessado na forma com que o som se comportava quando gravado e manipulado. Ele acelerava e desacelerava gravações, revertia algumas seções de áudio e repetia outras. Ele descobriu que o som tomava uma feição distinta quando seu ataque inicial era cortado. Esses primeiros experimentos levaram à primeira peça de música concreta, em 1948, *Étude aux chemins de fer* ("Estudo sobre ferrovias"). Essa obra, baseada nos sons gravados de motores de trem, rodas e apitos, foi transmitida na RF, apresentada por Schaeffer como um *concert de bruits* ("concerto de ruídos").

Trabalhos de tendência similar se seguiram – *Étude au piano* (baseado nos sons de um piano), *Étude aux casseroles* (raspando panelas e frigideiras) e *Étude pour piano et orchestre*, no qual o som de uma orquestra afinando era justaposto a uma parte improvisada de piano, não relacionada.

NOVAS MÍDIAS

No seu retorno à França de uma viagem de conferência, Schaeffer recrutou um time de assistentes, incluindo Pierre Henry (1927) – um jovem compositor que estudou com Messiaen. Schaeffer e Henry logo se tornaram colaboradores musicais e produziram várias obras concretas, incluindo *Suite pour quatorze instruments* ("Suite para quatorze instrumentos") e *Symphonie pour un homme seul* ("Sinfonia para um homem só"). Essa última peça utilizava sons, como

▲ *Pierre Henry foi um compositor prolífico, assim como um inventor acústico.*

vocais e de respiração, assim como sons de instrumentos de percussão, portas batendo, piano e texturas orquestrais.

Em 1950, Schaeffer fundou o Group de Recherche du Musique Concrète, um estúdio equipado com a última invenção – gravadores de fita magnética. A nova mídia permitiu a Schaffer, e a outros compositores "concretos", desenvolverem novas técnicas para manipulação do som – cortar, colar e fazer *loops*.

Outros compositores começaram a combinar os ideais puros das obras "concretas" com diferentes formas de música eletrônica. Em 1958, Varèse usou sons já prontos "concretos" com sons eletrônicos sintetizados para criar seu *Poème électronique*, que estreiou na Feira Mundial da Bélgica, através de um sistema de cerca de 400 alto-falantes.

ELEKTRONISCHE MUSIK

A música concreta, no final, foi deixada de lado, cedendo espaço à escola de *elektronische musik*, iniciada por Karlheinz Stockhausen (1928-2007) e seus contemporâneos no Studio für Elektronische Musik, em Colônia. Mas o gênero havia deixado sua marca e continuou sendo uma influência duradoura na música eletroacústica do final do século XX. O uso de sons gravados de fontes não-musicais foi levado para muitos trabalhos rock e pop, com muitos exemplos nas músicas de grupos, como os Beatles e Pink Floyd. De fato, muitas das técnicas de manipulação sonora estabelecida por Schaeffer estão no centro da tecnologia de "sampleamento" atual.

Seção Um: Os Instrumentos

ELÉTRICOS E ELETRÔNICOS

CONTROLADORES ALTERNATIVOS

Existem muitas interfaces musicais diferentes através das quais é possível controlar sons sintetizados ou "sampleados" – o mais comum é um teclado, como o do piano. O músico eletrônico também tem acesso a uma diversidade de sons, através de guitarras elétricas, cordas, percussão e instrumentos de sopro.

Em grande medida, esses dispositivos são reconhecidamente tradicionais, devendo bastante à herança dos modelos de instrumentos acústicos. Porém, existe um grupo de controladores que quebra essa regra: instrumentos que desafiam a ideia que a música eletrônica precisa ser moldada nos modelos tradicionais. Esses são os controladores alternativos.

▲ *A harpa laser, de Jean-Michel Jarre.*

HARPA LASER

A harpa laser é um instrumento feito de muitos feixes de *laser*, cada um representando uma nota diferente. Quando o feixe é bloqueado (ou "tangido", seguindo a analogia com a harpa), a interrupção é detectada por uma célula fotoelétrica e uma nota MIDI correspondente é transmitida para um sintetizador ou fonte sonora "sampleada". O instrumento tem variedades com ou sem armação e é visualmente dramático. O mais famoso expoente da harpa laser é o músico francês Jean-Michel Jarre, cujas espetaculares apresentações ao vivo frequentemente figuram o instrumento.

SOUNDBEAM

O *soundbeam* foi inventado pelo compositor Edward Williams "para oferecer aos dançarinos uma nova forma de se relacionar com a música". Ele emite um raio invisível ultrassônico, funcional em distâncias até 6 m, que percebe movimentos e converte gestos físicos em MIDI. Ele funciona com um princípio similar ao do

▼ *O Soundbeam traduz movimentos corporais em som e imagem gerados digitalmente*

radar dos morcegos, no qual um transmissor/sensor emite uma série de pulsos ultrassônicos. Qualquer objeto se movendo dentro da trajetória do raio refletirá esses pulsos de volta ao sensor. Efetuando um cálculo rápido, o sistema é capaz de estabelecer a distância que o objeto está do sensor e transmitir a mensagem MIDI associada apropriada.

Claro, o MIDI não está limitado apenas à produção de som – um sistema adequadamente equipado permite ao artista controlar também a iluminação. Usando tal instrumento, o músico se torna um dançarino e o coreógrafo se torna um compositor! Além dessas aplicações na dança, o *soundbeam* provou-se particularmente útil em permitir àqueles com incapacidades físicas a tomar parte em atividades musicais.

D-BEAM

▼ *O controlador do jazz mutant lemur.*

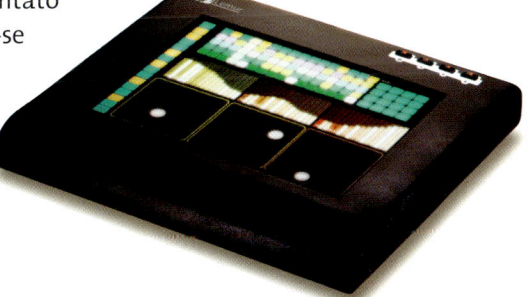

Os controladores que não requerem contato físico trilharam seu caminho para tornarem-se instrumentos *mainstream*, notavelmente na forma do sistema *D-Beam*, da Roland, que pode ser encontrado aumentando os painéis de controle de instrumentos como o *V-Synth*.

BUCHLA THUNDER

O *buchla thunder*, projetado por Don Buchla, é um conjunto de 36 *pads* sensíveis ao toque montados dentro de uma robusta superfície, que é tocada. O instrumento é tocado por ambas as mãos e é altamente programável.

JAZZ MUTANT LEMUR

Essa superfície de controle é uma tela sensível ao toque, na qual o usuário pode programar uma tela de formas e objetos gráficos. O *lemur* pode ser usado como interface de um computador para dar ao músico controle, em tempo real, sobre programas sofisticados de síntese e *performance* musical, como o MAX/MSP.

▲ *A tecnologia de touchscreen do lemur pode rastrear vários dedos simultaneamente.*

Seção Um: Os Instrumentos   335

ESTÚDIO DE GRAVAÇÃO

Poucos ambientes podem ser tão desafiadores e excitantes para o músico quanto o estúdio de gravação. Desde a introdução do gravador de fita magnética, no pós-guerra, a tecnologia usada para capturar a execução musical tornou-se uma parte cada vez mais importante da nossa cultura.

Há muito tempo, o estúdio é mais que um ambiente acusticamente agradável, no qual se captura ou documenta-se uma execução ao vivo particular. Conduzidos sob a mão produtora de George Martin, os Beatles adotaram a tecnologia de estúdio como parte do processo criativo. O trabalho de bandas, como Pink Floyd com Alan Parsons, elevou a engenharia de estúdio e técnicas de produção a uma forma de arte.

TECNOLOGIA DE ESTÚDIO

Apesar dos grandes avanços na tecnologia de estúdio, particularmente em relação ao poder de processamento do computador e áudio digital, os princípios essenciais de um estúdio de gravação permanecem relativamente inalterados.

Um estúdio típico de gravação compreende dois espaços principais – uma área de gravação e uma sala de controle, sendo comum a sala de controle ser adjacente a de gravação, com a comunicação visual entre elas sendo feita com uma janela de vidro. Muito dinheiro é investido nos projetos e na construção de instalações de gravação comercial para assegurar que, tanto quanto possível, a sala seja à prova de som. Vidros triplos, portas duplas e construções suspensas, "sala-dentro-da-sala" ajudam a assegurar o isolamento sonoro do ambiente do mundo externo. Um espaço anexo (conhecido como sala dos equipamentos) abriga equipamentos como gravadores de fita e computadores, cujos ruídos poderiam perturbar o ambiente de escuta.

A SALA DE GRAVAÇÃO

A sala de gravação é onde os músicos tocam e o som produzido é capturado por um conjunto de microfones. A seleção e a localização desses é uma ciência por si só. Os fones de ouvido e alto-falantes de retorno permitem aos músicos ouvirem a si mesmos, aos outros, e ao material pré-gravado. As baterias são geralmente isoladas atrás de painéis e os cantores ocupam cabines de vocal para ajudar ao engenheiro a capturar cada parte de forma mais limpa possível e subsequentemente aplicar diferentes tratamentos para cada elemento do arranjo.

▲ *A acústica de uma sala de gravação é essencial.*

Modas em projetos de estúdio vêm e vão. Nos anos 1970 havia a tendência de abafar o som com tapetes e paredes cobertas de tecido. A teoria era que a reverberação e ambiência podiam ser adicionadas artificialmente, mais tarde – e assim, controladas. O projeto de estúdio contemporâneo favorece um som mais natural e brilhante, com materiais como madeira, pedra e vidro usados amplamente.

A SALA DE CONTROLE

A sala de controle é o domínio do engenheiro de gravação e do produtor. O som gravado é capturado num formato de gravação multicanais – em fita magnética, digital ou disco rígido de computador.

A música é monitorada e reproduzida por alto-falantes de alta-fidelidade. Tudo na sala de controle é equipado para assegurar que o ambiente de escuta seja o mais preciso possível. O engenheiro precisa

▲ *Alguns engenheiros insistem em gravar apenas analogicamente.*

ser capaz de ouvir um estéreo equilibrado e uma imagem sonora em *surround* num nível bem detalhado. O formato da sala e os tratamentos acústicos das paredes, piso e forro são todos projetados para reduzir reflexões indesejáveis e baixos ressonantes.

A sala de controle é centrada num console de mixagem, através do qual todos os sinais são roteados. No *mixer* (mesa de som), o engenheiro pode controlar os níveis relativos de volume e posição dentro do plano estéreo (ou *surround*), de diferentes sons, e aplicar efeitos.

Prateleiras (*racks*) abrigam diversos equipamentos adicionais de processamento sonoro, como unidades de *delay* e reverberação, cuja aplicação criativa desempenha uma parte importante no processo de gravação.

O COMPUTADOR NA MÚSICA

A música computacional pode ser definida como a música que é gerada por, ou composta e produzida através de um computador. Na verdade, a ideia de que os computadores podem desempenhar um papel na produção da música vem de muito mais longe que se possa pensar.

Já em 1843, Lady Ada Lovelace sugeriu, num artigo publicado, que a "Máquina Analítica" de Babbage poderia até mesmo ser usada para compor música complexa, se os dados corretos pudessem ser propriamente processados. Hoje, os computadores estão completamente difundidos no processo de produção musical e funções, que eram tradicionalmente mantidas por *hardwares*, agora estão sendo efetuadas no domínio dos *softwares*.

▲ *Os computadores abriram novos caminhos para a criatividade musical*

O PAPEL DOS COMPUTADORES NA PRODUÇÃO MUSICAL CONTEMPORÂNEA

Encontrar uma peça de música, que não tenha sido beneficiada, em algum estágio, do envolvimento de um sistema de computador em sua composição, execução, gravação ou distribuição, é raro. Compositores e produtores musicais usam computadores em todos os estágios do processo e várias tarefas que os sistemas computacionais musicais realizam podem ser quebradas em várias áreas discretas, embora relacionadas.

COMPOSIÇÕES GERADAS POR COMPUTADOR

Há muito tempo, os compositores são fascinados pela ideia de uma música gerada independentemente, por sistemas sobre os quais eles possam exercer vários graus de controle. Já em 1787, Wolfgang Amadeus Mozart (1756-91) usava um sistema conhecido como *Musikalisches Würfelspiel* para selecionar aleatoriamente seções de música a serem tocadas. As composições algorítmica e aleatória foram muito apreciadas por compositores de vanguarda dos anos 1950 e 1960, incluindo John Cage (1912-92). Na música gerada por computador, este produz material musical dentro de parâmetros determinados pelo compositor. Um dos primeiros compositores computacionais, Iannis Xenakis (1922-2001), escreveu um programa de computador, em FORTRAN (uma linguagem de programação), para produzir partituras que pudessem ser tocadas por músicos ao vivo. Exemplos mais recentes incluem o programa M – originalmente produzido nos anos 1980, agora revivido e distribuído pela Cycling '74. O M é capaz de gerar variações infinitas de *loops* cíclicos e dispara sons através do controle MIDI de sintetizadores e *samplers*. O músico e produtor Brian Eno usou o programa Koan Pro, da SEEYO, para produzir seu álbum *Generative Music*, de 1996. Esse pacote de composições algorítmicas também atua no seu lançamento de 2005, *Another Day on Earth*.

▲ *O pioneiro da música eletrônica, Brian Eno, é o pai da música ambiente.*

NOTAÇÃO

Músicos, compositores e editores usam programas sofisticados de notação musical – como o Sibelius ou Finale – para produzir partituras. Efetivamente, sistemas computacionais de editoração musical permitem ao usuário introduzir música numa pauta usando uma combinação de teclado MIDI, teclado QWERTY e mouse. Dessa forma, trechos de música podem ser editados e dispostos em uma página impressa, de forma muito semelhante com que o processador de texto manuseia a língua.

▲ *Um arranjo criado com um editor de partituras de computador.*

Seção Um: Os Instrumentos

O programa usa módulos sonoros MIDI ou instrumentos integrados a ele para reproduzir a partitura e permitir ao compositor escutar como a música soa, de fato, antes dela ser impressa e apresentada para os músicos reais. Cada vez mais sofisticados, programas como o Sibelius podem até mesmo interpretar instruções escritas como um *pizz.* e automaticamente trocar a reprodução para um som apropriado, assim como introduzir elementos de expressão dinâmica e rítmica nas suas execuções simuladas. O programa também é capaz de gerar instantaneamente as partes individuais para todos os músicos, a partir de uma grade completa.

O amplo uso de tais programas, unido com o uso crescente da internet, deu origem a um novo fenômeno – a publicação de música na internet. Agora é possível ver, escutar e comprar partituras online, e muitos websites oferecem uma vitrine virtual para os compositores venderem suas partituras. O Pat Metheny Group disponibilizou gratuitamente a partitura da primeira seção de seu lançamento de 2005, *The Way Up*, como um arquivo de Sibelius, que requer nada além da instalação do *plug-in* Scorch para ser vista e escutada.

PERFORMANCE

Programas, como o MAX/MSP, permitem ao usuário criar ambientes de execução de música computacional, que podem gerar eventos musicais, processamento de som e mesmo interação com outros artistas ao vivo – tudo em tempo real. No mundo do rock e música pop, os computadores são usados para reproduzir faixas de acompanhamento para sustentar apresentações ao vivo, adicionar efeitos, e mesmo controlar projeções e equipamento de luz.

▲ *Os computadores podem coordenar a iluminação com o som e a música.*

COMPOSIÇÃO

Programas de computador conhecidos como "sequenciadores" permitem ao músico usar o MIDI para gravar, editar e reproduzir ideias musicais. Arranjos e composições podem ser construídos através de camadas de sons em faixas diferentes, fazendo *loops*, e copiando e colando seções de música. Os sequenciadores oferecem ao usuário diversas representações visuais do material musical. Um panorama gráfico da peça inteira permite ao músico mover blocos inteiros ou seções da música – como o "verso" e "linha do baixo" – enquanto outras telas de edição permitem um ajuste fino de detalhes.

▲ Os sequenciadores capturam sons que podem ser manipulados.

Listas de valores numéricos dão ao músico controle preciso sobre cada nuança da execução. A música pode ser apresentada na tela como um "rolo de piano", com cada nota representada por um bloco gráfico, com a posição indicando a altura da nota e o comprimento, a sua duração – análogo aos furos na fita de papel dos sistemas de piano mecânico. Para aqueles que leem música, o material pode ser apresentado como uma notação em pauta tradicional. Sequenciadores bem conhecidos e amplamente usados incluem o Logic, da Apple, e o Cubase, da Steinberg.

GRAVAÇÃO

O computador, em grande medida, substituiu a mídia baseada em fita magnética, no estúdio de gravação, com a maioria das gravações multicanais sendo agora feitas diretamente em disco rígido. Digital Audio Workstations – ou DAWs, como são comumente conhecidos – trazem para a gravação de áudio toda flexibilidade e versatilidade da edição do sequenciador MIDI. A edição não destrutiva (a habilidade de desfazer ações) permite uma experimentação criativa, que a edição de fita com um estilete nunca permitiu.

▼ DAWs podem gravar, mixar e masterizar.

Hoje, a maioria dos programas de sequenciamento MIDI também é capaz de gravar e manipular sinais de áudio, e muitos sistemas de gravação de som também oferecem funcionalidade MIDI – borrando a distinção entre sequenciador e Digital Audio Workstation. DAWs incluem o Nuendo, da Steinberg, e o padrão amplamente adotado pela indústria, o ProTools, da Digidesign.

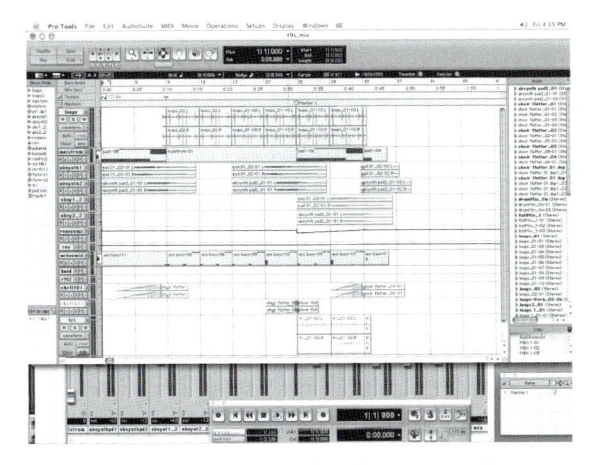

▲ ProTools foi um dos primeiros DAWs baseados em computador.

Seção Um: Os Instrumentos

EFEITOS

Assim como muitas tarefas que eram antes manipuladas por unidades de *hardware* dedicadas, o processamento de efeitos no som tem sido, cada vez mais, realizado por programas – geralmente por meio de *plug-ins* (pequenas peças de *software* individuais que podem ser instaladas no ambiente DAW). Tais programas oferecem muitas formas imaginativas para melhorar e transformar o material gravado através da equalização, controle de dinâmicas e adição de efeitos, como *delay* e reverberação.

Muitos programas de efeitos agora emulam suas contrapartes, os *hardwares* clássicos. Programas sofisticados de reverberação – como o Altiverb, da Audio Ease – podem simular com fidelidade as propriedades naturais do som de espaços acústicos reais, tornando possível, digamos, uma gravação feita em um estúdio em Londres soar como se a música estivesse sendo executada numa sala de concertos em Viena.

▲ Plug-ins *permitem um processamento ainda maior do som.*

SÍNTESE E "SAMPLEAMENTO"

Com a capacidade de cálculo dos microprocessadores tornando-se sempre mais rápida e poderosa, agora é possível para os computadores realizar síntese sonora em tempo real, através de teclados MIDI conectados. Os programas agora dão aos músicos acesso a uma grande quantidade de técnicas de síntese. Algumas companhias, como a Native Instruments, especializaram-se em produzir programas que emulam sintetizadores clássicos, como o Sequential Circuits Prophet 5 ou o Yamaha DX-7 – com tanto detalhe, que até as interfaces na tela se parecem com os detalhes visuais do painel de controle do instrumento original. O Reason, da Propellerhead, oferece ao usuário o equivalente em *software* a uma estante completa de equipamentos de síntese, *sampler*, processamento de som e sequenciamento – até mesmo conectados por cabos virtuais!

▼ *O FM7, da Native Instruments, que emula um Yamaha DX7.*

Os programas também realizam tarefas de sampleamento. De fato, nos anos recentes, o mercado de *samplers* em *hardware* declinou, sendo eles incapazes de competir com o custo relativamente baixo dos processadores de computador de alta velocidade, e sua capacidade de memória RAM e disco rígido. Uma indústria significativa cresceu em torno do sampleamento, criando e suprindo extensas bibliotecas de frases musicais sampleadas, *loops* de bateria e gravações de todos os instrumentos possíveis.

MIXAGEM

A maioria dos DAWs inclui vastos recursos de mixagem que permitem ao engenheiro de som realizar a tarefa – equilibrar os níveis relativos de volume, posição no estéreo (ou *surround*), dinâmica e adição de efeitos – inteiramente dentro do programa, sem a necessidade da mesa de mixagem. Tais sistemas permitem grande flexibilidade, incluindo a habilidade de retornar instantaneamente as configurações da mixagem de uma sessão anterior e a automatização total de quaisquer mudanças que possam ser feitas ao longo da peça, como *fade-in* ou *panning*.

▲ *Muitos preferem um* hardware *onde "use realmente as mãos".*

Porém, muitos músicos acham que operar tais sistemas complexos com o teclado de computador e *mouse* é insatisfatório, e usam superfícies de controle para recuperar uma sensação de interação física. Esses controladores são conjuntos de discos e *faders*, semelhantes a uma mesa de mixagem tradicional, que quando conectados ao DAW, controlam o programa e, por sua vez, refletem a situação dos controles virtuais no monitor. Exemplares de tais controladores incluem o Mackie Control Universal e o Digidesign ICON.

MASTERIZAÇÃO

A masterização é o estágio final da pós-produção musical que ocorre antes da fabricação e distribuição da mídia escolhida (CD, vinil, DVD). Num estúdio de masterização, um engenheiro frequentemente usa um programa especializado para fazer ajustes finais nos níveis gerais e equalização do som, antes de colocar as faixas na ordem desejada. Nesse estágio podem ser realizados *fades* e estabelecer espaço entre as músicas. Se o material é destinado para CD, o engenheiro de masterização irá também "etiquetar" cada peça de música com a identidade da faixa para permitir aos tocadores de CD encontrarem cada uma delas.

REFERÊNCIA
PANORAMA CRONOLÓGICO

A história dos instrumentos musicais sempre esteve ligada intimamente com a história da música. Novos estilos musicais frequentemente surgem, pois novos instrumentos tornam-se disponíveis; ou melhorias nos existentes são feitas.

▲ *A música se reinventa século após século.*

As melhorias no *design* do piano nos anos 1770, por exemplo, levaram-no a sua adoção por compositores como Wolfgang Amadeus Mozart (1756-91), que rapidamente desenvolveram um novo e individual estilo de escrita para teclado. Por outro lado, desenvolvimentos instrumentais podem surgir através da exigência de compositores ou instrumentistas.

Nos anos 1970, por exemplo, sintetizadores polifônicos foram desenvolvidos porque os monofônicos, que podiam tocar apenas uma nota por vez, não utilizavam todas as habilidades dos tecladistas.

Um novo instrumento é necessário quando um já existente é forçado a usar técnicas não usuais, de alto risco, para superar suas deficiências. No século XVIII, por exemplo, se requeria técnicas de "mão" cada vez mais desajeitadas para se tocar notas extras na trompa natural. Assim, foi inevitável a introdução de uma extensão cromática completa.

Geralmente, quando um novo instrumento é apresentado há um grande interesse por parte dos músicos e compositores, que estão ansiosos em descobrir o que ele pode fazer. Se oferecer algo único para o qual existe uma necessidade real, é muito provável que ele sobreviva. Se duplicar um instrumento já existente, ele pode sobreviver caso seja mais fácil de tocar, se produzir um som melhor, se custar menos ou se for mais prático do que seu rival. Mesmo quando ele se torna obsoleto, pode ser revivido pelo seu curioso valor ou por razões de autenticidade.

INSTRUMENTOS OCIDENTAIS ANTES DE 1600

Na Europa Ocidental, a construção de instrumentos só começou a atingir um alto nível de sofisticação depois de 1500, quando técnicas de fabricação mais avançadas foram desenvolvidas e quando o impacto da Renascença elevou a importância da música. Antes disso, protótipos da maioria dos instrumentos haviam se desenvolvido, mas a eles faltava o refinamento necessário para sua sobrevivência em longo prazo. No início do século XVI, os instrumentos eram vagamente classificados em dois tipos: 1. "*bas*" ou "baixos", que eram instrumentos com pouco volume (como instrumentos de cordas tangidas ou arco, madeiras ou órgãos portativos), que eram usados em salões, como música de fundo e para dança; 2. "*haut*", ou "altos", que eram usados ao ar livre, frequentemente em procissões e danças, e incluíam charamelas, trombones e trompetes de vara. Fora desse vago sistema, conjuntos eram formados livremente usando, com frequência, quaisquer instrumentos disponíveis. Uma padronização mais clara emerge a partir da Renascença (1450-1600). O estilo renascentista era baseado na polifonia, que significa "muitas vozes", e era dominado pela música coral. Nessa época, os corais geralmente eram formados de três a cinco partes separadas e cada uma delas abarcava uma extensão diferente de notas. Todas as partes eram melódicas e igualmente importantes, e recebiam o mesmo tipo de melodia, e frequentemente imitavam as melodias das outras partes. Assim, o coro era o conjunto ideal para esse tipo de música, por ser bem equilibrado e se combinando suavemente em um som único.

Por ser escrita no mesmo estilo polifônico, era natural que a música instrumental renascentista imitasse o som homogêneo, de timbre único, do coro. Por essa razão, "famílias" de instrumentos de desenho parecido, mas em diferentes tamanhos, foram desenvolvidas por construtores de instrumentos, permitindo-os formar seus próprios coros, que eram chamados de *consorts*. Um *consort* igual era aquele cujos instrumentos eram do mesmo tipo; e um *consort* desigual era uma mistura de instrumentos de diferentes tipos, como sopros e cordas. Para usar um exemplo atual, o quarteto de saxofones seria um *consort* igual, ao passo que um grupo de rock seria um *consort* desigual.

Assim, quando um novo instrumento era inventado, ele era prontamente seguido por versões em diversos tamanhos do mesmo

▶ *Durante a Renascença, a flauta doce era um instrumento de consort.*

modelo. No século XVI, a família da viola de gamba havia se desenvolvido dessa maneira, consistindo em viola de gamba soprano, tenor e baixo, assim como a família do violino, da flauta doce, do alaúde e do cromorne. Cornetos, charamelas, trombones e flautas também eram de diferentes tamanhos.

Além dos instrumentos de *consort*, existem alguns outros que podiam ser usados como instrumentos solo independentes. O órgão, que existia desde a época da Grécia e Roma, se tornava cada vez mais versátil, incorporando mais registros. Os virginais, precursores do cravo, tornavam-se populares instrumentos domésticos e os clavicórdios se desenvolviam consistentemente. O alaúde era um instrumento solo muito popular, também acompanhando o canto solo – o compositor inglês, John Dowland (1563-1626) foi um notável paladino do instrumento. Como a música polifônica era difícil de ser tocada nesses instrumentos, a música escrita para eles era geralmente em acordes, antecipando a mudança de estilo que viria com o Barroco.

▼ O virginal foi um popular instrumento de mesa, amplamente usado por amadores.

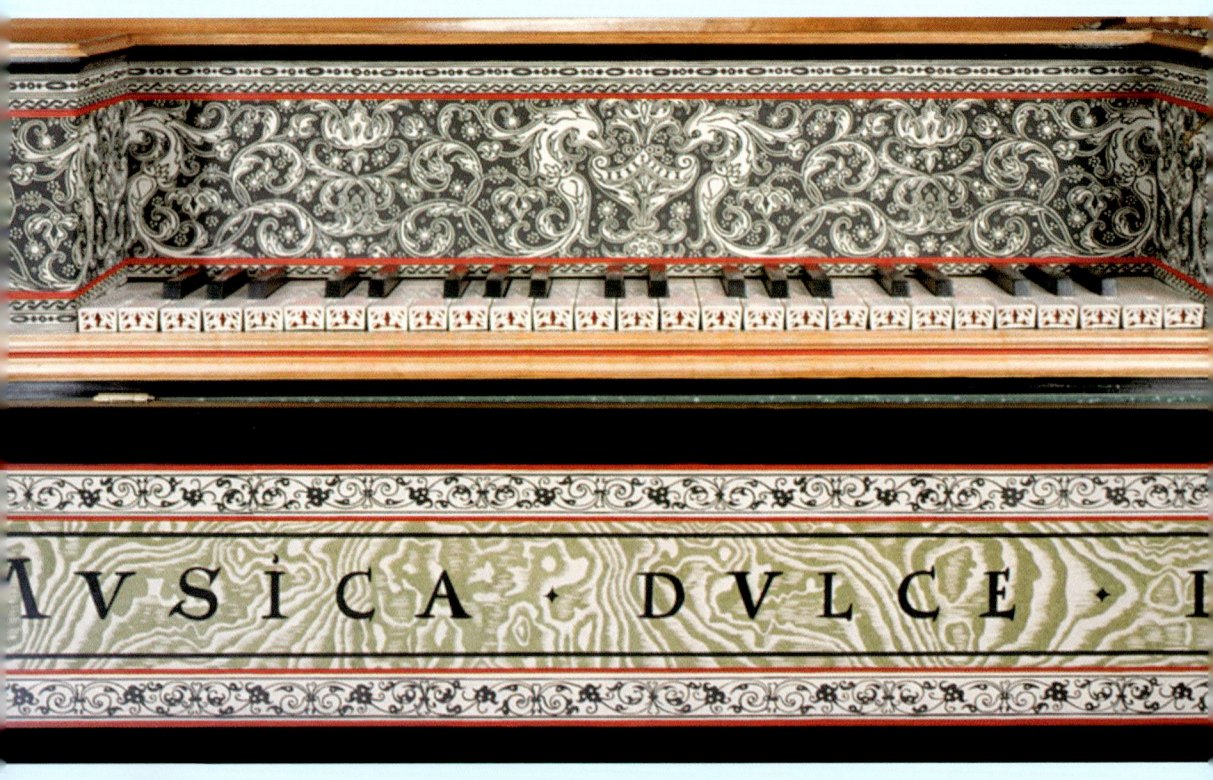

1600-1700

Um dos catalisadores da mudança do estilo renascentista para o Barroco (1600-1750) foi o crescimento da ópera, que se tornou popular, sobretudo na Itália, no final do século XVI. Na ópera, os cantores solo representavam personagens individuais no palco, de forma que fazia muito mais sentido eles executarem melodias com acompanhamento de acordes, em vez de forçá-los a competir como partes de igual importância na textura polifônica. Dessa forma, instrumentos de acompanhamento, como o cravo e o órgão de câmara, tornaram-se essenciais nas óperas orquestrais. Como suas notas graves eram relativamente fracas, outros instrumentos, como a teorba e a viola de gamba, eram usados para reforçar as notas graves, e esses instrumentos juntos formavam o "contínuo". Nas primeiras óperas, as passagens para cantor solo e contínuo alternavam-se com a música encorpada e sonora dos grandes grupos de instrumentos, e dessa forma os coros e grupos de instrumentos similares, como os trombones, instrumentos tangidos e de arco, participavam.

O canto operístico solo tornava-se muito ágil e exagerado, e os instrumentos melódicos que podiam imitar esse tipo de escrita solista eram, assim, favorecidos. O corneto, um tipo de trompete de madeira, tinha essa capacidade, assim como o violino, que substituía viola de gamba como instrumento de corda preferido, devido ao seu grande volume e expressividade. O compositor italiano Claudio Monteverdi (1567-1643) escreveu música virtuosística para ambos os instrumentos na sua ópera o *Orfeu*, de 1607, e compositores italianos como Giovanni Gabrieli (1557-1612) escreveram para trompetes dessa maneira em sua música instrumental.

▲ *O cravo floresceu durante o Barroco.*

REFERÊNCIA

▶ *A flauta doce barroca soava mais doce do que a da Renascença.*

▶ *O oboé foi rapidamente aceito como um instrumento padrão.*

No século XVII, construtores de instrumentos italianos, como Nicola Amati e, mais tarde, Stradivari e Guarneri, chegaram a um nível de perfeição nos instrumentos da família dos violinos, que eles são usados profissionalmente até hoje. Esses novos instrumentos eram também mais sonoros, fáceis de tocar, e produziam um timbre que combinava melhor com os estilos emergentes de música e o gosto do público, do que as violas de gamba. Assim, os violinos, violas, *cellos* e contrabaixos foram favorecidos. Nos 100 anos seguintes, eles substituíram lentamente outros instrumentos de arco, como os membros da família da viola de gamba, e da *lira da bracchio*. Na segunda metade do século XVII, os violinos estavam fortemente estabelecidos no grande conjunto padrão das cortes reais – a orquestra barroca –, e a viola e *cello* foram rapidamente substituindo a viola de gamba tenor e baixo.

À medida que a orquestra se tornava cada vez mais prevalente, um estilo musical uniforme, de linhas superiores e de baixo forte, e internas menos proeminentes, e mudanças regulares de acordes, dominou a música ocidental. Os *consorts* renascentistas, baseados na igualdade, eram impróprios para esse tipo de música e desapareceram junto com a maioria dos instrumentos que eles continham. Os instrumentos de sopro apenas tinham chance de sobreviver se pudessem executar solos e tivessem um som suficientemente refinado para tocar junto com os instrumentos da família dos violinos. As flautas e as flautas doce agudas sobreviveram, mas charamelas, cromornes, cornetos, violas de gamba e a maioria dos alaúdes desapareceram da música profissional.

Ao mesmo tempo, novos instrumentos de sopro foram desenvolvidos, frequentemente repensando o desenho dos antigos. O oboé era basicamente uma charamela redesenhada e sua grande expressividade, melhor som e afinação levaram-no a substituir o instrumento antigo nas bandas militares e nos conjuntos de igreja, na segunda metade do século XVII. Ele também era usado como solista nas orquestras. Similarmente, o fagote, já presente na forma de dulcianas e bombardas, tornou-se um membro regular na orquestra, dobrando a linha do baixo do contínuo.

Na música sacra, o órgão se aproximava de seu período mais influente, à medida que construtores de órgãos na França, Alemanha e Países Baixos desenvolviam e refinavam os registros e misturas, aumentando o número de timbres oferecidos.

A crescente prática de equipar órgãos com pedaleiras permitiu que a música de órgão fosse escrita em mais partes e mais ambiciosamente. Entre os instrumentos domésticos, o virginal deu espaço ao cravo, que era mais sonoro, e os clavicórdios se tornavam cada vez mais populares. O violão começou a se difundir fora da Espanha e era particularmente estimado na França, e nos círculos aristocráticos ingleses.

▲ *Devido a sua falta de volume, o clavicórdio era apropriado para o lar.*

1700-50

Esse período, que foi o auge do Barroco, marcou o apogeu de compositores como Georg Friderich Händel (1685-1759), Johann Sebastian Bach (1685-1750), Antonio Vivaldi (1678-1741) e Georg Philipp Telemann (1681-1767). O cerne da orquestra barroca, com seu grupo de cordas e cravo, estava agora firmemente estabelecido, e oboés e fagotes eram os instrumentos de sopro favoritos. Apesar disso, variantes desses instrumentos centrais ainda apareciam de tempos em tempos, tais como a *viola d'amore*, o *baryton*, o *oboe da caccia*, e o *oboe d'amore*, e eram utilizados por compositores para fornecerem contrastes tonais ocasionais.

Trompas naturais e tímpanos encontraram seu lugar nas grandes peças, porém, pelo fato de tocarem apenas um punhado de notas, sua tendência era apenas reforçar o ritmo, embora partes agudas de solo de trompete fossem ocasionalmente escritas (como no *Segundo Concerto Brandemburgo*, de Bach). As trompas naturais eram também ocasionalmente incluídas, pois se tornaram mais confiáveis e podiam agora tocar em diversas tonalidades, graças ao uso de extensões. Tanto Bach como Händel usaram-nas como instrumentos solo nos anos 1740. Compositores alemães, como Johann Stamitz (1717-57), escreveram partes extremamente agudas para o instrumento em registros em que mais notas estavam disponíveis. Flautas transversas tornavam-se mais comuns como instrumentos solo e substituíam as flautas doce nas orquestras.

▲ *Os órgãos eram mais que apenas instrumentos, eles eram o item principal de decoração nos locais de culto.*

Oboés de diversos tipos e fagotes agora dominavam as bandas militares, com cornetas expulsando os oboés tenores nos anos 1720. Na música doméstica, o clavicórdio e cravo permaneciam populares, mas o virginal estava agora se retirando. Um novo instrumento, o pianoforte, foi desenvolvido em 1709, mas ainda não havia gerado muito interesse. O órgão continuava sendo o rei da música sacra e, com as composições de Bach, atingiu o pico de sua influência.

1750–1800

O estilo barroco deu lugar ao clássico (1750-1830), que se desenvolveu a partir do estilo galante e do rococó, que se espalhou por toda a Europa a partir dos anos 1740. Ele continha características que não figuravam no estilo barroco, como contrastes sutis de volume, "conversações" musicais e uso de pausas dentro da música. As mudanças de acorde eram mais irregulares do que na música barroca, onde costumavam ocorrer a cada compasso ou meio compasso, e as texturas podiam mudar subitamente, de quatro partes para uma ou duas, em poucos compassos – uma grande diferença das harmonias uniformemente compactas da música barroca.

O saldo disso foi que o contínuo, que antes preenchia a harmonia de quase todas as peças, agora minava os contrastes que eram cuidadosamente escritos. Assim, instrumentos contínuos como o cravo, órgão de câmara, teorba e viola de gamba baixo logo desapareceram das orquestras, embora os cravos ainda resistissem século XIX adentro.

O declínio do cravo, juntamente com o do clavicórdio, se acelerou ainda mais com a ascensão dramática do piano, a partir dos anos 1770. Ele era agora um instrumento mais forte, com reforço de ferro, e tornara-se muito mais sonoro e confiável. Sua grande vantagem sobre o cravo era sua sensibilidade, já que ele podia produzir notas de qualquer volume, quando as teclas eram apertadas com forças diferentes. Só seu volume de som era o bastante para superar o clavicórdio e ele podia trabalhar igualmente bem como solista ou acompanhante. Mozart, particularmente, gostava do instrumento e escreveu 24 concertos de piano, e muitas peças solo e de câmara. O efeito que o piano teve na música de teclado foi dramático. Marcações de dinâmica e de pedal começaram a aparecer na música impressa, uma música mais sustentada era agora possível, e texturas sutis e complicadas, dependentes a sensibilidade ao toque, podiam ser escritas, permitindo aos virtuoses do teclado mostrar seus talentos.

▶ *O fortepiano era um instrumento mais versátil do que o cravo.*

Seção Dois: Referência

▶ As clarinetas começaram a aparecer na música de Bach e Mozart.

A orquestra tornava-se muito mais uniforme. A seção de cordas, com violinos, violas, *cellos* e contrabaixos, estava padronizada; oboés, fagotes, trompas e trompetes eram os instrumentos de sopro favoritos, e os tímpanos a única percussão. As flautas se tornavam acessórios permanentes e, no final do século, as clarinetas encontravam seu espaço, como a quarta madeira. O *cor de basset* era ocasionalmente usado, tal como em *La Clemenza di Tito*, de Mozart, e os trombones apareciam frequentemente tanto na música sacra – onde ajudavam a criar uma atmosfera solene – quanto na ópera, onde eles tipicamente representavam o inferno ou o sobrenatural.

Na música das bandas militares usavam-se trompas, trompetes e, mais tarde, clarinetas e flautas. Novos instrumentos de sopro, como o serpentão e os *cor de basset*, foram também testados. O influxo dos instrumentos turcos das bandas janízaras – como os pratos, bombo, triângulos e árvore de campainhas – tornaram-se cada vez mais comuns nas bandas europeias. Na música doméstica, os pianos começaram a substituir os cravos e clavicórdios, e o bandolim era muito popular na Itália. As novidades instrumentais da época incluem: a harmônica de vidro, o realejo e a caixa de música.

▼ Vivaldi escreveu um concerto para dois bandolins.

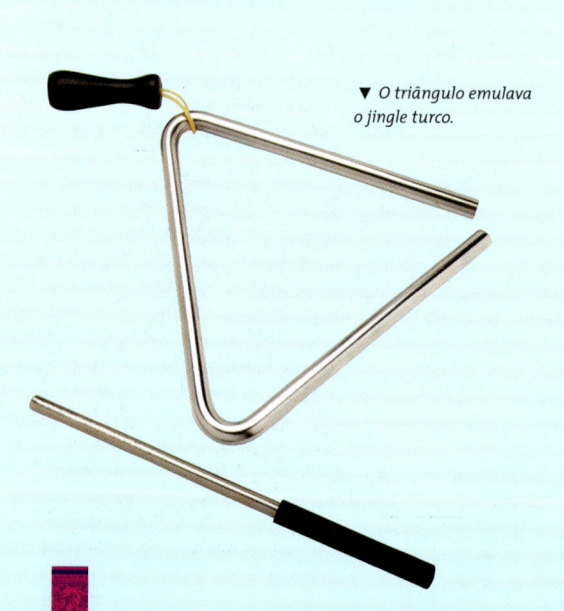

▼ O triângulo emulava o jingle turco.

Manual Ilustrado dos Instrumentos Musicais

1800-50

Esse período foi o auge do Classicismo, com suas estruturas ordenadas e equilibradas, e a ascensão do Romantismo, que durou de 1830-1900. Como na literatura, o Romantismo estava preocupado com a expressão de sentimentos e emoções. A música romântica era frequentemente baseada em narrativas, ao invés de projetos formais, e havia um grande interesse por temas sobrenaturais, como magia e sonhos. Os compositores, desta forma, expandiram o cenário musical através da exploração de mais timbres instrumentais e escreveram para conjuntos maiores, para dar a sua música mais impacto.

Essa dramática transformação musical foi ajudada pela invenção, em 1815, da válvula para os metais e pelo refinamento contínuo dos dedilhados nas madeiras.

▶ O saxofone era um cruzamento entre uma madeira de palheta simples e um metal com chaves.

Copiado dos aparelhos que controlavam o fluxo de ar dos altos-fornos, a válvula foi usada nos metais para desviar o fluxo de ar para dentro de extensões extras de tubo, permitindo assim, abaixar a afinação e possibilitar aos metais preencher as lacunas das "notas não existentes". Um método alternativo de preencher essas notas foi tentado anteriormente usando-se chaves, resultando no clarim com chaves, o serpentão e o oficleide, que eram encontrados nas bandas de sopro e, ocasionalmente, na orquestra dos anos 1820 e 1830. Os trompetes e trompas com

▲ O cornet era uma variação valvulada da trompa não valvulada alemã.

válvula começaram a aparecer nos anos 1820 e sua produção em massa começou nos anos 1840, quando já era comum seu uso na orquestra. Os trombones ressurgiram, perdendo sua associação com o sobrenatural e entrando na orquestra, a partir de Beethoven.

Novos instrumentos de sopro de metais foram também inventados, muitos dos quais permanecem nas fanfarras e bandas de sopro, desde então. As famílias do *cornet*, do eufônio e do *saxhorn*, o *flugelhorn* e a tuba emergiram nos anos 1830 e 1840, e a produção em série possibilitou que madeiras e metais tivessem um custo que permitia a sua aquisição por pessoas comuns. Isso resultou no crescimento da atividade musical amadora. Nos anos 1840, uma família totalmente nova de madeiras, o saxofone, foi inventada pelo construtor de instrumentos belga, Adolphe Sax (1814-94), que também inventara o *saxhorn*. Ele logo encontrou seu lugar nas bandas de sopro e foi ocasionalmente usado na orquestra, primeiro por Hector Berlioz (1803-69) e depois pelo compositor de óperas, Giacomo Meyerbeer (1791-1864).

▲ O piccolo substituiu o flageolet nas orquestras.

As madeiras se desenvolveram e se refinaram ainda mais. A clarineta foi melhorada e usada por compositores, como Carl Maria von Weber (1786-1826), que mostrou quão efetiva ela pode ser como solista em sua música orquestral, em seu *Concerto para Clarineta*. Theobald Boehm (1793-1881) apresentou um dedilhado simplificado para flauta em 1832 e isso levou a sistemas similares no oboé, na clarineta e, finalmente, no fagote, que os tornou muito fáceis de serem tocados e, como resultado, fez com que os compositores escrevessem partes mais exigentes. Famílias de instrumentos se formaram ao redor dos principais sopros de madeira, da mesma forma que ocorrera na Renascença. Como resultado, o *piccolo*, corne inglês, diversos tipos de clarineta e o contrafagote logo se tornaram comuns em bandas de sopro e orquestras. Berlioz foi um dos primeiros compositores a usá-los orquestralmente, incluindo um *piccolo*, um corne inglês, uma clarineta em E♭, e um contrafagote, assim como um clarim com chaves, um oficleide e sinos tubulares na sua *Sinfonia Fantástica*, de 1827.

▲ Sinos tubulares imitam sinos de igreja.

A harpa, que era usada como instrumento folclórico por centenas de anos, recebia mais atenção e as recentes melhorias

▶ *A Sinfonia Fantástica, de Berlioz, contém a primeira aparição da harpa em uma sinfonia.*

no mecanismo de pedal, por Sébastian Érard (1752-1831), agora a permitia tocar todas as notas da escala cromática. Seu uso na orquestra no final dos anos 1840 era comum. Os instrumentos de percussão das bandas janízaras turcas: caixas, bombos, pandeirolas, pratos e triângulos também se tornaram acréscimos permanentes à orquestra.

Entrementes, o piano teve um crescimento espetacular de popularidade. A música de Ludwig van Beethoven (1770-1827) para o instrumento requeria, progressivamente, cada vez mais volume e assim, pianos de cauda mais fortes, com armação de ferro foram desenvolvidos de acordo. Subsequentemente, esses modelos melhorados auxiliaram a ascensão de pianistas virtuoses, como Frédéric Chopin (1810-49) e Franz Liszt (1811-86), que se tornaram celebridades, deslumbrando o público com sua destreza, poder, sensibilidade e resistência, e escrevendo música cada vez mais desafiadora.

O instrumento tornou-se um acessório obrigatório nas casas de classe média e modelos verticais foram desenvolvidos para economizar espaço. Através de trabalhos de transcrições e arranjos, como de sinfonias, ele se tornou um meio através do qual as pessoas comuns podiam conhecer a música dos compositores contemporâneos e as vendas de partituras dispararam.

Como uma alternativa menor ao órgão, o harmônio foi desenvolvido no início do século XIX, sendo usado em pequenas igrejas e domesticamente. A harmônica, ou gaita-de-boca, e o acordeão também datam desse período, e foram inicialmente populares na música folclórica e entre amadores.

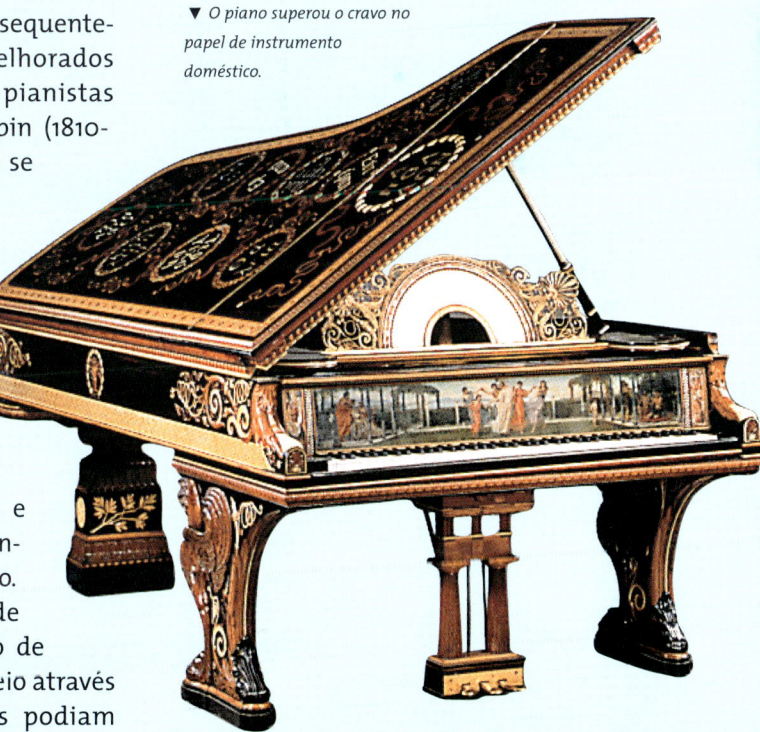

▼ *O piano superou o cravo no papel de instrumento doméstico.*

Seção Dois: Referência

1850-1900

O Romantismo prosseguiu e a música se tornou mais longa e grandiosa, com as orquestras se expandindo em enormes proporções. O crescimento do nacionalismo político por toda a Europa encorajou os países a desenvolver seus próprios estilos nacionais de música e os elementos folclóricos encontraram seu lugar na música erudita. O movimento impressionista, inspirado nos pintores franceses, como Claude Monet, encorajou compositores, como Claude Debussy (1862-1918), a levar a contínua exploração do timbre instrumental a um novo patamar.

O desenvolvimento de novos instrumentos de sopro de madeira e metal continuou, em parte, para cumprir essas demandas, mas a maioria das últimas invenções não decolou. A família do sarrussofone – melofone, hélicon e heckelfone – foi algumas vezes usada nas orquestras e bandas de sopro, mas nunca se tornou comum. A criação de Richard Wagner (1813-83), a tuba wagneriana, teve mais sucesso graças ao seu uso em óperas e foi também usada em orquestrações de Richard Strauss (1864-1949) e Anton Bruckner (1824-96). A família da clarineta ainda se expandia, principalmente devido ao seu papel dominante nas bandas de sopro, e logo ela continha modelos em C, B♭, A, E♭, D, A♭ e F, assim como o clarone, e no século XIX, a clarineta contrabaixo. A família do saxofone continha cinco membros – baixo, barítono, tenor, alto e soprano, e também se tornou fundamental para a banda de sopro. Duas flautas maiores, a alto e a baixo, foram desenvolvidas, mas não foram realmente exploradas até o século XX.

Outros instrumentos tornavam-se obsoletos. O *cor de basset*, a trompa natural, o clarim com chaves, o serpentão e o oficleide foram substituídos por seus equivalentes modernos e o cravo tornou-se virtualmente extinto. Embora a música que fora escrita originalmente para esses instrumentos ainda fosse tocada, admitia-se que os compositores teriam preferido os instrumentos modernos, se eles pudessem escolher.

▼ Os saxofones eram a base das bandas militares de então, particularmente na França.

◄ No final do Romantismo, havia dois ou três trompetes na orquestra.

▲ *A orquestra romântica tardia podia conter até oito trompas.*

Embora menos instrumentos tenham sido inventados, que nos 50 anos anteriores, os instrumentos existentes continuavam a ser refinados, tanto para torná-los mais versáteis, quanto para dá-los um som mais claro. Melhorias nos dedilhados dos oboés e clarinetas foram feitas e Wilhelm Heckel (1856-1909) modernizou o fagote nos anos 1880. Os calibres dos instrumentos de sopro foram aumentados e como resultado, instrumentos como o trompete, trompa e trombone ganharam um som mais cheio. Richard Strauss foi o primeiro compositor a explorar completamente as qualidades virtuosísticas da trompa, com dois concertos e partes orquestrais espetaculares para trompa.

Vários instrumentos de percussão também estavam em uso. A celesta tornou-se um membro ocasional da orquestra após Piotr Ilyich Tchaikovsky (1840-93) tê-la usado no *Quebra-Nozes*. Camille Saint-Saëns (1835-1921) introduziu o xilofone nos anos 1870. A *glockenspiel* lyra tornava-se comum nas bandas de sopro e a visita de um conjunto de gamelão na Exposição Universal de Paris de 1889 gerou, entre compositores ocidentais, uma onda de interesse por instrumentos de percussão metálicos, como os pratos antigos, tam-tans e gongos.

Na Espanha, um *revival* do violão estava em andamento, iniciado por Francisco Tárrega. No "sul profundo" americano, o banjo tornou-se popular entre trabalhadores afro-americanos, antecipando sua adoção nos primeiros grupos de jazz. O nacionalismo foi parcialmente responsável pela onda de interesse em instrumentos folclóricos, como as balalaicas, na Rússia, o *cimbal*, na Hungria, e a gaita-de-foles, na Escócia.

▶ *O banjo era um acompanhamento popular aos spirituals.*

Seção Dois: Referência

1900-50

Na época da Primeira Guerra Mundial, a hegemonia do Romantismo sucumbia, como evidenciado pelo afastamento da harmonia e rítmica tradicional na música expressionista de Igor Stravinsky (1874-1951), Arnold Schoenberg (1874-1951) e Béla Bartók (1881-1945). No período entre-guerras houve o retorno da música intimista, referenciada no Classicismo, enquanto na América, o jazz se tornava um fenômeno popular. Os desenvolvimentos tecnológicos levaram aos primeiros instrumentos eletrônicos, ao início da indústria de gravação e à radiodifusão – todos os quais tiveram um profundo efeito na música ocidental. Foi o nascimento da comunicação de massa que permitiu aos estilos musicais se espalhar ao redor do globo e a música das orquestras de *swing* foi o primeiro tipo que obteve popularidade de massa dessa forma.

▲ *No mercado amador, o piano mecânico foi um forte competidor do piano.*

O desenvolvimento em grande escala dos novos instrumentos de sopro de madeira e metal, que ocorrera nos séculos anteriores, desacelerou marcadamente, embora um ou dois novos instrumentos ainda aparecessem. Estes incluem o heckelfone e o sousafone, criações de Heckel e do líder de banda americano John Philip Sousa (1854-1932), respectivamente. A orquestra, a fanfarra e a banda de sopros atingiram seu tamanho máximo no início do século, e a mudança de gosto e austeridade do pós-guerra asseguraram que esse tamanho não fosse jamais alcançado. Seu plantel havia sido definido no final do século XIX.

Tratando-se de instrumentos mecânicos, o piano mecânico apareceu na primeira década e podia tocar música através de furos feitos em rolos de papel, e foi usado como uma espécie de *jukebox*, tocando execuções de peças populares de piano. Também foi usado por Stravinsky como ajuda compo-sicional, antecipando em 80 anos o uso similar do sequenciador.

Os primeiros instrumentos eletrônicos incluíam o *telharmonium*, o *theremin*, as ondas martenot e o *trautonium*, mas destes, apenas as ondas martenot gozam de notoriedade, graças a compositores como Oliver Messiaen (1908-92), que a incorporaram em algumas de suas peças orquestrais. Também, órgãos elétricos foram desenvolvidos, notavelmente o Hammond, e mecanismos eletrônicos eram agora comuns nos órgãos de tubo. Órgãos de cinema emergiram no começo do século e eram geralmente usados para tocar música leve em lugares de lazer. A guitarra elétrica foi desenvolvida nos anos 1940 e logo foi adotada por músicos de jazz, como Charlie Christian.

Os instrumentos de percussão continuaram a atrair o interesse dos compositores, e diversos instrumentos, como *bull-roarers*, sirenes, apitos, *güiros*, folhas de metal, máquinas de vento, blocos de madeira, chicotes, tom-tons e chocalhos foram usados por compositores como Edgar Varèse (1883-1965), Stravinsky e

▼ *As folhas de metal usadas em orquestras são feitas de metal fino.*

Messiaen. No jazz, um único percussionista tocava vários instrumentos em uma bateria, e para auxiliar, chimbals e bombos operados por pedais tornaram-se padrão.

Através da imensa popularidade dos grupos de jazz e de *swing*, instrumentos como o trompete, trombone, saxofone, clarineta, banjo, guitarra, piano, contrabaixo e vibrafone ganharam um novo apelo e ajudaram a gerar virtuoses, como Benny Goodman (clarineta), Louis Armstrong (trompete), Charlie Parker (saxofone) e Lionel Hampton (vibrafone).

Com a música gravada agora facilmente disponível, através do gramofone e do rádio, a atividade musical doméstica e amadora entrou em declínio, embora os efeitos ainda não se fizessem sentir até mais tarde nesse século. Acordeões, concertinas e gaitas-de-boca eram populares entre músicos de rua, e ocasionalmente foram usados nas óperas para reproduzir esse tipo de música.

Tentativas de reviver certos instrumentos começaram com a família Dolmetsch reconstruindo instrumentos, como cravos, clavicórdios, violas de gamba, alaúdes e flautas doce na oficina da família.

Os coletores de música folclórica, notavelmente os compositores húngaros Bartók e Zoltán Kodály (1882-1967), viajaram para áreas rurais da Europa e África do Norte gravando música folclórica tradicional e catalogando os instrumentos que encontravam. Isso estimulou um novo interesse na autêntica música folclórica, e algumas das técnicas instrumentais e dos instrumentos descobertos foram incorporados em suas composições (por exemplo: o *cimbal*). Isso antecipou o imenso interesse na música étnica mundial que brotou nos últimos 20, 30 anos.

▶ *A inclusão de instrumentos folclóricos na música ocidental enriqueceu sua linguagem harmônica.*

▶ *O trombone está no centro da seção de metais orquestrais.*

1950–ATÉ HOJE

Nos últimos 50 anos, a música se ramificou e partiu em centenas de direções diferentes. A tecnologia musical teve grande participação nisso, com um enorme número de gravações disponíveis expondo às pessoas mais tipos de música. O contínuo consumo de música pelo público, por meio das transmissões e da popularidade das coleções de discos e CD, permitiu que músicas obscuras fossem gravadas comercialmente. Auxiliados pelo crescimento do estudo acadêmico de instrumentos antigos e folclóricos, instrumentos raros e obsoletos renasceram, e vida nova foi dada àqueles de partida.

Por outro lado, a onipresença da música comercial contribuiu para o declínio da música mais tradicional. Na música clássica, métodos de composição extremamente experimentais foram explorados, utilizando todos os tipos de efeitos timbrísticos e combinações instrumentais. Movimentos como o serialismo integral (música derivada de uma série simples de números), música aleatória (música baseada no acaso), minimalismo (a repetição de ideias musicais muito curtas) e pós-modernismo (música que combina ideias modernas com elementos mais tradicionais) requerem um novo tipo de virtuosismo dos músicos e, consequentemente, alta qualidade do instrumento.

Instrumentos barrocos como o cravo, a flauta doce e a teorba foram reintroduzidos em apresentações de música barroca nos anos 1950, e foram seguidos pelos instrumentos da Renascença e medievais. Mais recentemente, instrumentos clássicos autênticos e do século XIX, como as trompas naturais e modelos antigos de oboé, clarinetas e fagotes têm sido usados em apresentações de música clássica ou romântica.

A amplificação de instrumentos foi um desenvolvimento chave, permitindo a qualquer som ter seu volume aumentado, tanto quanto necessário. Assim, não havia mais necessidade de se desenvolver instrumentos acusticamente poderosos, da forma que evoluíram o órgão de tubos, o piano de cauda e a tuba, ou formar grandes grupos de instrumentistas, como a grande orquestra sinfônica, já que um estádio inteiro podia ouvir, digamos, um cantor, uma guitarra elétrica e a bateria.

A amplificação desempenhou um papel crucial na popularização do rock e da música pop. Audiências de massa eram empolgadas pela mera energia das apresentações de muitos decibéis, o que fez as apresentações acústicas parecerem

▶ *A necessidade levou a invenção da bateria.*

estéreis e fora de moda, em comparação. Instrumentos de rock, como teclados, guitarras e baixos elétricos, e baterias, se tornaram imensamente populares e começaram a substituir instrumentos equivalentes em outros tipos de música, especialmente no jazz e conjuntos folclóricos. Guitarristas virtuosos se tornaram um novo fenômeno. O surpreendente desenvolvimento das técnicas de guitarra por Jimi Hendrix inspirou uma série de imitadores. A guitarra havaiana foi uma ingressante natural na música country americana, por sua habilidade de deslizar entre as notas complementando técnicas similares da rabeca folclórica.

O estúdio de gravação também mudou a forma tradicional na qual os instrumentistas interagiam. Uma vez que o sistema multicanais foi desenvolvido nos anos 1960, os músicos puderam ser gravados separadamente, gerando um produto final no qual o mesmo instrumentista podia aparecer de diversas formas, ou podia tocar junto com outros músicos sem nunca ter se encontrado. Nessa configuração, não havia mais necessidade dos instrumentistas serem equilibrados acusticamente, já que isso poderia ser feito pelo engenheiro de gravação. Assim, era possível unir timbres instrumentais que seriam impossíveis de equilibrar normalmente, levando a uma maior exploração de instrumentos exóticos e incomuns.

Nos anos 1950, os primeiros experimentos com o corte e manipulação de sons gravados em uma fita magnética resultaram num tipo de música conhecido como música concreta. Ela teve como pioneiros compositores como Stockhausen e Varèse, e antecipou o uso de *samplers* na *dance music* em mais de 30 anos. Crucialmente, isso mostrou que era possível montar uma apresentação musical sem artistas ao vivo, abrindo caminho para discotecas e clubes noturnos a partir dos anos 1960.

Os novos instrumentos eletrônicos foram introduzidos com frequência crescente e, embora eles fossem inicialmente usados por compositores eruditos experimentais, eles se tornaram cada vez mais direcionados aos músicos de rock. Robert Moog (1934-2005) foi um importante pioneiro, produzindo os sintetizadores *moog*, *minimoog* e *polymoog*, cujos sons foram popularizados por Wendy Carlos em seu álbum *Switched on Bach*, de 1968. Vários pianos eletrônicos, e órgãos e violinos elétricos foram comercializados a partir dos anos 1960 por fabricantes como Fender e Yamaha, enquanto instrumentos especializados, como o *clavinet* e o *keyboard* bass também tiveram seus períodos de popularidade.

O sintetizador dominou a música pop nos anos 1980 e se tornou comercialmente disponível em grande escala. Emuladores de percussão programáveis, como o Roland TR808, sintetizadores como o Yamaha DX7 e a invenção do MIDI – que permitia a diferentes equipamentos eletrônicos controlar uns aos outros – tornaram possível a um indivíduo criar texturas musicais razoavelmente sofisticadas, sem ter que contar com outros artistas. Isso certamente teve um efeito na música comercial, como a música de TV ou filme, em que havia uma pressão crescente por corte de custos e consequentemente tornou-se mais difícil para músicos de estúdio trabalhar nessa área. Os *samplers*, que podiam manipular sons reais, começaram a se tornar comercialmente disponíveis no final dos anos 1980 e, junto com computadores domésticos mais poderosos e programas musicais mais avançados, foram responsáveis por uma grande onda de dance music baseada em computador, nos anos 1990.

Enquanto a música pop abraçou a nova tecnologia, muitos estilos musicais têm ignorado-a e continuado a usar instrumentos que sempre usaram. Isso ocorre, pois, muitos grupos ainda tocam música anterior a 1945. As bandas de sopro, fanfarras, bandas de dança e combinações eruditas mais estabelecidas, como orquestras e quartetos de cordas, tocam, em sua maior parte, repertório de 50 anos atrás e quando encomendam novas obras, eles geralmente as restringem à formação padrão. Assim, a orquestra, apesar de incontáveis novas peças envolvendo percussionistas extras, instrumentos étnicos, *live electronics* e colaboração com músicos de rock e jazz, permanece praticamente a mesma, embora alguns poucos instrumentos de percussão, como a marimba, gongos afinados e *rota-tons*, não são tão incomuns como eram no passado. Invenções de novos instrumentos não eletrônicos obtiveram certo sucesso *cult*. Compositores como Harry Partch (1901-74), George Crumb (1929-) e John Cage (1912-92) inventaram incontáveis instrumentos próprios e outros, como Conlon Nancarrow (1912-97), exploravam o potencial de um único instrumento, nesse caso, o piano mecânico. Outros novos instrumentos foram produzidos para satisfazer as avançadas técnicas dos compositores contemporâneos, especialmente o uso de intervalos bem pequenos, os microtons. Trompetes e flautas alto microtonais foram produzidos em anos recentes, e instrumentos modificados, como o trompete de campana dupla, têm atraído ocasionalmente instrumentistas virtuosos e compositores.

Hoje, como nunca, através da influência de instrumentistas, compositores, academias musicais, radiodifusores, a indústria de gravação e a internet, mais instrumentos de todos os períodos e tradições estão em uso. O futuro do desenvolvimento dos instrumentos musicais depende de quanto mais além a tecnologia musical se desenvolverá, a amplitude em que ela será adotada, e até que ponto a música continuará a ser influenciada pela globalização e mercado de massa.

▶ Os samplers *são hoje os mais usados instrumentos musicais eletrônicos.*

GRUPOS

Um grupo musical é formado por dois ou mais músicos que se juntam para tocar. Na teoria, um conjunto pode conter qualquer número de instrumentos, em qualquer combinação, mas na prática, certas combinações não funcionam muito bem, tanto por razões musicais ou porque simplesmente não é prático juntar certos instrumentos e músicos.

POR QUE CONJUNTOS MUSICAIS SÃO FORMADOS?

Os conjuntos podem se desenvolver instintivamente. Quando alguém num grupo de pessoas começa a cantar ou tocar um ritmo, é uma reação natural frequente, dos outros do grupo, se unir de alguma forma, talvez cantando junto, batendo com as mãos ou palmas. O canto informal em massa da torcida de futebol, soldados em marcha ou trabalhadores de cana começou dessa maneira. O jazz, pop e folk também têm essa espontaneidade, com uma grande tradição de músicos se juntando em *jam sessions*.

Alternativamente, um compositor, um arranjador e/ou um produtor podem juntar certa combinação de instrumentos que seja melhor à visão musical deles. O compositor russo Igor Stravinsky (1882-1971) teve um sonho, no qual ele viu uma flauta, uma clarineta, dois fagotes, dois trompetes e dois trombones tocando em grupo. Isso depois se tornou a instrumentação de seu octeto. No jazz, pequenos "combos de *swing*" ocasionalmente apresentavam-se, nos anos 1930 e 1940, com três ou quatro músicos da mesma orquestra de *swing*.

Um conjunto também pode surgir primariamente para servir a certa função. A ascensão das bandas de sopro, por exemplo, estava ligada intimamente com a necessidade de música nas paradas militares e outros conjuntos estão ligados intimamente com certos propósitos, como os coros com os ofícios religiosos ou orquestras de *swing* com a dança.

Conjuntos podem ser também formados especificamente para se apresentar a um público. Isso pode se dar por razões artísticas, para lucro comercial, ou uma combinação dos dois. Grupos pop "fabricados" são geralmente formados mais por seu apelo de público do que por sua originalidade musical e são dispensados se a vendagem de discos for pequena. Por outro lado, muitos grupos eruditos, de jazz e rock tocam uma música desafiadora, que o público pode achar difícil, e frequentemente têm um prejuízo financeiro como resultado. Eles podem, porém, ser recompensados pela satisfação artística de ter tocado essa música em público.

RECEITA PARA UM CONJUNTO MUSICAL BEM-SUCEDIDO

Primeiro, e mais importante, um conjunto precisa trabalhar bem musicalmente. Os instrumentos precisam formar um time eficiente, combinando suas potencialidades individuais da maneira mais eficaz possível. Por exemplo: o trio de cordas com violino, viola e *cello* geralmente funciona melhor do que três violas, pois, entre eles, os instrumentos possuem uma extensão muito mais ampla e grande variedade de timbres. Isso permite que uma música mais interessante seja escrita para eles. Os instrumentos precisam também se assegurar em termos de volume. Não por acaso que os instrumentos solistas mais bem-sucedidos no jazz sejam aqueles que se provaram mais estridentes – como o saxofone e trompete, ao invés do oboé ou da flauta doce.

▲ Sopros de madeira e metal sempre dominaram as bandas militares.

Um conjunto também precisa de um suprimento de música de qualidade que explore suas potencialidades particulares, e que "venda" essa combinação particular de instrumentos para o público e músicos. Joseph Haydn (1732-1809), Wolfgang Amadeus Mozart (1756-91) e Ludwig van Beethoven (1770-1827), por exemplo, usaram o quarteto de cordas tão bem, que este se tornou um dos principais meios da música erudita.

▲ Existe hoje uma miríade de festivais musicais para todos os gostos.

A demanda contínua pelo conjunto também é importante. Tanto a demanda do público, a necessidade contínua por certo tipo de música para um evento particular, quanto o desejo dos músicos de se juntar e tocar certo tipo de música. Essa demanda também pode depender das mudanças de gosto do público, sua renda, o tipo de educação recebida, como as pessoas gastam seu tempo de lazer e a quantidade de música a que têm acesso.

A disponibilidade de músicos, instrumentos e locais de apresentação adequados são cruciais para a sobrevivência de um conjunto. Por exemplo: o *Helicóptero e Quarteto de cordas*, de Karlheinz Stockhausen (1928-2007), que requer que cada membro do quarteto de cordas toque sua parte em um helicóptero separado, é muito raramente apresentado devido aos custos envolvidos. Orquestras com orçamento limitado frequentemente escolhem não apresentar certas peças que envolvem músicos adicionais, por simplesmente não poderem permitir-se a isso. Porém, se um conjunto "caro" atrai um grande público, ele pode sobreviver.

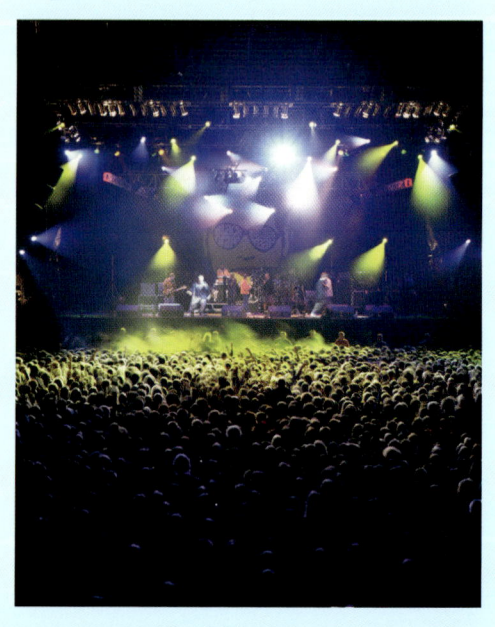

▲ Grandes audiências são vitais para a sobrevivência de muitas formações musicais.

Finalmente, a sobrevivência de um grupo também depende da qualidade de suas apresentações. Todos os conjuntos padronizados, em algum ponto de sua história, tiveram ao menos um grupo de músicos extraordinários. O alto nível das apresentações de tais grupos inspira outros a formar grupos similares, enquanto o entusiasmo do público e da crítica encoraja os melhores compositores a trabalhar com essa instrumentação, e pode atrair interesse de produtores de concerto e selos de gravação.

PEQUENOS CONJUNTOS

Os pequenos conjuntos representam a maioria dos grupos instrumentais pela facilidade em serem reunidos e porque geralmente são mais baratos que seus correlativos maiores. Sua composição pode variar de grupos de instrumentos bastante similares, como as quatro clarinetas do quarteto de clarinetas, a grupos de instrumentos bem diversos, como aqueles no quinteto padrão de bop jazz. Já que um conjunto pequeno não tem, normalmente, um regente, seus membros precisam se organizar apropriadamente para ter êxito musical.

Grupos mistos são frequentemente organizados de forma que cada instrumento desempenha um papel específico, como tocar a melodia, o ritmo ou fornecer a harmonia. Desse modo, na formação típica do grupo de rock, o cantor fornece a melodia; a guitarra base, a harmonia; o baixo, a linha de baixo; e a bateria, o ritmo. Dessa forma, cada instrumento tem seu próprio "território" e, portanto, não entra muito em conflito com o que os outros estão tocando.

▲ *Pequenos conjuntos são a espinha dorsal da* performance *musical há séculos.*

Seção Dois: Referência

Por outro lado, grupos de instrumentos bastante parecidos, geralmente desempenham papéis comparáveis. Frequentemente, a parte superior tem uma melodia que é harmonizada pelas partes abaixo, que também seguem, mais ou menos, o mesmo ritmo. O arranjo de um hino é um bom exemplo disso. Alternativamente, todas as partes podem ter melodias simultâneas que se imitam e se entrelaçam com as outras – uma marca registrada da música da Renascença.

Com a música composta, notada, o compositor pode planejar cuidadosamente como o grupo vai interagir. Isso permite que os instrumentos troquem de papéis livremente, engajando em conversas musicais entre si, criando texturas complexas e ritmos cruzados, e usar o volume, cor instrumental e registro de modo bastante sutil.

INSTRUMENTO SOLO E PIANO

Por ser fácil de reunir, esse é o mais comum dos conjuntos de música erudita. Sua ascensão reflete a do piano, criado no século XVIII, e popularizado na época de Mozart – o primeiro compositor a explorar a imensa flexibilidade do instrumento. Foram escritas exaustivas peças para a combinação de violino e piano, com os exemplos notórios das sonatas de Mozart, Beethoven, Johannes Brahms (1833-97) e Sergei Prokofiev (1891-1953), enquanto parcerias entre piano e *cello*, clarineta ou flauta são também muito populares. Qualquer instrumento acústico melódico forma uma combinação eficaz com o piano, desde que use a mesma afinação. Tocar peças acompanhadas ao piano é parte importante do aprendizado na maioria dos instrumentos melódicos ocidentais.

VOZ E PIANO

A combinação de voz e piano realmente decolou, no início do século XIX, com os acompanhamentos altamente expressivos para poesia romântica alemã de Franz Schubert (1797-1828) e Robert Schumann (1810-56), que eram agrupados, frequentemente, em ciclos de canções. Eles foram seguidos por uma longa linhagem de compositores de canções, incluindo Brahms, Gustav Mahler (1860-1911), Claude Debussy (1862-1918) e Benjamin Britten (1913-76), este último formou uma parceria altamente bem-sucedida com o tenor Peter Pears. A combinação de voz e piano também é popular nos atos cômicos e de *cabaret*, e também foi usada no jazz, na música folclórica e no pop. Talvez o exemplo mais famoso seja a apresentação de "Candle in the Wind 1997", por Elthon John, no funeral de Diana, a princesa de Gales.

QUARTETO DE CORDAS

Uma das mais instantaneamente reconhecidas formações eruditas, o quarteto de cordas, originou-se no século XVIII e é composta de dois violinos, uma viola e um *cello*. Os quartetos de cordas de Haydn, Mozart e Beethoven estão entre as maiores realizações da música erudita de câmara e, inspirados nesse exemplo, os compositores eruditos, notavelmente Béla Bartók (1881-1945), guardavam suas ideias mais complexas para esse veículo, frequentemente requerendo enorme habilidade dos intérpretes. O quarteto de cordas é muito versátil e tem uma infinidade de timbres à disposição, incluindo diversos tipos de *pizzicatos* (dedilhar), *col legno* (tocar as cordas com a madeira do arco), assim como diferentes tipos de arcadas. Os quartetos de cordas são frequentemente usados para fornecer música de fundo em eventos, como recepções de casamentos, algumas vezes tocando arranjos populares. Eles foram também usados ocasionalmente em música pop, por exemplo, nas canções dos Beatles: "Yesterday" e "Eleanor Rigby".

▲ Uma recriação de um conjunto do século XVI: viola de gamba, voz e duas flautas doce.

MÚSICA DE CÂMARA EM INSTRUMENTOS DE ÉPOCA

Um instrumento de época é um instrumento original usado em um período anterior, ou uma réplica deste. Até os anos 1950, a música antiga era quase sempre tocada com instrumentos modernos, mas desde então ressurge o interesse por uma execução musical autêntica entre acadêmicos, instrumentistas e construtores de instrumentos. Hoje, a música de câmara barroca, renascentista e medieval é quase sempre executada profissionalmente em instrumentos autênticos. Exemplos de conjuntos reconstruídos incluem o *consort* de violas de gamba (geralmente seis: dois sopranos, dois tenores, dois baixos), o *consort* de flauta doce (de quatro a seis, de diversos tamanhos) e o trio sonata, no qual um grupo contínuo (geralmente cravo mais um instrumento grave, como a viola de gamba baixo ou *cello* barroco) acompanha dois instrumentos melódicos, como os violinos ou flautas barrocas. Instrumentos diversos, como a charamela, tamboril, rabeca, cistre, cromorne, serpentão e viela de roda têm sido revividos com muito sucesso. Conjuntos atuais incluem o grupo de metais barroco, His Majestys Sagbuts and Cornetts, e o *consort* de viola de gamba Fretwork.

OUTROS GRUPOS ERUDITOS DE MÚSICA DE CÂMARA

Ao longo dos anos, os compositores têm tentado quase todas, sensatas e não sensatas, combinações de instrumentos eruditos, com graus variados de sucesso. A música de câmara, do final do século XVIII e século XIX, é dominada pelo piano e instrumentos de cordas. Conjuntos como o trio, quarteto e quinteto para piano tornaram-se, então, firmemente estabelecidos, enquanto duos, trios, quintetos e sextetos de cordas também foram populares. Grupos exclusivamente de sopros ou metais, como o quinteto e octeto de madeiras, e quinteto de metais, desenvolveram-se também nessa época, como um desdobramento da música para banda de sopros. Conjuntos mistos, como o quinteto para clarineta (clarineta e quarteto de cordas) e trio para trompa (trompa, violino e piano) deram chance aos músicos de sopros de ser mais solistas. No século XX, os compositores também começaram a explorar combinações de instrumentos mais excêntricas, frequentemente envolvendo algumas mais obscuras, numa tentativa de criar sons mais incomuns. Grupos de música contemporânea, como a London Sinfonietta, em que grupos menores incomuns podem ser formados a partir de um grupo geral maior de músicos disponíveis, possibilitam a execução desse tipo de música. Uma combinação estabelecida no século XX foi: violino, *cello*, flauta, clarineta, piano, percussão e cantor. Conjuntos de instrumentos iguais, como o duo de flautas, quarteto de clarinetas, saxofones ou trompas, também são bastante comuns, executando arranjos e composições originais.

PEQUENOS GRUPOS VOCAIS NÃO ACOMPANHADOS

A cappella, "no estilo de igreja", pode se referir a qualquer tipo de música vocal não acompanhada. Geralmente, há quatro diferentes partes se estendendo do agudo ao grave, embora trios, quintetos e grupos maiores também sejam comuns. Pequenos grupos podem ser constituídos somente por homens (o quarteto *barbershop* é um exemplo disso), somente por mulheres, ou uma mistura de ambos. Os conjuntos eruditos frequentemente se concentram na música vocal renascentista (escrita entre 1400 e 1600) como os madrigais e motetos ou em obras do século XX que, às vezes, podem requerer técnicas incomuns, como multifônicos (cantar duas ou mais notas simultaneamente), notas muito agudas e ruídos, como estalidos, estampidos, assovios e silvos. Um raro exemplo de um grupo *a cappella*, que chegou à parada de sucessos, foi o Flying Pickets, em meados dos anos 1980. As improvisações de saxotone de Jan Garbarek com o grupo *a cappella* masculino, Hilliard Ensemble, também provaram ser bastante populares.

Os Ink Spots foram pioneiros do gênero de música vocal negra harmonizada. ▲

GRUPOS DE MÚSICA POPULAR

Desde o nascimento do rock'n'roll, os grupos de música popular têm assumido um incrível número de formas. Porém, a escolha de instrumentos segue, em grande medida, a regra geral. Há, normalmente, pelo menos um instrumento para cobrir cada um dos quatro papéis da textura típica da música popular: a batida (geralmente a bateria), o preenchimento harmônico (geralmente uma ou duas guitarras elétricas ou teclado), a melodia (geralmente a voz) e a linha de baixo (normalmente um baixo elétrico).

A formação das primeiras bandas de rock'n'roll em meados dos anos 1950 era, com frequência, baseada nos grupos de jazz, blues e música country. Primeiramente, figuravam: uma bateria, guitarras elétricas, contrabaixo, saxofone, seção de metais e um piano – o contrabaixo logo foi substituído por um baixo elétrico. No Reino Unido, a banda de *skiffle* – incluindo violão, contrabaixo e tábua de lavar – era popular nesse mesmo período.

No final dos anos 1950 e início dos anos 1960, grupos americanos, como The Ventures, e ingleses, como The Shadows, estabeleceram uma formação conhecida como *beat combo*, compreendendo uma bateria, baixo elétrico e duas guitarras elétricas (solo e base). Um som diferente era produzido por bandas baseadas em teclado, como The Doors, em que o teclado substituía as duas guitarras elétricas. O desenvolvimento de técnicas de gravação mais avançadas nos anos 1960 e 1970, especialmente o multicanais, fez com que os grupos pudessem criar texturas muito ricas, de várias camadas, com ajuda de produtores de gravação, como Phil Spector. Em estilos como *rhythm and blues*, funk e *disco*, músicos adicionais eram incluídos, frequentemente, para enriquecer o som. Estes incluem seção de cordas (geralmente violinos), de sopro (madeiras e metais, como trompete, saxofone e trombone) e vocais de apoio.

Instrumentos eletrônicos sempre foram ansiosamente adotados pela

▲ Os Rolling Stones é uma das bandas mais influentes do mundo, desde os anos 1960.

▲ O Kraftwerk foi uma força dominante e influente no desenvolvimento da música eletrônica.

indústria pop, assim que se tornavam disponíveis. Instrumentos como o sintetizador *minimoog* e o *clavinet* foram incorporados, nos anos 1960 e 1970, por grupos ávidos em criar um novo "som", assim como o uso expressivo da microfonia e novos pedais de efeito na guitarra elétrica. A disponibilidade de emuladores de percussão programáveis e sintetizadores, no final dos anos 1970, permitiu que músicos, ao vivo, pudessem ser dispensados pela primeira vez. Bandas como o Kraftwerk consistem inteiramente de músicos que tocam sintetizadores, instrumentos que dominaram a música dos anos 1980 até a reemergência das formações baseadas em guitarras com a música *indie* e o *britpop*, nos anos 1990.

No final dos anos 1980, e anos 1990, a tecnologia musical enraizou-se ainda mais na música popular, com a emergência da *dance music*. Os sequenciadores permitiram que padrões musicais fossem continuamente "loopados" (repetidos), e outros sons manipulados e ritmos mais compactos. Isso criou uma música hipnótica, enérgica, ideal para dançar. Além disso, o DJ – que seleciona e toca as gravações – tornou-se um instrumentista, mixando diferentes gravações e explorando vários efeitos dos toca-discos. O rap e hip-hop também exploram a tecnologia musical, usando fala ritmada sobre *loops* de bateria e *samples*. Como a influência da música pop se espalhou ao redor do mundo, incontáveis novos conjuntos foram criados da fusão de estilos étnicos mundiais e influências de rock, incluindo o Bhangra (influências do Punjabi e da Jamaica) e Salsa (influências cubanas e porto-riquenhas).

▼ Os pratos dos toca-discos são um instrumento musical na dance music, e requerem técnica e conhecimento musical.

Seção Dois: Referência 373

PEQUENOS GRUPOS DE JAZZ

Grupos de jazz, assim como grupos pop, têm uma abordagem à instrumentação bastante flexível, embora certos instrumentos sejam preferidos por diferentes estilos de jazz. Como no rock, os instrumentos são geralmente escolhidos para preencher certos papéis, com a seção rítmica fornecendo a batida, a linha de baixo e o preenchimento harmônico, e os instrumentos de frente, tocando as melodias.

As primeiras formas de jazz – Nova Orleans e Dixieland – têm como grupo central melódico o trompete, a clarineta e o trombone, como o piano e a bateria formando a seção rítmica. Às vezes, violinos e banjos eram usados e o contrabaixo logo se tornou padrão. Como antídoto às grandes *big bands* e orquestras de *swing* que dominaram os anos 1920 e 1930, pequenos grupos dissidentes se apresentavam ocasionalmente, incluindo o trio de Benny Goodman, de clarineta, piano e bateria, no qual um vibrafone foi adicionado posteriormente. De grupos como esses, surgiu o estilo bop dos anos 1940 e 1950, que era bastante improvisado e requeria grande agilidade. Um grupo típico de bop podia contar com uma linha de frente de até quatro músicos, frequentemente incluindo um trompete e sax, e uma seção rítmica com piano, contrabaixo e bateria. O cool jazz, que era pré-composto e mais restrito, apresentava geralmente combinações mais variadas de instrumentos, já que o timbre era mais importante. Miles Davis,

▲ *A formação de Benny Goodman pressagiou a era do* swing.

▲ *A Orquestra Infantil Soviética.*

a figura dominante do cool jazz teve, em diferentes épocas, um noneto, um quinteto e um sexteto.

O free jazz, um tipo de jazz altamente experimental desbravado nos anos 1960, frequentemente incluía instrumentos comuns ou bizarros, como o trompete plástico de bolso de Don Cherry, e sirenes, chocalhos e saxofones modificados (chamados de *stritch* e o *manzello*) do saxofonista Roland Kirk. A bossa-nova integrava instrumentos de percussão brasileiros, como as congas e claves, enquanto o *jazz-rock fusion*, que emergiu nos anos 1970, combinava instrumentos tradicionais de jazz, como o sax e o trompete, com instrumentos eletrônicos. Aqui, o baixo elétrico e o sintetizador geralmente substituíam o contrabaixo e o piano na seção rítmica.

GRANDES CONJUNTOS

Muitos conjuntos de grande porte originaram-se nos últimos 200 anos e compreendem, principalmente, orquestras, bandas militares e grandes coros. Eles quase sempre leem música e geralmente evoluíram com a expansão de conjuntos menores. As razões para se formar um grande conjunto podem variar, desde fornecer mais timbres instrumentais e assim sonoridade mais rica, até simplesmente produzir um som extremamente alto. O volume é certamente um importante fator em ditar o tamanho de conjuntos que tocam ao ar livre. Nas bandas militares, seu tamanho também ajuda a transmitir um sentido de poder militar. Conjuntos de grande porte que tocam em salas podem ser formados com o propósito de dar concertos em grandes locais para um público pagante ou como atividade de lazer para músicos amadores. Grandes grupos são geralmente dirigidos por maestros, regentes de coro ou líderes de banda, que dão o andamento e comunicam sua interpretação aos músicos, ensaiando e dirigindo os concertos e gravações. A manutenção dos grandes conjuntos profissionais é muito cara e isso geralmente afeta quão frequentemente eles podem se apresentar, e a música que tocam.

ORQUESTRAS DE CORDAS

Consistindo em grupos de primeiros e segundos violinos, violas, *cellos* e contrabaixos, a orquestra de cordas é um dos conjuntos eruditos mais antigos ainda presentes. Quando a família do violino começou a se expandir, no século XVI, a orquestra de cordas logo começou a usá-la em substituição ao *consort* de violas de gamba, devido a sua maior projeção, que a fazia muito mais efetiva para acompanhar a dança. "Grupos de violino" eram os preferidos na corte francesa do século XVII e, à medida que o Barroco progredia, orquestras de cordas tornaram-se acessórios comuns nas cortes reais por toda a Europa, frequentemente com um compositor violinista, como Jean-Baptiste Lully (1632-87) ou Archangelo Corelli (1653-1713), como seu representante.

As orquestras de cordas barrocas eram geralmente dirigidas pelo cravista, mas os cravos começaram a desaparecer com a mudança de estilo musical do Barroco para o Classicismo, na segunda metade do século XVIII. Após um período de relativa negligência, no século XIX, a orquestra de cordas retornou com sucesso no século XX. Obras famosas de orquestras de cordas incluem a *Pequena Serenata Noturna*, de Mozart; *Divertimento*, de Bartók; e *Trenodia para as Vítimas de Hiroshima*, de Krzysztof Penderecki (1933-), que usa efeitos não convencionais, como tanger atrás da ponte e bater no corpo dos instrumentos.

▲ *Orquestras de cordas podem ter entre 12 e 60 instrumentistas.*

ORQUESTRAS DE SWING E *BIG BANDS*

A *big band* se desenvolveu no final dos anos 1920, como uma versão reduzida das grandes bandas de dança de Nova Iorque, de líderes da banda como Paul Whiteman. Os pioneiros da *big band*, notavelmente Fletcher Henderson, ajudaram a estabelecer a instrumentação padrão que, no final, cresceu para três ou quatro trompetes, três trombones, quatro saxofones e quatro instrumentos na seção rítmica. Em contraste com o jazz de pequeno porte dos anos 1920, a música, orquestrada por arranjadores especializados e dirigida por um líder de banda, era escrita, mas ainda deixava oportunidades para os solistas improvisarem sobre fragmentos melódicos repetidos, ou *riffs*. O clarinetista e líder de banda, Benny Goodman (junto com outros líderes, como Glenn Miller, Duke Ellington e Count Basie), fez muito para levar as bandas de *swing* para o grande público, em meados e final dos anos 1930. A era do *swing* durou, aproximadamente, de 1928 a 1945. A palavra *swing* ("balançar", em inglês) refere-se a um tipo de condução rítmica leve e contagiante que é típico dessa música. Muitos solistas da era do bop aprenderam sua arte tocando nas *big bands*, e vocalistas como Ella Fitzgerald e Billie Holliday tiveram nelas suas primeiras experiências solo.

ORQUESTRAS DE CÂMARA

A orquestra de câmara emergiu da prática de se adicionar, ocasionalmente, sopros na orquestra de cordas barroca,

▲ *A música das big bands é altamente arranjada, deixando espaços para os solistas.*

no século XVII e começo do século XVIII. Compositores como Georg Friderich Händel (1685-1759) e Johann Sebastian Bach (1685-1750) podiam reforçar a linha de baixo com um fagote, dar partes solo para oboés, flautas e trompas, e usar tímpanos e trompetes para encorpar os *tutti*. Por volta de 1770, pares de oboés, fagotes, trompas e tímpanos eram, mais ou menos, acessórios padrões na orquestra clássica de Haydn e Mozart, e nas próximas três décadas, os pares de flautas, trompetes e clarinetas tornaram-se permanentes e a sessão de cordas aumentou. Esse arranjo durou, aproximadamente, de 1800 a 1830, e compositores como Beethoven e Schubert escreveram a maioria de seus trabalhos orquestrais para essa instrumentação.

ORQUESTRAS SINFÔNICAS

O mais conhecido de todos os conjuntos eruditos, a orquestra sinfônica, desenvolveu-se da expansão da orquestra de câmara nos anos 1820 e 1830, quando compositores como Beethoven e Hector Berlioz (1803-69), e mais tarde Franz Liszt (1811-86) e Richard Wagner (1813-83), adicionaram mais instrumentos para aumentar o volume de som e o número de timbres disponíveis. A principal diferença da orquestra de câmara é a utilização de uma seção de metais completa, com três trompetes, quatro trompas, três trombones e tuba, que foi possível após os metais com válvulas se tornarem comumente disponíveis, nos anos 1840. Para igualar o volume extra que isso criou, houve a tendência de aumentar os instrumentistas de cordas e, geralmente, três ou mais de cada madeira, em vez de duas. Timbres adicionais foram obtidos através de duplicação com o *piccolo*, corne inglês, clarone e contra-fagote. Uma ou duas harpas e dois ou mais percussionistas tocando instrumentos como caixa clara, bombo, pratos, triângulo e tam-tam eram frequentemente encontrados, além dos tímpanos.

No final do século XIX, compositores como Richard Strauss (1864-1949) e Mahler expandiram a orquestra ainda mais – algumas vezes escrevendo para quatro de cada madeira, seis ou oito trompas e seções muito grandes de metais e percussão, e algumas vezes grupos extras de trompetes e trompas tocando fora do palco.

No século XX mais instrumentos foram introduzidos, especialmente instrumentos de percussão como o piano, a celesta, o *glockenspiel*, o xilofone, o vibrafone, o *cimbal*, os sinos tubulares e, ocasionalmente, o órgão, o sax, o violão, o bandolim, ou ondas martenot. Desde 1950, aproximadamente, instrumentos de percussão não-ocidentais, como marimbas, gongos afinados, tom-tons e *bu-bams*, têm se tornado cada vez mais comuns na música orquestral. Instrumentos melódicos não-ocidentais ocasionalmente aparecem, com os compositores Toru Takemitsu (1930-96) e Tan Dun (1957-), por exemplo, escrevendo para instrumentos tradicionais japoneses e chineses em suas partituras. A tecnologia musical também encontrou seu lugar na orquestra, com peças para fitas pré-gravadas e orquestra de Stockhausen e Luciano Berio (1925-2003), datando dos anos 1950. Instrumentos eletrônicos incluem sintetizadores, *samplers* e guitarras, enquanto amplificação e, ocasionalmente, manipulação digital de sons ao vivo, têm sido algumas vezes empregadas.

▲ *Uma orquestra completa tem, aproximadamente, 60 músicos.*

▲ Novos instrumentos de percussão foram adicionados à palheta de sons dos compositores.

ORQUESTRAS LIGEIRAS

Enquanto orquestras profissionais de câmara ou sinfônicas dão, principalmente, concertos públicos, existem muitos outros tipos de orquestras – similares em composição – que executam outras funções. No século XIX, as orquestras eram formadas especificamente para acompanhar danças, particularmente valsas, e frequentemente saíam em excursões no estrangeiro. Os compositores austríacos de valsas, Johann Strauss I e Johann Strauss II, eram mestres desse gênero e suas obras ainda são populares. Essa tradição foi seguida por toda uma corrente de orquestras "ligeiras", que geralmente tocam música mais acessível, não sinfônica, e são associadas com formas de entretenimento popular, como danças, operetas, teatro de variedades e, no século XX, música para filmes, musicais e, antes da chegada do rock'n'roll, a música de cantores populares e *crooners*.

No século XIX, as orquestras ligeiras tinham aproximadamente o mesmo tamanho de uma orquestra de câmara, embora mais livre em composição. Com a chegada do jazz, e então da música popular no século XX, elas começaram a incorporar muitas influências populares. As orquestras nos musicais americanos, por exemplo, combinam características do estilo das *big bands*, como o uso de piano, saxofones e bateria, e técnicas de jazz nos trombones e trompetes, com um rico som de cordas, frequentemente omitindo instrumentos como o oboé e o fagote.

Os altos custos envolvidos na manutenção de orquestras, juntamente com a crescente popularização do rock e o aumento de música gravada ao vivo, fizeram com que o número de orquestras ligeiras declinasse constantemente desde os anos 1960. Hoje, seria impensável contratar uma orquestra para um programa de TV, ao passo que nos anos 1970 isso era comum.

Seção Dois: Referência

COROS E CORAIS

Originado do cantochão das antigas igrejas cristãs, os coros de igreja, capelas e catedrais são, em geral, de pequeno ou médio porte (entre 16 e 40 cantores). Em muitas igrejas católicas, anglicanas, ortodoxas russas e gregas, os coros de vozes masculinas são comuns, embora o número de coros mistos esteja crescendo. Em coros masculinos, os meninos cantores (sopraninos) são empregados para cantar a parte mais aguda e os altos masculinos (homens cantando em falsete) suprem as partes alto ou a segunda mais aguda.

Coros de igreja são frequentemente acompanhados de instrumentos, geralmente pelo órgão na igreja cristã, ocasionalmente por pequenas orquestras ou conjuntos de metais e, em algumas denominações, por instrumentos de rock. Outros coros desse tamanho incluem coros gospel, coros de câmara mistos – que dão apresentações em concertos tanto de música sacra como secular – e coros que se apresentam em teatros musicais.

Coros de grande porte no Ocidente, geralmente conhecidos como corais, provavelmente se originaram na Itália, no final do século XVI, para acompanhar óperas e bailes de máscaras, imitando os coros antigos gregos. Essa tradição tem sido preservada desde então, com a inclusão de corais nas óperas, oratórios (obras religiosas musicais) e obras orquestrais de grande porte, como as cantatas e sinfonias corais. No século XIX, a tradição de sociedades amadoras de corais se iniciou, na qual grupos de cantores amadores se encontravam para ensaiar obras, como o *Messias*, de Händel. Sociedades coral são ainda populares e podem ter mais de 250 membros.

Coros infantis também são, em geral, muito grandes, parte porque é fácil reunir um grande número de crianças em escolas, e parte por elas produzirem som mais baixo que adultos. Coros masculinos são particularmente associados com Gales, onde grupos de mineiros formavam corais no século XIX, cantando principalmente hinos e arranjos de canções folclóricas, em harmonia fechada.

FANFARRAS

As fanfarras têm forte associação com o norte da Inglaterra, embora exista também a tradição nos Estados Unidos, Índia e partes da Europa. Embora algumas bandas de metais existissem previamente usando clarins com chaves, trombones e serpentões, as fanfarras só se tornaram realmente viáveis com a invenção dos metais com válvulas no início do século XIX, que possibilitou que toda a extensão de notas pudesse ser produzida. Nos anos 1840, os metais com válvulas estavam se tornando mais acessíveis e

▲ *Uma banda marcial americana com o sousafone (centro).*

adotados por trabalhadores em vários países, que formavam bandas nas minas de carvão, fábricas e cidades. Logo, competições regulares de fanfarras foram feitas. Para torná-las justas, uma instrumentação padronizada foi combinada, compreendendo um *cornet* em E♭, 10 *cornets* em B♭, divididos em quatro partes, três *tenor horns* em E♭, dois barítonos, dois eufônios, dois trombones tenor, trombone baixo, dois baixos em E e dois baixos em B♭.

As fanfarras eram mais populares no final do século XIX e, apesar do declínio industrial, muitas permanecem até hoje. O Exército da Salvação tem uma forte tradição de fanfarra, tendo construído seus próprios instrumentos até os anos 1960. Nos Estados Unidos, as bandas militares tornaram-se exclusivamente de metais por um período, meados do século XIX, antes de se reverterem para uma mistura de madeiras e metais.

BANDAS DE SOPRO

As bandas de sopro – geralmente consistindo em coros de madeiras, metais e percussão – têm em vários formatos e tamanhos. Suas aparições públicas mais comuns são em paradas militares, eventos públicos, como funerais, e em ocasiões esportivas. Elas são convenientes para apresentações ao ar livre, já que os instrumentos são sonoros, portáteis e relativamente não são afetados pelas condições climáticas.

As bandas de sopro sempre tiveram uma forte associação com os militares. Na Europa, pequenas bandas de instrumentos, como charamelas, trompetes de vara e tambores, existem desde o século XIII e trombones, bombardas, cornetos e cromornes foram adicionados mais tarde. À medida que instrumentos modernos mais versáteis, como oboés, fagotes, flautas, clarinetas e trompas, se tornaram disponíveis nos séculos XVII e XVIII, eles foram substituindo os antigos. Uma importante influência foi o impacto das bandas janízaras turcas no início do século XIX. Essas bandas militares incluíam instrumentos como tímpanos, pratos, árvores de campainhas turcas, triângulos e bombos que foram avidamente copiados na Europa.

Bandas de sopro ficaram realmente populares no século XIX, com melhorias nos instrumentos existentes, o desenvolvimento de novos e a invenção da válvula para os metais, que permitiu uma seção de metais inteiramente funcional. Escolas superiores de música (como Kneller Hall, em Twickenham, Inglaterra) foram fundadas e concursos de bandas foram organizados. Em meados de 1880, a maioria dos regimentos militares e cidades pela Europa e América tinha uma banda de sopros, alguns com até 80 músicos. Nessa época, todos os instrumentos modernos de sopro e percussão já haviam encontrado seu lugar no conjunto, assim como instrumentos como eufônios, *saxhorns* e *cornets*. Nessa época, as bandas de sopro tocavam, predominantemente, marchas e arranjos de peças clássicas, embora desde então, muita música original tenha sido composta.

Bandas de sopro são especialmente populares nos Estados Unidos, onde quase toda escola tem sua própria banda de sopro e onde bandas marciais são muito presentes na vida pública. Outros tipos de bandas de sopro incluem: as bandas escocesas, que consistem em gaita-de-foles e tambores; a banda de flautas norte irlandesa (flautas e tambores); e a "banda de trompas" russa, popular no final do século XVIII, composta de trompas de caça que podiam tocar apenas uma nota.

▲ Essa banda marcial bávara inclui tanto madeiras como metais.

DECIBÉIS

O decibel é a medida da razão entre duas quantidades e é usada como um comprador em muitos ramos da física.

Em acústica, decibel (ou dB, por abreviação) é usado para indicar o volume de um som único em comparação com um referencial sonoro fixo. Esse referencial é o som mais baixo audível ao ouvido saudável humano – aproximadamente o equivalente ao som de um mosquito voando a 3 metros de distância. Isso é chamado de 0 dB.

A razão para usar os decibéis como sistema de medida para o volume é que nossa percepção de volume corresponde a uma curva logarítmica, ao invés de uma simples linha reta. O aumento no volume é causado por um aumento na pressão do ar. Por consequência, sons que se aproximam de 125 dB causam dor e sons acima de 180 dB danificam o tecido auditivo. Como mudanças na pressão do ar alteram nossa percepção de volume, o termo dB (NPS) – decibel Nível de Pressão Sonora – é normalmente usado para distingui-lo de outras medidas de dB.

O ouvido humano, porém, é mais sensível a altas frequências. Sons acima de *lá* têm maior impacto no ouvido do que os abaixo. Um método adicional de medida de dB leva isso em conta, alterando os sons agudos ligeiramente para cima, para dar uma indicação mais confiável do efeito que eles têm no ouvido. Essa medida é conhecida como dBA.

O nível em decibel altera dramaticamente com a distância e se há interferência de outros ruídos. Uma seção de cordas em uma orquestra sinfônica, por exemplo, não é 45 vezes mais sonora do que um violino solo. Deve-se lembrar também que qualquer instrumento pode ser tocado tão baixo a ponto do inaudível. Apenas nos níveis elevados de volume que um limite é atingido.

As tabelas reproduzidas ao lado foram fornecidas por Marshall Chasin, professor associado da Universidade de Western Ontario, em audiologia, e professor adjunto na Universidade de Toronto, em linguística. Elas são provenientes da pesquisa conduzida nos últimos 20 anos sobre o efeito da música, tanto nos ouvintes como nos praticantes.

Muitas das medidas foram tomadas a uma distância de 3 metros. Algumas, porém, foram feitas perto do ouvido do músico, o que é particularmente significativo para instrumentos como o *piccolo* ou a flauta. Deve-se notar que diferentes estilos de execução e instrumentos fornecerão resultados diferentes; estas tabelas devem ser apenas consideradas como um guia geral.

Instrumento medido (na distância de 3 m, se não for indicado diferentemente)	dB (dBA))	dB NPS[6](pico)
Prática normal ao piano	60–90	105
Piano alto	70–105	110
Teclados (elétricos)	60–110	118
Vocalista	70–85	94
Música de câmara (erudita)	70–92	99
Violino / viola (no ouvido esquerdo do músico)	85–105	116
Violino / viola	80–90	104
Cello	80–104	112
Baixo acústico	70–94	98
Clarineta	68–82	112
Oboé	74–102	116
Saxofone	75–110	113
Flauta	92–105	109
Flauta (perto do ouvido direito)	98–114	118
Piccolo	96–112	120
Piccolo (perto do ouvido direito)	102–118	126
Trompa	92–104	107
Trombone	90–106	109
Trompete	88–108	113
Tímpano e bombo	74–94	106
Percussão (chimbal perto do ouvido esquerdo)	68–94	125
Guitarra amplificada (no palco, com monitores de ouvido)	100–106	118
Guitarra amplificada (no placo, com alto-falantes de retorno)	105–112	124
Toda orquestra sinfônica	86–102	120–137
Rock amplificado	102–108	140+
Música portátil (ex.: iPod) no canal auricular (50% do volume)	94	110–130*
iPod no canal auricular (volume máximo)	105	110–142*

* Depende do fone de ouvido usado. Medido com microfone-sonda localizado próximo ao tímpano.

Comparação de sons altos e baixos	dB NPS (pico)
Danos ao tecido auditivo	180
Motor a jato	155
Trompete tocado o mais alto possível na distância de 1,5 m	150
Orquestra sinfônica completa	120–137
Piccolo (perto do ouvido direito)	126
O limiar de dor	125
Batida dos pratos	125
Aviões na pista de aeroporto	120
Tímpanos e bombo	106
Cantor cantando fortíssimo	70
Som de fala na distância de 30 cm	60
Barulho de escritório comum	50
Conversa em voz baixa	40
Escritório silencioso	30
Sala de estar silenciosa	20
Limiar auditivo	0

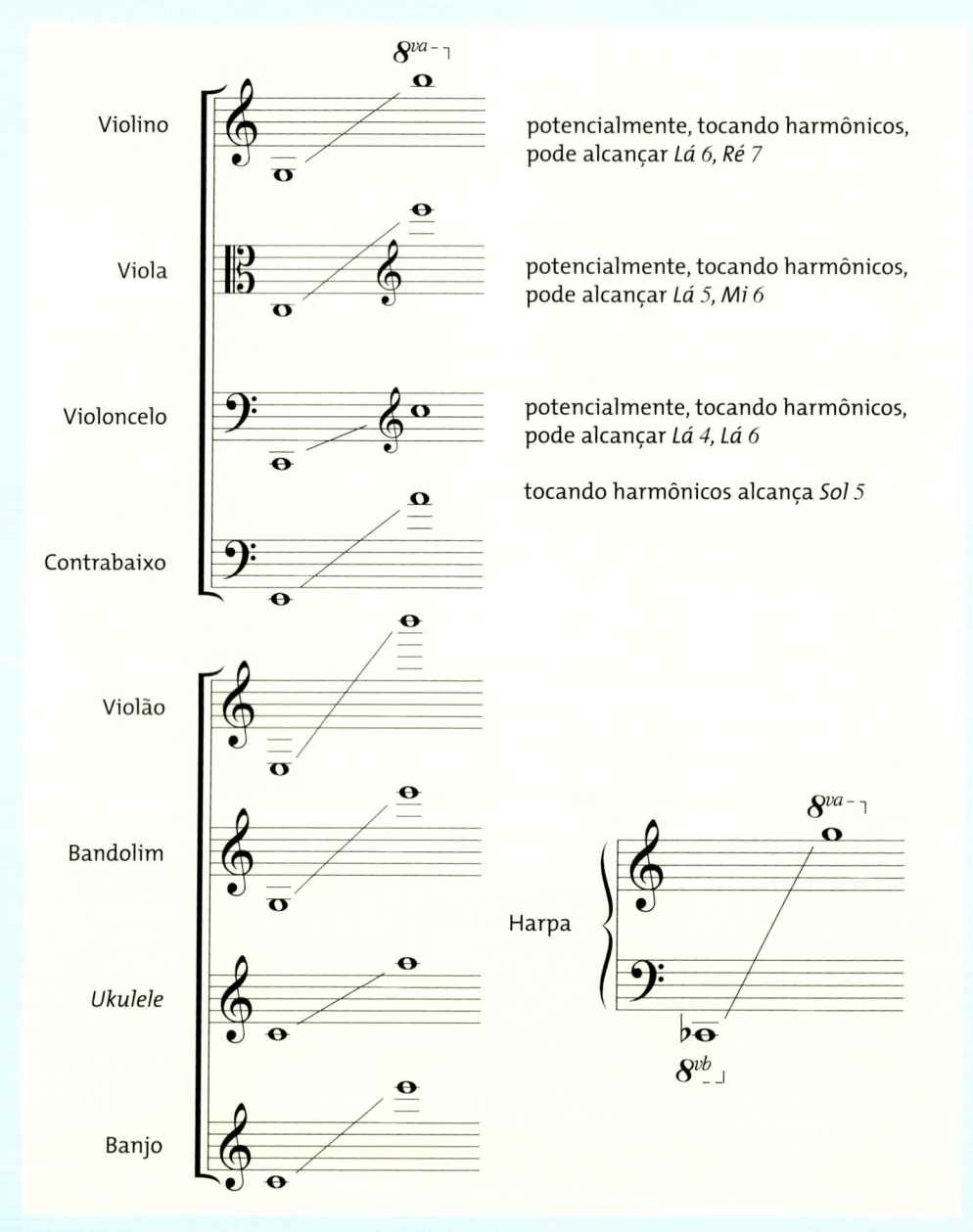

EXTENSÕES
CORDAS

Violino — potencialmente, tocando harmônicos, pode alcançar *Lá 6, Ré 7*

Viola — potencialmente, tocando harmônicos, pode alcançar *Lá 5, Mi 6*

Violoncelo — potencialmente, tocando harmônicos, pode alcançar *Lá 4, Lá 6*

Contrabaixo — tocando harmônicos alcança *Sol 5*

Violão

Bandolim

Ukulele

Banjo

Harpa

FLAUTA

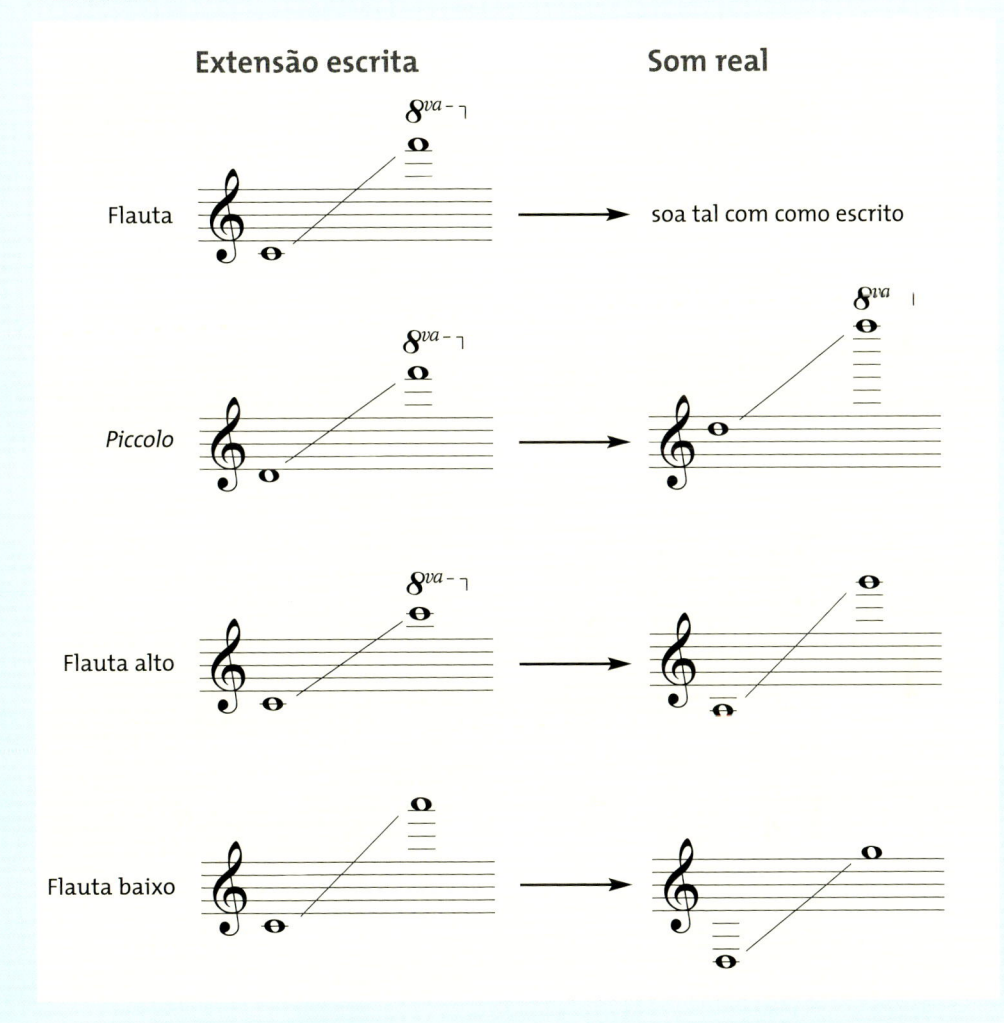

	Extensão escrita	Som real
Flauta		soa tal com como escrito
Piccolo		
Flauta alto		
Flauta baixo		

CLARINETA

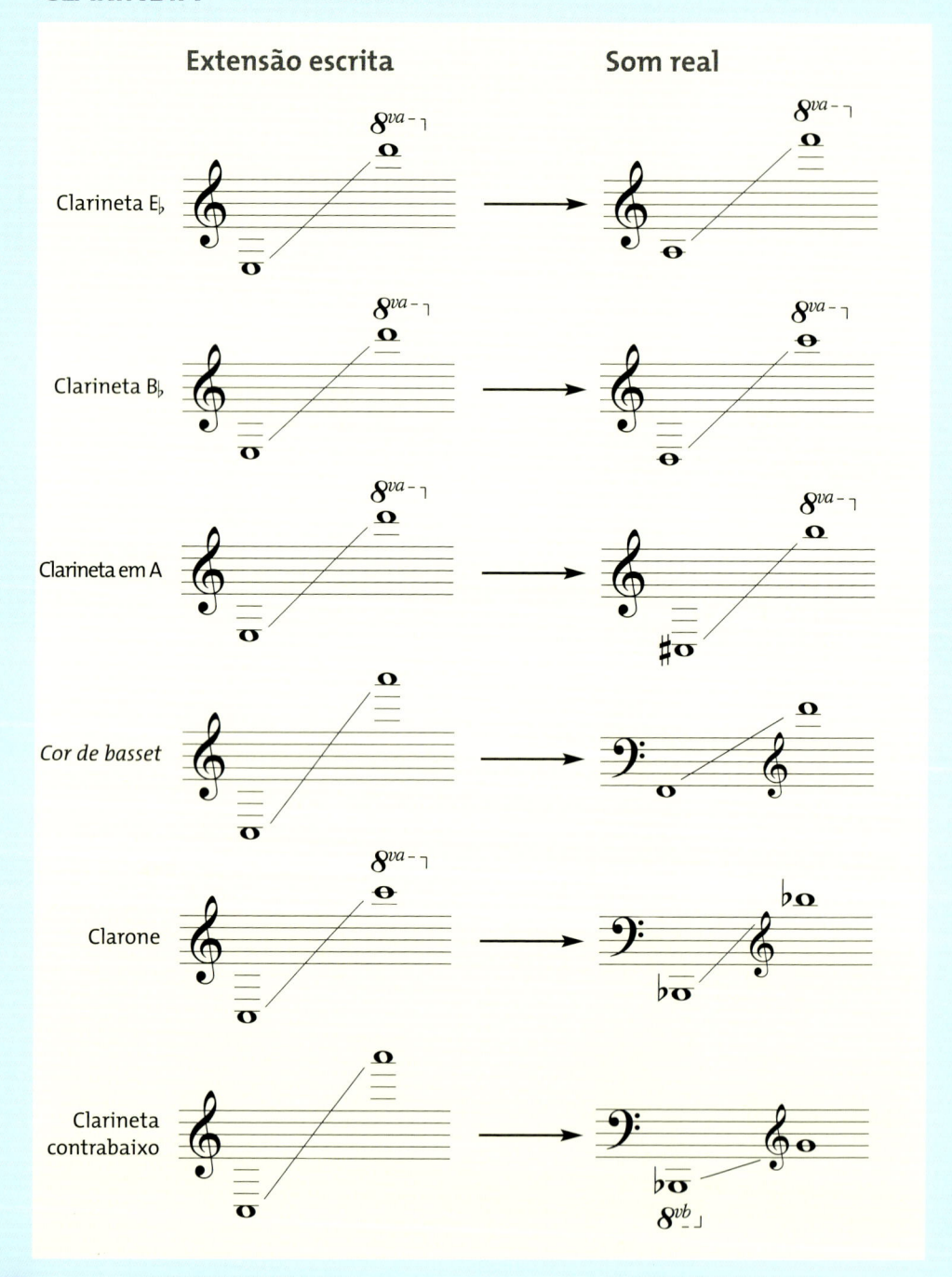

	Extensão escrita	Som real
Clarineta E♭		
Clarineta B♭		
Clarineta em A		
Cor de basset		
Clarone		
Clarineta contrabaixo		

SAXOFONE

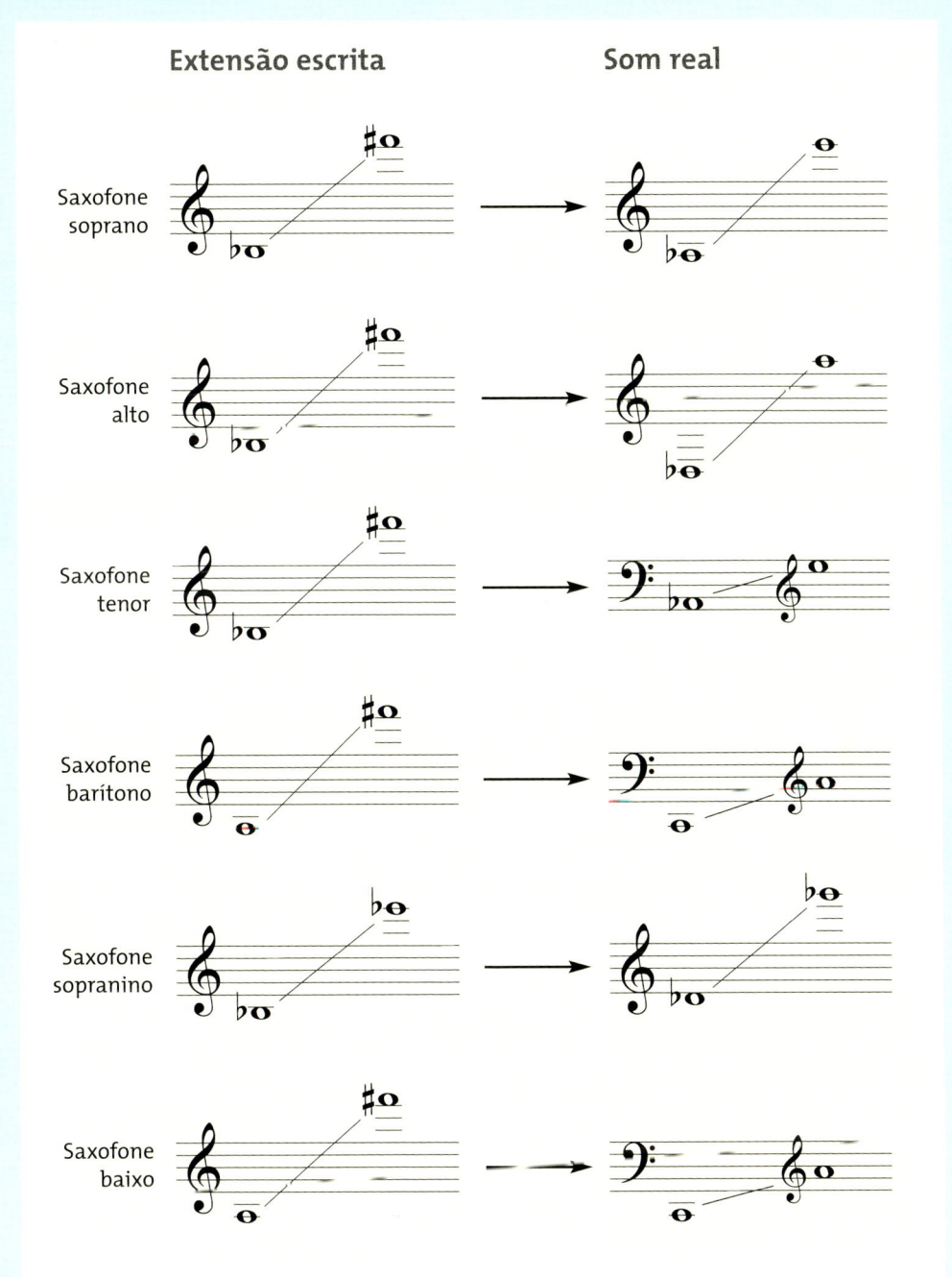

Extensão escrita	Som real

- Saxofone soprano
- Saxofone alto
- Saxofone tenor
- Saxofone barítono
- Saxofone sopranino
- Saxofone baixo

OBOÉ

Extensão do oboé

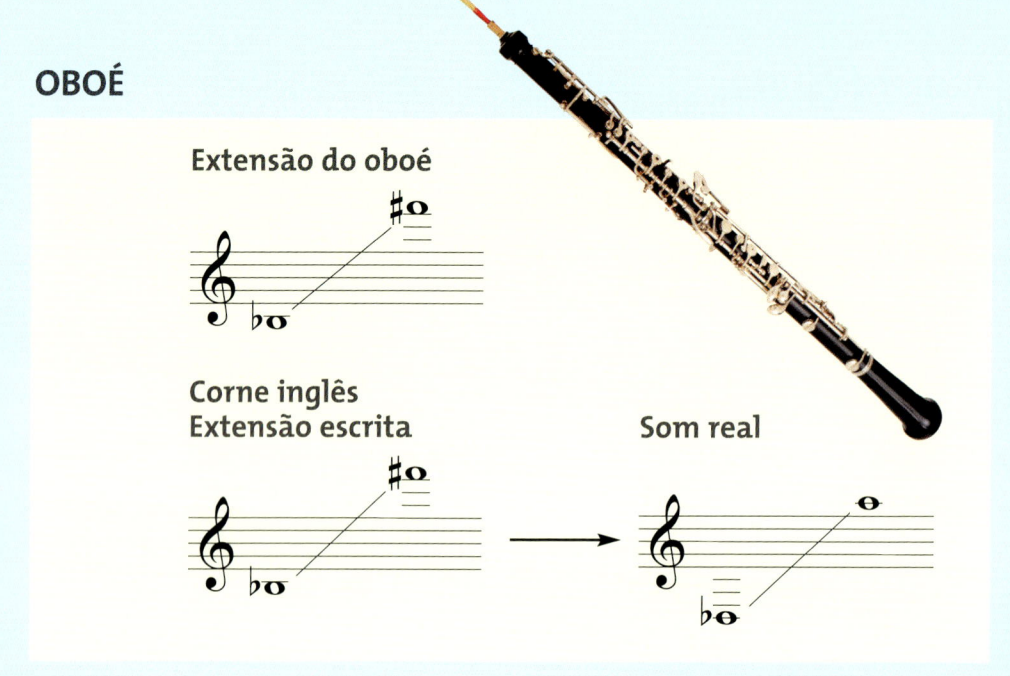

Corne inglês
Extensão escrita → Som real

FAGOTE

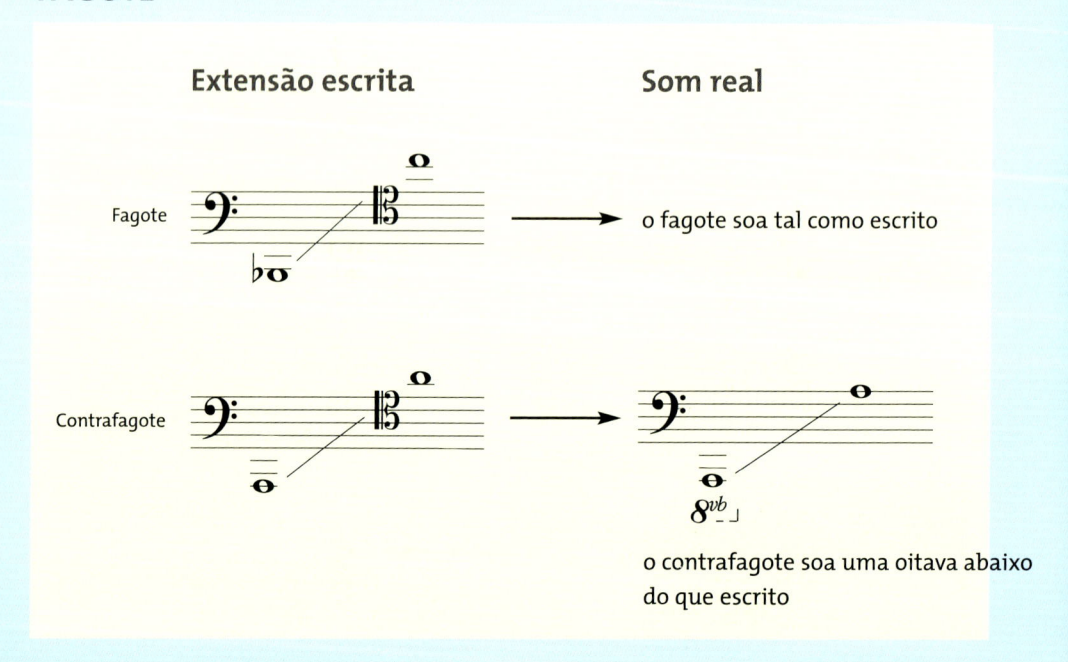

Extensão escrita — Som real

Fagote → o fagote soa tal como escrito

Contrafagote →

o contrafagote soa uma oitava abaixo do que escrito

TROMPA EM F/B♭

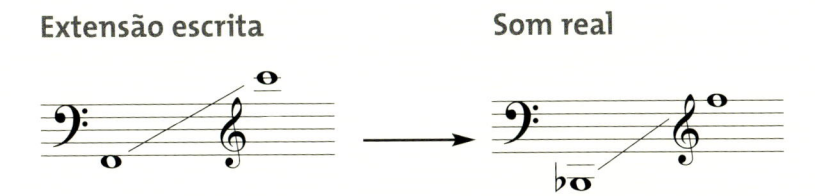

Extensão escrita → Som real

A trompa soa uma quinta perfeita abaixo do que escrito

TROMPETE

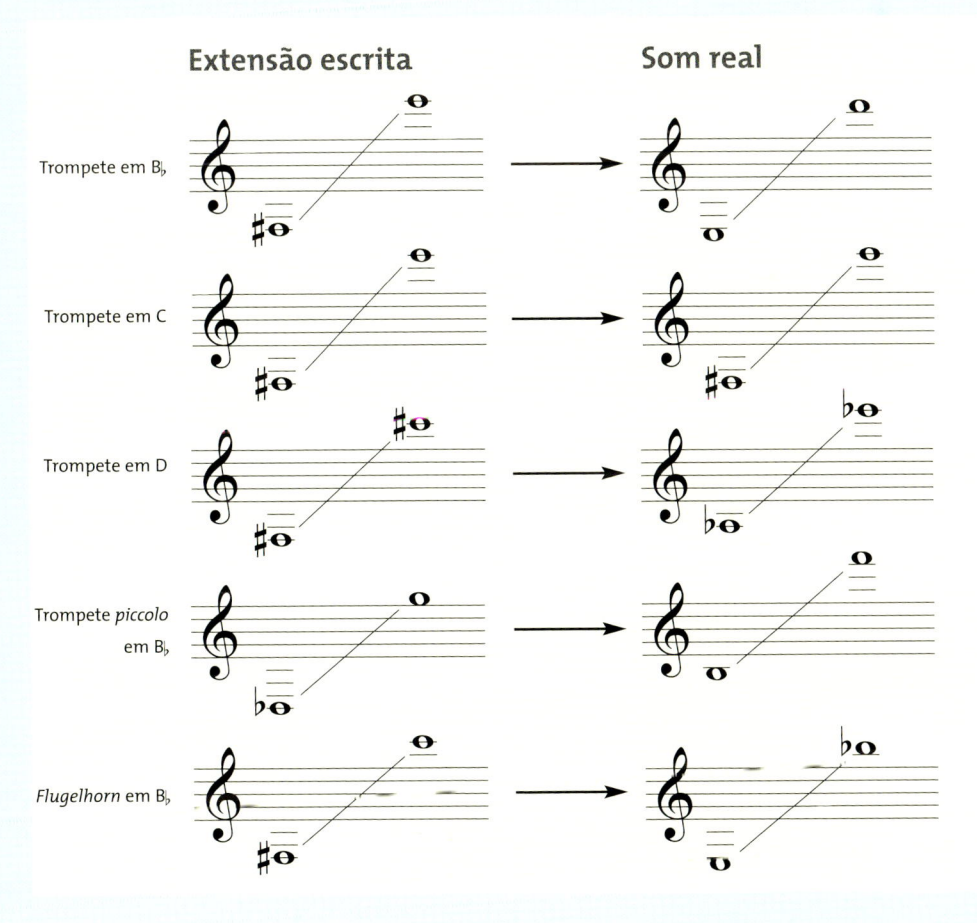

Extensão escrita — Som real

- Trompete em B♭
- Trompete em C
- Trompete em D
- Trompete *piccolo* em B♭
- *Flugelhorn* em B♭

Seção Dois: Referência

TROMBONE

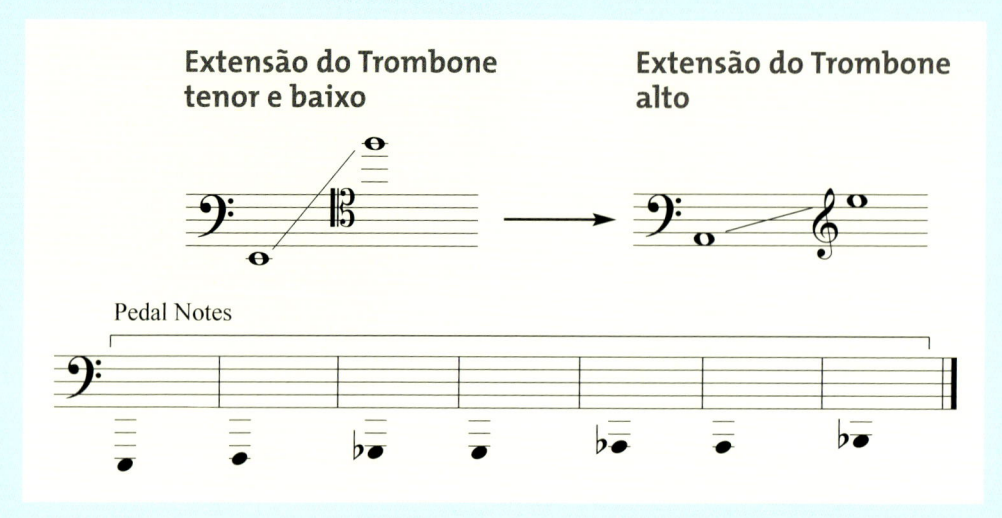

Extensão do Trombone tenor e baixo

Extensão do Trombone alto

Pedal Notes

TUBA

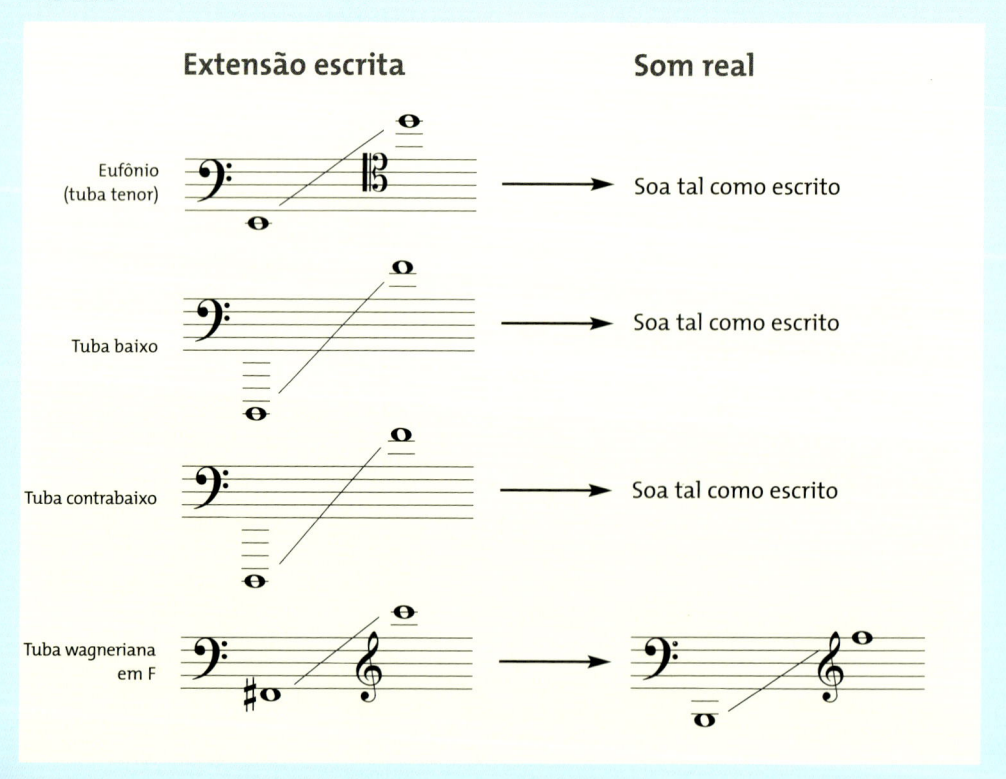

Extensão escrita — **Som real**

Eufônio (tuba tenor) → Soa tal como escrito

Tuba baixo → Soa tal como escrito

Tuba contrabaixo → Soa tal como escrito

Tuba wagneriana em F

PERCUSSÃO

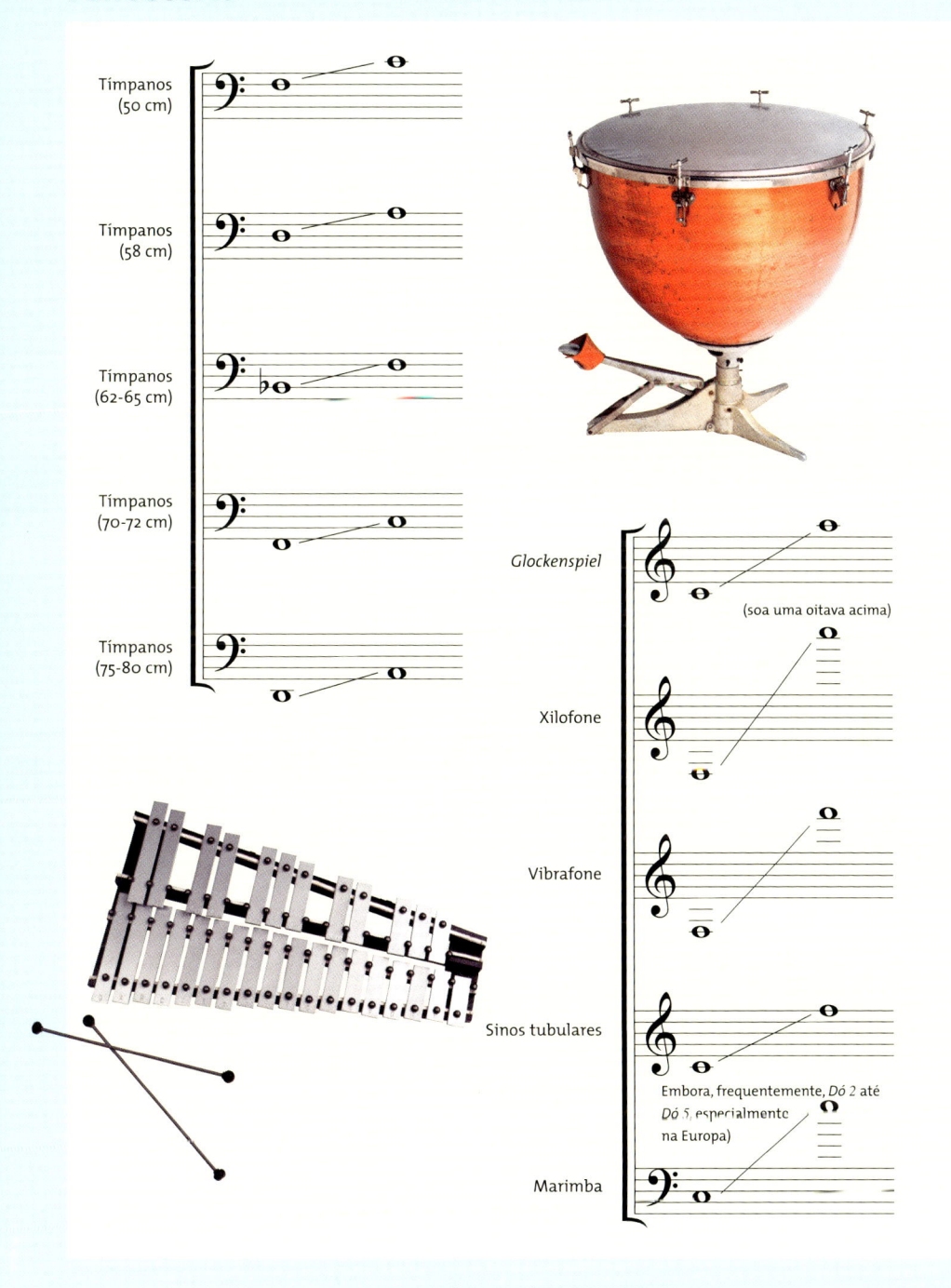

Tímpanos (50 cm)

Tímpanos (58 cm)

Tímpanos (62-65 cm)

Tímpanos (70-72 cm)

Tímpanos (75-80 cm)

Glockenspiel

(soa uma oitava acima)

Xilofone

Vibrafone

Sinos tubulares

Embora, frequentemente, *Dó 2* até *Dó 5*, especialmente na Europa)

Marimba

Seção Dois: Referência

PIANO

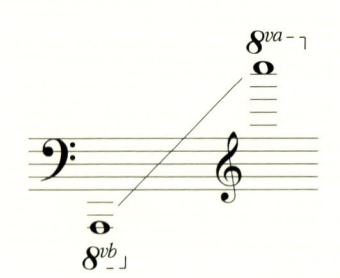

A extensão do piano difere de acordo com o fabricante e o tipo de instrumento. Tipicamente, pianos de cauda têm tessitura maior que pianos verticais. Porém, a extensão exata depende do fabricante, embora seja próxima desta.

CELESTA

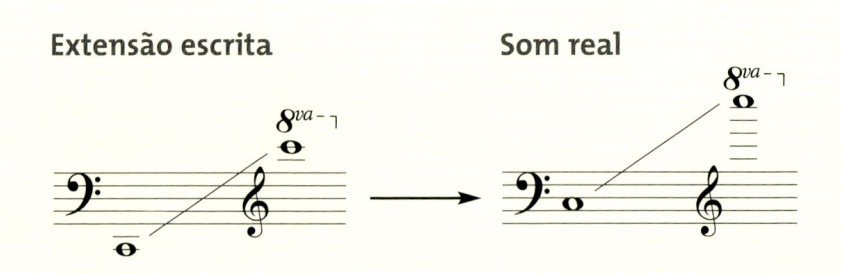

Extensão escrita → Som real

ACORDEÃO

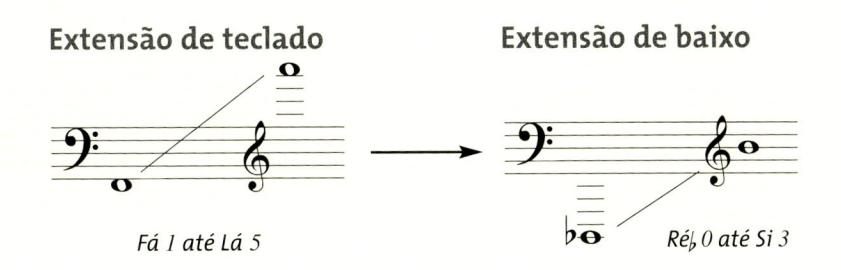

Extensão de teclado

Fá 1 até Lá 5

Extensão de baixo

Ré♭ 0 até Si 3

CRAVO

A extensão depende do país de origem, fabricante e período. Porém, provavelmente se situa dentro da extensão das 4 oitavas de *Fá 1* até *Fá 5*

ÓRGÃO DE TUBO

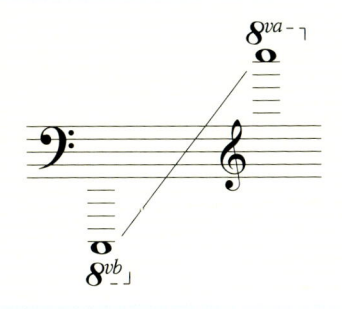

A extensão de um órgão de tubo varia enormemente, já que cada instrumento é feito sob medida para sua configuração. Potencialmente, porém, o registro é enorme, podendo estender-se de *Dó -1* até *Dó 7*

Seção Dois: Referência   395

VOZES

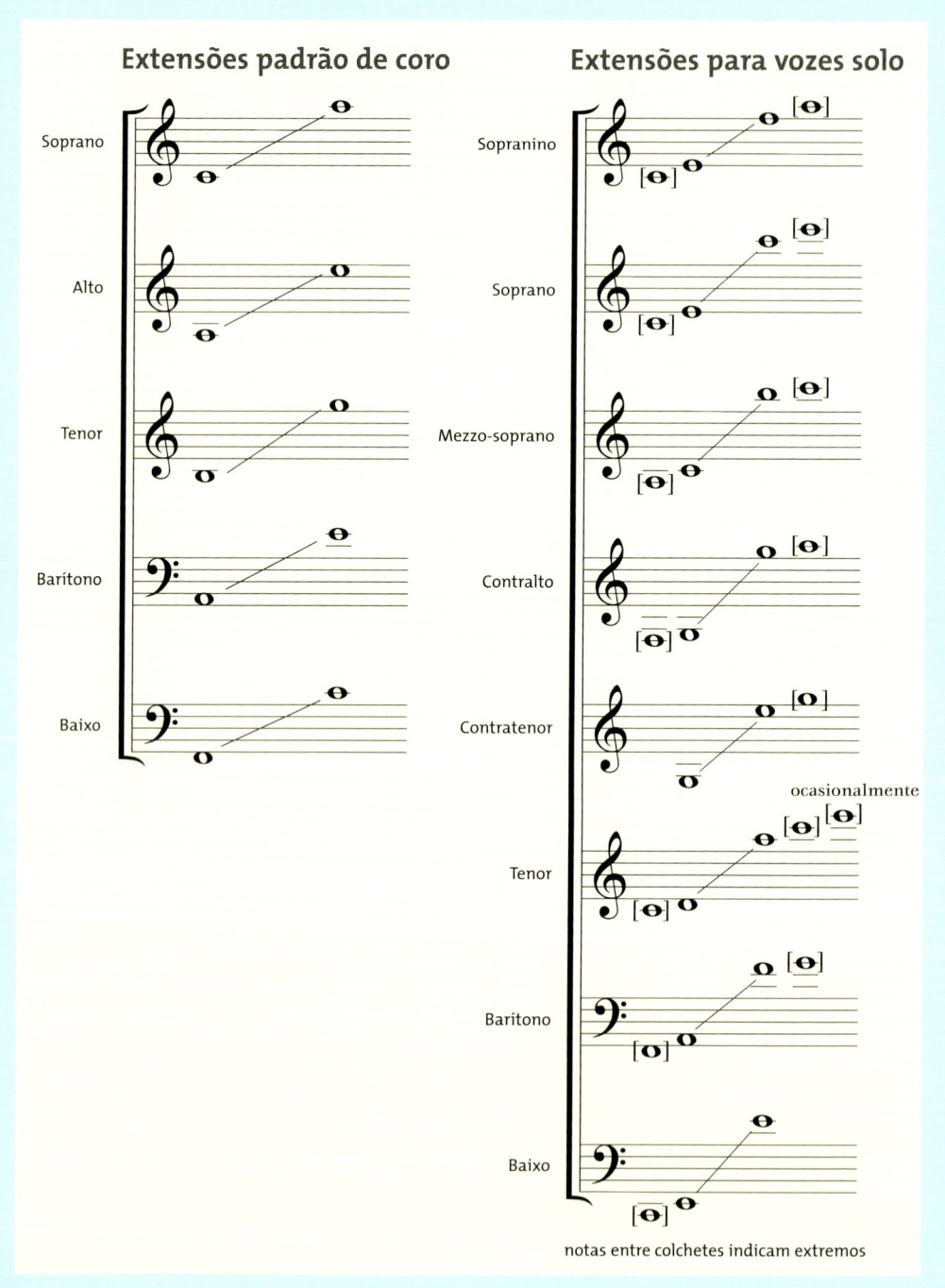

Extensões padrão de coro

- Soprano
- Alto
- Tenor
- Barítono
- Baixo

Extensões para vozes solo

- Sopranino
- Soprano
- Mezzo-soprano
- Contralto
- Contratenor
- Tenor (ocasionalmente)
- Barítono
- Baixo

notas entre colchetes indicam extremos

FLAUTA DOCE

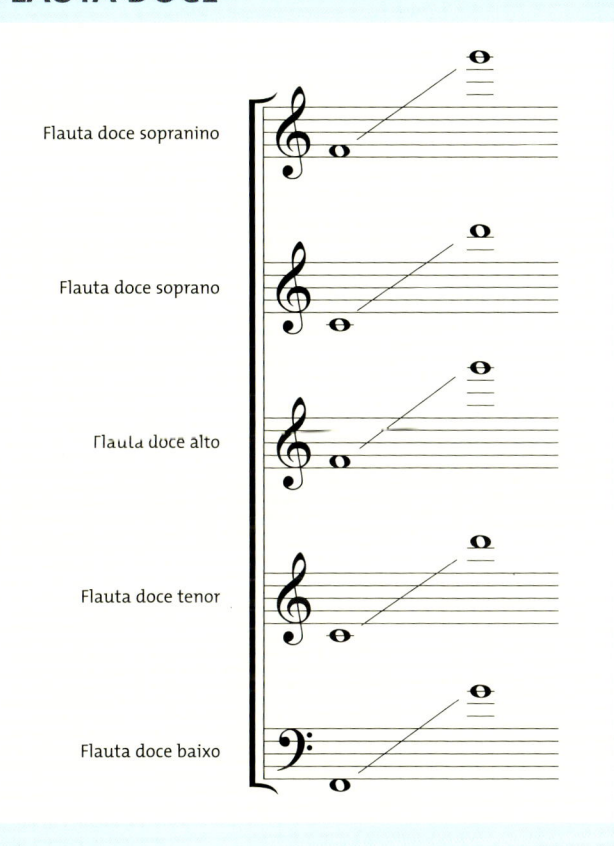

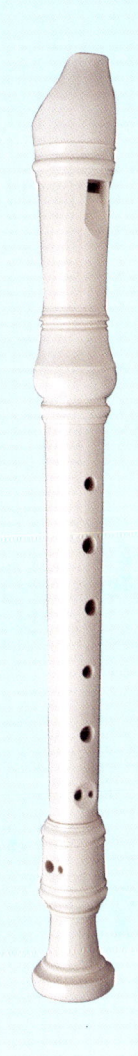

Flauta doce sopranino
Flauta doce soprano
Flauta doce alto
Flauta doce tenor
Flauta doce baixo

NOMENCLATURA DAS NOTAS

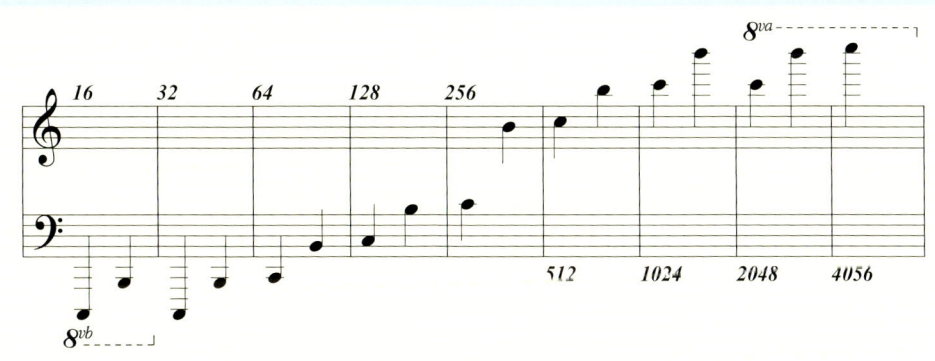

16   32   64   128   256   512   1024   2048   4056

(1) Dó-1 Si-1 Dó0 Si0 Dó1 Si1 Dó2 Si2 Dó3 Si3 Dó4 Si4 Dó5 Si5 Dó6 Si6 Dó7

GLOSSÁRIO

Acento: O símbolo usado na notação para indicar a acentuação.

Acentuação: Dar a uma nota uma proeminência maior que suas vizinhas, através de uma pequena alteração no volume ou duração, ou levemente atrasando o ponto de ataque.

Adagio: It. "tranquilo, vagarosamente". Uma instrução de andamento normalmente usada para dizer "lento". Seu significado mudou consideravelmente desde seu primeiro uso no início do século XVII.

Afinação: O ajuste da altura do som para assegurar que o instrumento está afinado, ele próprio e em relação com os outros.

Allegro: It. "alegre, feliz". Uma instrução de tempo que quando foi usada pela primeira vez no século XVI, indicava que a peça devia ser tocada de uma forma jovial.

Alto: Termo usado para referir a voz que se situa acima do tenor. Frequentemente usado no contexto instrumental, o termo é geralmente empregado para a voz mais grave feminina, que é mais apropriadamente chamada de contralto.

Andamento: Refere-se à velocidade de uma peça musical, o seu *tempo*.

Andante: It. "andando". Uma instrução de tempo indicando um passo moderado; seu significado exato difere consideravelmente entre os períodos e entre compositores.

Antífona: Descreve a música na qual o conjunto instrumental ou coral é divido em grupos que estão fisicamente separados. A música antifônica é caracterizada por efeitos de pergunta e resposta.

Arco: i) Indicação que o arco deve ser usado; mais frequentemente revertendo a indicação de *pizzicato*; ii) uma vara flexível, normalmente de madeira, que é mantida sob tensão pela crina, geralmente de cavalo, e friccionada às cordas para produzir som.

Atonal: Refere-se à música que não é organizada usando tonalidades ou centros tonais.

Avant Garde: Do francês "guarda avançada". Referindo-se originalmente ao grupo de soldados que limpava o caminho para as tropas principais, o termo descreve aqueles artistas que são radicais ou experimentais.

Baixo: A voz mais grave masculina; também a parte mais grave de um conjunto musical.

Balé: Um estilo de dança teatral desenvolvido na França durante o século XVII e intimamente associado com a ópera.

Barroco: Um estilo nas artes da Europa prevalente entre 1600 e 1750, caracterizado pela dramaticidade, detalhe e grandiosidade.

Bel canto: It. "Belo canto". Um estilo de canto particularmente associado com a Itália do início do século XIX, que enfatizava o *legato*, agilidade e dramaticidade. Também o trabalho de compositores associados com esse estilo, incluindo Bellini, Donizetti e Rossini.

Bemol: O sinal ♭ colocado na frente da nota ou na armadura de clave, indicando que a nota deve ser subtraída em um semitom.

Bitonal: Descreve a música que usa duas tonalidades distintas simultaneamente.

Bordão: Uma nota e/ou conjunto de notas sustentadas que soam do começo ao fim de uma peça, ou sessão de música.

Breve: Na notação ocidental, a nota que é oito vezes mais longa do que a semínima.

Cadência: Uma progressão de acordes que estabelece ou enfraquece a tonalidade de um trecho; a capacidade das cadências de soarem, em vários graus, como finais ou interrupções, implica em sua função como pontuação musical.

Cântico: A fala ou canto ritmado de palavras em uma única nota ou numa melodia simples; frequentemente considerado uma forma de fala elevada. Ver também *cantochão*.

Cantochão: O corpo de canto monofônico oficialmente usado nas liturgias da Igreja Católica.

Clássico: Mais comumente usado na música para se referir ao período vienense clássico, do final do século XVIII ao início do século XIX, em particular os clássicos vienenses compostos por Haydn, Mozart e Beethoven.

Clave: Um símbolo colocado no início da pauta que define quais notas são representadas por quais linhas e espaços.

Col legno: It. "com a madeira". Uma técnica para tocar instrumentos de cordas friccionadas no qual a madeira do arco, ao invés da crina, é usada para vibrar a corda.

Colcheia: Na notação ocidental, a nota que tem metade da duração da semínima.

Compasso: Ele divide a música em unidades métricas cujos padrões de acento e inflexão podem ser inferidos.

Concerto: Do latim *concertare*, que significa "discutir ou debater", o termo descreve a música que contrasta um instrumento com um grupo instrumental ou, geralmente, um instrumento solo.

Consonância: Refere-se, em acústica, a ondas sonoras de frequências diferentes, mas intimamente relacionadas, que soam agradáveis. Em termos musicais, isso é traduzido em intervalos em relação à fundamental; portanto, a oitava é o intervalo mais consonante, seguido em ordem decrescente pela quinta, quarta, terça, segunda e, então, os microtons.

Consort: Refere-se a um pequeno grupo instrumental ou vocal usado durante o período de 1575 e 1700.

Contínuo: Uma linha de baixo, percorrendo toda uma peça, cujas harmonias são exteriorizadas por um tecladista; ela é geralmente apoiada por um instrumento grave, em especial, o violoncelo ou fagote.

Contraponto: Do latim *contra punctum*, significa "contra a nota". A técnica de combinar duas linhas melódicas independentes, de forma consonante.

Coral: i) Termo usado intercambiavelmente com coro quando referindo a um grupo de cantores;

ii) um trabalho escrito para um grupo de cantores que pode também envolver instrumentistas.

Coro: i) Um grupo de cantores geralmente divididos em soprano, alto, tenor, baixo ou combinações destes; ii) também conhecido como refrão, uma seção de uma composição estrófica, que é repetida a cada verso.

Cromático: Derivado da palavra grega para "colorido", o termo se refere à música baseada numa oitava dividida em 12 semitons, em contraste com a diatônica, que é baseada na oitava dividida em sete tons e semitons.

Décima: Descreve o intervalo entre duas notas que estão numa distância de dez graus da escala diatônica: Dó-Mi, Mi-Sol, Lá-Dó (todos 8ª acima) etc. Uma décima maior consiste em oito tons inteiros (Dó-Mi 8ª acima); uma décima menor consiste em sete tons inteiros mais meio-tom (Dó-Mi♭, 8ª acima).

Desafinado: Usado para descrever uma nota cuja altura é mais alta ou mais baixa em relação à nota pretendida.

Diatônico: Música usando notas derivadas da divisão da oitava em sete notas; os intervalos separando essas notas consistem em cinco tons e dois semitons. O arranjo mais comum desses intervalos é a escala maior: tom – tom – semitom – tom – tom – tom – semitom. Outros arranjos diatônicos incluem a escala menor natural e os modos eclesiásticos.

Dinâmica: Refere-se ao volume no qual uma nota é tocada. As instruções são normalmente em italiano e são provenientes de dois termos: *forte* ou *f* e *piano* ou *p* (fraco). Distinções mais sutis são indicadas por reiterações, *fortissimo* ou *ff* (mais forte que *f*) ou *pianissimo* ou *pp* (mais fraco que *p*), ou por combinação com *mezzo* ou *m* (meio), *mezzoforte* ou *mf* (mais fraco que *f*) ou *mezzopiano* ou *mp* (mais forte que *p*).

Dissonância: O inverso de consonância. A definição matemática da consonância e, por conseguinte, da dissonância, vem de Pitágoras, no século V a.C. Consonância e dissonância também são usadas em relação à percepção de tensão e repouso, e assim, são termos relativos.

Dominante: Refere-se, no sistema tonal, ao quinto grau da escala diatônica e a tríade construída sobre ele.

Dueto: Uma composição, ou seção dela, para dois músicos com ou sem acompanhamento.

Duo: Nome dado aos dois músicos tocando um dueto.

***Ensemble*:** Do francês "junto". Um grupo de instrumentistas ou cantores; também usado para referir a uma parte da ópera que utiliza dois ou mais cantores.

Entonação: Entoar é produzir uma nota, dessa forma o termo era usado no cantochão para indicar a exposição da melodia inicial, cantada antes de todas as vozes entrarem. Entonação também é usada para se referir ao uso da afinação na música.

Escala: Um conjunto de notas ordenado pela altura, tanto ascendente como descendente.

***Étude*:** Do francês "estudo". Uma peça escrita para desenvolver ou exibir uma técnica de execução particular.

Expressionismo: Na música, o termo normalmente é aplicado a obras atonais escritas próximo do início do século XX, caracterizadas por grandes orquestras, *tessitura* extrema e evitação de repetições.

Extensão: O escopo de notas disponíveis ou o alcance de uma voz ou instrumento; pode se referir aos próprios instrumentos ou vozes, quanto ao alcance usado em uma composição específica.

Figuração: Vagamente aplicado a seções de música que consiste de padrões contínuos, normalmente mutáveis, de notas curtas.

Flautando: Instrui o executante a produzir um som parecido com o da flauta.

Fórmula de compasso: Um sinal colocado no início da composição ou de uma nova seção, que indica o pulso e padrão de acentuação da música que a segue.

Forte: Ver *Dinâmica*.

Fundamental: A nota mais grave de uma série harmônica.

Fusa: Na notação ocidental, a nota que tem 1/8 da duração da colcheia.

Glissando: Do francês *glisser* ("deslizar"). Literalmente implica em mover de uma nota a outra deslizando, i.e., não tocando notas que estão entre elas. Escalas rápidas na harpa ou piano são referidas como *glissandi*.

Harmonia: A prática de tocar duas ou mais notas simultaneamente para produzir acordes.

Harmônicos: i) Outro termo para parciais ou sobretom; ii) notas muito tênues e leves que são tocadas em instrumentos de cordas, pressionando-se levemente a corda para impedir que as frequências harmônicas mais graves soem.

Impressionismo: Refere-se ao estilo de música, predominantemente francês, dos anos 1880 ao início do século XX, no qual as formas musicais claras foram descartadas em favor de uma evocação sensual, particularmente da natureza, através do uso de cores instrumentais e melodias fragmentadas.

Instrumentação: Ver *Orquestração*.

Intervalo: A distância entre duas notas, medidas usando a escala diatônica. Ela é uma medida inclusiva, de forma que o intervalo entre Dó e Mi é uma terça, contando o Dó como 1, Ré como 2 e Mi como 3; similarmente, o intervalo entre Sol e Dó é uma quinta: contando Sol como 1, Lá como 2, Si como 3 e Dó como 4. Esses intervalos são adicionalmente distinguidos usando-se adjetivos qualitativos para descrever alterações cromáticas: ver *Segunda, Terça, Quarta, Quinta, Sexta, Sétima, Oitava*. Intervalos maiores que uma oitava são tratados da mesma forma, por exemplo: uma nona como segunda, uma décima como terça etc.

Legato: It. "ligado". A técnica de tocar ou cantar as notas sem interpor com silêncio; isso não implica, como é frequentemente suposto, falta de articulação, acento ou *coloratura*. O efeito oposto é o *staccato*.

Maior: O nome dado à escala diatônica, cujas notas conformam-se ao seguinte padrão: tom – tom – semitom – tom – tom – tom – semitom, ex.: Dó – Ré – Mi – Fá – Sol – Lá – Si – Dó.

Masque: Uma forma elaborada de entretenimento cortês, desenvolvida na Inglaterra, mas popular em toda a Europa, durante os séculos XVI e XVII. Ela envolvia música instrumental, canto, dança, representação e poesia, frequentemente baseada em temas mitológicos e encenado em cenários ornamentados.

Meio-tom: Ver *Semitom*.

Melodia: Uma secessão de notas simples, de altura e ritmo diferentes, que é percebida como uma entidade única.

Menor: O nome dado à escala diatônica, cujas notas conformam-se ao seguinte padrão: tom – semitom – tom – tom –semitom – tom - tom, ex.: Dó – Ré – Mi♭, – Fá – Sol – Lá♭, – Si♭, – Dó. Esta é mais conhecida como escala menor natural. Ela tem outras duas formas: a melódica, na qual o sexto e sétimo graus são acrescidos de meio-tom em sua forma ascendente, e permanece como a menor natural na sua forma descendente; e a harmônica, na qual o sétimo grau é acrescido de meio-tom tanto ascendente como descendentemente.

Microtom: Refere-se ao intervalo menor que um semitom.

Mínima: Na notação ocidental, a nota que tem o dobro da duração da semínima.

Minimalismo: Um estilo de música desenvolvido durante os anos 1960 e 1970, geralmente descrito como a demonstração de uma harmonia, melodia e ritmo, bastante repetitivos.

Missa: A celebração da Eucaristia na Igreja Apostólica Romana, feita em latim. O acompanhamento musical da missa, inicialmente o cantochão medieval, e subsequentemente em estilo polifônico, foi vital para o desenvolvimento da música erudita ocidental.

Modo: Termo derivado do latim *modus*, que significa "medida". Ele tem três significados: o primeiro, relacionado com a notação dos valores de notas na música medieval; o segundo, um sistema que descreve os intervalos, desenvolvido no século IX; e o terceiro, um sistema que descreve os arranjos escalares de tons e semitons. O sistema de modos define, não apenas quais notas são usadas, mas também sua relação com as outras, em particular a predominância, no sentido harmônico ou melódico, de uma ou mais notas sobre as outras.

Modulação: A técnica na música tonal de mudar de uma área tonal para outra, usando uma progressão harmônica reconhecível.

Monofonia: Do grego para "única voz". Música para uma única parte, como no cantochão; mais usada em contraste com a polifonia.

Música de Câmara: Música planejada para apresentação em circunstâncias íntimas, para vozes ou instrumentos, normalmente uma para cada parte. O termo frequentemente contém música escrita para ser tocada por prazer.

Musical: Uma forma de teatro musical envolvendo música, canções, dança e diálogos falados, todos unidos numa estrutura dramática. Inicialmente distinta da ópera, pela utilização de estilos de música popular e eventos musicais discretos, em oposição à estrutura dramática inteiramente composta, suas fronteiras tornaram-se cada vez mais borradas.

Neoclassicismo: Um estilo de composição prevalente no início do século XX, refletindo um interesse renovado nas características do classicismo vienense (pureza e simplicidade) que se desenvolveu como reação contra os excessos percebidos no Romantismo e Expressionismo, do final do século XIX.

Nona: Descreve um intervalo entre duas notas, que estão numa distância de nove graus de uma escala diatônica: Dó-Ré, Mi-Fá, Lá-Si etc. (todos 8ª acima). Uma nona maior consiste em sete tons; uma nona menor, em seis tons e um semitom.

Noneto: Música de câmara orquestrada para nove instrumentistas solo; o conjunto que toca essa música.

Nota pedal: Derivada das notas da pedaleira do órgão. Refere-se à nota que é sustentada enquanto a harmonia se altera sobre ela; notas pedal são também usadas no meio ou no topo de texturas.

Notação: Um conjunto de instruções projetado para representar um som musical. Ele pode ter muitas formas, mas o método mais familiar na música erudita ocidental é um processo em desenvolvimento contínuo desde que o cantochão foi anotado, no século IX. Como toda linguagem, toda notação é necessariamente imprecisa, já que não há analogia visual direta com o som. Como resultado, os músicos têm que interpretar a notação para poder produzir uma recriação a mais precisa possível das intenções do compositor.

Notas múltiplas: A técnica dos instrumentos de arco para tocar mais de uma corda simultaneamente: tocar duas cordas juntas é conhecido como nota dupla; três cordas, nota tripla; e quatro, nota quádrupla ou acorde.

Octeto: Música de câmara orquestrada para oito instrumentistas solo; o conjunto que toca essa música.

Oitava: Descreve um intervalo entre duas notas que estão numa distância de oito graus de uma escala diatônica: Dó-Dó, Ré-Ré, Mi-Mi (todos 8ª acima) etc. O termo é geralmente usado para descrever uma oitava perfeita consistindo em seis tons; a oitava diminuta está meio-tom abaixo da oitava perfeita; a oitava aumentada está meio-tom acima da oitava perfeita. A oitava é o intervalo mais simples, ocorrendo no primeiro harmônico; as duas notas soam muito parecidas, diferindo apenas no registro e misturando-se quase completamente numa única nota.

Ópera: Do latim para "trabalhos". A ópera, no sentido mais amplo, é uma forma teatral, na qual música, texto e espetáculo se combinam para servir a um drama que os abarca. Ela é a forma musical mais flexível de todas e esteve sujeita a uma imensa variedade de estilos.

Oratório: Uma composição dramática de grande porte, usando orquestra, coro e solistas vocais, normalmente sob um tema sacro. Os oratórios eram simplesmente obras de concerto e não foram planejados para serem encenados.

Orquestra de Câmara: Uma pequena orquestra de instrumentação variada, geralmente com um instrumento para cada parte.

Orquestra: Refere-se a um grande grupo de instrumentos. O termo é geralmente usado como forma abreviada de orquestra sinfônica, mas pode também referir-se, igualmente, a uma orquestra de bandolins ou de gamelão.

Orquestração: Também conhecido como instrumentação. A prática de arranjar a música para a apresentação para um grande grupo de instrumentos.

Palheta: Uma fina tira de material, sobre a qual o ar é passado para causar vibrações e gerar som. Normalmente feitas da gramínea *arundo donax*, as palhetas são também construídas em metal, plástico e também em madeira.

Parcial: Uma frequência que compõe o som, que não a fundamental. Ver *Série Harmônica*.

Pentatônica: Refere-se à escala usando apenas cinco notas separadas.

Pizzicato: Do italiano *pizzicare*, "beliscar". Instrução para tanger uma corda com os dedos; normalmente usado nos instrumentos de arco e contraordenado com a instrução *arco*.

Polifonia: Do grego para "muitas vozes". Refere-se à música na qual há duas ou mais partes, ou vozes, claramente individuais e independentes.

Politonal: Descreve a música que usa três ou mais tonalidades simultaneamente.

Portamento: Do italiano *portare*, "carregar". Instrução usada normalmente no canto para indicar a conexão de duas notas passando através dos tons intermediários; também usado instrumentalmente, particularmente nos instrumentos de cordas sem trastes.

Pós-modernismo: Termo usado em referência tanto ao período histórico, como ao estilo musical, mas em qualquer caso, resistindo a uma definição precisa. Mais facilmente entendida como uma reação contra o Modernismo, como algo autossuficiente.

Quarta: Descreve um intervalo entre duas notas que estão numa distância de quatro graus de uma escala diatônica: Dó-Fá, Ré-Sol, Mi-Lá etc. Uma quarta perfeita consiste em dois tons e um semitom (Dó-Fá), uma quarta diminuta numa quarta perfeita menos meio-tom (Dó-Mi), e uma quarta aumentada, em uma quarta perfeita mais meio-tom (Dó-Fá#).

Quarteto: Uma composição ou seção de composição escrita para quatro músicos, com ou sem acompanhamento; o grupo que executa tal composição.

Quinta: Descreve um intervalo entre duas notas que estão numa distância de cinco graus de uma escala diatônica: Dó-Sol, Ré-Lá, Mi-Si etc. Uma quinta perfeita consiste em três tons e um semitom (Dó-Sol), uma quinta diminuta numa quinta perfeita menos meio-tom (Dó-Fá#), e uma quinta aumentada, em uma quinta perfeita mais meio-tom (Dó-Sol#).

Quinteto: Uma composição ou seção de composição escrita para cinco músicos, com ou sem acompanhamento; o grupo que executa tal composição.

Registro: Usado para descrever uma parte em particular da extensão de um instrumento ou voz, ex.: "sua voz soa muito bonita nesse registro". Também se refere ao registro do órgão.

Renascimento: Usado na história da música referindo-se ao período entre 1430 a 1600.

Rococó: Termo usado particularmente em conexão com a música francesa do século XVIII, caracterizada pela graça, jocosidade e opulência.

Romantismo: Estética prevalente durante o século XIX, que colocava a ênfase no indivíduo, na expressão da emoção, na ideia de que a obra de arte deveria ser uma entidade completa, e na primazia do artista como gênio.

Segunda: Descreve o intervalo entre duas notas, que estão numa distância de dois graus de uma escala diatônica: Dó-Ré, Mi-Fá, Lá-Si etc. Uma segunda maior consiste em um tom (Dó-Ré), uma segunda menor consiste em um semitom (Dó-Ré♭).

Semibreve: Na notação ocidental, a nota quatro vezes mais longa do que a semínima.

Semicolcheia: Na notação ocidental, a nota que vale um quarto da semínima.

Semínima: Na notação ocidental, a nota que tem metade da duração da mínima.

Semitom: Um intervalo com a metade do tamanho do tom; no temperamento igual, ele equivale a 1/12 da oitava. Geralmente usado como o menor intervalo, apesar de experimentos feitos com divisões menores. Também conhecido como meio-tom. Ver também *Semínima* e *Microtom*.

Septeto: Uma composição ou seção de composição para sete músicos, com ou sem acompanhamento; o grupo que executa tal composição.

Serialismo: Sistema projetado, afamadamente por Arnold Schoenberg, para fornecer lógica a uma composição através do uso de séries fixas de notas que sempre deveriam aparecer em sequência, seja melódica ou harmônica. Embora mais frequentemente associado com a música que usa todos os 12 semitons numa série (conhecido como música dodecafônica), ele pode também ser usado com menos notas. Um ramo conhecido como "serialismo integral", usado nos anos 1950 por Pierre Boulez e Karlheinz Stockhausen, também fixava uma ordem em outros eventos musicais, como dinâmicas, ritmos, andamentos e até ataque.

Série Harmônica: Uma corda ou coluna de ar vibrando gera, simultaneamente, sons de várias alturas – conhecidos como parciais ou harmônicos. Essas alturas têm uma relação matemática precisa com a fundamental de 1/2, 1/3, 1/4, 1/5 etc. Em termos musicais, a primeira parcial soa uma oitava acima da fundamental; a segunda, uma quinta acima disso; a terça, uma quarta acima (ou duas oitavas acima da fundamental); e assim por diante.

Sétima: Descreve o intervalo entre duas notas, que estão numa distância de sete graus da escala diatônica: Dó-Si, Mi-Ré, Lá-Sol etc. Uma sétima maior consiste em seis tons e um semitom (Dó-Si), uma segunda menor consiste em seis tons (Dó-Si♭).

Sexta: Descreve o intervalo entre duas notas, que estão numa distância de seis graus da escala diatônica: Dó-Lá, Mi-Dó, Lá-Fá♯ etc. Uma sexta maior consiste em quatro tons e um semitom (Dó-Lá); uma sexta menor, em quatro tons (Dó-Lá♭).

Sexteto: Uma composição ou seção de composição para seis músicos, com ou sem acompanhamento; o grupo que executa tal composição.

Sinfonia: Do grego para "soando junto". Inicialmente referia-se a uma obra para um grande número de instrumentos. No Classicismo, ela adquiriu uma forma específica que continuou a se desenvolver através dos séculos XIX e XX. Considerada por muitos como a forma musical máxima.

Sobretom: Uma frequência que compõe o som, que não a fundamental. Ver *Série Harmônica*.

Sonata: Do italiano *suonare*, "soar". Inicialmente usado para indicar uma peça que devia ser tocada, ao invés de cantada. Até o Classicismo, a sonata tornou-se a forma instrumental dominante, uma posição que ainda retém.

Sopranino: A voz do menino que não chegou à puberdade; também usado referindo-se a instrumentos cuja extensão é parecida, ex.: flauta doce sopranino.

Soprano: A mais aguda voz feminina; também usado para descrever a forma aguda de um instrumento. Ex.: saxofone soprano.

Staccato: Em italiano, "destacado". Indica que a nota deve ser separada por silêncio; ele é frequentemente entendido erroneamente sugerindo que as notas devem ser tocadas curtas.

Sul ponticello: It. "sobre a ponte". Instrução para que instrumentos de cordas sejam tocados perto, ou mesmo na ponte, produzindo um som quebradiço e vítreo.

Sul tasto: It. "na escala". Instrução para que instrumentos de cordas sejam tocados sobre a escala, produzindo um som leve e "flautado".

Surdina: Um dispositivo projetado para alterar o timbre do instrumento.

Sustenido: O sinal ♯, colocado na frente de uma nota ou na armadura de clave, indicando que a nota deve ser acrescida em meio-tom.

Tablatura: O sistema de notação mostrando onde os dedos devem ser posicionados no instrumento.

Teclado: Um conjunto de alavancas usadas para operar remotamente a fonte sonora; instrumentos usando teclado incluem o piano, órgão, cravo e acordeão. Ele também se refere a uma série de instrumentos de percussão, incluindo o xilofone, *glockenspiel* e marimba.

Temperamento: A afinação da escala. Afinar todos os 12 semitons da escala cromática, de forma que todos os intervalos matemáticos sejam perfeitos, é impossível. Dessa forma, acomodações devem ser feitas para se obter o melhor ajuste. O sistema utilizado hoje é conhecido como "temperamento igual", no qual todos os semitons são iguais. O resultado disso é que todos os intervalos estão ligeiramente desafinados, mas permite acesso total a todas as tonalidades. Os primeiros sistemas de temperamento incluem a afinação pitagórica, no qual as quintas perfeitas são puras; o resultado é que todos os intervalos sustenidos são bons (ex.: Ré – Fá♯ – Lá), mas os bemóis são desafinados (ex.: Ré♭ – Fá – Lá♭).

Temperamento igual: Ver *Temperamento*.

Tempo: A pulsação fundamental de uma peça de música.

Tenor: A mais aguda voz contemporânea masculina; também se refere aos instrumentos que cobrem, grosseiramente, a mesma extensão (*Dó 2* a *Lá 3*).

Terça: Descreve o intervalo entre duas notas, que estão numa distância de três graus da escala diatônica: Dó-Mi, Mi-Sol, Lá-Dó etc. Uma terça maior consiste em dois tons inteiros; uma terça menor consiste em um tom mais um semitom.

Tessitura: It. "textura". Usado para descrever a parte da extensão da voz ou instrumento na qual uma peça ou seção de música se encontra.

Timbre: Refere-se à cor e às qualidades sonoras de um instrumento ou voz.

Tom: O intervalo duas vezes maior que o semitom; no temperamento igual é equivalente a 1/6 da oitava.

Tonalidade: A música tonal é organizada em torno de uma nota, ou um conjunto de notas, aos quais todas as outras se referem e parecem pertencer. As origens desse sistema podem ser ouvidas nas séries harmônicas, nas quais todas as frequências, ainda que próximas, estão relacionadas com a fundamental. O sistema tonal pode ser visto como uma racionalização artificial da série harmônica, no qual as notas estão arranjadas de tal forma que dá impressão de enraizamento. Como um princípio organizado, ela permite aos compositores criar e relaxar tensões, se afastando e retornando à tonalidade inicial; isso, por sua vez, permite a criação de estruturas mais longas, que são ouvidas como distantes ou próximas da tonalidade inicial.

Tonalismo: Refere-se ao sistema de organização musical, no qual notas e acordes têm uma relação hierárquica baseada numa nota ou acorde central. Mais frequentemente usado em associação com o sistema diatônico tonal.

Tônica: No sistema diatônico tonal, refere-se ao primeiro grau da escala e a tríade construída sobre ele.

Traste: Uma tira, normalmente de metal, osso ou madeira, colocada na escala de um instrumento de cordas para pressionar a corda numa posição perfeitamente afinada e criar um som claro.

Tremolo: It. "tremendo". A rápida rearticulação de uma mesma nota sem consideração a valores de medida de *tempo*.

Tríade: Um acorde de três notas, que consiste em duas terças sobrepostas, ex.: Dó – Mi – Sol. A tríade maior consiste em uma terça maior mais uma terça menor (Dó – Mi – Sol); a tríade menor, em uma terça menor mais uma terça maior (Dó – Mi♭ – Sol); a tríade diminuta, em duas terças menores (Dó – Mi♭ – Sol♭); e a tríade aumentada, em duas terças maiores (Dó – Mi – Sol♯).

Trio Uma composição ou seção de composição para três músicos, com ou sem acompanhamento; o grupo que executa tal composição.

Vibrato: Do latim *vibrare*, "vibrar". Uma flutuação sutil de afinação e intensidade numa mesma nota.

Virtuoso: Do latim *virtus*, "excelência". Um músico ou compositor de grande habilidade; frequentemente usado de modo mais limitado para se referir a músicos que demonstram grande agilidade técnica.

BIOGRAFIAS DOS COLABORADORES

Evelyn Glennie (Prefácio)
Evelyn Glennie é uma das melhores percussionistas do mundo. Uma musicista eclética e inovadora, ela é a primeira pessoa que conseguiu dedicar-se integralmente à carreira de percussionista solo. Ela se apresenta no mundo inteiro, com os maiores maestros, orquestras e artistas, e até o momento encomendou mais de 100 novas obras para solo percussão dos mais proeminentes compositores.

Lucien Jenkins (Organizador geral)
Lucien Jenkins é autor de Laying out the Body (Seren) e coautor de Classical Music Encyclopedia (Collins). É o organizador de Collected Poems of George Eliot (Skoob), Dictionary of Music in Sound (Rhinegold) e vários outros livros para alunos de ensino médio. É ex-editor de revistas Music Teacher e Early Music Today, presidente de The Poetry Society e escritor residente da Open University. Possui status acadêmico na Universidade de Bristol e escreve para o jornal Guardian sobre tecnologias da informática e comunicação.

Leon Botstein (Consultor)
Leon Botstein é presidente da Bard College desde 1975. É diretor musical da Orquestra Sinfônica Americana, fundador e codiretor artístico do Bard Musical Festival, e diretor musical da American Russian Young Artists Orchestra. Foi, com frequência, maestro convidado de várias orquestras no mundo inteiro e de várias gravações da música erudita. Também é editor da revista The Musical Quarterly.

Richard Buskin (Consultor)
Richard Buskin é, segundo o The New York Times, o autor de mais de uma dezena de livros entre os mais vendidos. Seus artigos saíram em revistas e jornais de filme e música no mundo inteiro e ele é coautor da Billboard Illustrated Encyclopedia of Music e várias outras autobiografias do showbusiness.

Rusty Cutchin (Consultor)
Rusty Cutchin é músico, engenheiro de gravação, produtor e jornalista há mais de 25 anos. Foi editor técnico e colunista da revista Guitar One, editor principal da revista Home Recording e, mais recentemente, editor associado da Electronic Musician, a principal revista para músicos de home studio na América do Norte. Também foi consultor de quatro livros, inclusive alguns sobre guitarra, gravações domésticas e montagem de PC.

Rebecca Berkley (Percussão)
Rebecca Berkley é escritora e musicista independente. Ela dá aulas de percussão para alunos de todas as faixas etárias, como professora particular e em workshops, e publicou música para percussão. Também é diretora de um coro comunitário e de festivais musicais, junto com seu marido.

Andrew Cleaton (Instrumentos elétricos e eletrônicos)
Desde que obteve título de mestre em tecnologia da música pela Universidade de York, em 1990, Andrew Cleaton teve uma carreira variada, que abrange as áreas da música comunitária, educação superior e sistema de financiamento das artes. Um compositor e produtor proficiente, Andrew é o codiretor fundador de Epiphany Music Ltd., uma companhia que oferece soluções criativas da tecnologia musical nas áreas de produção, educação e consultoria.

Alan Charlton (Referências)
Um escritor da área musical e compositor com prêmios internacionais, Alan Charlton estudou com Raymond Warren, sir Peter Maxwell Davies e Robert Saxton. Foi o primeiro doutor da área de composição pela Universidade de Bristol e primeiro bolsista de Eileen Norris, na área da composição, na Bedford School. Suas obras foram executadas pelos The Lindsays e Birmingham Contemporary Music Group. Os leitores podem conhecer sua música no site <www.alancharlton.com>.

Andrew Cronshaw (Instrumentos no mundo)
Andrew Cronshaw é um multi-instrumentalista, que toca alguns instrumentos que muitos nunca ouviram falar, como cítaras, fujara, ba-wu, e outros de cordas e de sopro. Ele é produtor e escreve sobre world music, especialmente europeia, para as revistas fRoots e Rough Guide to World Music.

Robin Newton (Metais, Madeiras, Cordas)
Robin Newton atua como maestro, especializando-se em música contemporânea. Em 1997, ele formou seu conjunto, e2k, com o qual se apresenta regularmente em concertos, em Londres. Já trabalhou como organizador e autor em publicações acadêmicas renomadas, principalmente para New Grove Dictionary of Music and Musicians e na revista Artscene, de Northern Arts.

Jeremy Siepmann (Teclados)
Jeremy Siepmann é escritor, músico, professor, locutor de rádio e editor da revista Piano. Foi diretor de música na BBC World Service e professor de vários pianistas de concerto. Entre seus livros estão biografias de Chopin, Brahms, Mozart e Beethoven, e dois volumes sobre a história e literatura de piano. Também é professor de estética musical e história da execução ao piano na Academia de Piano, do lago Como, na Itália.

CRÉDITOS FOTOGRÁFICOS

Alpha Rhythm Roots: 189, 199 (ac)

Apple Computers Inc.: 338

Arbiter Group plc: 50 (ac), 217 (e); Akai Professional M.I. Corp: 320; Arbiter Music Technology: 342 (ab), 363; Millennium Products: 59 (ac)

ArenaPal.com: Jak Kilby: 175 (ab)

Barinya: 153 (ac)

Beloplatno: 136 (e), 202 (ab)

K. Billett: 308 (ab), 309 (ab)

Bjornredtail: 354 (ac)

Bournemouth Orchestras: Mark Hill: 29 (ab)

Mike Braithwaite: 308 (ac)

Stefan Bremer: 10, 154 (ab)

Bells & Motley Consort: John Bromka: 47 (ab), 142; Sondra Bromka: 178, 179 (ac), 180 (ac), 182, 229 (ac)

J. D. Chapman: 287 (ac), 290 (ac), 350

Chikar Studio: 228 (ac)

Christie's Images: 238, 269, 272, 283 (ab), 345, 347, 348 (c), 351, 355 (ab)

William Crozes: 301 (ab), 335 (c, ab)

ddrum.com: 319

ERP Music: 205 (ab)

Fender Musical Instruments Corporation: 302 (ab), 324 (ac), 325 (ac)

Foundry Arts: 27, 58 (ab), 63 (ac), 315 (ac), 317 (c), 339 (ab), 341 (ac, ab), 342 (ac), 343 (ab), 386, 387, 388, 389, 390, 391, 392, 393, 394 (c e ab), 395, 396, 397

Hammond Suziki: 11 (e), 305, 307 (todas)

Dr Kuo Huang Han: 35 (ab), 47 (ac), 50 (ab), 53 (ac), 56 (todas), 78 (ac), 96 (ac), 99 (ab), 125 (ab), 127 (ac), 133, 135, 137 (ac), 140, 141 (ac), 152, 153 (ab), 173 (todas), 174 (todas), 179 (ac), 186, 206, 207, 224, 225, 229 (ab), 251, 360 (ac)

Mark David Hill/hammond-organ.com: 12, 306

Hobgoblin Music: 92 (ab), 189 (ab), 213 (ac)

istock: 4 (todas), 5 (d), 6, 8 (d), 11 (d), 13, 20 (ac), 22, 23 (ac), 24 (ab), 25, 30, 37, 40 (ac), 43 (ac), 45 (ab), 46 (ac), 51 (todas), 54 (todas), 60, 63 (ab), 64 (ab), 69, 70 (todas), 74 (todas), 83 (e), 84 (ac), 86 (todas), 92 (ac), 94 (ab), 95 (ab), 96 (ab), 97 (ac), 102 (ac), 104 (ab), 109 (ab), 111 (ac), 112 (ac),115 (ac), 123 (ac), 124 (ab), 125 (ac), 126 (ac), 127 (ab), 134 (ab), 138, 141 (ab), 143, 145 (ac), 146, 148, 158 (ab), 160 (ac), 177, 188 (d), 190 (ac), 191 (ab), 195, 220 (ab), 233, 239 (todas), 240, 241 (ab), 243, 249 (ac), 258 (ac), 261, 273 (ab), 275, 276 (ab), 278 (ac), 280 (todas), 282, 288, 289 (ac), 290 (ab), 291, 292, 296, 297 (ab), 303, 336, 343 (ac), 348 (ab), 353 (ab), 357 (ab), 365, 368, 381, 394 (ab)

Lebrecht: 16 (todas), 19 (ac), 31, 32 (ab), 34 (ab), 41 (ab), 43 (ab), 44, 46 (ab), 52, 55, 58 (ac), 62, 64 (ac), 67, 68 (ab), 71 (ac), 72 (ac), 75, 79 (ab), 80 (ab), 82 (todas), 83 (d), 84 (ab), 85 (ab), 88, 89 (ab), 90, 91, 97 (ab), 98, 99 (ac), 100, 101, 102 (ab), 103, 105, 106, 107 (todas), 109 (ab), 110, 112 (ab), 113, 114, 115 (ab), 117, 118, 119, 120 (ab), 121, 122, 123 (ab), 128 (ab), 130 (ab), 137 (ab), 139, 144, 147 (todas), 149 (todas), 150, 151, 154 (ac), 156 (ab), 158 (ab), 159, 160 (ab), 162 (todas), 163 (ab), 164, 165, 166, 167, 168, 169 (ab), 175 (ac), 181, 183, 184 (ab), 187 (ab), 192, 193, 197, 199 (ab), 200 (todas), 201, 202 (ac), 208 (ab), 211 (todas), 212, 216, 218, 219 (todas), 226, 231 (todas), 234, 235, 236 (ac), 237 (todas), 242, 244, 245 (ac), 246 (ac), 247, 252, 253, 255, 256, 257 (ac), 263, 264 (ac), 266, 267, 268, 271, 273 (ac), 274, 276 (ac), 279, 281, 283 (ac), 285, 286, 287 (ab), 289 (ab), 293, 295, 299, 304, 331, 333, 352 (d), 366 (todas), 369 (todas), 370, 372, 374, 375, 376, 377, 378, 379, 380, 383

Mark Lee: 7 (e), 326 (todas)

Line 6: 7 (d), 328

MoogArchives.com: 313 (ac)

Moog Music Inc.: 313 (ab)

Museum of Art and Archeology of the University of Antananarivo, Madagascar: 136 (d)

National Library of Canada: 312

Urdongos: 48, 155

photodisc/Getty Images: 5 (e), 8 (e), 9, 14 (todas), 20 (ab), 21 (todas), 23 (ab), 24 (ac), 28, 32, 33 (ac), 34 (ac), 35 (ac), 36, 38, 40 (ab), 42 (todas), 45 (ac), 49 (c, ab), 53 (ab), 57, 65 (todas), 66 (ab), 68 (ac), 71 (ab), 73, 76 (todas), 77 (ab), 78 (c), 79 (ac, c), 80 (ac), 81, 87 (ab), 89 (ab), 93 (todas), 94 (ac), 95, 96 (ac), 104 (ac), 108, 111 (ab), 116, 120 (ac), 126 (ab), 128 (ac), 130 (ac), 134 (ac), 141 (ab), 145 (ac), 156 (ac), 157, 161 (todas), 169 (ac), 170, 171 (todas), 172, 176, 180 (ab), 184 (ac), 187 (ac), 188 (e), 190 (ab), 191 (ac), 194 (todas), 196, 204 (ac), 210, 214 (ac), 215 (ac), 220 (ac), 221, 222, 223 (ac), 228 (ab), 230, 241 (ab), 245 (ab), 246 (ab), 248, 249 (ab), 257 (ab), 258 (ab), 259 (todas), 260 (ac), 265, 277, 278 (ab), 284, 297 (ac), 298, 300 (todas), 301 (ac), 302, 318, 327, 330, 352 (ac), 352 (ab esq.), 353 (ac), 354 (ab), 355 (ac), 356 (todas), 357 (ab), 358, 360 (ab), 361, 390, 393 (ac), 393 (ab), 397 (d)

Adrian Pingstone: 185

Sylvia Pitcher Photo Library: 364

Prism Media Products Ltd: 316

D. H. Ramsey Library: 232

Redferns: Richard E. Aaron: 309 (ac); Michael Ochs Archives: 77 (e); Paul Bergen: 324 (ab); Ian Dickson: 61; David Warner Ellis: 129; Ron Howard: 310; Mick Hutson: 99 (c), 131; Simon King: 337 (ab); Elliott Landy: 204 (ab); Hayley Madden: 213 (ab), 217 (d), 329; Leon Morris: 78 (ab); Bernd Muller: 317 (ab); Odile Noel: 334, 340; David Redfern: 39, 85 (ac), 325 (ab); Ebet Roberts: 59 (ab), 214 (ab), 337 (ac), 339 (ac)

Jan Redmood: 264 (ab)

Roland Corporation: 341 (c)

Saxpix: 163 (ab)

John Hornby Skewes & Co. Ltd.: 323 (todas)

S.I.N.: Melanie Cox: 373 (ab); Martyn Goodacre: 315 (ab); Anna Meuer: 373 (ac)

Soundbeam Project: 335 (ac)

Chris Stock: 41 (ac), 87 (ac), 359

Topfoto: 367, 371

Yamaha Corporation of Japan: 314 (ac), 322

Yamaha-Kemble Music (UK) Ltd: 124 (ac)

Zambutu: 49 (ac), 66 (ac)

∗ N. do E. As siglas nesta página têm os seguintes significados: "ac" (acima), "ab" (abaixo), "e" (esquerda), "d" (direita) e "c" (centro).

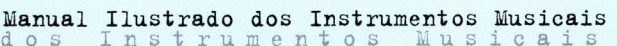

LEITURA ADICIONAL

Abrahev, Bozhidar, *The Illustrated Encyclopedia of Musical Instruments*, Konemann, 2000

Aikin, Jim, *Software Synthesizers: The Definitive Guide to Virtual Musical Instruments*, Backbeat Books, 2003

Baines, Anthony, *Woodwind Instruments and their History*, Dover Publications, 1991

Burgess, Geoffrey and Bruce D. Haynes, *The Oboe*, Yale University Press, 2004

Campbell, Murray et al., *Musical Instruments: History, Technology, and Performance of Instruments in Western Music*, Oxford University Press, 2004

Coombes, Clyde F., *Electronic Instrument Handbook*, McGraw-Hill Professional, 1999

Dearling, Robert (Ed.), *The Illustrated Encyclopedia of Musical Instruments*, Macmillan Publishing, 1996

Dearling, Robert, *Keyboard Instruments and Ensembles*, Chelsea House Publications, 2000

Dearling, Robert, *Stringed Instruments*, Chelsea House Publications, 2000

Faber, Tony, *Stradivari's Genius: Five Violins, One Cello, and Three Centuries of Enduring Perfection*, Random House, 2005

Herbert, Trevor (Ed.), *The Cambridge Companion to Brass Instruments*, Cambridge University Press, 1997

Kipnis, Igor, *The Harpsichord and Clavichord: An Encyclopedia*, Routledge, 2006

Kolneder, Walter, *The Amadeus Book of the Violin: Construction, History and Music*, Amadeus Press, 2003

Maffit, Rocky, *Rhythm and Beauty: The Art of Percussion*, Watson-Guptill Publications, 1999

Nelson, Sheila M., *The Violin and Viola: History, Structure, Techniques*, Dover Publications, 2003

Oling, Bert and Heinz Wallisch, *The Complete Musical Instruments Encyclopedia*, Book Sales, 2003

Rault, Lucie, *Musical Instruments: Traditions and Craftsmanship from Prehistory to the Present*, Harry N. Abrams, 2000

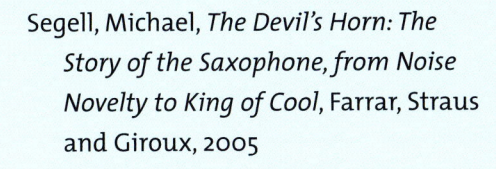

Segell, Michael, *The Devil's Horn: The Story of the Saxophone, from Noise Novelty to King of Cool*, Farrar, Straus and Giroux, 2005

Siepmann, Jeremy, *The Piano: The Complete Illustrated Guide to the World's Most Popular Musical Instrument*, Carlton Books, 2001

Silvela, Zdenko, *A New History of Violin Playing: The Vibrato and Lambert Massart's Revolutionary Discovery*, Universal Publishers, 2001

Thrasher, Alan R., *Chinese Musical Instruments*, Oxford University Press, 2001

Wade-Matthews, Max, *Musical Instruments*, Lorenz Books, 2003

Wade-Matthews, Max, *The World Encyclopedia of Musical Instruments*, Lorenz Books, 2000

Waitzman, Mimi S. and Terence R. Charlston, *Early Keyboard Instruments*, National Trust, 2003

SITES DE INTERESSE

www.si.umich.edu/CHICO/instrument Este site é baseado na coleção Stearns da Universidade de Michigan que, mesmo não sendo muito completa, apresenta instrumentos do mundo inteiro.

www.windworld.com Site dedicado aos instrumentos musicais incomuns, que explica como construir alguns.

www.music.ed.ac.uk/euchmi/cimcim Homepage do Comitê Internacional de Museus e Coleções de Instrumentos Musicais

www.playmusic.org Um bom site para crianças. Oferece informações sobre técnicas de execução. Criado pela Liga das Orquestras Sinfônicas Americanas

www.imit.org.uk Instituto da Tecnologia dos Instrumentos Musicais, uma organização que se propõe a avançar na tecnologia dos instrumentos musicas através da troca das ideias e informações.

www.amis.org Sociedade Americana dos Instrumentos Musicais. Contém informações sobre todos os aspectos da história, design, construção e restauração dos instrumentos de diferentes períodos e culturas.

ÍNDICE

abafadores 65, 231, 259, 266
abafamento 29, 38, 52, 67, 82, 83, 310
Abercrombie, John 328
aberturas 190, 206, 210, 218, 220
Aborigines 79, 99
Ace Tone Company 321
acordeões 295, 297
acordes 65, 217, 219, 233, 351
Adams, John 160
aerofones 89, 142
AES 313, 314
afinação
  bandolim 21
  clarineta 144, 145, 146, 148
  clavicórdio 270, 271
  cordas 188
  corneto 100
  djembe 32
  flauta 140
  flauta doce 142, 143
  flugelhorn 105
  gaita-de-foles 180
  gongos 53
  idiofones de lâminas 62
  instrumentos de cordas 188, 189
  instrumentos de palheta simples 152
  madeiras 125
  metais 93
  oboé 166, 167, 168, 170
  órgãos 290
  percussão 21
  saxofone 162
  shofar 96
  sinos 69, 70
  tambores 24, 26, 27, 32, 58
  tambores de aço 74
  tambores de corpo estreito 43, 86
  tambores de fricção 47
  tímpanos 26, 27
  trombone 110, 112
  trompas 115
  trompete 106
  ukulele 214
  violino 240
afoxé 23
África 26, 32, 47, 49, 62, 76, 78, 98, 193-215, 225, 252
África, norte da 51, 135, 197, 229, 360
África, oeste da 32, 33, 198, 199, 200
agogô 34, 86
Akai 317
alaúdes 196-209, 210, 212, 219, 224, 225, 250, 251, 263
alaúdes-harpa 200
asiáticos 201, 206-209
de arco 207, 209
de espigão 198, 200, 207, 209, 225
de meio-espigão 198, 199, 207
em forma de "8" 197
indonésios 207
Alemanha 26, 27, 97, 121, 128, 170, 187, 210, 232, 237, 270, 273, 274, 275, 278, 285, 349

Alias, Don 8
Almenraeder, Carl 176
alto-falantes 301, 302, 330, 337
Amati, Andrea 238, 348
Amati, Nicolo 238
América Central 49, 62, 66, 78
América do Norte 75, 83, 85
América do Sul 49, 78, 133, 137, 140, 198, 221
American Accordionists Association 297
amplificação 63, 184, 189, 221, 223, 246, 300, 302, 306, 308, 309, 324, 361
amplificadores 21, 68, 221, 255, 307, 309, 310, 311
Andreev, Vassily 203
antinodais, pontos 22, 54, 62
Antoine, Jean-Louis 102
apitos 59, 86, 126, 138-141, 359
apitos d'água 141
apitos de samba 141
arcos 83, 235, 241, 242-244, 246, 247, 250, 251
arcos de boca 225
técnicas de arco 243, 244
tocando com arco 188, 190, 244
Armênia 153, 208
Armstrong, Louis 103, 109, 112, 360
ashiko 34, 35
Ásia Oriental 98, 137, 187, 228, 251
Ásia, sudoeste da 50, 53, 54, 70, 174, 184, 209, 251
ataque 69, 127
Austrália 47, 79
autoharps 233
Ba'al Tokea 96
Babcock, Alpheus 281, 282
Bach, C. P. E. 268
Bach, Johann Christian 275
Bach, Johann Sebastian 97, 107, 109, 142-143, 170, 244, 245, 248, 260, 267, 271, 279, 287, 304, 350, 377
Badarzewska, Thekla 260
balalaika 189, 357
Bálcãs 48, 135, 140
Bali 55, 230
balungan 55, 56
bambu 132, 133, 134, 135, 137, 139, 153, 184, 185, 215, 227
bandas de sopro 382
bandas de tambores de aço 75
bandas marciais 38, 40, 41, 122
bandolim 210-213, 217, 212, 213
bandoneon 299
bandura 203
bangu 44
banjos 59, 209, 215-217, 216, 217
Banks, Tony 308
baquetas 21, 22, 24, 41, 46, 50, 52, 53, 54, 62, 64, 82
Barrett, A. M. R. 167, 168
Barroco 108, 110, 142, 219, 265, 273, 347, 348, 351, 361, 370
Bartók, Béla 28, 66, 67, 147, 244, 247 358, 369, 376
bateria 85, 86
bateria eletrônica 318

baterias 21, 23, 38, 40, 57-61, 60, 75, 337
battuta 48
batucada 85
baya 30
Beach Boys 330
Beatles, the 333, 336, 368
Becket, Sidney 161
Beethoven, Ludwig van 28, 115, 117, 130, 177, 212, 246, 247, 248, 265, 271, 277, 292, 354, 355, 366
Beggs, Nick 326
Beiderbecke, Bix 103
Bélgica 158, 297
bending 134
bendir 42
Benjamin, George 235
Bennett, Rodney 221
Benny Goodman Orchestra 60
Berg, Alban 246
Berio, Luciano 247, 269
Berlioz, Hector 28, 52, 102, 108, 111, 121, 156, 157, 247, 294, 354
Bernardi, William 225
Bernstein, Leonard 87
Bierce, Ambrose 261
big bands 162, 163
bigorna 82, 88
birbyne 155
Birotron 311
Birtwhistle, Harrison 160
bisel 138, 140
bit depth (resolução) 316
Bizet, Georges 103, 160
Blakey, Art 61
bloco chinês 49
blocos de madeira 49, 59, 78
blues 57, 61, 223-307
bo 50
bocais
  de madeiras 124, 125, 126, 127, 131, 135, 139, 144, 145, 146, 150, 155, 156, 157, 158, 160
  de metais 94, 96, 101, 102, 104, 106, 107, 109, 110, 116, 120, 122
bodhran 42, 43
Boehm, Theobald 126, 129, 130, 145, 176
bombo 37, 38, 41, 41, 52, 57, 59, 60, 61, 86, 355
bongôs 24, 25, 25, 59
Bonham, John 61
bonsho 69, 70, 71
boos I e II 91
bordões 153, 154, 179, 180, 182, 199, 233, 256
Borkar, Pandit Tulsidas 296
Bornéu 186, 227
Boulez, Pierre 66, 331
bouzouki 202
Bradley, Bill e Lesley 311
Bradmatic 311
Brahms, Johannes 115, 177, 246, 260, 368
Brasil 47, 85, 213, 225
Bream, Julian 221
Brecker, Michael 322
breu 190
British College of Accordionists 297

Britten, Benjamin 72, 113, 221, 247, 248
Broadwood, John 276, 278, 282, 285
Brod, Henri 171
Bruckner, Anton 356
Bruford, Bill 319
Buchla, Donald 312, 335
Buffet, L-A 145
bukkehorn 98
Bulgaria 135, 183
Bull, John 262
bullroarers 47, 359
Burton, Gary 318
Buschmann, Christoph Ludwig 297
Busoni, Ferruccio 269
Butão 209
byou-daiko 24, 45
Byrd, Terry 327
Byrd, Williams 262
cabasa 77
Cage, John 88, 90, 339, 363
Cahill, Thaddeus 304, 306
Caine, Hugh le 312
caixa 86
caixa-clara 23, 29, 33, 37, 38-40, 39, 40, 41, 57, 58, 59, 60, 61, 86
caixa de ressonância 191, 192, 196, 199, 200, 201, 202, 204, 205, 206, 208, 209, 227, 250, 252, 254, 256, 257
calabash 34, 200, 225
Cambodja 207, 258
campanas (das madeiras) 125, 147, 149, 150, 157, 161, 164, 170
campanas (dos metais) 102, 106, 109, 110, 112, 119, 122, 123
capeamento de cordas 240
captadores 221, 308, 309, 310, 323, 324, 328, 329
captadores piezoelétricos 308, 323, 325
Caribe 73, 75, 78
Carlos V, Imperador 107
Carlos, Wendy 313
Carney, Harry 162
carrilhão de gongos 56
Carter, Elliott 269
castanholas 59, 79, 80
Castelnuovo-Tedesco, Mario 221
Catedral de Amiens 287
catracas 80
cavaquinho 214, 215
celestas 21, 67
cellos 48, 236, 236, 248-249, 250, 348
Centro de Convenções, Atlantic City 286, 290
chalumeau (registro) 146
chalumeau 144, 145, 147, 149
Chamberlain MusicMaster 311
Chamberlain, Harry 311
Chandra, Sheila 30
changgo 32, 46
Chapman Stick 300, 326
Chapman, Emmett 326
charamelas 164-165, 172, 173-174, 176, 236, 305
Charles, Ray 309
Charpentier, Marc-Antoine 142

ÍNDICE

chave de registro 126, 144, 166, 167
chaves (nos instrumentos) 125, 126, 134, 145, 266
anéis 129
Chickering, Jonas 281, 285
chicotes 79, 79
chimbal (hi-hat) 57, 58, 59, 60, 360
China 49, 50, 53, 54, 71, 132, 141, 184, 206, 208, 209, 228, 229, 250, 251, 295
orquestra da ópera chinesa 44, 45, 54
ching 46, 54
chirimia 173
chocalhos 20, 43, 76, 86
chocalhos 34, 35, 68, 76-77, 360
Chopin, Frederic 260, 304, 355
Chowning, John 315
cimbalom 231
cimbasso 101
cítaras 203, 205, 224-233
   com trastes 232
   de caixa 229, 232
   de vara 226-227
   harmônicas 232-233
   semitubulares 228, 229
   tubular 227
clarinetas 126, 127, 144-151, 145, 155, 159, 160, 166, 169, 289, 356
   clarineta alto 150, 151
   clarineta basset 150
   clarineta em A 148, 148
   clarineta em Eb 148
   clarineta soprano 145, 151
   clarone 150, 151, 156
   registro 146, 147
clarino 107
clarins 93, 99, 120, 353
Clarke, Robert 131
Classicismo 108, 111, 244, 246, 280, 351, 353, 358
claves 25, 79
Clavia ddrum4 319
clavicórdio 258, 259, 263, 268, 270-271, 273, 274, 275, 276, 277, 282, 310, 349
clavinets 310
Clementi, Muzio 279, 280, 284, 293
coach horn 97
col legno 48, 243
Cole, B. J. 327
Collins, Phil 61
Coltrane, John 162
colunas de ar 92, 101, 124, 126, 128, 134, 138, 142, 144, 145, 152, 172, 187, 301
computadores 285, 303, 314, 338, 341
música computacional 338-343
concertinas 295, 297, 298-299
conchas 91, 258
congas 24-25, 24, 75
conjuntos 20, 22, 26, 34, 35, 36, 44, 45, 55, 68, 86, 95, 100, 127, 143, 155, 160, 191, 193, 345, 364-383
son 25
conjuntos de rabecas 236
consort igual 345
construtores de instrumentos 27, 67, 102, 104, 106, 118, 119, 120, 129, 145, 155, 156, 170, 171, 195,

211, 223, 238, 242, 272, 345, 348
contrabaixo 163, 236, 244, 248, 249, 325, 348
contrafagote 177
contraponto 237
controlador de percussão 320
controladores alternativos 334
cordas cruzadas 282
cordas múltiplas 245
cor de basset 149, 149, 150
cordofones 81, 188, 196
Coreia 46, 49, 186
corne inglês 170-171, 771, 354
cornetos 100, 101, 164, 348
cornets 92, 100, 102-103, 104, 105, 354
cornettinos 100
coros 380
Costa do Marfim 225
Cosyn, Benjamin 263
Count Basie's Orchestra 162
Cowell, Henry 269, 321
cravelhas 32, 35, 230
cravos 258, 258, 262, 263, 264, 265-269, 266, 267, 268, 269, 270, 271, 273, 274, 277, 282, 310, 347, 347
Cristofori, Bartolomeo 272, 273, 275
cromatismo 28, 67, 72, 94, 101, 102, 108, 111, 128, 134, 136, 166, 167, 187, 193, 194, 195, 233, 235
cromornes 178, 346
crotales 50
Crumb, George 363
crwth 256, 256
cuíca 47, 86
Currie, Colin 66
Czerny, Carly 280
D'Abidjan, Yelemba 33
dachaoluo 53
daf 36, 37
daiko 45
dan moi 184
dança flamenca 80, 80, 219
Davies, Peter Maxwell 43, 101, 235
Davis, Miles 105, 109
DAWs 341
daya 30
D-Beam 335
Debussy, Claude 52, 170, 177, 248, 356, 368
decaimento 63, 69, 74, 212, 319
dedilhados 105, 130, 134, 158, 160, 166, 167, 168, 177, 354
   sistema Conservatoire 168
   sistema thumb-plate 168
dedilhar (banjo) 216, 217
Delius, Frederick 269
Demian, Cyrillus 297
Denner, Johann Christoph 144
didgeridoos 92, 99
dinâmica 52, 270, 274
dínamos 302, 305
discos eletromagnéticos 304, 306, 307
Distin, família 118, 119
dizi 132
djembe 22, 25, 32-33, 34, 41
djun djun 34-35
dobro 222-223
Dolmetsch, Arnold 142, 143

domra 203
Donizetti, Gaëtano 84, 101, 159
Dopyera, John 223
drags 40, 61
drumKat 320
duduks 175
Duke Ellington's Orchestra 105, 161, 162
dulcianas 176, 348
dulcimers 231, 232, 232
dumbek 32, 36, 37
dun dun 35
dung cheng 99
Dupont, J. B. 115
Dvorak, Antonin 248, 294
efeitos sonoros 40, 87, 89
Egito 135, 153, 194
antigo 50, 79, 81, 106, 188
Electro-Harmonix Space Drum 319
electronic sackbut 312
Elgar, Edward 96, 103, 177, 246, 248
Elizabete I 262
embocadura 98, 99, 137, 138, 164, 177, 322
E-mu 317
emuladores de percussão 321
Eno, Brian 339
Enqoniq 317
enroladas com cascas de árvore 98
Ensemble Bash 89
entonação 136, 146, 166
Erard, Sebastien 281, 355
erhu 250-251
escala diatônica 93, 107, 137, 139, 140, 194, 230
escalas (do braço) 197, 199, 201, 202, 203, 205, 208, 209, 210, 220, 232, 239, 244, 251
escalas 90, 128, 130, 134, 136, 180, 195, 208
árabes 197
maqam 197
Espanha 80, 158, 173, 194, 218, 221, 349
espineta 263, 264, 264, 267
Estônia 138, 230
estúdios de gravação 336-337
EUA 103, 121, 158, 212, 214, 215, 216, 223, 232, 261, 265, 272, 295
eufônios 119, 122, 122, 123, 354
Europa 42, 47, 66, 75, 81, 85, 95, 98, 121, 133, 140, 142, 165, 182, 193, 214, 218, 219, 229, 231, 236, 237, 256, 265, 272, 287, 356
   Ocidental 37, 187, 270, 345
   Oriental 66, 71, 134, 201, 255
Evans, Gil 105
EWI 322
Exército da Salvação 42
extensões 116, 150, 176, 177, 350
Extremo Oriente 23, 31, 44, 45
fagote 176, 289
fagote Buffet 177
fagote Heckel 177
Fairlight CMI 317
Falla, Manuel de 80, 221, 269
fanso 132
Fantom X 320
Farnaby, Giles 263

Fender 221, 324, 362
Fender, Leo 324
Fernandes, Charles 236
Fernandes, Jean 236
fita magnética 302-303, 311
flageolet 131
flams 40, 61
flauta irlandesa 131, 139
flautando 243
flautas 124, 126, 128-137, 128, 129, 145, 166, 236, 348
   flauta alto 130, 130
   flauta baixo 130
   flauta contrabaixo 130
   flautas entalhadas 137
   flautas subgraves 130
flautas de duto 132, 138, 139, 140, 142
flautas de Pã 133, 133, 135
flautas doce 107, 139, 142-143, *142*, *143*, 144, 236, 345, 346
flexatone 83
flugelhorns 93, 94, 104-105, *104*, *105*
foles 295, 297, 298
folha de metal 87, 359
Ford, Henry 306
fortepiano 265, 273, 275
Fourier, Joseph 314
França 121, 122, 167, 232, 235, 237, 257, 264, 332, 349
Françaix, Jean 269
Franck, Char 102
Franklin, Benjamin 84
Fransen, Bill 311
frequência modulada (FM) 315
Frisell, Bill 328
fujara 140
fundamental 21, 50, 63, 92, 93, 94, 95, 108, 114, 116, 124, 126, 166, 170, 192
Gabriel, Peter 317, 326
Gabrieli, Giovanni 347
gaeng 186
gaida 183
gaita-de-foles 174, 179-183, 357
gaitas irlandesas 181, 187
gaitas (ver harmônicas)
Gales, País de 153, 256
gam bang 55, 56
gamelão 55-56, 55, 62, 357
ganzá 77
gardon 48
gender 55, 56
Genesis 61
Gershwin, George 64, 87, 147, 260, 306
Getz, Stan 162
Gibbons, Orlando 262
Gibson 221
Gibson Les Paul 324
Gillespie, Dizzy 109
Giuliani, Mauro 220
Glass, Philip 28
Glazunov, Alexander 161
Glennie, Evelyn 64, 64, 66, 89, 89
glissandi 28, 30, 83, 161, 169, 222
glockenspiels 62, 63, 64, 67
Gluck, Christoph Willibald 52, 84, 100, 171
gongos 23, 44, 53-54, 55, 56, 56, 88

ÍNDICE

Goodman, Benny 147, 360
goujiaoluo 53
Grã-Bretanha 103, 113, 119, 168
grande gaita-de-foles escocesa 179, 180
Grécia antiga 50, 106, 188, 192, 218, 287, 346
Greenwood, Johnny 331
Gretsch 324
Grieg, Edvard 81
griots 34, 65, 199, 200
Grisman, David 212
Guaneri, Andrea 238, 348
Guaneri, Giuseppe 238
Guatemala 66, 173
Guerra Civil Norte-Americana 215
Guillaume, Edme 101
güiros 25, 78, 88
guitarra espanhola 197
guitarra havaiana 222
guitarra havaiana de pedal 222, 327
guitarra portuguesa 198, 219, 219
guizos 69, 76, 77
gusle 254
gusli 350
Hammond, Laurens 291, 305, 307
Hammond, órgãos 301, 304, 305-307, *306, 307*
Hampton, Lionel 318, 360
Händel, Georg Friderich 27, 97, 101, 131, 142, 177, 260, 292, 350, 377
harmônica de vidro 84, 352
harmônicas 124, 187, *187*, 297, 298, 355
harmônicos 21, 52, 124, 133, 138, 184, 225, 244, 314
harmônios 67, 294-296
harpa de boca 68, 184, 185, 295
Harpa de Erard 195
harpas 192, 194-195, *194*, 195, 224, 225, 354
harpas laser 334, 334
hautbois 164-167
Havaí 214, 222, 324
Hawkins, Coleman 162
Hawkins, Isaac 279, 281
Haydn, Joseph 108, 115, 117, 265, 366
Heckel, J. A. 176
Henrique VIII 26, 128, 284
Henry, Pierre 332, 333
Hense, Hans Werner 221
Heremann, Bernard 330
Herman, Woody 105, 147
Herz, Henri 280
Hindemith, Paul 247, 285
Hockbrucker, Jakob 195
Hodges, Johnny 161
Holst, Gustave 67
homofonia 179
horn pipes 154
Howells, Herbert 285
HPD-15 320
humantotone 141
Hummel, Johann Nepomuk 212, 279, 280
Hungria 48, 232, 257
hydraulus 287
Ibert, Jacques 161
Idade Média 104, 142, 179

idiofones 21, 44, 49, 185
idiofones de lâminas 62-66
Índia 23, 30, 31, 37, 42, 50, 51, 98, 99, 132, 204, 205, 296
Indonésia 55, 62, 227, 230, 251
Instrumento eletrônico de válvula 322
Instrumento eletrônico de sopro 322
instrumentos elétricos
  baixo 325
  bass fiddle 325
  guitarra havaiana 327
  guitarras 216, 221, 300, 302, 322, 324, 325 359
  pianos 308-309
  violino 329
instrumentos eletromecânicos 301, 304, 318
instrumentos soprados na borda 127
instrumentos soprados verticalmente 133, 134, 134, 135, 136, 137, 141, 142
instrumentos transversos 128, 132, 186, 350
instruments trouvés 87-88, 89, 98
intermodulação 140
intonarumori 90, 90, 91
Irã 36, 208
Iraque 36
Itália 158, 182, 218, 219, 238, 246, 273, 292, 293, 347
Ives, Charles 299
Janacek, Leos 109, 151
Japão 40, 54, 71, 158, 186, 206, 209, 213, 227, 228, 229, 251
Java 53, 55, 138, 251
jazz 38, 40, 57, 58, 60, 61, 75, 77, 78, 79, 83, 85, 95, 103, 105, 109, 112, 147, 158, 162, 212, 216, 221, 244, 249, 307, 318, 323, 325, 357, 358, 364, 365, 367, 374-375
Jazz Mutant Lemur 335
jingbo 50
jingluo 54
Johnson, J. J. 112
Jones, Howard 308
Jones, John Paul 310, 326
judaísmo 96
Jurado, Antonio de Torres 218, 220
Kalkbrenner, Frederic 280
kantele 230
Kastner, Jean-Georges 159
kavals 135, 136
kazoos 132
Kekuku, Joseph 222
kendhang 55
keprak 55
khaen 186
Khatchaturian, Aram 83
King, Mark 325
Kiss 59
kithara 218
kkwaenggwari 46
klappenflügelhorn 104
Klose, Hyacinthe Eleonore 145
Knussen, Olivier 117
köcsögduda 47
kombu 99
kora 200

Korg Kontrol 49, 320
Korg Wave Drum 320
kotsuzumi 45
kpanlogo 32, 34, 35
Krupa, Gene 60, 61
kubing 184
kumi-daiko 45
Lahey, William 306
lamelafone 68
Langlais, Jean 28
latino-americana, música 23, 24, 25, 40, 42, 50, 76, 77, 78, 85
launeddas 154, 154
Led Zeppelin 61, 310, 330
legato 64, 241, 242
Leoncavallo, Ruggero 212
Les Ballet Africains 32
Leslie, caixa 307
Leslie, Don 307
Letônia 230, 233
Levin, Tony 326
Ligeti, György 88, 117, 170, 269
lijerica 254
Linn, Roger 321
LinnDrum 321
lira 155
liras 192-193, 192, 193, 218
de arco 256
Liszt, Franz 81, 279, 280, 355
Lituânia 133, 138, 155, 230
Loeb, David 235
London Sinfonietta 331, 371
Lorée, François 171
Lully, Jean-Baptiste 27, 114, 142, 276
lur 99
lusheng 186
Lyon, Gustave 195
Lyricon 322
Mace, Thomas 268
Macmillan, James 89
Madagascar 207, 226, 227
Mahler, Gustav 67, 151, 170, 212, 368
Malásia 81, 197
Malipiero, Gian Francesco 285
malletKat 320
mambo 25
mandolas 202, 210, 211
mandolino 210, 211
Mannheim, Orquestra de 147
manuais 266, 267, 271, 286, 290, 295
manzellos 163
máquina de vento 87, 360
maracas 25, 77, 77
marimbas 23, 62, 63, 64, 65, 66, 91, 318, 320
Mark II Music (sintetizador) 312, 313
Martin, George 336
martinete 259, 264, 265, 266
Martino, Bohuslav 269
Mason, Benedict 89
masterização 343
M-AugioTrigger Finger 320
Mauzey, Peter 312
mbira 68, 68
mecanismo de escape 281
Mellotron 300, 311, 315
melodeons 295
membranofones 21
Mendelssohn, Felix 246, 247, 260

Mercadente, Saverio 101
Mersenne, Marin 188, 189, 240
Mesmer, Franz 84
Messiaen, Olivier 66, 72, 331, 332, 359
metais
  conjuntos de metais 95
  fanfarras 95, 103, 105, 381-382
  quintetos de metais 95
metal 99
metalofones 44, 55
Metheny, Pat 328
Meyerbeer, Giacomo 53, 108, 151, 354
microchips 300
microfones 301, 302, 303, 323, 329, 337
microprocessadores 314
microtons 208
MIDI 314, 320, 328, 329, 339, 340, 341
Mignon 285
Milhaud, Darius 160, 269
militar, música 23, 26, 37, 38, 111, 118, 127, 148, 151, 158, 168, 348, 365
Minimoog 313
mixagem 343
modelamento físico 315
modulação 315, 322
Molique, Bernhard 299
monophones 91
Monroe, Bill 212
Montague, Stephen 88
Monteverdi, Claudio 111, 142, 347
Moog, Robert A. 312, 313
Moon, Keith 61, 61
Moritz, J. G. 120
Mozart, Wolfgang Amadeus 67, 97, 111, 115, 117, 131, 149, 150, 212, 247, 259, 260, 271, 276, 277, 279, 293, 338, 344, 351, 352, 366, 368, 376
MPC range 321
MPD16 320
Muller, Matthias 279
Mulligan, Gerry 162
multifônicos 161, 162, 169
música antiga, movimento de 101
música cerimonial 26
música concreta 91, 332
música de câmara 95, 148, 263, 351, 370
música digital
sampleamento 316
sintetizadores 314
tecnologia 303, 307, 316
música erudita 100, 356
música folclórica 36, 42, 44, 46, 78, 131, 213, 244, 354, 355, 356, 364
Mussolini, Benito 293
Mussorgsky, Modest 122
Mustel, Auguste 67
nagado-daiko 45
Nance, Ray 103
Nanciorrow, Colin 215, 363
narsiga 99
NED Synclavier 317
ney 134, 135, 135
Nielsen, Carl 28, 39
Noble, Roger 322

ÍNDICE

Noruega 98, 138, 232, 255
Nova Orleans 103, 216
Novatron 311
nyckelharpa 257
Nyquist, Harry 316
objetos já prontos (ver *instruments trouvés*)
oboé da caccia 170, 171, 350
oboé d'amore 170, 170, 350
oboés 107, 124, 164-171, 167, 173, 289, 348
ocarina 140, 141
Octopad 320
o-daiko 20, 45
oficleides 121, 156, 156, 159, 353
oitavação 93, 126, 142, 146, 147, 157, 166, 167, 178, 182
Oldfield, Mike 72
ondas martenot 331, 359
ondas sonoras 22, 62, 125, 223
Oram, Daphne 312
ordens 196, 210, 218, 219
Orff, Carl 269
órgãos 259, 263, 275, 284, 286, 291, 295, 355
órgãos de tubos 286, 287, 288, 288, 289, 290
órgãos eletrônicos 291, 306-307
órgãos portáteis 67, 286, 286, 345
órgãos portativos 67
Oriente Médio 26, 32, 33, 37, 38, 41, 42, 51, 134, 135, 153, 164, 174, 194, 197, 229
orifícios para dedos 98, 101, 125, 126, 129, 132, 134, 136, 138, 140, 141, 142, 143, 145, 152, 153, 164, 165, 172, 177, 179, 180
orquestras 21, 23, 27, 53, 100, 101, 112, 120, 121, 127, 148, 149, 156, 158, 191, 292, 347, 348, 349, 352, 354, 356, 357, 359, 376
orquestras ligeiras 379
orquestras sinfônicas 28, 51, 299, 378
Ory, Kid 112
osciladores 300, 315
ostinato 139
oud 196, 197, 198, 202
Ovation 322
parciais 93, 97, 106, 107, 115
Paderewski, Jan 260
pads para as mãos, 320
Paganini, Nicolo 280
Paisiello, Giovanni 212
palhetas 124, 126, 127, 128, 152, 153, 154, 155, 160, 172, 178, 180, 227, 298
palhetas duplas 126, 166, 169, 170, 172-175, 176, 177, 178
palhetas heteroglotas 155
palhetas livres 185-187, 295
palhetas simples 126, 127, 144, 152, 155, 158
pandeiro 86
pandeirolas 21, 36, 42, 59, 355
pang 59
Pape, Henri 282
paradiddles 40
parafusos de tensão 29
parciais 121, 22, 29, 70, 92, 124, 126
Parker, Charlie 162, 360
parlour music 215

Parsons, Alan 336
Partch, Harry 91, 363
pau de chuva 76
Pearl Syncussion 319
pedais 29, 195, 223, 267, 268
pedal *sostenuto* 259, 282
pedal *una corda* 275
pedaleiras 306
Peerson, Martin 263
peles (de tambor) 29
Pelitti, G. C. 113
persiana expressiva, mecanismo 268
Pert, Siegfried Karl 294
Philips, Peter 263
pianoforte 67, 273, 273, 350
Pianola 284
pianos 28, 59, 62, 67, 74, 81, 88, 191, 259, 260, 261, 264, 268, 270, 271, 272-283, 284, 290, 292, 308, 355
de cauda 277
de mesa 277, 278
verticais 260, 264, 277, 278-279
pianos eletrônicos 271, 309
pianos mecânicos 284
pibgorn 153, 154, 754
piccolo 130, 130, 354
Pietismo 274
Pine, Courtney 159
Pini, Luigi 116
Pink Floyd 333, 336
pipa 206
pirouettes 164, 165
pizzicato 244
plectros 191, 193, 197, 259, 266
polifonia 154, 212, 345
polirritmia 34
Polônia 237
Ponchielli, Amílcare 65
ponteiro (gaita-de-foles) 153, 179, 180, 181, 182, 183
pontos nodais 22, 62, 137
pop music 38, 42, 50, 57, 61, 77, 79, 85, 221, 364
Portugal 214, 218
Poulenc, Francis 28, 221, 269
pratos 21, 23, 42, 44, 50-52, 57, 58-59, 60, 78, 355
chimbal 58
prato de ataque 50, 51, 52
prato de condução 58, 60
prato de dedo 57, 80
prato de orquestra 52
prato-chuveiro 52, 59
pratos suspensos 50, 51, 52, 57
splash 59
pressionar (cordas) 194, 195
Prière d'une Vierge 261
Primeira Guerra Mundial 293, 305, 358
produtores de ruído 43
Prokofiev, Serqei 66, 368
Pro-mark Drumsticks 40
Prophet 5 314
ProTools 341
ptolemy 91
publicação de música na internet 340
Puccini, Giacomo 177
Puckeridge, Richard 84

puk 46, 46
Purcell, Henry 142
qin 229
quarteto de cordas 191, 369
Queen 59
quing 54
rabab 252
rabeca cabeça-de-cavalo 253
rabecas 250-257
rabecas de espigão 250, 251
rag 30
ragtime 216
Rallig, Karl 281
Rameau, Jean-Philippe 131
raspadores 23, 77, 78, 86
Ravel, Maurice 39, 79, 89, 122, 160, 161, 260
RCA 312
realejo 258, 292-293, 352
rebec 236
reed pipes 152, 152, 155, 179, 185
Reger, Max 294
registro gutural 147
registros (em instrumentos de teclas) 267, 268, 269, 286, 289, 290, 291, 295
Regondi, Giulio 299
rehab 55
religião 20, 68, 76, 96
Renascença 93, 100, 111, 142, 164, 173, 178, 196, 218, 234, 263, 270, 347, 361, 368, 370
ressoadores 21, 55, 63, 65, 67, 68, 88, 194, 204, 217, 224, 225, 226, 227
respiração circular 99, 154, 175
ressonância 22, 38
Revolução Industrial 272
Rhodes 309
Rhodes, Harold 309
Rhythmicon 321
Rich, Buddy 39, 61
Rickenbacker 324
Riedl, J. F. 120
Rimington, Sammy 212
rimshots 40
riq 36, 37, 42
Robison, Eric 311
rock 38, 50, 57, 61, 307, 323, 367, 372
Rodrigo, Joaquin 221
Roland CR-78 321
Rollins, Sonny 162, 162
rolos de piano 285, 285
Roma antiga 50, 106, 188
Romantismo 272, 274, 280, 353, 356
Romênia 133, 138, 155, 183, 197
rommelpot 47, 47
Rossini, Gioacchini 39, 72, 108, 294, 304
roto-tons 59
rubab 208
Ruckers, dinastia 269
ruqido de leão 47
rulos 61
rulos de tambor 28, 40, 41
rumba 25
Rússia 72, 98, 13, 153, 158, 230
Russolo, Luigi 90, 90, 91
Ryrle, Kim 317
sabar 32, 35
sacabuxa 100, 110, 110, 164

Saint-Sains, Camille 66, 84, 294, 357
sälgpipa 138
Salieri, Antonio 212
saltério 230, 233
samba 85, 86
samplers 316-317, 334, 342, 362
Samulnori, grupos 46
santur 230
saraswati vine 204
sarod 208
saron 55
Satie, Erik 87
Saurle, Michael 104
Sax, Adolphe 104, 109, 118, 119, 120, 150, 156, 157, 158, 176, 354
saxellos 163, 163
saxhorns 104, 118-119, 119
saxofones 118, 119, 124, 126, 127, 155, 156-163, 159, 160, 354, 356
alto 157, 161, 161, 162
baixo 163, 163
barítono 157, 162-163
contrabaixo 163
sopranino 157, 160, 161
soprano 161, 161, 163
tenor 157, 162, 162, 163
Scarlatti, Domenico 279
Schaeffer, Pierre 91, 332, 333
Schoenberg, Arnold 88, 113, 147, 150, 358
Schubert, Franz 75, 260, 368
Schumann, Robert 260, 368
Schunda, J. 155
Scruggs, Earl 216
Segovia, Antonio 220, 221
Segunda Guerra Mundial 66, 91, 214
senóides (som) 304, 314
Sequential Circuits 314, 317, 342
serafim 84
série harmônica 92, 93, 98, 106, 114, 125
serpentão 101
serrote 52, 83
setor 253
shakuhachi 137
Sharma, Shivkumar 230
Shaw, Artie 147
sheng 185, 186, 187, 295
shime-daiko 45
shinteki 132
sho 186
shofar 96
Shostakovich, Dimitri 66, 83, 247, 248
Shudi, Burkat 268, 276
Sibelius (*software*) 339, 340
plug-ins 342
Sibelius, Jean 246
Silas, Edouard 299
Silbermann, Gottfried 275, 276
Simmons SDSV 319
Simon, Winston "Spree" 73, 75
Sims, Zoot 162
sincopação 61, 216
sinos 20, 21, 23, 35, 43, 69-71
afinação 69, 70
canecas 21, 60, 78, 88
crotales 69, 76, 77
sinos de igreja 71

ÍNDICE

sinos de mão 71, 89
sinos de tornozelo 20
trenó de sinos 77
sinos de mão, 71, 71, 89
sinos de templo 54, 69
sinos tubulares 72, 72
síntese aditiva 304, 314
síntese granular 315
síntese subtrativa 314
sintetizadores 300, 312-315, 344, 362
guitarra sintetizador 328
sintetizadores de sopro 322
sintetizadores polifônicos 313-314
sistemas de sonorização 306, 309, 311
sistro 81
sitars 190, 204, 205, 253
Skempton, Howard 89
skiffle (música) 78
slapsticks 59, 79
slenthem 55
Smith, Dave 314
soalhas 37, 42, 76, 81
Sor, Fernando 220
Soundbeam 334
Sousa, John Philip 123, 359
sousafone 123, 123, 359
Southwell, William 279
Spillet, Adrian 66
Stadler, Anton 150
Stamitz, Johann 247, 350
Starobin, Davod 221
Stein, Johann Andreas 276, 281
Steinberg 329, 341
Steiner, Nyle 322
Steinway & Sons 282, 285
Stockhausen, Karlheinz 49, 66, 163, 333, 362, 366
Stolzel, Heinrich 120
Stomp 89
Stradivari, Antonio 238, 248, 348
Stratocaster 324
Strauss, Richard 113, 117, 122, 123, 149, 160, 170, 356
Stravinsky, Igor 103, 123, 130, 147, 151, 269, 285, 358, 360, 364
Streicher, Johann Andrus 277
stritch 163
Styx 59
Suécia 138, 232, 255
surdo 86
surma 173
sustentação 190, 213
Suzuki 307
Sweeney, Joel Walker 215, 216
swing, era do 162, 358, 374, 377
SynthAxe 328
tabl baladi 37
tabl turki 37
tabla 22, 30-31
tablat 37
tabor 40, 140
tábuas de lavar 78
taegum 132
tahru 254
Tailândia 186
Takemitsu, Toru 66, 130
tam-tans 53, 53
tama 35
tambores 20-49, 55, 57, 58, 59, 68, 86, 319
afinação 21, 24, 26, 27, 32, 58
africano 22, 23, 26, 32, 34-35
chinês 44
congolês 24
do Extremo Oriente 44-46
do Oriente Médio 23, 26, 32,36-37, 38, 41
Japonês 24, 45
tambores cilíndricos 38
tambores de aço 21, 23, 73-75, 74, 75
tambores de corda 48
tambores de corpo estreito 23, 36, 37, 42-43, 44
tambores de fricção 47, 86
tambores de Lambeg 41
tambores de madeira fendida 49, 55
tambores em forma de ampulheta 32, 34, 35
tambores em forma de barril 24, 44, 45, 55
tambores em forma de taça 32, 34, 36
tambores makuta 24
tambores tenor 37, 38, 40, 41
tamborim 86
tampos harmônicos 68, 189, 190, 196, 198, 199, 201, 207, 208, 230, 232, 265, 282
tanbura 202
tangentes 259, 270
tanggu 44
tangimento 188, 190, 206, 211, 223, 244, 250, 327
tar 36, 208
Tarrega, Francisco 220
Tchaíkovsky, Piotr Ilyich 67, 72, 87, 246, 293, 294, 357
Teagarden, Jack 112
técnica de mão (trompa) 115
Telecaster 324
Telemann, Georg Philipp 97, 170, 247, 350
telharmonium 300, 304, 306
temperamento igual 93, 136, 143
teorba 263, 347
tessitura 65, 73, 105, 162
Thatte, Arawind 296
theká 31
Theremin, Leon 330, 331
theremins 312, 321, 330
Tibete 54, 98, 99, 208, 251
timbales 21, 25
timbre 22, 33, 54, 104, 111, 115, 127, 130, 235, 266, 270, 314
timbrels 42
tímpanos 22, 26, 30, 350
tímpanos 22, 26-29, 29, 39, 108
tímpanos com mecanismo 27
tintal 31
Tippett, Michael 221
Tom-tons 21, 57, 58, 59, 61, 360
Tomkins, Thomas 263
tonalidade (da música) 27, 93, 108, 170, 195
armação de clave 139
dominante 27
tônica 27, 30
tonguing 161, 169
tonkori 228
Tourte, Francois 242, 246
transposição 148, 157, 163, 169, 249
trastes 199, 201, 202, 205, 214, 217, 220, 226, 229, 235, 271
tremolando 280
tremolo 65, 74, 82, 96, 212
trenó de sinos 77
tríades 222
triângulos 21, 59, 81, 82, 82, 352
Triebert, Frederic 167, 168, 171
Trinidad All Percussion Steel Orchestra 73
trombones 94, 95, 95, 110-113, 111, 123, 345, 347 354
alto 112, 113
baixo 113
contrabaixo 113
tenor 112, 112
trompa de "mão" 115, 116
trompa de caça 114
trompa omnitônica 116, 117
trompa sem válvula 97, 102
trompas 114, 123, 159, 247, 357
trompas 93, 98-99, 114-117, 175, 120, 258
trompas alpinas 99
trompetes 27, 93, 94, 95, 102, 104, 105,106-109, 107, 108, 109, 164, 345, 350, 356
em Eb log em Bb log
piccolo 94
tsuzumi 45
ttun ttun 48
tuba wagneriana 122, 123, 123, 356
tubas 94, 120-123, 163
tubax 163
tubos 92, 94, 96, 104, 109, 110, 111, 127, 132, 165, 357
cilíndricos 92, 112, 145, 146, 178
cônicos 92, 114, 116, 119, 122, 123, 155, 157, 164, 169, 173, 176
tungehorn 155
Turnage, Mark-Anthony 109, 160
Turquia 135, 153, 173, 197, 209, 229, 352
tutti 108
typophone 67
Ucrânia 173, 203
ukuleles 198, 214, 214
Uzbequistão 208
valiha 228
válvulas 92, 94, 102, 104, 108, 109, 116, 117, 118, 119, 120, 122, 123, 289, 344
Vangelis 308
Varèse, Edgar 82, 88, 90, 331, 333, 360, 362
vassourinhas 40, 60
V-Drum 319
velino 27
Verdi, Giuseppe 82, 113, 212
vibrafone 62, 64, 301, 310, 318
vibrato 83, 270, 315
viela de roda 182, 190, 257
Viena, Orquestra Filarmônica 168
Vietnã 186, 206, 209, 225, 227, 251
vihuela 218, 234
Villa-Lobos, Heitor 221
Vinaccia, Pasquale 211
violas 197, 236, 236, 246-247, 247, 348
violas de gamba 191, 234-235, 237, 346-348
alto 234
contrabaixo 235
violinos 48, 107, 165, 190, 191, 192, 213, 234, 235, 236-249, 250, 255, 280, 346, 348
violões 25, 29, 91, 216, 218-221, 263, 323, 349
guitarra acústica 322
guitarra dinâmica 223
guitarra elétrica 216, 221, 300, 302, 322, 324, 325, 359
virginais 258, 262-263, 264, 267, 282, 284, 292, 349, 350
Vivaldi, Antonio9 147, 350
Vogel, Peter 317
Vogt, Gustave 171
volutas 239, 239
voz 258, 269
Wagner, Richard 28, 82, 101, 109, 111, 113, 177, 356
wah-wah, pedal 310
Wakeman, Rick 311
Walton, William 82, 221, 247
Washington, Jack 162
Weber, Carl Maria von 27, 117, 247, 354
Weelkes, Thomas 263
Weill, Kurt 216
Weir, Judith 101
Whang Guns 91
Wheatstone, sir Charles 299
Wieprecht, Wilhelm 120
Williams, Edward 334
Williams, Ralph Vaughan 87, 122, 247
Wlete, Edwin 285
Womad Festival, Reino Unido 33
Wonder, Stevie 310
Wood, James 88
Wood, sir Henry 27
Wurlitzer 309
Wurlitzer, órgão 304
Xenakis, Iannis 269, 339
xiao 137
xilofones 21, 23, 29, 39, 55, 62, 62, 63, 63, 65-66, 74, 87, 318, 320
de troncos 23, 62, 65, 66, 66
Yamaha 308, 309, 314, 315, 362
Clavinova 309
yotsutake 79
yunlo 54
Zacharias, Ernst 310
zagat 51
zampoña 133
Zildjian, fabricante de pratos 60
zills 51
Zimbábue 68
Zinovieff, Peter 313
Zumpe, Johannes 276, 278
zurna 173, 173
Zwolle, Henri Arnaut 196
zydeco, colete de borracha 78, 78